"十四五"职业教育国家规划教材

全国船舶工业职业教育教学指导委员会推荐教材

船舶动力装置安装工艺

主　编　梁卫武

主　审　谭祖胜

哈尔滨工程大学出版社
Harbin Engineering University Press

内容简介

本书按照船舶动力工程技术专业人才培养方案的课程设置与“船舶动力装置安装工艺”课程标准的要求编写而成。本书分船舶轴系安装、船舶螺旋桨安装、船舶主机安装、船舶舵系安装、船舶辅机安装和动力装置运行实验六个项目,对船舶动力装置安装工艺过程、工艺方法、工装设备进行了系统介绍,一些项目还附有实际案例。

本书可作为高等职业院校船舶动力工程技术及相近专业的教材,本书还可供中等职业院校师生和从事船舶动力装置安装工作的技术人员参考。

图书在版编目(CIP)数据

船舶动力装置安装工艺/梁卫武主编. —哈尔滨:哈尔滨工程大学出版社,2019.9(2026.2 重印)
ISBN 978-7-5661-2266-7

Ⅰ.①船… Ⅱ.①梁… Ⅲ.①船舶-动力装置-设备安装-教材 Ⅳ.①U664.1

中国版本图书馆 CIP 数据核字(2019)第 211317 号

选题策划 史大伟
责任编辑 张志雯
封面设计 李海波

出版发行 哈尔滨工程大学出版社
社　　址 哈尔滨市南岗区南通大街 145 号
邮政编码 150001
电　　话 0451-82519989
经　　销 新华书店
印　　刷 哈尔滨午阳印刷有限公司
开　　本 787 mm×1 092 mm　1/16
印　　张 18
字　　数 468 千字
版　　次 2019 年 9 月第 1 版　2023 年 7 月修订版
印　　次 2026 年 2 月第 9 次印刷
定　　价 48.00 元
http://www.hrbeupress.com
E-mail:heupress@hrbeu.edu.cn

修订版前言

《船舶动力装置安装工艺》是全国船舶工业职业教育教学指导委员会“十三五”重点规划教材，按照船舶动力工程技术专业人才培养方案的课程设置与“船舶动力装置安装工艺”课程标准进行编写，将本专业职业活动分解成若干典型工作项目，按完成工作项目的需要组织教材内容。为深入贯彻全国职业教育大会和全国教材工作会议精神，落实《关于推动现代职业教育高质量发展的意见》和《职业院校教材管理办法》有关部署的要求，特修订了本教材。教材内容体现通用性和实用性，并将本专业新技术、新工艺、新设备及时地纳入教材，使教材更贴近本专业的发展和实际需要。另外，本书还注重与相关专业课程的紧密联系，形成体系。本书的编写原则是简明和突出实用性，尤其注重工艺应用实例的介绍，以加深学生对理论知识在工程实际中应用的理解。根据该职业特有的工作任务逻辑关系重新进行了项目和任务编排。

参加本书编写工作的有：主编武汉船舶职业技术学院梁卫武（编写绪论、项目1）；副主编武汉船舶职业技术学院吴峰（编写项目5）、武汉船舶职业技术学院汪行（编写项目4）和天津海运职业学院于志民（合作编写项目3）；参编南通航运职业技术学院徐亮（编写项目2）、青山船厂李银桥（合作编写项目3）、武汉船舶职业技术学院王金娥（编写项目6）和武汉船舶职业技术学院易敏（绘制了书中部分插图）。本书由武汉理工大学谭祖胜担任主审。

限于编者精力和水平，书中难免有疏漏与不足之处，恳请读者批评指正，以便完善。

编　者

2022年11月

目　录

绪　论

船舶动力装置安装工艺学是指包括主机、轴系、螺旋桨、舵系、辅机以及管路系统等整个动力装置设备的全部安装工程,采用先进的科学技术方法进行安装和调试,以提高生产率、降低建造成本、改进产品质量、缩短造船周期为目的一门综合性的应用科学。

船舶动力装置是为保证船舶正常营运而设置的,是为船舶提供各种能量并使用这些能量以保证船舶正常航行、人员正常生活、完成各种作业的机械设备组成的系统,是船舶的心脏。

船舶动力装置(简称“轮机”)安装工程主要包括以下工作:

(1)轴、舵系零部件内场加工;

(2)推进装置(包括轴系、螺旋桨和主机等)安装;

(3)舵系安装;

(4)辅机安装;

(5)管系的加工和安装。

必须指出的是,船舶的生产过程是由许多工厂分工协作,共同完成的,轮机安装工程同样如此,有些设备,如螺旋桨和轴的加工便经常由外协厂家完成。这样做的主要目的是控制成本、保证周期、提高质量。

轮机安装工程任务繁重,工作条件非常恶劣,这主要是因为轮机设备数量大、种类繁多、系统复杂,机舱空间狭小,设备布置困难,起重条件差,大型工装设备难以展开,而且各工种交叉作业,互相干扰,工程计划安排和实施的难度很大,这些客观存在的不利因素都使得轮机安装工程的工作效率和安装质量难以保证。与此形成鲜明对照的是,随着船舶向大型化、标准化、自动化和节能化的方向发展,随着人民生活水平的提高、社会的进步和环保标准的不断提高,对船舶的设计和建造也提出了更高的要求,导致对轮机安装工程的技术水平和质量标准的要求也越来越高、越来越严,同时工期也越来越紧。这就要求轮机安装工艺设计和工程管理必须更加科学和严谨,在技术上不断进步,在管理上不断提高。

事实上,经过几十年来的不懈努力,我国的轮机安装工艺也确实是在不断地进步之中的。最早的造船工艺将舾装作业作为船体建造的后续工序,即船体先行建造,船体完工下水后,停靠在舾装码头进行设备、管路、电缆的安装和调试,直至交船。现在的轮机安装工程已经大为改进,主要体现在以下几点:

(1)计算机在工艺设计中的大量使用,如轴系校中计算、轴系扭振计算、管系放样等。

(2)推行预舾装工艺,将设备安装工作从机舱转移到车间,从而改善工作条件,缩短造船周期。

(3)进一步由专业化工厂提供集装箱化的成套设备和功能单元,实施设备成组、单元安装,减少设备在船上安装的工作量,提高设备安装质量。

(4)设计并采用先进的工装和工具,如用于螺旋桨、舵系吊装的艉部液压小车,激光数字校中仪等。

(5)新型材料的使用大大简化了安装作业,并且使安装质量更容易得到保证,如环氧树脂用于主机安装，高分子复合材料用来制造艉轴承等。

二十大报告“（四）促进区域协调发展”中提出“发展海洋经济，保护海洋生态环境，加快建设海洋强国”，《中国制造 2025》也讲到造船业是未来我国重要的支柱性行业之一。通过中国造船人的不懈努力，我国造船业及轮机安装工程的技术水平已取得长足进步，与世界领先水平的差距不断缩小，已跻身世界造船强国之列。

在轮机安装工艺设计中，流程设计非常重要。轮机安装工艺流程主要取决于待安装设备本身的结构形式、工作要求、质量、尺寸、工厂技术条件以及在整个船舶建造过程中的位置等因素。一般来说，轮机安装工艺流程大致有设备总装、基座准备、吊装、定位、固定、连接、试运转和验收等环节。设备不同，其安装工艺流程也可能不同。比如轴系有轴与轴（或设备）的连接环节，而柴油发电机组则没有。或者流程相同，但是其中的某些环节不同。比如同样是固定，主机可能会使用铰制孔螺栓，而舱底水泵只会使用普通螺栓，二者的工艺完全不一样。

总之，轮机安装工艺的设计和施工必须虑以下因素。

（1）了解待安装设备的日常使用、维护和安装技术要求。

（2）各待安装设备的安装次序需要精心筹划。

（3）选择适用的工装设备和工、量具。如果是批量建造的船舶，应考虑研制和使用专用工装，以提高工效。

（4）各项目安装质量检验的方法和标准必须符合相关规范和标准的要求，同时不得过于拔高。

（5）轮机设备安装需要移动，即从存放地点移动到规定位置，之后还有定位和固定，这些工作大都离不开起重，起重规程的规划、起重设备的选择以及起重的安全施工都需要妥善考虑。

（6）各项目的操作指导卡需包括项目名称、工艺步骤、工量具、材料、技术要求、报检细则等内容。

“船舶动力装置安装工艺”是轮机工程技术专业的核心课程之一。本课程是生产实践经验的概括和提高，学生在学习时，不仅要紧扣教材，还必须紧密联系生产实际，多看工艺方面的图纸、文件、相关规范和标准，并且密切注意国内外轮机安装工艺的发展动向，用综合分析与比较的方法来理解和掌握本课程的内容。

项目 1　船舶轴系安装

【学习目标】

1. 知识点

(1)掌握船舶轴系的基础知识;

(2)掌握确定轴系理论中心线的内容和方法;

(3)掌握按照轴系理论中心线镗孔的方法;

(4)掌握艉轴管、艉轴承、艉轴、艉轴密封装置的安装方法;

(5)掌握轴系校中工艺方法。

2. 技能点

(1)正确识读船舶轴系安装工艺图及相关文件;

(2)能够按照船舶轴系工艺文件规程正确安装船舶轴系;

(3)能够解决在船舶轴系安装过程中出现的一些技术问题。

【相关知识】

船舶轴系是从主机(推进机组)输出端到螺旋桨之间的一整套设备的总称,是船舶动力推进装置的重要组成部分。轴系的任务是连接主机(推进机组)和螺旋桨,将主机发出的功率传递给螺旋桨,同时又将螺旋桨产生的推力通过推力轴承传递给船体,从而实现推进船舶。轴系的组成主要包括传动轴、轴承、轴系附件等。其中,传动轴包括艉轴、中间轴和推力轴;轴承主要包括艉轴承、中间轴承和推力轴承;轴系附件主要包括艉轴管、刚性联轴节、隔舱填料函、轴系接地装置等。具体到各个船舶,其传动轴的数目、组成、轴承及轴系附件的配置等可能会有所不同,这与船舶的大小、船型、船体线型、机舱位置以及动力装置形式等因素有关。例如:有些船舶的主机或齿轮减速箱自带推力轴承,其轴系便不设置独立的推力轴和推力轴承;有些轴线较短的艉机型船舶只设一根中间轴,甚至不设中间轴,直接用一根螺旋桨轴直接与主机(组)的输出法兰相连,而某些中机型双轴系船舶,轴线很长,中间轴的数量比较多。如图 1.0.1 所示为某船轴系布置示意图。

轴系位于水线以下,工作条件恶劣,受力情况复杂,同时还到船体变形、载货量变化等因素的影响。如果轴系设计不当、制造和安装质量有问题,往往会导致轴承的异常发热和过度磨损,严重时甚至会发生断轴事故,因此必须予以重视。

轴系的安装任务主要包括轴系中的传动轴、螺旋桨等一些零部件在车间的加工、装配,以及整个轴系在船体上的安装。轴系安装同时还涉及主机、螺旋桨和舵系的安装,必须将轴系、主机、螺旋桨和舵系视作一个整体,统筹考虑。船舶轴系工作条件恶劣、工况复杂,其安装质量的好坏直接决定了轴系能否长期安全正常地运转,并进一步影响船舶运行的可靠性。

同时,轴系安装工作量大、项目繁杂且重要,其安装工艺设计是否合理,工程进度是否能够按照计划进行,都直接影响着造船周期。因此,按照不同类型的船舶结构特点,考虑船厂实际生产能力和设备条件,从而采用合理的轴系安装工艺,对提高轴系安装质量、缩短安装工期有着积极的意义。

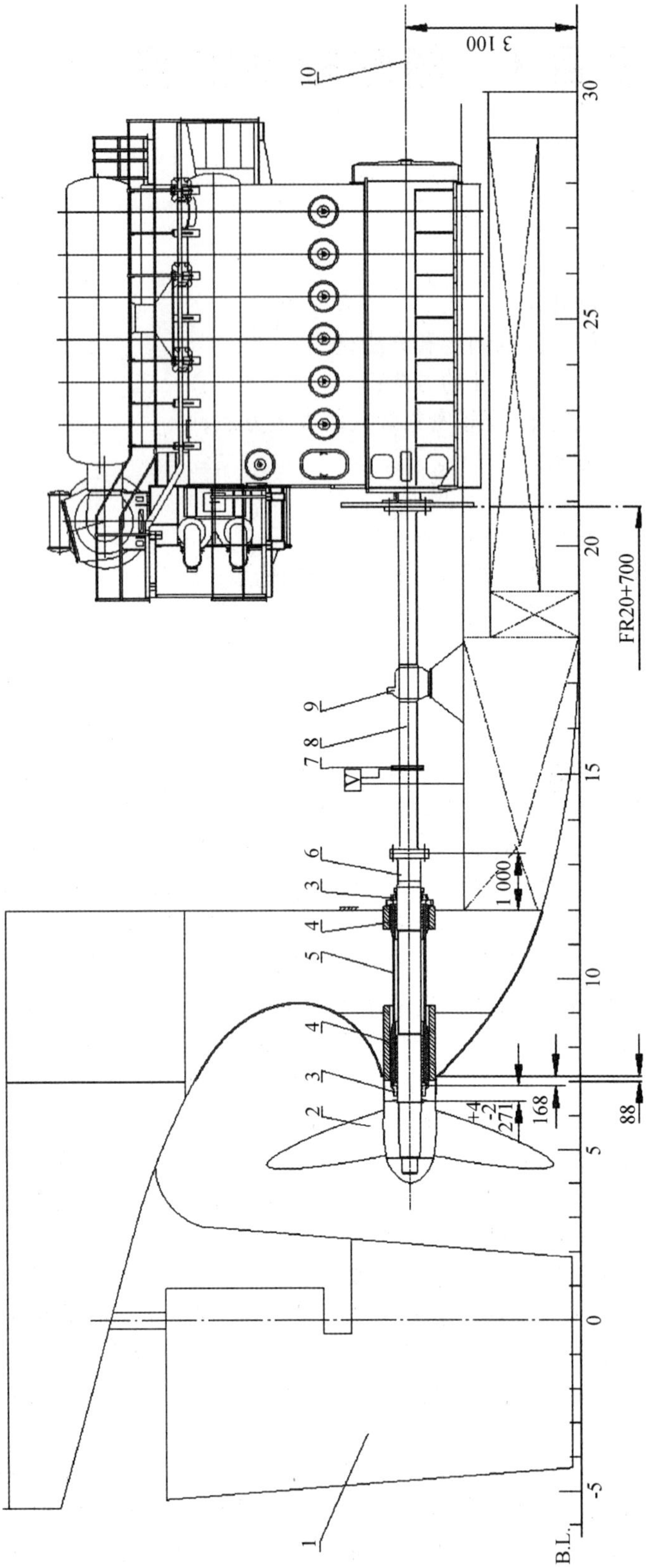

1—舵;2—螺旋桨;3—艉轴密封装置;4—艉轴承;5—艉轴管;6—艉轴;7—接地装置;8—中间轴;9—主机输出端;10—轴系中心线。

图 1.0.1　船舶轴系示意图

注:B. L. 表示基线;FR 表示肋位。

如图 1.0.2 所示为推进装置安装流程图[①]。需要说明的是，这个流程不是一成不变的，而是与船型、船体主尺度大小、推进装置具体情况、船厂设备条件等因素密切相关的。

一般来说，轴系安装的工艺过程可分为先轴后机和先机后轴两种形式。

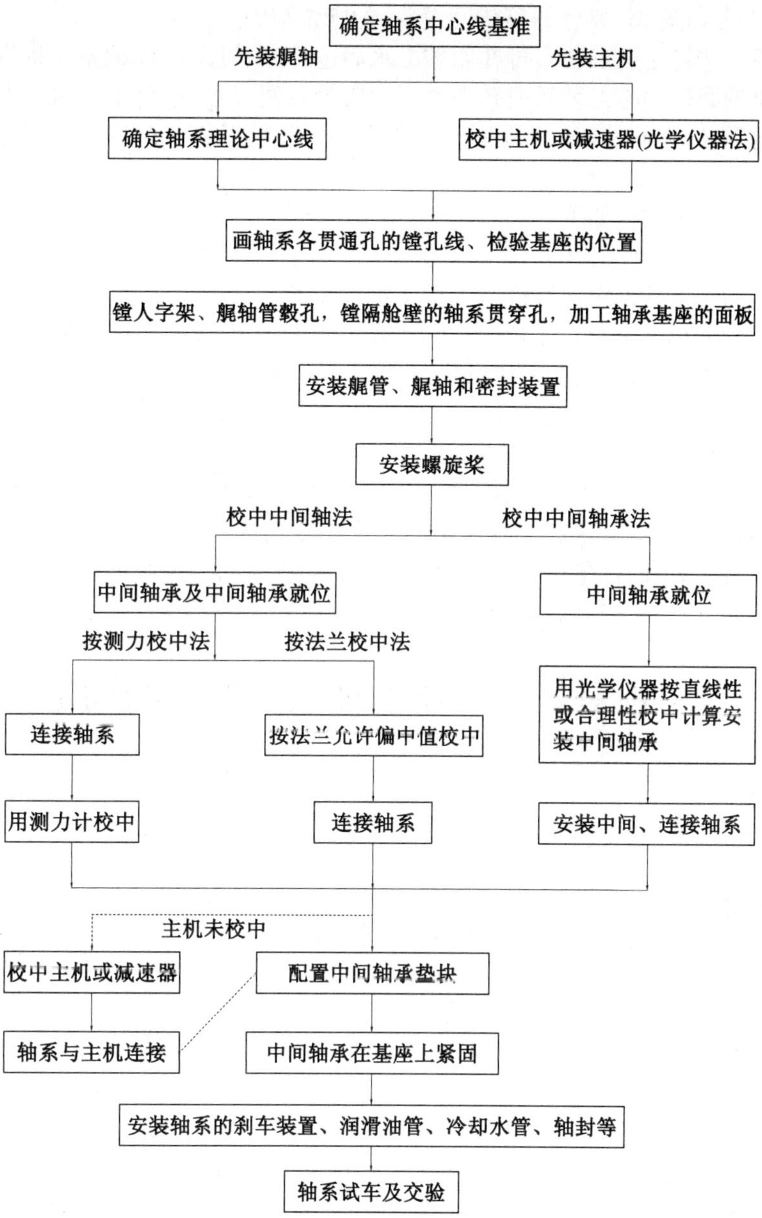

图 1.0.2　推进装置安装流程图

先轴后机的工艺过程如下：

①确定轴系的理论中心线；

---

① 鉴于工程实际应用中制图习惯，本书图中均省略单位，长度单位均为毫米(mm)，粗糙度单位均为微米(μm)。

②按确定的轴系理论中心线镗削加工艉柱(或人字架)、轴毂孔和隔舱座板孔;
③安装艉轴管、艉轴承、艉轴、艉轴密封装置及螺旋桨等设备;
④下水;
⑤中间轴校中、安装;
⑥主机(包括减速箱、离合器等传动设备)的定位与固定。

先轴后机工艺将主机安装安排在船舶下水后进行,主机定位以轴系为依据。这种方法使得主机输出轴回转中心与轴系回转中心同轴较为方便,而且避免了下水后船体变形对轴系安装质量的影响,因此长期以来为船厂广泛采用。先轴后机工艺的主要问题是生产周期较长。

先机后轴的工艺过程如下:
①确定轴系的理论中心线;
②按确定的轴系理论中心线进行主机定位与固定;
③按确定的轴系理论中心线镗艉柱壳孔或人字架孔、隔舱壁填料函孔;
④安装艉轴管、艉轴承、艉轴、艉轴密封装置及螺旋桨等设备;
⑤下水;
⑥中间轴的校中、安装。

在船台上,以轴系理论中心线为基准,先装主机(包括减速箱、离合器等传动设备),后装轴系,或主机和轴系同时进行。这种方法扩大了安装工作面,使主机定位后可以进行与主机相接的各种管系、附件等的安装工作,缩短了生产周期。先机后轴的主要问题是轴系校中时的约束条件增多,安装难度加大。

【子项目】1.1　轴系理论中心线的确定

【学习目标】

1. 知识点
(1)掌握轴线的定义;
(2)新造船舶确定轴、舵系理论中心线的前提条件。
2. 技能点
(1)掌握拉线法轴系理论中心线测定方法;
(2)掌握光学法轴系理论中心线测定方法。

【相关知识】

轴系理论中心线的确定是一道重要工序。轴系理论中心线是在船舶设计时所确定的中心线,是主机和轴系安装的基准。确定轴系理论中心线的方法主要有拉线法和光学仪器法两种。目前,很多船厂采用拉线法和光学仪器法相结合的方法来确定轴系安装的正确位置。首先利用光学仪器来确定轴系理论中心线,并画出各处的加工圆和检验圆;再利用拉线法确定艉轴管、中间轴承、主机的具体位置以及轴、舵线之间的相交性,同时用样棒确定艉轴、中间轴的前后位置和中间轴长度;最后用光学仪器法核对检查各轴承的安装位置及镗孔精度。本教材主要介绍分别采用拉线法和光学仪器法确定轴系理论中心线的工艺方法。

由于对舵系理论中心线和轴系理论中心线的相互位置有一定的要求,因此两者中心线的确定基本上是同时进行的，而且测定的基本要求和条件大致相同。关于舵系理论中心线的测定，会在舵系安装的章节中加以介绍。

另外，船舶推进装置的安装不是孤立的，它是在船舶建造的基础上进行的，新造船舶确定轴、舵系理论中心线也有着一些前提条件：

(1)从艉端算起在主甲板以下船体长度的85%内(或机舱前壁以后至艉部，视船型而定)的船体装配工作必须基本完成。

(2)主机和轴系的安装区域内，所有的舱室及油舱、水舱、箱柜都应经过焊缝检验及密性试验并合格。

(3)测量船体基线挠度，画出船基线及船中心线并做记录。

(4)按设计图纸要求全面检查船台楞木的布置，并将艉部临时支撑全部拆除。

(5)在确定理论中心线时，船上应停止有较大冲击和振动性的工作，严禁上层建筑的吊装作业。

(6)确定理论中心线时，要求在不受阳光曝晒和温度无急剧变化的情况下进行，一般在晚间或阴天工作较好。

【工作任务】1.1.1 确定轴系基准点

不论用何种方法确定轴系理论中心线，首先要确定基准点。两点决定一直线，轴系理论中心线由艏、艉两个基准点来确定，这两个基准点应由船体检验部门认可。选择基准点位置时，两点在艏、艉方向的间距要远一些，以便提高测量精度，两个基准点间应当包括要求测量的范围，另外还要考虑到测量尺寸的方便性。

一般将艏基准点设在机舱前舱壁或邻近的肋位上，而艉基准点则设置在零号肋位或者之后，也可以设置在挂舵臂上，如图1.1.1所示。图1.1.2所示为基准点细节。

另外，有些船厂将照光艉基准点设置在地面上，这样做是为了避免船舶本身产生的各种变形，以及因船体施工导致的各种振动的不利影响，从而增加照光基准点的稳定性。需要注意的是，如果将照光艉基准点设置在地面上，必须在船体无阳光照射一定时间、船体恢复到最初确定的基点位置之后，才可以进行轴线测定工作。

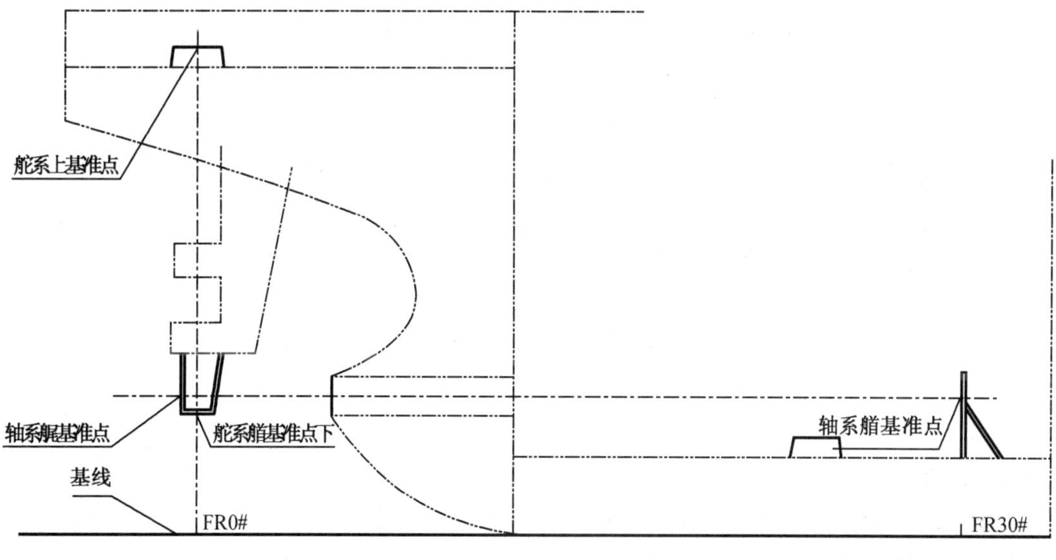

图1.1.1 基准点设置示意图

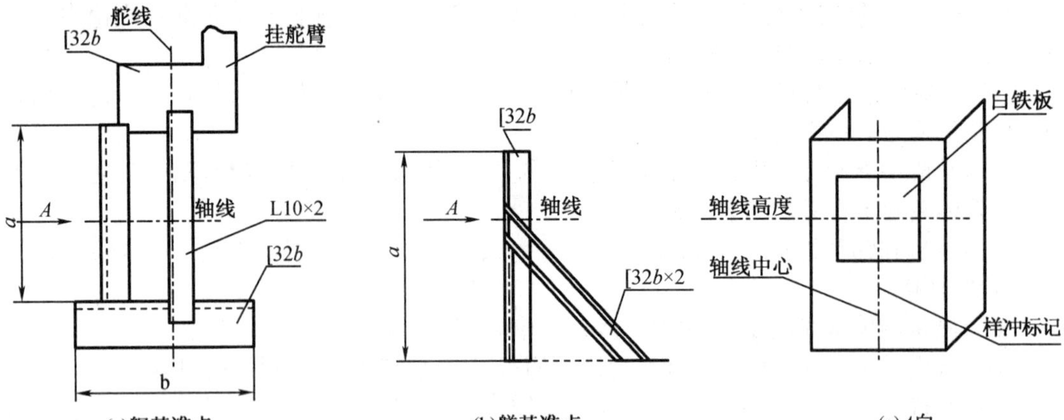

图 1.1.2　基准点示意图

基准点的坐标系由船长方向的肋位、宽度方向的艄纵剖面线及高度方向的船体基线构成。

肋位线一般会在船台和船体构件上有所标记,很直观,直接测量即可;基线一般会由船体施工人员在船体建造工程完成后,测量龙骨变形量,计算龙骨平均高度点,作为船体实船基线,并在安放在船台上的高度标尺上做出高度标记;而实船艄纵剖面线也会在艉封板及机舱区域的船台上或打点、或直接勘画出实船艄纵剖面的投影线。

1. 轴系基准点的高度位置的确定

图纸上一般只标出基准点至船体基线的高度尺寸,施工时需要在指定的基准点所在肋位向上量取规定的数值。为了测量方便,艏基准点高度位置往往是从中龙骨上平面(双层底上平面)的中线向上量取,因为中龙骨上平面(双层底上平面)距基线的高度是已知的。如果是中、小型船舶,单层底,而且中龙骨有线型,不方便直接测量,则可以在安放在船台上标有基线高度的标尺上标出轴线高度,然后用透明软管、全站仪、激光经纬仪等工具将轴线高度引入设置在机舱内、外的艏、艉基准点上(图 1.1.3)。

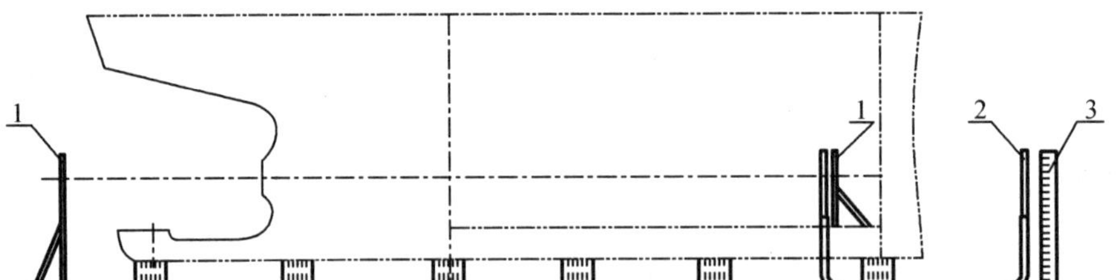

1—拉线架;2—连通水管;3—标尺。

图 1.1.3　借助连通水管将轴线高度引到机舱内、外的艏、艉基准点上

相比连通水管,全站仪和激光经纬仪的测量精度更高、更方便,所以大型船舶在确定了艏基准点之后,大多采用全站仪和激光经纬仪来测量基准点。

轴系理论中心距基线的高度应根据主船体的变形情况做适当调整,但具体的调整方法和调整数值应同设计部门协商,且不得超差。

2. 轴系基准点的左右位置的确定

(1)对单轴系,可以用吊线锤对准船中心线来确定;也可以使用光学仪器法,使用经纬仪,通过扫船中心线的方法来确定。

(2)对双轴系,应根据轴系布置图要求的艏、艉基准点距船中线的距离,借助吊线锤和样棒,左右均分予以确定。

3. 轴系基准点的船长方向位置的确定

按照相关图纸和技术文件,对照船体内、外底板和其他船体构件上的肋位线标记,使用样棒、卷尺和吊线锤等工、量具直接测量即可。

【工作任务】1.1.2　用拉线法确定轴系理论中心线

拉线法是一种较为传统的方法,优点是操作简便,对设备要求比较低,缺点是钢丝因自重产生的挠度会造成一定程度的测量误差,而且钢丝在空间坐标的测量比较困难,测量精度很大程度上取决于操作者的技术水平和状态。所以拉线法一般应用于轴系长度小于20 m的中、小型船舶,或者用于大、中型船舶的轴线初步确定,以及其他次要设备的定位安装。

如图1.1.4所示为拉线示意图。

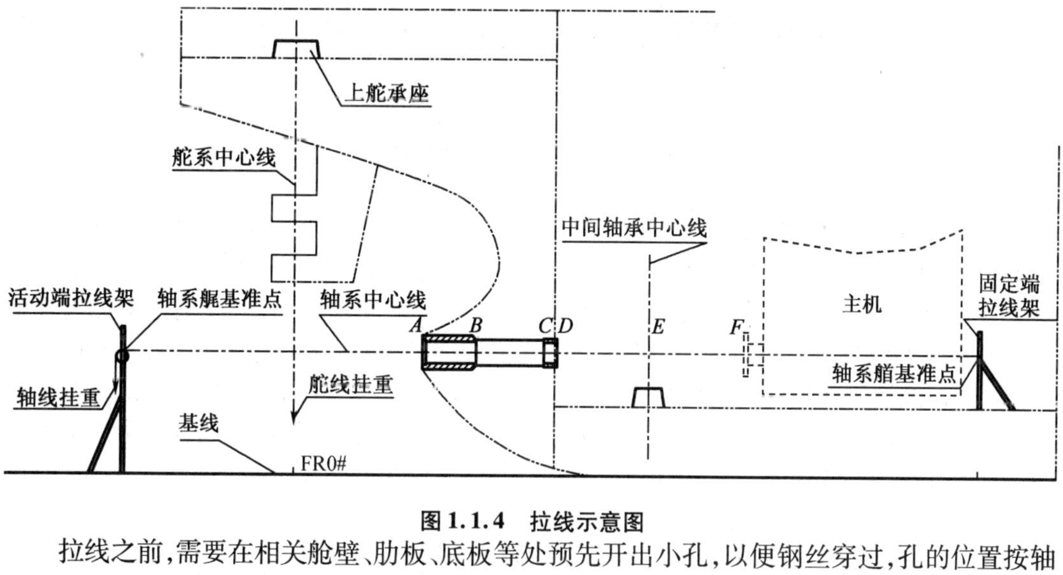

图1.1.4　拉线示意图

拉线之前,需要在相关舱壁、肋板、底板等处预先开出小孔,以便钢丝穿过,孔的位置按轴系布置图给出的尺寸大致确定,有时还需考虑船体线型图、肋骨线型图以及船体尾部的船体变形情况。小孔孔径为成品孔的1/3~1/2,宁小勿大。然后在规定的位置安装两只拉线架。前面的拉线架设置在机舱主机前端0.5~1 m处,也可设置在机舱前舱壁附近,为固定式拉线架,如图1.1.5(a)所示;钢丝通过压板固定在滑板7上,摇动手柄8可以使钢丝随滑板7沿水平方向移动,摇动手柄10可以使钢丝随滑板9沿上下方向移动。船尾的另一个拉线架设置在舵系中心线之后0.5~2 m处,采用活动式,如图1.1.5(b)所示,从固定端拉过来的钢丝经过滑轮后转向,依靠挂重拉紧,转动方榫1可以使钢丝沿上下方向移动,转动方榫4可以使钢丝沿水平方向移动。另外,钢丝的拉紧也可以依靠如图1.1.6所示的拉紧螺栓。

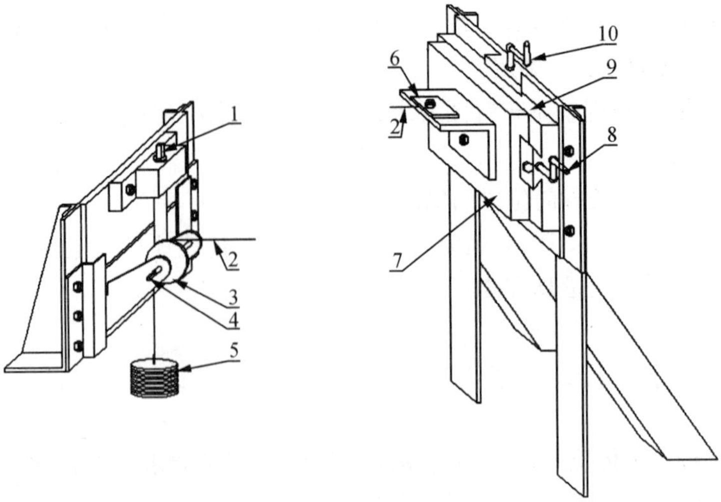

(a)固定式　　　(b)活动式

1,4—方榫;2—钢丝;3—滑轮;5—挂重;6—钢丝压板;7,9—滑板;8,10—手柄。

图 1.1.5　拉线架

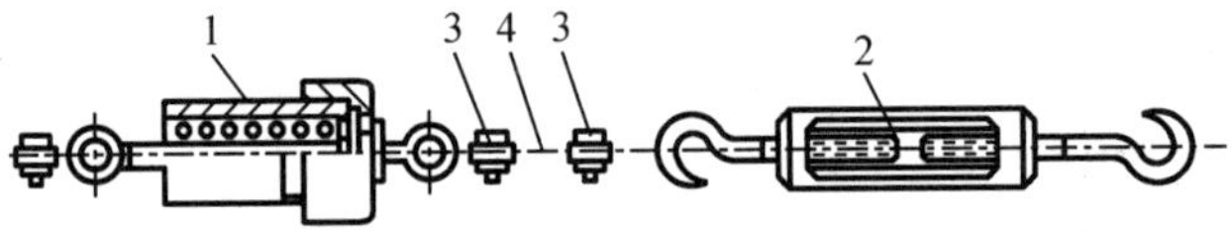

1—拉力计;2—花篮螺栓;3—钢丝夹具;4—钢丝。

图 1.1.6　拉线用的拉紧螺栓

拉线选用的钢丝又称琴钢丝。一般轴系长度在 15 m 以上时采用直径为 0.6 mm 以上的钢丝,长度在 15 m 以下时采用直径为 0.5 mm 以下的钢丝。所选用的琴钢丝表面应无任何锈点和折伤。琴钢丝用挂重或花篮螺栓拉紧,拉力可参考表 1.1.1。在钢丝上标出长度方向的基准点位置。通过拉线架上的调整装置调整钢丝的上、下、左、右方向,左右位置的确定使用吊线锤和样棒,高度尺寸直接使用直尺进行测量。最终使得钢丝上标记的基准点的左右位置和高度尺寸满足图纸和工艺文件的技术要求。此时,钢丝即代表轴系理论中心线。轴系理论中心线建立之后,即可进行主机基座、轴毂孔等设备的定位和测量工作。

表 1.1.1　常用拉线用钢丝直径与推荐挂重

钢丝直径/mm	0.3	0.4	0.5	0.6	0.7	0.8	0.9	1.0
钢丝单位长度质量/($g \cdot m^{-1}$)	0.56	0.99	1.54	2.22	3.02	3.95	4.99	6.17
极限挂重/kg	12.7	22.6	33.4	48	61	80	99	122
推荐挂重/kg	7 ~ 10	15 ~ 20	20 ~ 30	30 ~ 40	40 ~ 50	55 ~ 65	70 ~ 80	85 ~ 95

因为钢丝自身具有一定的质量,会产生挠度,在对各测量点进行测量时,需要求出各待测量点的挠度值,对测量值予以修正。计算方法如图 1.1.7 所示。

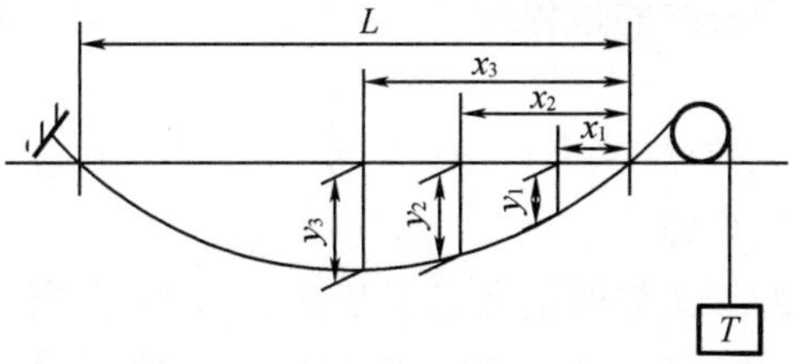

图 1.1.7　钢丝挠度计算示意图

钢丝在不同位置处的挠度 y 可由下式求出

$$y=\frac{qx(L-x)}{0.99\times 2T} \tag{1.1.1}$$

式中　y——在计算点上的挠度,mm;

q——钢丝单位长度的质量,g/m,见表 1.1.1;

x——计算点到基准点之间的距离,m;

L——钢丝艏、艉基准点之间的距离,m;

T——挂重,kg。

【工作任务】1.1.3　用光学仪器法确定轴系理论中心线

用光学仪器法确定轴系理论中心线利用的是光在均匀介质中直线传播的原理。其基本思路是:按照工艺图纸和文件规定的位置安装两个基准光靶,调整光靶,使两个光靶的十字线中心在轴系理论中心线或延长线上,之后安装并调整光学仪器,使仪器的主光轴(或光束)通过基准光靶上的十字线中心,此时仪器主光轴(或光束)就代表了轴系理论中心线。用光学仪器法确定轴系理论中心线具有精度高、劳动强度低、速度快、操作方便等优点,因而广泛应用于长轴系船舶和大、中型船舶。

如图 1.1.8 所示为使用激光准直仪进行轴系理论中心线的确定。

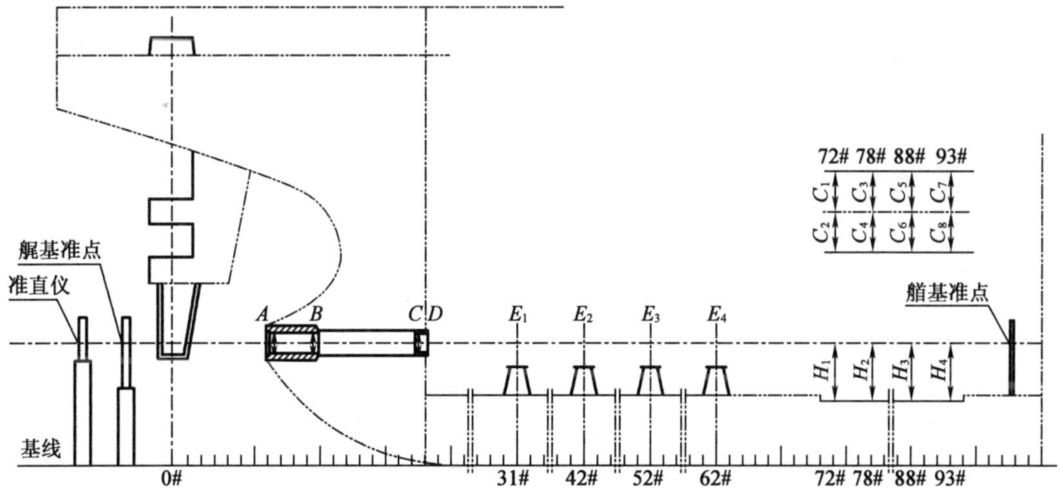

图 1.1.8　轴系照光示意图

照光法确定轴系理论中心线的过程如下：

(1)设置艏、艉基准点。

①艏基准点设在主机之前，艉基准点设在舵系中心线后方船台地面上，或挂舵臂上，基准点用槽钢制成，要求稳定、牢固。

②按照图1.1.2所示的方法在槽钢上确定基准点，画十字线，打样冲，然后安装照光用的标靶，标靶中心对正十字线。标靶形式比较灵活，一般使用薄金属板、纸等材料制成，为便于观察和测量，靶面最好为哑光。图1.1.9所示为一块金属(或胶)板制成的用于照光的标靶。图1.1.10所示为一张画有十字线的白纸，准直仪安装在艉部，向前照射安装在机舱的艏基准点时，将白纸掀起。

(2)在待镗孔的艉轴管前、后端各装焊一组镗杆定位基准点(上下左右各1点，共4点)。

(3)在艉轴管(或人字架)前、后端的内孔中分别安装光靶，光靶端面应与艉轴管轴线垂直。光靶的数量和位置根据确定艉轴管中心和画线的需要确定。光靶的形式很多，图1.1.11所示为一种带百分表的光靶，这种光靶数据读取相对比较方便、直观、准确。

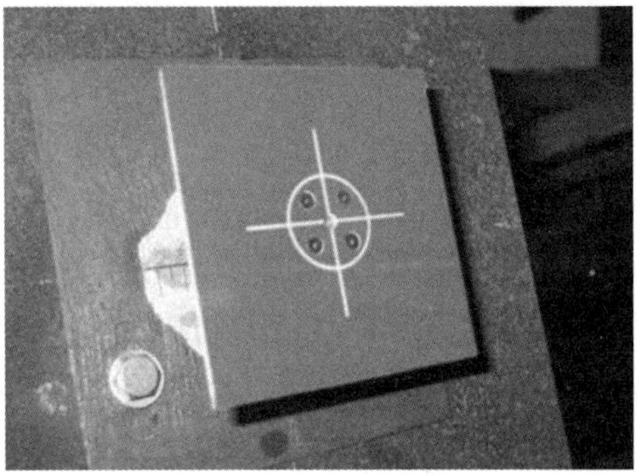

图1.1.9 照光用的标靶

图1.1.10 安装在艉部的照光用的纸标靶

图1.1.11 带百分表的光靶

图1.1.12所示为船厂常用的一种带套筒的八腿光靶支架，套筒里可以安装图1.1.13所示的照光靶心和测量靶心，可以使用测量靶心配合独脚卡钳进行测量，也可以使用图1.1.14所示的百分表进行测量。

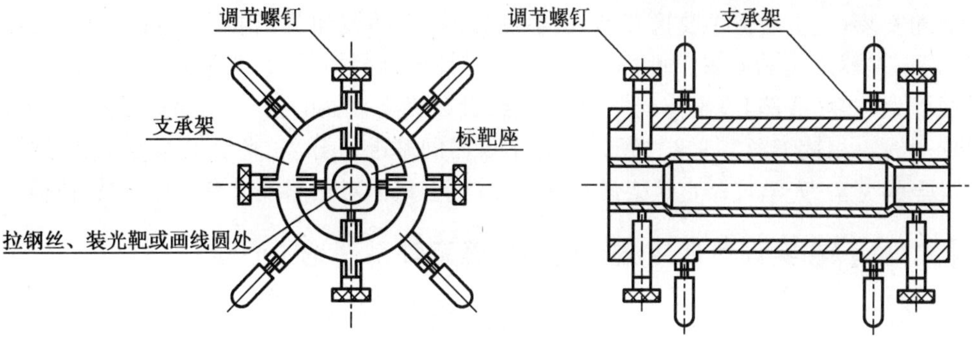

(a)正面　　(b)侧面

图 1.1.12　八腿光靶支架

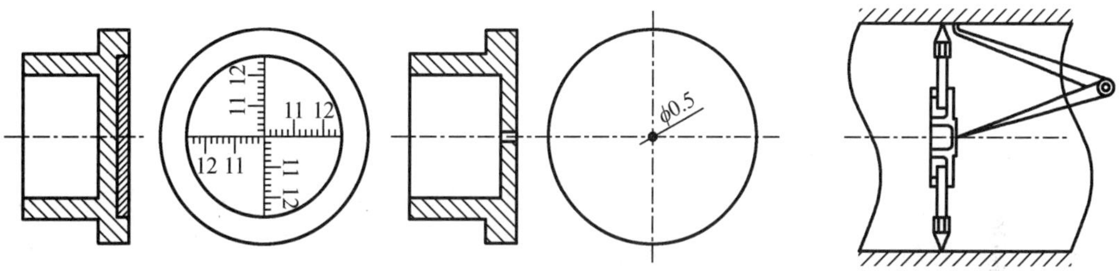

(a)照光靶心　　(b)测量靶心　　(c)测量靶心的使用

图 1.1.13　照光靶心和测量靶心

图 1.1.14　八腿光靶在艉柱轴毂孔里的安装和测量

（4）按舵系的上、下基准点拉舵系中心线并调整定位（详见舵系安装章节）。

（5）安装光学仪器、照光。可以将光学仪器设置在艉基准点之后，自艉向艏照光；或设置在艏基准点之前，自艏向艉照光。如果是自艉向艏照光，则将光学仪器架设在艉基准点后方且与其距离不小于1 m 的地面上或平台上，然后调整光学仪器十字线中心与艏、艉基准点光靶十字线中心重合，此时光学仪器的主光轴或激光束即代表轴系理论中心线。有些船厂的艉基准点使用纸质标靶，照光时先对正艉基准点，之后将纸靶翻起，对正艏基准点，然后将艉基准纸靶翻下，对正……如此反复几次直至合格。有些船厂的艉基准点使用带钢靶心的光靶，对正艏基准点时，将靶心取下即可。如果是由艏向艉照光，则将光学仪器装在主机之前的支架或平台上。

还可以直接将光学仪器设置在基准点上。首先，以艏（或艉）基准点为中心画出光学仪器胎架的安装孔、切割圆线及检查圆线；然后，按切割圆线加工光学仪器胎架的安装孔；之后，将光学仪器及其胎架置于孔内，按检查圆线找正、固紧；最后，调整光学仪器，使仪器的光轴或光束与艉（或艏）基准点光靶中心重合，此时光学仪器的主光轴或激光束即代表轴系理论中心线。相较于图1.1.8中所示的光学仪器同基准点分离、光学仪器需要反复对正两个基准点的方案，光学仪器直接架设在艉基准点上，只需对正艏基准点即可，比较快捷。

【二维码】在实训室使用激光经纬仪确定轴系理论中心线

【工作任务】1.1.4　轴系理论中心线确定之后的后续工作

轴系理论中心线确定之后，紧接着进行以下工作：

（1）检查各待加工孔，如人字架轴毂孔、艉柱轴毂孔和艉轴管孔装焊后的位置是否正确，是否偏离所建立的轴系中心线；同时计算如果以此中心线镗孔，有无加工余量，能否镗出工艺文件规定尺寸的孔，且艉柱（或人字架）轴壳的最小厚度应不小于规定数值。

艉柱轴壳壁厚f应满足

$$f>(0.33\sim0.30)d \tag{1.1.2}$$

式中　f——轴壳壁厚，mm；

d——艉轴直径，mm。

若是浇铸环氧树脂，则需测量其单边厚度能否满足树脂厂家的技术要求。可以采用光学仪器法和拉线法进行测量。使用光学仪器法时，将光靶十字线中心调至与仪器十字线中心重合，再用钢直尺通过光靶十字线中心检查镗孔尺寸并测量十字线中心至轴毂外圆的最小尺寸，然后减去镗孔半径，即可知轴毂最小厚度。使用拉线法时，直接用直尺量取钢丝到内外壁的距离即可。

（2）测量主机组、中间轴承等基座的左右开挡尺寸是否满足安装要求，测量主机组和中间轴承基座面板与轴系理论中心线之间的高度，确认垫片厚度是否在规定范围之内。

（3）检查轴系中心线与舵系中心线的相交情况、垂直度，以及其他相对位置关系是否满足图纸和文件的技术要求。

①轴系中心线与舵系中心线的允许偏差（允差）按下式计算：

$$\delta\leqslant\sqrt[3]{L} \tag{1.1.3}$$

式中　δ——允差，mm；

L——船的总长，m。

②《中国造船质量标准》（CB/T 4000—2017）要求轴系中心线与舵系中心线的偏离量不大于8 mm，垂直度误差不大于1 mm/m。

根据以上结果，如有必要可调整轴线，轴线的允调值为：轴系长度大于15 m时，高度方向±10 mm，水平方向±7 mm；轴系长度小于15 m时，高度方向±7 mm，水平方向±3 mm。

（4）根据修正后（或者无修正）艏、艉基准点将光学仪器重新找正定位，然后分别调整各待加工孔中的光靶，使光靶中心与光学仪器同轴，最后以靶心的圆心为圆心，在艉柱、人字架、艉轴管等待镗孔的轴壳孔前后端面画镗孔加工圆线和检验圆线，或者以光靶架外圆为基准，将装焊在艉管前、后端的镗杆校中基准点做好，为镗孔做准备。

【补充知识】 轴系理论中心线在设备定位中的应用

艉柱、人字架等船体构件以及艉轴管在船上安装时，可以利用光学仪器法或拉线法给出轴系理论中心线，然后依据轴系理论中心线调整艉柱、人字架等船体构件以及艉轴管的位置，使这些部件的孔的中心线与轴系理论中心线同轴，之后施焊，将这些部件固定在船体结构上。下面介绍拉线法和光学仪器法定位艉轴管的工艺过程，艉柱、人字架的定位与之相似。

1. 拉线法定位艉轴管

艉轴管在船上安装时，可以使用拉线法进行定位。如图 1.1.15 所示。代表轴系理论中心线的钢丝调整好之后，可以在艉轴管前后两个端面及轴承位上，用水平尺和角尺画测量用的十字线和记号线。然后以钢丝为依据调整艉轴管的位置，使前后两个截面所测得的 $S_{上} - S_{下} = 2y$（y 为该处钢丝下垂量），同时 $S_{左} = S_{右}$，则说明艉轴管轴承位的中心线与钢丝所代表的轴系中心线重合。

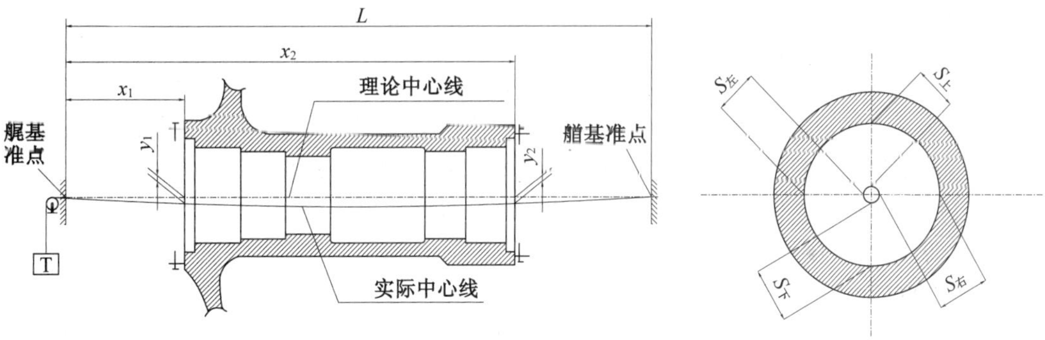

图 1.1.15 拉线法测量孔的中心

2. 光学仪器法定位艉轴管

使用已调整完毕的激光经纬仪定位时，激光束代表轴系中心线，然后即可以激光束为基准来定位艉轴管，过程如下：

（1）在艉轴管前后端面使用水平尺、角尺画十字线和测量位记号线。

（2）在艉轴管前后轴承位上各装一只光靶，靶心端面与艉轴管端面大致平齐，用角尺检查其与艉管轴线的垂直度。

（3）用调节螺钉结合测量数据调整光靶，使之与艉管轴承位孔同轴。

（4）使用安装在艉轴管前后支撑座上的调节螺钉调整艉轴管的上、下、左、右位置，使激光过光靶中心。调节时，先调远端，再调近端，之后复查远端，直至合格。

（5）最后将经纬仪目镜焦距调节到基准标靶，复核激光光斑与标靶十字线是否重合。如有变化，说明经纬仪位置有变，应重新调节经纬仪，照光工作重新进行。

【二维码】艉轴管定位

【子项目】1.2 按照轴系理论中心线镗孔

【学习目标】

1. 知识点

(1)掌握镗孔的目的、工艺方法和技术要求;

(2)掌握镗孔之后的后续工作内容。

2. 技能点

(1)掌握镗孔工艺方法;

(2)掌握镗孔质量检验方法。

【相关知识】

艉柱(或人字架)轴毂、艉隔舱壁座板法兰或艉轴管等设备在船上安装时,都是以轴系理论中心线为基准进行定位,然后将其装焊在船体结构上的。装焊过程中虽然采取了一定的控制焊接变形的措施,但是焊接变形仍然不可避免。焊接变形主要体现在以下几个方面:

(1)焊接件相对于轴系理论中心线的定位较焊接前发生了变化;

(2)前、后轴承位的同轴度出现偏差;

(3)焊接件本身形状发生变化,如轴毂孔的圆度、圆柱度等出现偏差。

为了解决焊接变形问题,目前船厂普遍采用镗孔工艺。图 1.2.1 所示为使用国产便携式镗排镗削艉轴管。

图 1.2.1 使用便携式镗排镗削艉轴管

镗排形式很多,图1.2.2所示为悬挂式镗排装置示意图。图中镗杆通过镗杆支承、支架和固定架安装在人字架上,电动机通过一整套传动机构减速后,带动镗杆转动,刀架随之转动,进行镗削工作。悬挂式镗排直接安装在人字架(艉柱)轴毂上,不仅避免了船体变形对镗孔质量的影响,还减小了振动,使镗孔的精度、粗糙度大为改善。

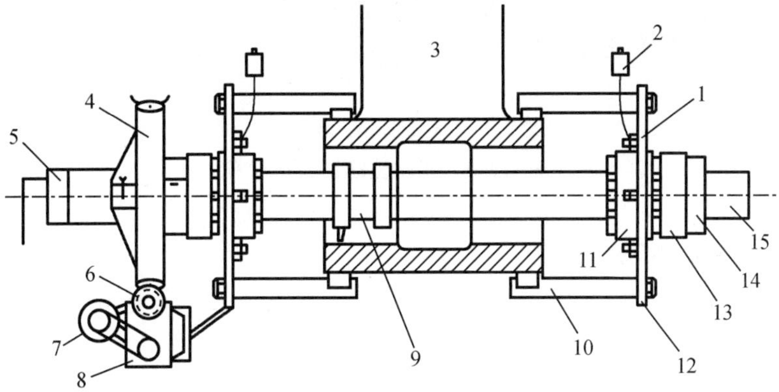

1—定位块;2—油杯;3—人字架;4—蜗轮;5—走刀行星齿轮,6—蜗杆;7—电动机;8—齿轮箱;9—刀架;10—固定架;11—镗杆支承;12—支架;13—止推轴承;14—紧圈;15—镗杆。

图1.2.2　悬挂式镗排装置示意图

【工作任务】1.2.1　镗排在船上的安装和镗杆校中

镗排在船上安装工作的主要任务是镗杆校中,另外还需要考虑镗排的刚度和振动问题。

1. 镗杆校中

镗杆校中就是使镗杆的轴线与轴系理论中心线重合。将镗杆在镗杆支承架上安装好后,可以通过调整镗杆支承的位置,使镗杆对中。镗杆校中的方法有以下几种。

(1)用定位螺钉校中镗杆

当采用拉线法确定了轴系理论中心线之后,在待加工的轴毂孔前、后两端面各焊上4个定位螺钉,螺钉头部磨平。用内卡钳配合千分尺测量并调整螺钉头部到代表理论轴线的钢丝的距离,使左右两个定位螺钉与钢丝距离相等,而上部定位螺钉与钢丝距离比下部定位螺钉大$2y$(y为该处钢丝挠度)。然后将螺钉固定好,镗杆校中即以此螺钉为依据。

当采用光学仪器法确定轴系理论中心线时,测量螺钉头部到靶心(或画线套筒)外圆的距离,然后调整螺钉,使得4个定位螺钉与靶心外圆的距离相等。

将镗杆在镗杆支承架上安装好之后,用调位螺栓调整镗杆支承架的位置,使得轴毂前后两端面处测得$L_1=L_2=L_3=L_4$,即可认为镗杆与理论轴线同轴,镗杆校中工作完成。如图1.2.3所示。

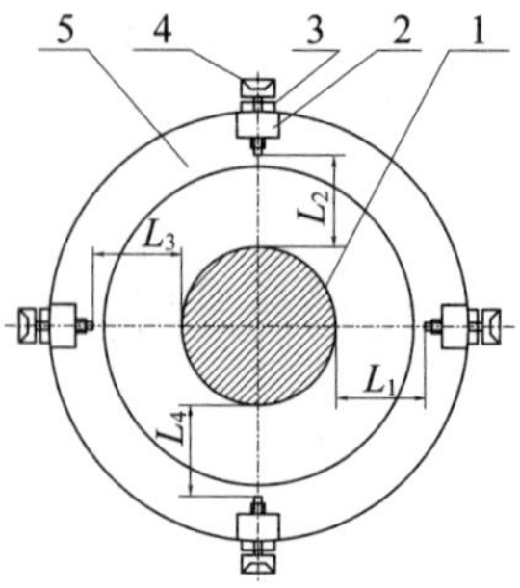

1—镗杆;2—支座;3—定位螺钉;4—薄螺母;5—待镗轴毂孔。

图 1.2.3　用定位螺钉找正镗杆

(2)用加工圆线和检验圆线校中镗杆

根据画在轴毂孔端面上的代表轴系理论中心线的加工圆线和检验圆线,用独脚卡钳或者画针盘校中镗杆。如图 1.2.4 所示。

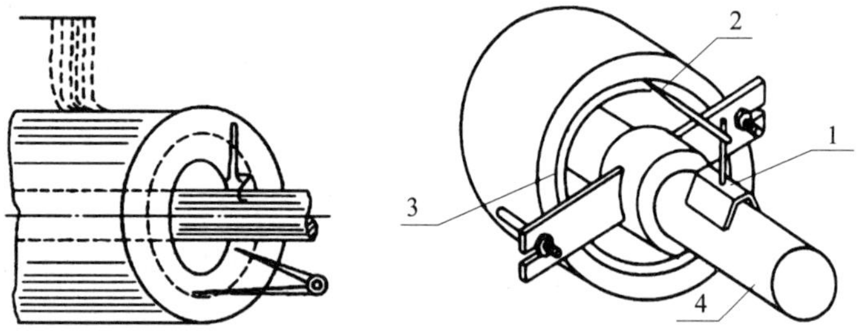

(a)使用独脚卡钳校中镗杆　　(b)使用画针盘校中镗杆

1—V 形画针座;2—画针;3—检验圆线;4—镗杆。

图 1.2.4　用加工圆线和检验圆线校中镗杆

加工圆线的尺寸为镗孔尺寸。检验圆线用于检验镗孔质量,与加工圆线同心,尺寸比加工圆线大 20 ~ 30 mm。加工圆线和检验圆线的画法如下:

①光学仪器法

用光学仪器确定轴系理论中线时,在待加工孔的两端安装光靶,将光靶中心调至与代表轴系理论中心线的仪器的主光轴或光束重合。取下十字线靶心,换上带中心孔的钢靶心,以钢靶心的中心孔为圆心,用圆规分别在待加工孔的前、后端面上画出加工圆线和检验圆线。此时需注意,因为轴承孔的中心线比艉轴轴线高出轴承间隙的一半,如果靶心的中心孔在靶心的圆心上,镗孔后装入艉轴承和艉轴,艉轴中心将比轴系理论中心线低。因此,常将钢靶的中心孔制成偏心,偏心值为轴承间隙的一半,如图 1.2.5 所示。

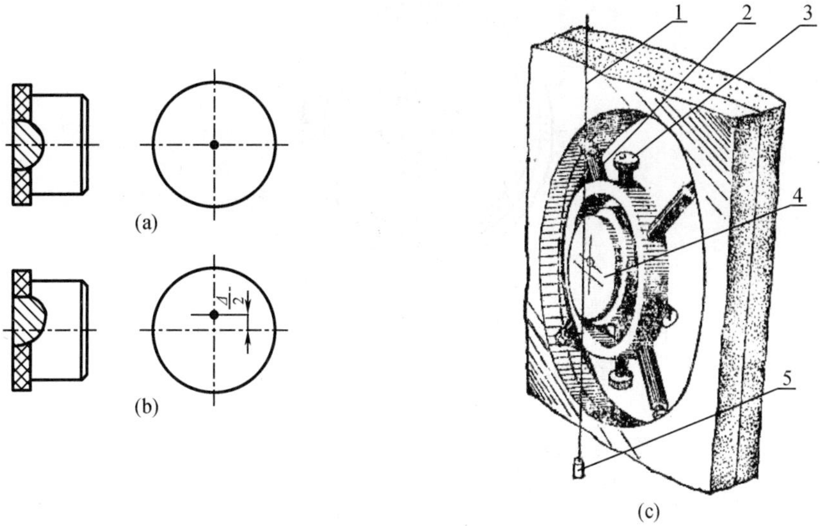

1—钢丝;2—支承螺钉;3—调节螺钉;4—钢靶;5—铅锤。

图 1.2.5 钢靶心

②拉线法

用拉线法确定轴系理论中线时,先按钢丝在待镗孔的端面上画出十字线,而加工圆线和检验圆线通常是在拆除钢丝后按十字线画出。常用作法:在钢丝拉着时,在画十字线的一根线上任意取一点,打上样冲眼,用卡钳量取该点至钢丝的最小距离,以此为准,在其余三根十字线线段上求出与钢丝等距离的三点并打上样冲眼。然后拆除钢丝,在孔端嵌入一木条,木条当中钉有一小块白铁皮,分别以这四个样冲眼为圆心,取稍大于这四个点所组成的圆的半径,用画针在白铁皮上画出四段圆弧,找出四段圆弧包围的一小块区域的中心点,用画针检查此点与十字线上四个样冲眼的距离,如果相等,此中心点就是所求的理论中心点。在中心点上打样冲眼,以此点为圆心在待镗孔的端面上用圆规画出加工圆线和检验圆线。如图 1.2.6 所示。

如果使用如图 1.1.12 所示的带套筒的光靶支架,以钢丝为依据调整套筒,使套筒内孔与轴系中心线同轴,测量的具体方法如图 1.1.15 所示,然后装上钢靶心,用圆规画出加工圆线和检验圆线,如图 1.2.7 所示。

(3)用光学仪器法校中镗杆

此法用于空心镗杆,而且镗杆两端各有一个阶梯孔与外圆同轴。在镗杆两端的阶梯孔中安装光靶或激光准直仪专用接收靶,调整光靶十字线中心至与镗杆轴线重合。将光学仪器光轴调整至轴系理论中线上。仪器可以装在主机或减速器的输出轴上,也可以装在船台上。根据仪器的十字线中心调整镗杆支承轴承的位置,使镗杆两端的光靶中心与光学仪器的光轴重合,镗杆校中完毕。

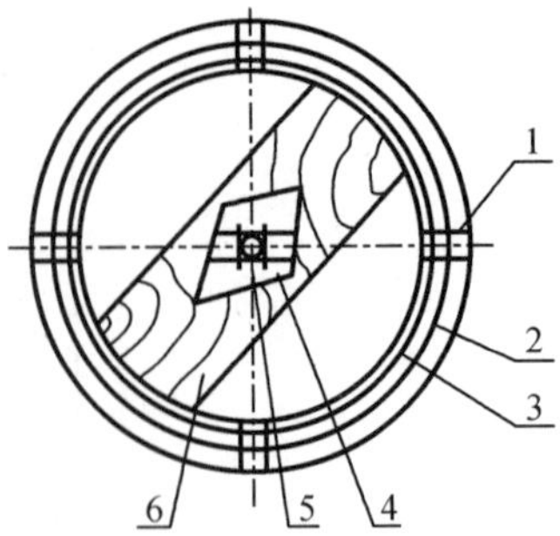

1—双十字线;2—检验圆线;3—加工圆线;4—白铁皮;5—钢丝;6—木块。

图 1.2.6　拉线法画加工圆线和检验圆线

(a)

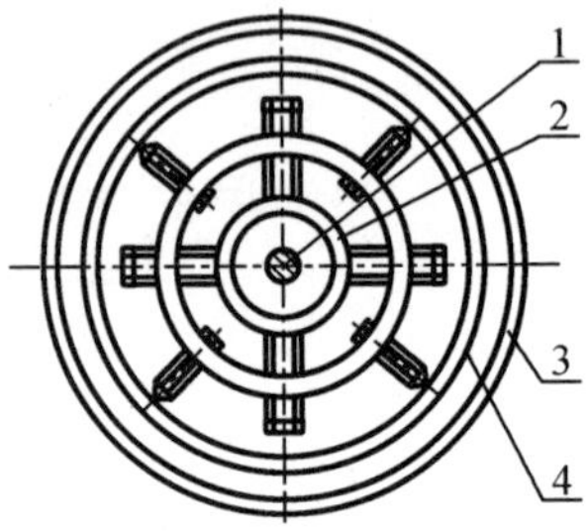

(b)

1—钢丝;2—画线套筒;3—检查圆线;4—加工圆线。

图 1.2.7　使用带画线套筒的光靶画加工圆线和检验圆线

镗杆的中心与基准点或基准圆线允许偏差一般为 ±0.03 mm。

2. 镗杆挠度修正

为保证加工件的形位公差和粗糙度,提高镗排系统刚性是很重要的。镗排系统刚性主要与镗杆和轴承支架本身的刚度有关,此外镗杆轴承支架的间距也对其有影响。因此,对上述部分应采取相应的措施。

首先是镗杆。镗杆刚性不足会出现“让刀”现象,即镗杆在切削加工时在切削力作用下发生弹性变形,在一定的作用力下,变形量从靠近轴承处至两轴承中间位置处逐渐加大,变形量越大,加工出的孔径就越小,最终形成一个锥孔。当使用跨度长的镗杆时,还可能会出现所镗孔与轴系理论中心线不重合的现象,导致在轴承安装后,艉轴与轴承的接触面积减小,形成局部接触,轴承磨损加剧。另外,镗杆的挠度会在镗削时产生跳动,尤其是在高转速时,常会损坏刀具,或在加工表面出现刀纹,粗糙度不能满足要求。

因此在设计和选用镗杆时应该尽量加大镗杆直径,当镗杆跨度较长时可以考虑增加一个中间轴承以修正镗杆挠度(图 1.2.8),具体做法如下:

(1)在距艉管后端面 1.5 m 左右设置准直仪;

(2)将同一标高的两水平标尺分别置于 A、B 两处,调整准直仪,使其与 A、B 两处的水平标尺处于同一标高上,锁定准直仪;

(3)将 A 处的水平标尺移至 C 处,依据准直仪,使用调位工装调整中间支承,修正镗杆挠度。

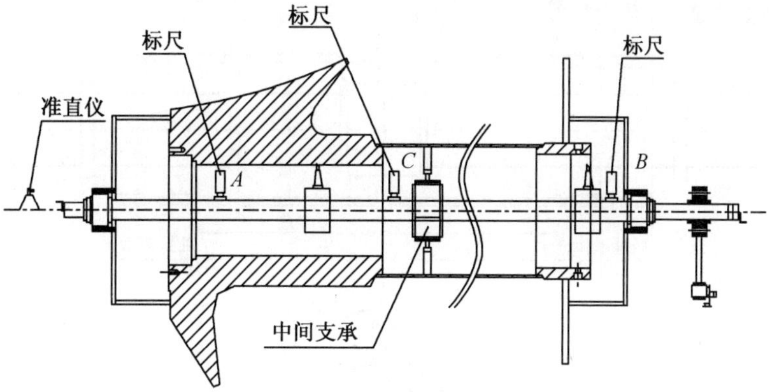

图 1.2.8　使用准直仪修正镗杆挠度示意图

除了图 1.2.8 所示的方法，镗杆的挠度还可以采用图 1.2.9 所示的方法预先在车间里测得。在机床床面（或平台）上设置两只可调临时支承，支承位置、间距与在实船镗孔时镗杆支承的布置相同，图中虚线为下垂后镗杆位置。用百分表校正镗杆 I'、J'两点的高度，使之相等，然后以 I'、J'两点为基准，测量镗杆中部 F 处的下垂量，同时测量艉轴管前、后端面处镗杆的下垂量。也可以使用拉线法测量。

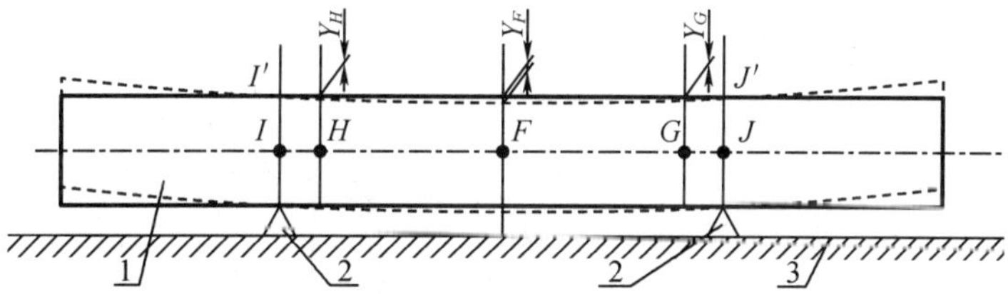

1—镗杆；2—可调临时支承；3—机床床面（或平台）。

图 1.2.9　镗杆下垂量示意图

得到镗杆中间部位的挠度之后，实船安装镗杆时即可按此数值对镗杆中间轴承进行顶升，如图 1.2.10 所示。

图 1.2.10 中的两只调位螺钉（零件 8）用来顶升镗杆，A、B、C 处各安装一只百分表，正上方 B 处的表用来测量轴承顶升高度，两侧 A、C 处的表用来检测顶升过程中是否有顶偏。正常情况下，A、C 处的百分表读数应基本相等。

另外，如果艉轴管很长，也可以采用分段镗孔。比如先镗艉轴管后段，完成后检查之前在前段上确定的镗杆定位基准点相对于已加工孔中心的偏差，如果偏差超过 0.05 mm，则要修整基准点，使之与已成品孔的中心对正，然后再对前段进行镗孔，如图 1.2.11 和图 1.2.12 所示。

除了镗杆，还应该尽可能加大镗杆轴承支架的刚性，轴承支架应该尽量安装在船体强结构处，并予以可靠固定和加强，尽量减小镗杆轴承支架之间的距离以减轻镗杆变形。

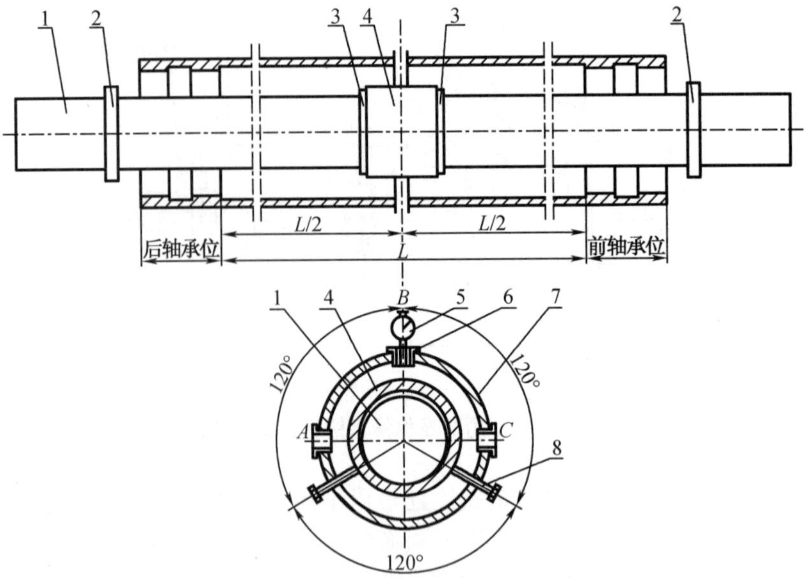

1—镗杆;2—镗杆轴承;3—中间轴承定位止推环;4—中间轴承;5—百分表;
6—焊接螺母;7—艉轴管;8—调位螺钉。

图 1.2.10　镗杆中间支承示意图

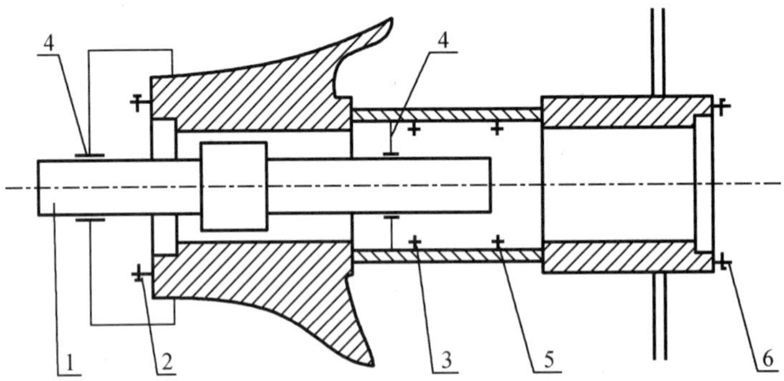

1—镗杆;2,3—镗杆定位基准(艉轴管后段);4—镗杆支承;5,6—镗杆定位基准(艉轴管前段)。

图 1.2.11　分段镗孔示意图

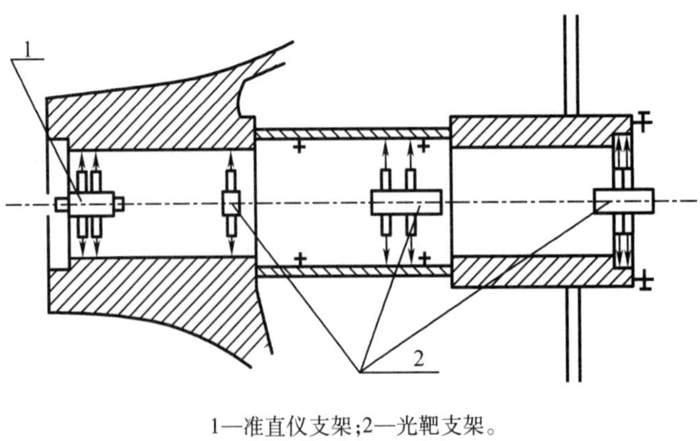

1—准直仪支架;2—光靶支架。

图 1.2.12　分段镗孔时以成品的后段孔中心找正前段示意图

3. 镗排减振

镗排系统刚性比较差，容易产生振动。加工设备的振动会降低加工精度。为避免振动不得不降低切削用量，这对生产不利。为消除振动，除提高镗排系统的刚性外，还可以将电动机与镗排的支架分开，将其安装在与船体不相连的单独的座子上，以隔离振源。此外，还应对镗刀的几何角度、工作角度和安装高度等参数进行适当的优化。另外，还要注意镗杆与轴承的径向间隙不可过大，并且加强润滑以减小由于切削量不均匀造成的镗杆在轴承中的振动。

【工作任务】1.2.2 镗孔

镗杆安装安装、校中、校直工作完成之后，即可开始镗孔。首先是粗镗加工，依据施工图，将各尺寸加工到半精镗前状态，各阶梯孔应留有 1 ~ 1.5mm 加工余量；粗镗加工完成后，镗杆复校中，镗杆挠度修正，半精镗加工，各档孔径应留有 0.5mm 加工余量；精镗，所有尺寸均加工到位；之后检查各加工表面的加工质量。

因为存在装配关系，所以对镗孔的形位公差和粗糙度等都有相应的要求。但是由于镗孔的工作环境比较恶劣，加工设备本身比较简陋，加之被加工件加工余量不均匀，就使得镗孔精度难以保证，而镗孔质量的好坏对整个轴系安装至关重要。为了确保镗孔质量，可以从下面几个方面着手：

(1)在保证镗孔精度的同时又要提高生产效率，因此镗孔分粗镗和精镗两阶段，先用较大的切削用量粗镗，粗镗后根据检验圆线校验镗杆位置有无变化，检验无误后精镗。切削参数参考表 1.2.1。

表 1.2.1 镗孔切削参数

方式	切削深度/mm	走刀量/($mm \cdot r^{-1}$)	镗杆转速/($r \cdot min^{-1}$)
粗镗	1 ~ 5	0.5 ~ 1.0	8 ~ 15
精镗	0.2 ~ 0.5	0.2 ~ 0.3	15 ~ 30

(2)为了克服让刀造成的切削不均匀，可以采用双刀切削，将两把刀 180°夹角安装以减少镗杆的弹性变形。

(3)为避免因温度变化导致的变形，从而影响加工精度，精镗一般应在阴雨天或夜间一次连续完成，且应停止船上影响精镗加工的振动性作业。

(4)压入衬套的接触部分，应一次镗出，不允许镗削中止和接刀。

(5)工作中应在孔径表面喷注由植物油(70%)和煤油(30%)组成的混合冷却油。

(6)内孔镗孔完毕，检验合格后，才能加工端面，因端面加工后，检验圆线就被切掉了。

(7)工作中如发现加工面有较大面积砂眼、裂纹等铸件缺陷，应及时反馈，以便及时处理，不得强行施工。

【工作任务】1.2.3　镗孔技术要求及镗孔质量检验

(1)艉轴管轴承内孔镗削加工后,孔中心与找正中心的偏差≤0.10 mm。

(2)孔的圆度与圆柱度误差不得超过表1.2.2的规定。

(3)孔端面与孔的中心线的垂直度误差≤0.10 mm/m。

(4)加工后的内孔表面粗糙度 *Ra* 值≤3.2 μm,允许极限≤6.3 μm,端面的粗糙度≤12.5 μm。

(5)测量艉轴管成品后端面到舵线的距离,按图纸要求尺寸允许偏差为±5 mm。

(6)轴毂最小壁厚按照下式计算:

$$t > (0.33 \sim 0.3)d \tag{1.2.1}$$

式中　t——轴毂壁厚,mm;

d——艉轴直径,mm。

表1.2.2　艉轴管镗孔的圆度、圆柱度要求　　单位:mm

孔径	公差标准范围	备注
≤120	≤0.015	1. 在制造厂没有要求时使用; 2. 圆柱度公差值方向应与衬套压入方向保持一致,不允许反方向
>120~180	≤0.020	
>180~260	≤0.025	
>260~360	≤0.030	
>360~500	≤0.035	
>500~700	≤0.040	
>700~900	≤0.050	
>900~1 100	≤0.060	
>1 100~1 300	≤0.070	
>1 300~1 500	≤0.080	

(7)艉轴管前、后孔的同轴度误差≤0.10 mm。

同轴度以及与轴系理论中心线的偏差的检查,可以采用拉线法和光学仪器法。光学仪器法的做法如图1.2.13所示:在艉轴管前、后两端的内孔及轴承位上安装光靶,使光靶与轴线垂直,并按各自所在内孔零对零找正。再使用专门的支架将光学仪器安装在艉轴管后端孔中或艉轴管后端面上,按内孔零对零找正,然后安装光学仪器,并按安装在前端孔中的基准光靶找正光学仪器,同时确保望远镜胎具与艉轴管内孔准确对中。最后,以光学仪器的中心线为基准分别测量安装在轴承位上的靶1、靶2、靶3、靶4、靶5的偏差值,以及艉轴管中心相对于艏基准点的偏移情况,应满足相关图纸要求。

也可以将照光仪置于艉基准点之后,按照安装在艉轴管前、后两端内孔中的光靶中心进行找正,然后以光学仪器为基准,检查安装在各轴承位光靶的偏差,以及艉轴管中心相对于艏基准点的偏差。艏、艉基准点水平方向允许偏差见表1.2.3,垂直方向偏差允许适当放宽,但最大不可超过数值的2倍。

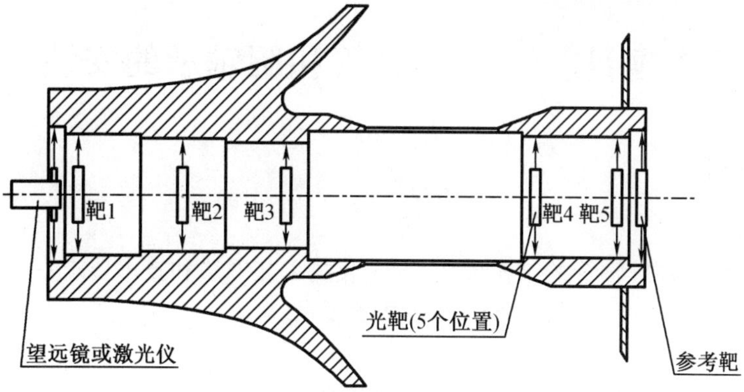

图 1.2.13 同轴度测量(光学仪器法)示意图

表 1.2.3 艏、艉基点中心水平方向允许偏差

艏、艉基准点间距/m	≤15	>15~25	>25~35	>35
允许偏差/mm	±2	±3	±3.5	±5

【拓展知识】偏心镗孔

偏心镗孔主要的目的是为了使艉轴密封装置中心与艉轴中心同轴,从而保证密封效果。施工时,先加工轴承位,然后适当降低镗杆,加工安装艉轴密封装置的止口位,待艉轴承和艉轴装好之后,艉轴即与止口位同轴。镗杆降低的具体数据需考虑密封装置的结构形式、安装技术要求及轴承的径向间隙。采用偏心镗孔后,轴承就不必进行偏心加工了。如图 1.2.14 所示。

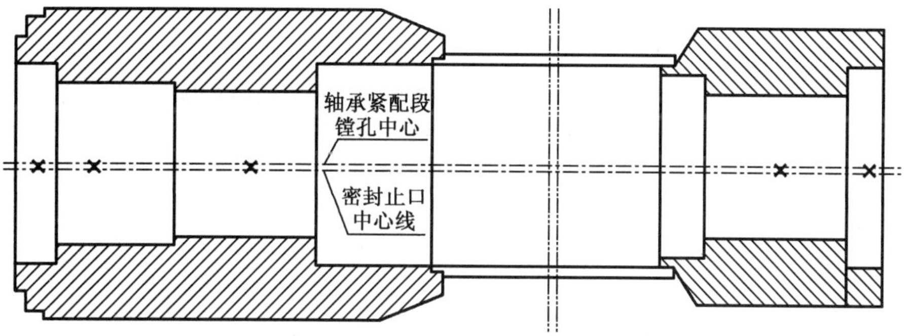

图 1.2.14 偏心镗孔示意图

【拓展知识】分段镗孔

某些大型船舶采用分段镗孔工艺。在船体分段合拢之前,艉轴管所在分段垂直放置在平台上进行镗孔。好处是可以缩短船坞周期,而且艉轴管分段在垂直状态下镗孔,不用考虑镗排因自重而产生的挠度问题,但是需要在后期分段合拢焊接时采取有效措施严格控制船体变形,有一定的难度。

【子项目】1.3　艉轴管和艉轴承的安装

【学习目标】

1. 知识点

(1)掌握各种形式艉轴管的结构形式、加工装配工艺方法和技术要求;

(2)掌握艉轴承和艉轴密封装置的安装技术要求。

2. 技能点

(1)能够依据相关文件资料实施艉轴管和艉轴承的安装工作;

(2)能够依据相关文件资料对艉轴管和艉轴承的安装质量进行检验。

【相关知识】

艉轴管的作用是支承艉轴或螺旋桨轴,并使其能可靠地通出船外,不使舷外水大量漏入船内,同时亦不使润滑油外泄。艉轴管装置一般由艉轴管、艉轴承、密封装置以及润滑与冷却系统等部分组成。艉轴管装置按润滑方式可分为油润滑艉轴管(图 1.3.1)和水润滑艉轴管(图 1.3.2)两种形式。

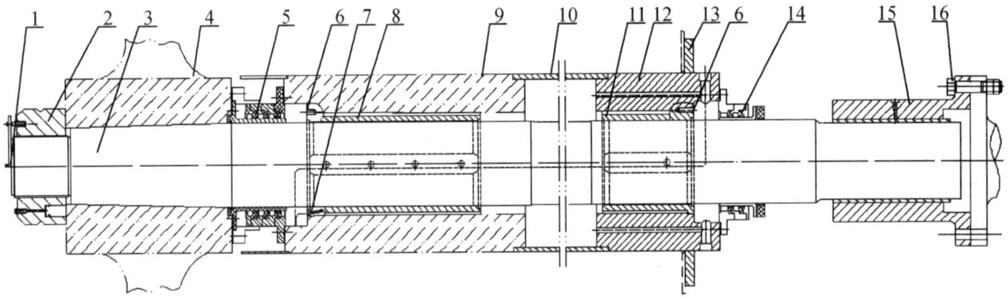

1—止动板;2—液压螺母;3—艉轴;4—螺旋桨;5—尾密封; 6—骑缝螺钉;7—温度传感器;8—后轴承;9—艉柱;10—艉轴管;11—前轴承;12—艉轴管前支承座;13—焊接座板;14—前密封;15—套筒式液压联轴节;16—联轴节螺纹连接件。

图 1.3.1　油润滑艉轴管装置

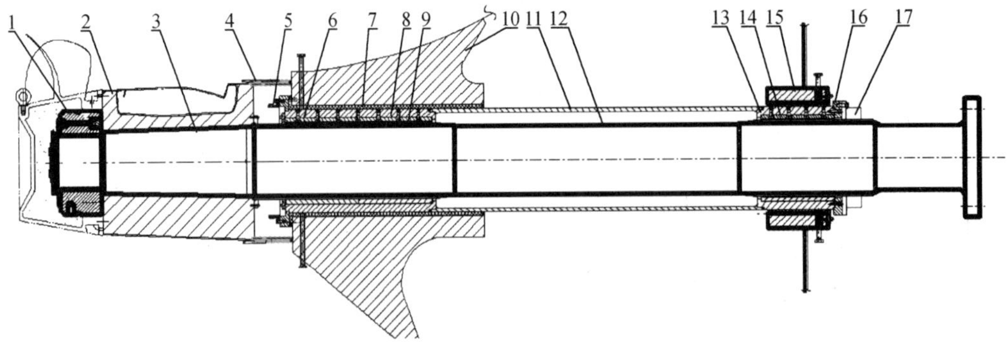

1—液压螺母;2—螺旋桨;3—艉轴;4—防护罩及渔网割刀;5—艉轴管;6,18—轴套;7—环氧树脂;8—后轴承壳体;9—艉轴承;10—艉柱;11—艉轴管;12—防腐涂层;13—前轴承壳体;14—前轴承;15—前支承座;16—艉轴管前法兰;17—首封(首部密封)。

图 1.3.2　水润滑艉轴管装置

艉轴管装置安装属于水线以下工程，在船台或船坞内进行。其安装质量和工程进度直接关系到后续的船舶下水以及轴系校中工作能否如期进行，是整个推进装置安装工程中重要的一环。主要包括艉轴管的加工和安装、艉轴管轴承的安装以及艉轴密封装置的安装等工作。

【工作任务】1.3.1 艉轴管的加工

艉轴管一般由前、后轴承壳体和艉管组成。轴承壳体的作用是安装艉轴承和艉轴密封装置，艉管则起连接和保护作用。其结构按照轴承壳体和艉管是否制成整体而分为整体式和连接式两种类型。相对于连接式，整体式艉轴管被更广泛地采用。按照加工方式，整体式艉轴管又可分为整体铸造和焊接两种类型。目前，因为加工和成本方面的原因，整体铸造艉轴管很少使用，焊接式更为常见。

另外，目前将艉柱（或人字架）轴毂与艉轴管后轴承壳体合二为一的改进型艉轴管被广泛采用，图 1.3.3 所示为改进型艉轴管结构示意图。

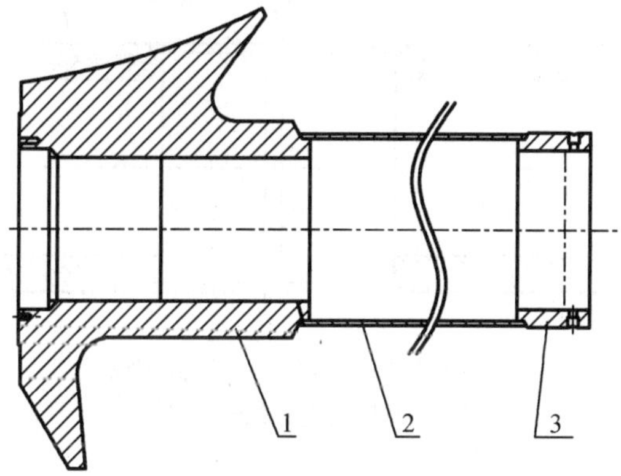

1—艉柱轴毂；2—艉管；3—前轴承壳体。

图 1.3.3 改进型艉轴管示意图

1. 整体铸造式艉轴管

整体铸造式艉轴管由前后轴承壳体与中间的艉管整体铸造而成。材料一般采用铸钢 ZG25、灰铸铁 HT24－44 和球墨铸铁 QT40－10 等。如图 1.3.4 所示为整体铸造式艉轴管。

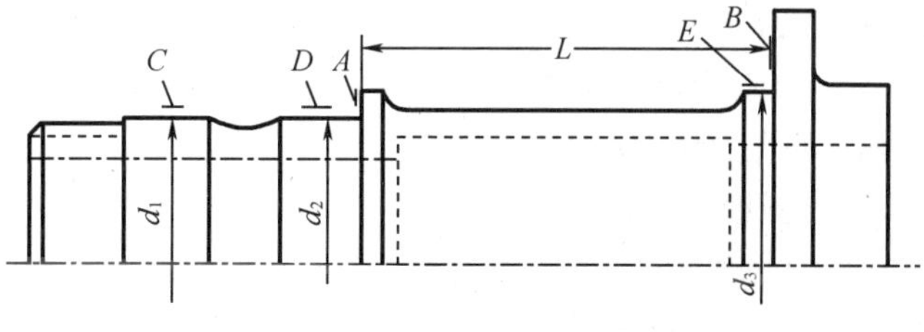

图 1.3.4 整体铸造式艉轴管

整体铸造式艉轴管的铸造质量需要可靠保证。铸钢件表面经适当处理后进行外观质量检验，工件表面不得有气孔、裂缝、缩孔、冷隔、结疤以及影响铸钢件实际使用的其他缺陷,并且要求做无损探伤以检验其内部质量。船用铸钢件的缺陷可能在外表检查时发现,也可能在热处理或机加工后发现,对于不允许存在的缺陷,可以用机械加工、批凿、打磨、气割或碳弧气刨等方法去除。具体规定见中国船级社(CCS)的《材料与焊接规范(2018)》。

2. 焊接式艉轴管

焊接式艉轴管(图 1.3.5)由前后轴承壳体与艉管焊接而成。前后轴承壳体材料一般采用铸钢 ZG25,一些小型船舶也有使用厚壁无缝钢管的。艉管多采用无缝钢管或 Q235 - A 钢板卷制而成。

焊接式艉轴管的加工过程如下:

(1)部件加工。

①前、后轴承座(壳体)内、外圆粗加工,焊接止口加工到位;

②艉管法兰只加工内孔及焊接坡口;

③艉管由钢板卷制(或由无缝钢管切割)而成,之后加工端面及焊接坡口,总长加工到位。

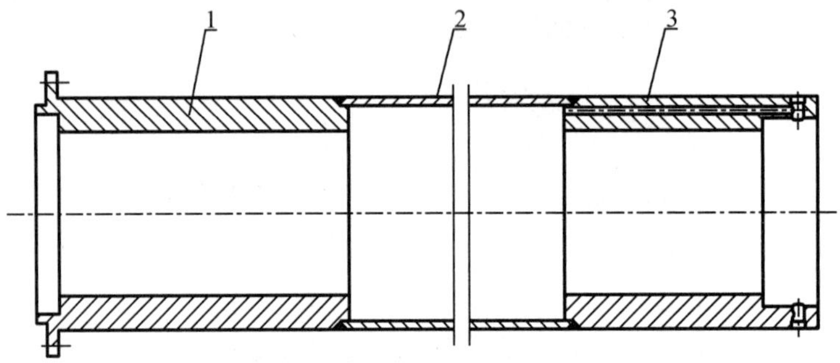

1—后轴承壳体;2—艉管;3—前轴承壳体。

图 1.3.5 焊接式艉轴管

(2)艉管组件的装焊:前、后轴承座及艉管定位在胎架上,用码板固定轴承座;焊缝区域预热 10 ~ 200 ℃;焊接采用对称焊、多道焊,控制焊接变形;所有焊缝焊完后用 δ50 mm 以上的石棉保温 2 h 以上。

(3)密性试验。

(4)艉轴管组件的退火。

(5)艉轴管的机加工:依次加工前、后轴承座外圆和内孔、艉管法兰外圆、端面及其他细节。前、后轴承壳体及法兰的加工尽量一次装夹完成。

艉轴管加工技术要求如下:

①艉轴管加工完成后,不允许有裂缝、气眼、夹渣及浇不足等缺陷,较小的缺陷允许修补,可参照《材料与焊接规范(2018)》;

②表面粗糙度应符合图纸要求;

③圆度、圆柱度应符合图纸要求,而且不能有倒锥;

④艉轴管端面与轴承位中心线的垂直度应符合图纸要求,一般不大于 0.15 mm/m。

【二维码】《材料与焊接规范(2018)》

【拓展知识】艉轴管焊接工艺

1. 焊前准备

(1)坡口加工及清理:焊前需将坡口两侧50 mm范围内的铁锈、切割氧化皮以及毛刺等杂物用砂轮机清除干净,直至露出金属本色。坡口的形状及尺寸如图1.3.6所示。

(2)焊接方法及焊接材料选用:选用手工焊条电弧焊和CO_2气体保护焊。

①手工焊条电弧焊条可选用CHE58－1或J507,ϕ3.2 mm(打底焊时用)和ϕ4.0 mm。焊前需将焊条烘干,烘干温度为350～400 ℃,保温1～2 h。

②CO_2气体保护焊焊丝选用AWS E71T－1,ϕ1.2 mm,CO_2气体纯度不小于99.5%。

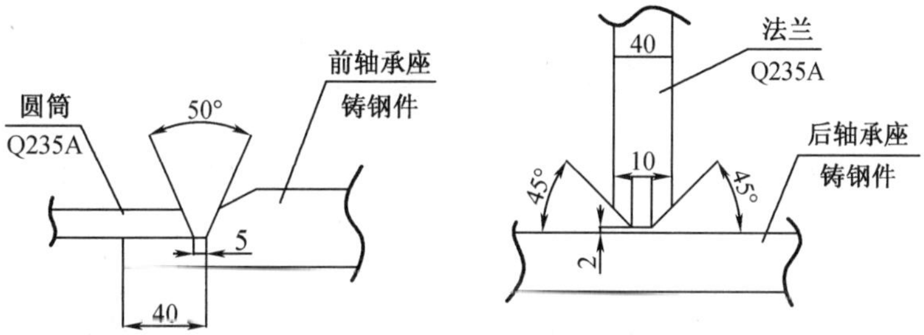

(a)前轴承座与圆筒焊接坡口　(b)后轴承座与法兰焊接坡口

图1.3.6　坡口的形状及尺寸

(3)装配:在胎架上把前、后轴承壳体、艉管以及法兰按照图纸要求进行装配,之后用定位焊将其临时固定,要注意保持前、后轴承位的同轴度满足图纸的技术要求。

2. 焊接

(1)焊前需预热,这是因为被焊母材一侧为铸钢件,焊接性能较差,为避免产生裂纹和在热影响区出现脆硬组织,焊前需将坡口两侧150～200 mm范围内预热150～200 ℃,并且保持焊接过程中层间温度不低于预热温度,否则应重新加热至预热温度后再施焊。预热时,需注意使构件受热均匀。

(2)焊接参数按照相关规定执行。手工焊时电流(A)按焊条直径(mm)的30～50倍选用。CO_2气体保护焊焊接电流I=220～240 A,电压U=24～26 V,焊接速度为0.5～0.6 m/min。焊接时需注意控制焊接变形,主要是前、后轴承位的同轴度,轴承位的圆度、圆柱度以及法兰端面与艉轴管轴线的垂直度等。可采用小电流和对称焊等方法,也可用角钢等型材将轴承壳体与艉管连接成整体以增加结构的刚度从而减少变形。

3. 焊后热处理

焊后立即对接头进行去应力退火,退火温度为500～650 ℃,然后用石棉布盖住整个接头,保温后缓冷到200 ℃,然后空冷。

4. 焊后检验

(1)焊缝外观不得有气孔、咬边、焊瘤等表面缺陷,如有要修补。

(2)焊缝内部如果存在严重缺陷,必须按相关的焊缝返修工艺规范进行返修。

(3)焊后必须做水密试验,压力为0.2 MPa,保持15 min,不得有渗漏,如图1.3.7所示。

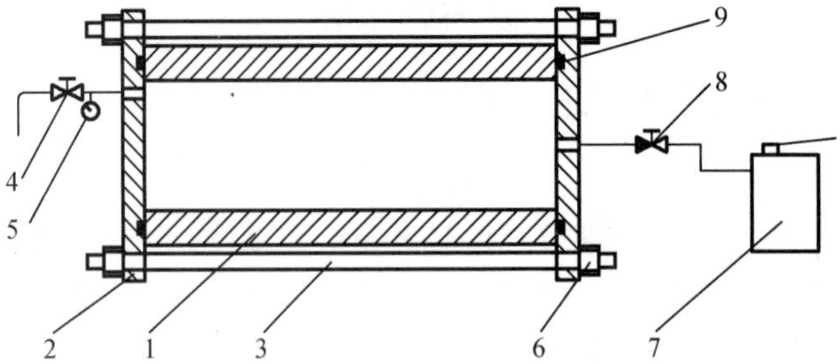

1—艉轴管;2—封板;3—连接螺栓;4—透气阀;5—压力表;6—螺母;7—手动试压泵;8—进水阀;9—密封圈。

图1.3.7 艉轴管试压示意图

【工作任务】1.3.2 艉轴管的安装

艉轴管的常见安装方法有压入安装、环氧树脂安装、焊接安装等三种形式。后两种形式目前经常使用。

1.艉轴管压入安装方法

艉轴管压入安装方法多用于单机单桨艉机型船舶的整体铸造艉轴管。其工艺概况是:艉柱轴毂和隔舱壁座板镗孔完成后,按镗孔尺寸及其配合要求精加工艉轴管安装位相关尺寸,然后将加工好的艉轴管吊装上船并压入艉柱轴毂和隔舱壁座板孔,如图1.3.8所示。

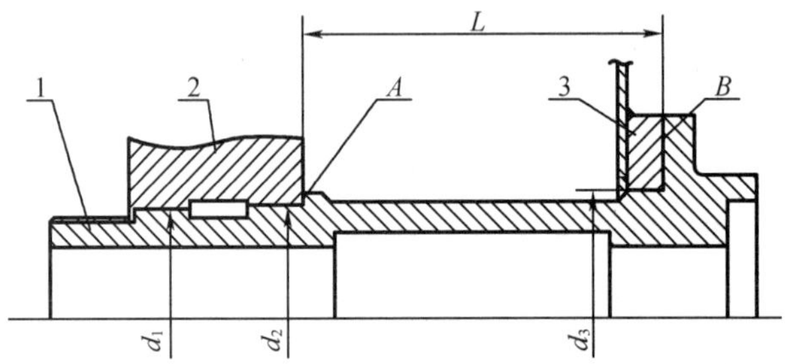

1—艉轴管;2—艉柱轴毂;3—隔舱壁座板法兰。

图1.3.8 艉轴管压入安装示意图

(1)压入安装艉轴管加工技术要求

采用压入安装方法的艉轴管一般是整体铸造而成,艉轴管加工完成后,不允许有裂缝、气眼、集中的渣孔及浇不足等铸造缺陷,一些较小的缺陷允许使用焊补、涂胶等方式进行修补。

艉柱轴毂和隔舱壁座板法兰镗孔完成后,测量轴毂和艉隔舱座板法兰内孔直径、轴毂前后端面的距离、轴毂前端面至艉隔舱壁座板法兰端面的距离,做好记录,交机加工车间作为加工艉轴管相应部位的径向和轴向尺寸的依据。

艉轴管 *A*、*B* 台肩间的长度应当略大于隔舱壁到轴毂前端面的距离 *L*，以确保轴毂前端面 *A* 处压紧，使艉轴所承受的负荷由艉柱来承受，而 *B* 处主要能保证密封。*A*、*B* 间的具体尺寸取决于所选用垫片材质及其厚度。艉轴管前端法兰平面与艉隔舱座板平面之间的密封垫片一般采用传统的铅板、帆布或橡胶等材料，也有采用 O 型密封圈的。如图 1.3.9 所示。

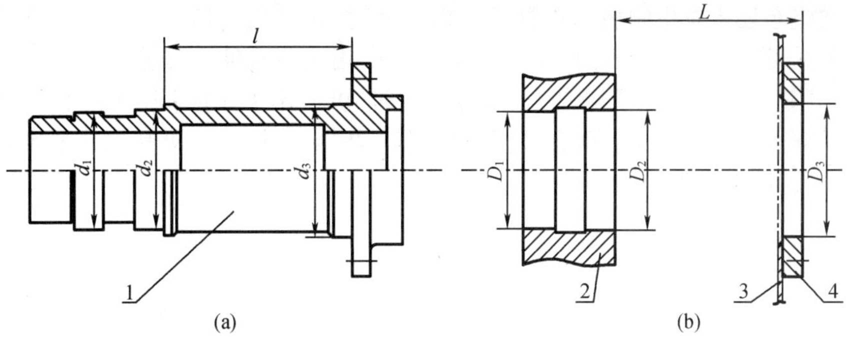

1—艉轴管；2—艉柱轴毂；3—隔舱壁；4—隔舱壁座板法兰。

图 1.3.9　压入安装的艉轴管示意图

艉轴管外圆与轴毂、与艉隔舱座板法兰内孔的配合及其他一些技术要求见表 1.3.1。

表 1.3.1　艉轴管加工技术要求

外圆直径 /mm	圆度 /mm	圆柱度	艉轴管法兰平面与轴线垂直度	与艉柱毂孔和艉隔舱座板法兰配合/mm	与人字架毂孔配合 /mm
≤120	0.025	每 100 mm 长度不应大于 0.015 mm，且为顺锥	不超过 0.15 mm/m	0 ~ −0.03	−0.01 ~ −0.04
120 ~ 180	0.03			−0.01 ~ −0.04	−0.02 ~ −0.05
180 ~ 260	0.04			−0.02 ~ −0.06	−0.03 ~ −0.08
260 ~ 360	0.05			−0.03 ~ −0.07	−0.04 ~ −0.10
360 ~ 500	0.06			−0.04 ~ −0.09	−0.06 ~ −0.12
500 ~ 700	0.07			−0.06 ~ −0.12	−0.08 ~ −0.15
700 ~ 900	0.08			−0.08 ~ −0.18	−0.10 ~ −0.20

艉轴管内孔与外圆加工应在同一工序进行以保证其同轴度，同轴度应不大于 0.10 mm。

加工好的艉轴管需要做压力为 0.2 MPa 的密性试验，5 min 内不得有渗漏，合格后方可进行安装。

(2)压入过程

整体铸造艉轴管尺寸大、质量大，吊装压入之前需要与起重部门协调，商议吊具的规格、数量、吊装眼板的位置等，准备工作一定要充分。具体工艺过程如下：

①艉轴管船上安装前需按艉柱轴毂孔镗削的样棒和测量的尺寸复核，艉管长度和配合必须符合相关工艺要求。

②艉轴管等所用零部件运至现场，各配合表面擦洗干净，在圆柱配合面上涂以适量的润滑油脂，以利安装。

③将涂有红丹白漆的帆布垫片或青铅垫片套到艉轴管外圆,然后在艉轴管的配合外圆上涂上黄油白漆。

④使用手动葫芦或滑车将艉轴管送入孔内,保持其位置、形态,注意艉轴管上下位置。艉轴管送进一定长度后,进入部分失去支撑,向下倾斜,故必须设法保持或恢复艉轴管轴线位置,使其和轴毂孔轴线基本一致。对于小的艉轴管可在船外从轴毂孔插入一根杠杆,将其尾部抬起;也可特制一根一端有法兰的钢管,安装艉轴管前将钢管固定在艉轴管尾端。当艉轴管送进至还未发生倾斜而钢管已伸出船外时,可在船外吊起或托住钢管,使整个送进过程不发生倾斜。中、大型船舶也可在艉尖舱内用葫芦将伸入部分吊着,不让其向下倾斜,并继续送进。当配合面逐渐增大、阻力增加时,可使用千斤顶或液力拉伸器轴向加压,必要时允许锤击,但须用软金属垫好,保护平面。在压入的同时,不断地旋紧艉轴管螺帽。如图 1.3.10 和图 1.3.11 所示。

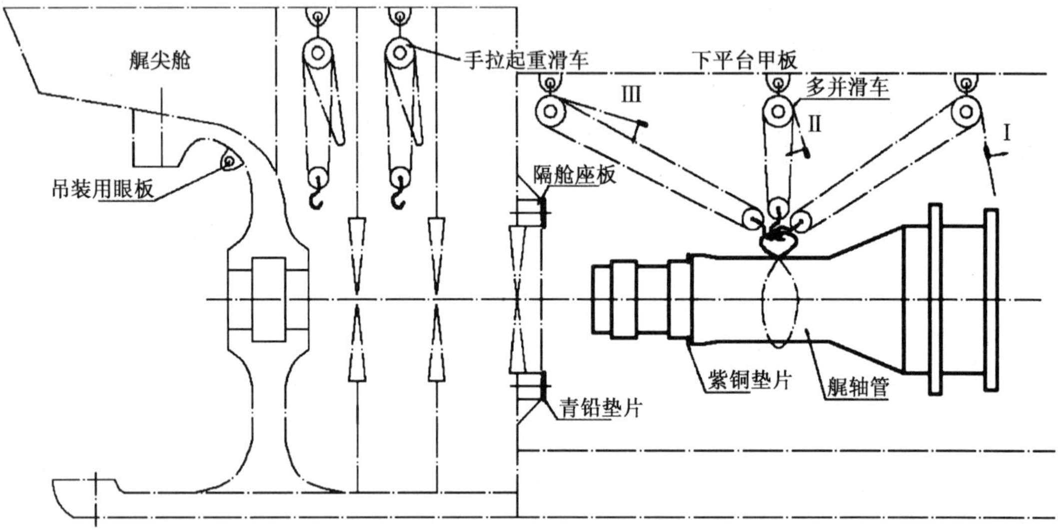

图 1.3.10　艉轴管吊装示意图

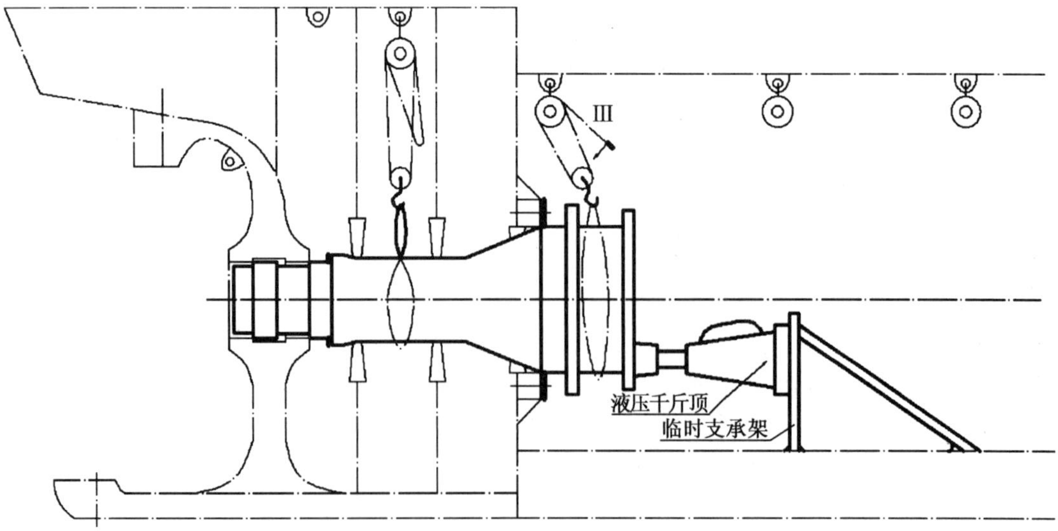

图 1.3.11　艉轴管灌入艉柱和隔舱座板孔之后的压入

⑤艉轴管装妥、螺帽紧固之后，用塞尺检查艉轴管螺帽平面与艉柱孔端面平面是否贴合，要求0.05 mm塞尺插不进。

⑥艉轴管安装结束后，在艉柱轴毂端面相应位置钻孔攻丝，安装艉轴管螺帽止动块，并固紧前端法兰，使之与隔舱壁座板法兰端面紧密贴合。上紧固螺母时应按对角线逐步予以扳紧。

⑦艉轴管安装完毕并经检验合格后，安装冷却、润滑管系，然后对艉尖舱进行压水试验，检查艉管、艉柱和隔舱加强板之间的密封性能。

2. 艉轴管环氧树脂安装方法

艉轴管环氧树脂安装方法工艺概况：艉轴管事先在车间按设计尺寸加工并装配好，然后整体上船装入艉轴毂孔和前支承座孔，按轴系理论中心线校中其位置之后，再浇注环氧树脂予以固定。

环氧树脂安装方法简化了安装工艺，减少了工作量，而且安装质量也容易保证，因此得到广泛应用。相关部门还制定了《尾轴管及尾轴承环氧树脂定位》(CB*/Z 321—1981)，该标准适用于单机功率200 HP① 以下的船舶。事实上，树脂安装也广泛应用于大、中型船舶，工艺基本相同。图1.3.12所示为某船环氧树脂安装的艉轴管装配图的局部。

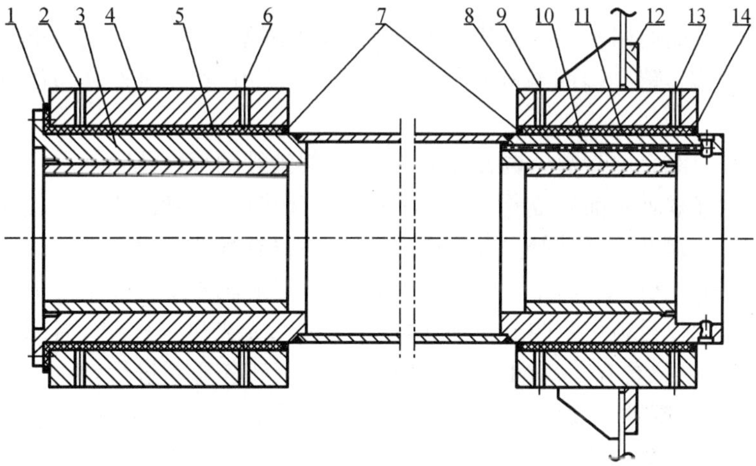

1,7,14—挡条和密封；2,9—浇口；3—后轴承壳体；4—艉柱；5,11—环氧树脂；6,13—透气口；8—前轴承壳体座；10—前轴承壳体；12—加强复板。

图1.3.12　某环氧树脂安装的艉轴管装配图的局部

【二维码】《尾轴管及尾轴承环氧树脂定位》(CB*/Z 321—1981)

① 1 HP = 0.735 kW。

艉轴管环氧树脂安装过程如下:

(1)艉柱轴毂和前轴承壳体座装焊完成且经检验合格,孔与轴系理论中心线的偏差以及环氧树脂单边厚度均在允许范围之内。

(2)安装前,用丙酮清洗艉柱(或人字架)轴毂、艉轴管和前支承座等与环氧树脂发生接触的各浇注区域,去除油污、氧化皮、铁锈、油漆和水分等,之后的浇注应在清洗完成后 24 h 之内进行。

(3)将加工好的艉轴管灌入艉柱(或人字架)轴毂和前支承座内,用预先安装好的调位螺栓调整艉轴管的轴向位置和径向位置。轴向位置的调整比较简单,按照图纸尺寸执行即可。径向位置的调整比较复杂,需要以理论轴线为基准,既要保证与轴线的同轴度,又要保证轴毂和艉轴管轴承壳体之间的间隙在规定范围之内,一般在 20 mm 左右,具体数据根据图纸或树脂厂家的要求确定。径向位置的调整可以采用光学法和拉线法。

①光学法:在艉轴管前后轴承位上各安装一只光靶,用调节螺钉调整光靶,使之与艉轴管轴承位孔同轴,然后使用安装在艉轴管前后支承座上的调节螺钉调整艉轴管的上、下、左、右位置,使代表轴系中心线的激光束或光轴能够通过前、后两只光靶的中心,或者利用校中工具测量艉轴管轴承位中心到艉轴管前后端面上与轴系中心线同轴的检验圆线的距离,以确定艉轴管是否在轴线上,同时需检查艉轴管与支承套内壁之间的间隙,应满足艉轴管安装图纸要求。

a. 在艉轴管端面使用水平尺画十字线,用角尺画测量位记号,然后在艉轴管前后轴承位上各装一只光靶,靶心端面与艉轴管端面大致平齐,用角尺检查其与艉轴管轴线的垂直度。

b. 用调节螺钉结合测量数据调整光靶,使之与艉轴管轴承位孔同轴。

c. 使用安装在艉轴管前后支承座上的调节螺钉调整艉轴管的上、下、左、右位置,使激光穿过光靶中心。调节时,先调远端,再调近端,之后复查远端,直至合格。

d. 检查艉轴管与支承套内壁之间的间隙,也应满足艉轴管安装图纸要求。

e. 最后将经纬仪目镜焦距调节到基准标靶,复核激光光斑与标靶十字线是否重合。如有变化,说明经纬仪位置有变,应重新调节经纬仪,照光工作重新进行。

②拉线法:调整艉轴管,通过对分别位于前、后轴承位上的前、后两个截面的上、下、左、右四个方向到钢丝距离的确认,使艉轴管轴承位孔与钢丝所代表的轴系中心线重合。

(4)分别在艉柱轴毂和前支承座的前后两端、法兰外径处设置泡沫或橡胶制作的密封挡环,以防止树脂外漏。轴毂和前支承座端面上的螺栓孔用木塞或胶套堵死。按图纸要求安装透气管及注入管,注入管及透气管一般采用无缝钢管,钢管上应无任何油漆和油污。

(5)按比例将固化剂倒入树脂,搅拌。EPOCAST 36 推荐使用 300 ~ 500 r/min 的安装有桨叶的电钻搅拌 2 ~ 3 min。具体操作按照树脂厂家的要求进行。

(6)艉轴管法兰面与轴毂端面处使用自然重力法浇注,浇注剂从浇注口浇入,直到透气口溢出为止。艉管法兰面处浇注结束后约 2 h,再进行轴毂和前支承座的浇注,采用泵入法从下部注入管进行浇注,直至透气孔溢料且液位恒定时为止,可以从透气孔补充浇注。

(7)固化,固化时间由供货商提供,见表 1.3.2。

表 1.3.2　环氧树脂 EPOCAST 36 规定的凝固时间表

序号	环境温度/℃	凝固时间/h
1	<13	不凝固
2	13～17	48
3	18～20	36
4	>20	24

(8)收尾工作。待环氧树脂样块硬度报验结束后,用砂轮机割除透气管、注入管及调整螺栓高出支承套外表面的部分,并打磨平整,不得直接敲掉。然后将透气口、注入口及调整螺栓凹凸口封住。至此,浇注工程全部结束,按要求固紧艉轴管螺母。

艉轴管环氧树脂安装需注意以下几点:

(1)如果环境温度低于 15 ℃,应采取适当的加热措施,如用红外线灯或碘钨灯照射,使艉轴管轴壳温度大于20 ℃并保温 8～48 h。注意加热必须均匀,且不能从艉轴管内部加热,以免损伤轴承。

(2)在浇注的同时需要浇注两只试块,完全固化后,即向船东、船检部门报验样块硬度,其巴氏硬度值超过 40 即表明环氧树脂已完全固化。

(3)固化期间不得进行吊装重物、电焊、打磨、浸水等作业,并不得进行塞轴工作。

(4)环氧树脂的混合、搅拌以及浇注工作均需要在树脂厂家的服务工程师指导下进行,或者直接由服务工程师亲自操作。

【二维码】使用环氧树脂安装艉轴管

3. 艉轴管焊接安装方法

焊接安装常用于油润滑、水润滑的各种中、小型船舶,此法又称为艉轴管精加工无余量上船焊接安装。

艉轴管焊接安装方法工艺概况:艉轴管事先在车间按设计尺寸加工并装配好,然后整体上船,按照轴系布置图的要求定位,之后将其焊接在船体结构上,工艺过程如下:

(1)将人字架轴毂(艉轴管后轴承壳体)、艉管和艉轴管前轴承壳体等预先在车间按理论尺寸焊接、加工成型;

(2)用调节螺栓将艉轴管临时安装在船上,并按理论中线校中;

(3)按照规定的次序将人字架支臂、艉轴管以及船体焊接成整体;

(4)焊接工程完成后,焊缝应试油和探伤、复查轴线的准确性;

(5)然后清理施工现场,进入穿轴及零部件整体安装工程阶段。

虽然焊接时采取反变形、控制焊接电流和对称焊接等措施控制变形,但是艉轴管焊接变形仍然不可避免,主要原因是轴承壳体内孔的圆度、圆柱度及同轴度误差超差。为了解

决焊接变形问题,船厂采取以下措施:

(1)如果变形比较严重,可采用水火矫正。但是此方法比较粗糙,效果有限,不能完全满足技术要求。

(2)有船厂在车间将人字架支臂的一部分与轴毂外圆焊接(或铸造,如图 1.3.13 所示)成整体,然后上车床进行轴毂加工,之后上船进行定位,在现场测量上支臂的尺寸并制成样板,根据样板加工上支臂,上支臂定位完成之后,进行人字架上、下支臂的对接焊。这样做一定程度上可以降低人字架轴毂孔的焊接变形,但是铸造的难度和成本有所提高。

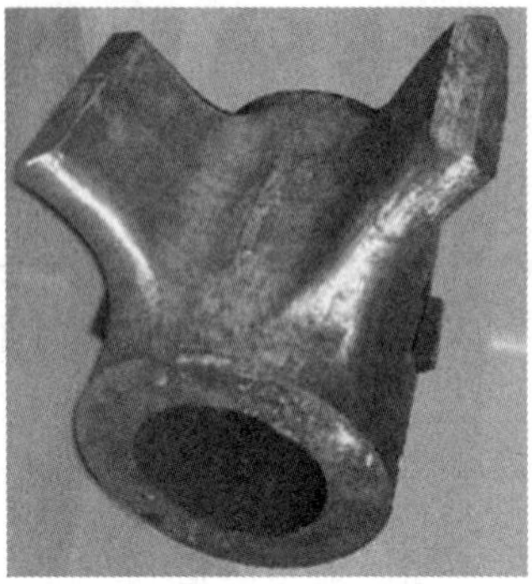

图 1.3.13　人字架轴毂和支臂铸造成一体

(3)偏心艉轴承或者偏心衬套,其过程为按照规定的坐标测量轴毂(艉柱、人字架或艉轴管)孔中心线与轴系理论中心线之间的偏心数据,根据偏心数据在车床上加工偏心艉轴承或偏心衬套,然后将内外径不同轴的艉轴承或衬套按照规定的坐标安装到位。这样做需要对轴毂结构和尺寸进行相应的修改,并且有一个前提,即轴承位的圆度和圆柱度误差情况尚好。

(4)焊接完成后检查焊接变形情况,如有必要,可以对理论中心线进行微调,然后对轴承位进行镗孔。既然要镗孔,那么艉轴管上船焊接安装时就必须留出镗孔所需的加工余量。事实上,目前大中型船舶安装艉轴管时便经常采用这种先焊再镗的方法。后轴承壳体与艉柱轴毂合二为一的改进型艉轴管的安装方法是:分别将艉柱轴毂、前轴承壳体和艉管按照轴系中心线定位之后焊接到船体结构上,然后按照理论轴线对艉柱轴毂和前轴承壳体进行镗孔,之后按照装配要求对艉轴承相关部位进行加工,最后将艉轴承压入艉柱轴毂和前轴承壳体。

【工作任务】1.3.3　艉轴承的安装

为了支承艉轴,一般会在艉轴管里设两个轴承;轴线非常短的船舶,其前轴承可能会被取消;如果艉轴过长,有可能设三个轴承。常见的艉轴承有白合金轴承、橡胶轴承、铁梨木轴承、青铜轴承和复合材料轴承等。不管是哪种轴承,其在艉轴管里的安装都属于紧配合,有时还需要安装止动螺钉。

艉轴承的安装一般采用压入、低温和环氧树脂三种方法。

1. 压入安装

压入安装工艺概况：艉柱（或人字架）或艉轴管的轴承位镗孔之后，按照镗孔尺寸和装配要求对轴承相关部位进行加工，然后将轴承压入艉柱（或人字架）或艉轴管的轴承位。压力大多由液压千斤顶、液压拉伸器或者丝杠提供，有时也会使用撞锤。图 1.3.14 所示为使用液压拉伸器安装艉轴管轴承，图 1.3.15 所示为使用液压千斤顶压装艉轴管轴承。

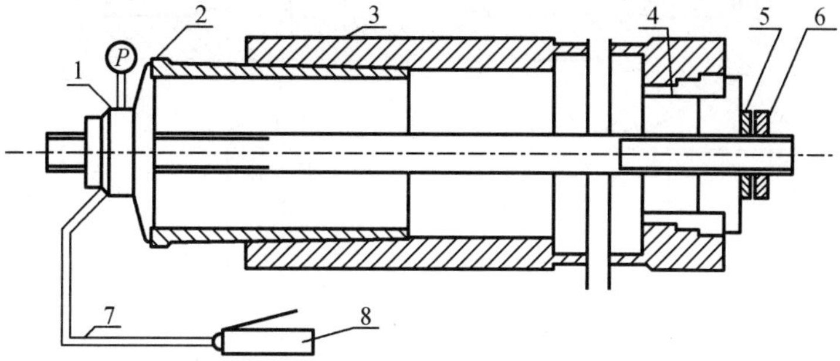

1—液压拉伸器；2—艉轴后轴承；3—艉轴管；4—艉轴前轴承；5—垫片；6—螺母；7—高压软管；8—液压泵。

图 1.3.14 使用液压拉伸器压装艉轴管轴承示意图

（1）压入安装的艉轴承（或衬套）加工

艉轴承（或衬套）外径尺寸应根据艉轴管、艉柱（或人字架）轴壳镗孔后实际尺寸来确定，轴承位镗孔加工完成后，测量轴承位的孔径，做好记录，制成如表 1.3.3 所示的表格，交机加工车间，作为加工艉轴承外圆尺寸的依据。

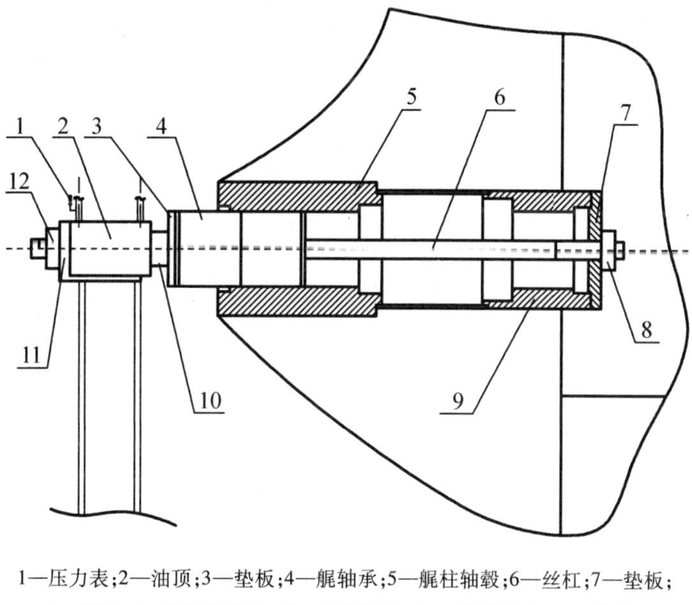

1—压力表；2—油顶；3—垫板；4—艉轴承；5—艉柱轴毂；6—丝杠；7—垫板；
8—螺母；9—前艉轴承座；10—油顶柱塞；11—油顶基座；12—螺母。

图 1.3.15 使用千斤顶压装艉轴管轴承示意图

表 1.3.3　测量记录表格　　单位:mm

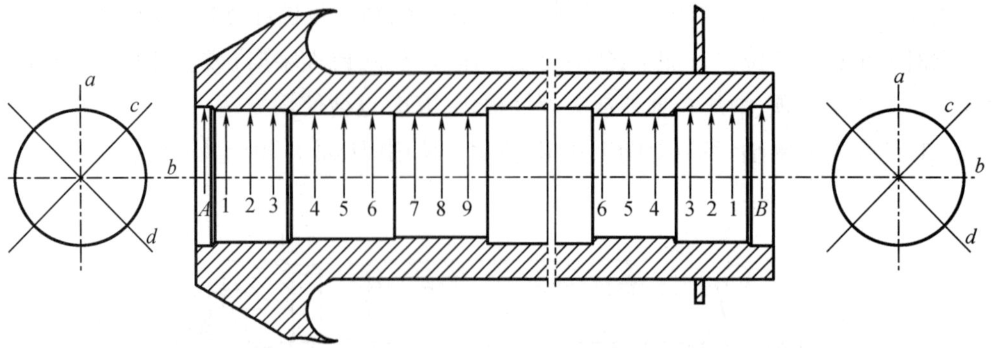

测量位置		A	1	2	3	4	5	6	7	8	9	6′	5′	4′	3′	2′	1′	B
测量方向	a																	
	b																	
	c																	
	d																	
平均值																		
锥度情况	顺——√ 倒——×																	
温度/℃																		

船名:　　　　工程号:　　　　测量:　　　　日期:

过盈量一般为0.01～0.05 mm,或者参考表1.3.4。对多级配合直径的轴承与孔之间的过盈量应有一定均匀性,以保证轴承压入后具有足够的紧密性。在确定过盈量时还应考虑加工时的环境温度,这主要是针对双金属轴承,如白合金轴承,尤其是选用铜合金做衬套的白合金轴承。在冬季安装时,过盈量应稍小,甚至取一定的间隙,否则到夏季衬套膨胀,过盈量加大,可能会使轴承受损。

表 1.3.4　衬套和艉轴管、艉柱轴壳或人字架的配合　　单位:mm

衬套外径 D	配合面长度 $L>2D$	配合面长度 $L<2D$
<80	−0.02～+0.01	−0.005～+0.02
80～120	−0.03～0	−0.01～+0.01
120～180	−0.04～−0.01	−0.02～0
180～260	−0.05～−0.02	−0.03～−0.005
260～360	−0.06～−0.03	−0.04～−0.01
360～500	−0.07～−0.04	−0.05～−0.02
500～700	−0.08～−0.05	−0.06～−0.03

整体式橡胶轴承和轴承位的配合可以参考表1.3.5。

表 1.3.5　整体式橡胶轴承和轴承位的配合　　单位：mm

衬套外径	<65	65～100	100～140	140～180	180～260
配合值	+0.005～+0.02	0～+0.015	-0.01～+0.005	-0.02～0	-0.03～-0.01

复合材料轴承（如赛龙）的过盈量的选择按照轴承制造厂家的要求进行。

艉轴承加工时需要注意以下事项：

①艉轴承在粗加工时，内外圆应留 2～3 mm 精加工余量，对于浇注白合金的衬套，其内圆可以加工到图纸规定的浇白合金前尺寸。然后进行水压试验，水压试验为 0.4 MPa，5 min 内不应有渗漏，轻微渗漏允许修补。对于浇注白合金的衬套，个别地方的轻微渗漏可以不用修补，因为浇注的白合金本身可以起到补漏的作用。白合金轴承在内径加工前，用小锤敲击表面，检验白合金与衬套的黏合质量。当敲击时发出沙哑声音，并用手指按住该处感到白合金有微小振动时为黏合不牢。

②加工艉轴承外圆时，粗加工后留 0.5 mm 的余量，待工件冷却后再进行精加工。

③轴承的衬套多采用铸件，在加工过程中应检查表面有无裂痕、砂眼等缺陷，若有，应停止加工，进行修补。或者在粗加工完毕后，做一次全面检查和修补，合格后进行精加工。

④铁梨木在加工安装过程中需要注意保湿。将铁梨木板条沿轴向镶嵌在衬套的内圆之后，加工之前，应进行如下检验：

a. 检验板条对接缝和板条与止动条对缝的紧密性，用 0.15 mm 塞尺应插不进，板条的纵向对接缝应在同一条直线上。

b. 检验板条与衬套内圆的贴合紧密性。在衬套的两端用 0.15 mm 塞尺检验，应大部分板条插不进，个别板条可容许插入小于板条厚度的深度。在衬套中部用小锤敲击检验，如发出沙哑声音，则表示贴合不紧密。在板条全长 1/5 的局部区域容许有不紧密情况。

c. 检验衬套两端板条组的轴向间隙。其轴向总间隙应在 5～15 mm 内，以使铁梨木在水中泡胀时有伸张的余地。

d. 检验板条厚度，确保每面有 3～6 mm 的加工余量。

⑤整体式橡胶轴承加工和安装前均应进行外观检查。橡胶表面应光洁，无分层、裂缝、气泡和脱壳现象。橡胶轴承在加工和安装时切忌与油类接触。另外，橡胶轴承衬套比较薄，刚性较差，在机床装夹和加工时容易变形，需要采取有效的措施予以避免，如工艺假轴、压板等。

⑥轴承内孔按艉轴轴径加上安装间隙进行加工。安装间隙见表 1.3.6 或根据经验公式计算。

表 1.3.6　螺旋桨轴与艉轴承安装间隙　　单位：mm

<table>
<tr><th rowspan="3">轴颈直径</th><th colspan="4">铁梨木、层压胶板、金属板条橡胶</th><th colspan="2">白合金</th><th colspan="2">整体橡胶</th></tr>
<tr><th colspan="3">安装间隙</th><th rowspan="2">极限间隙</th><th rowspan="2">安装间隙</th><th rowspan="2">极限间隙</th><th rowspan="2">安装间隙</th><th rowspan="2">极限间隙</th></tr>
<tr><th>铁梨木</th><th>层压板</th><th>金属板条橡胶</th></tr>
<tr><td>>100</td><td>0.90</td><td>0.35～0.40</td><td>0.60～0.70</td><td>4.0</td><td>0.40～0.50</td><td>1.50</td><td>0.35～0.50</td><td>3.50</td></tr>
<tr><td>100～150</td><td>0.9～1.1</td><td>0.40～0.50</td><td>0.65～0.75</td><td>4.4</td><td>0.45～0.55</td><td>1.65</td><td>0.40～0.50</td><td>4.40</td></tr>
<tr><td>150～200</td><td>1.0～1.2</td><td>0.50～0.60</td><td>0.70～0.80</td><td>4.8</td><td>0.50～0.60</td><td>1.80</td><td>0.45～0.55</td><td>4.80</td></tr>
</table>

表 1.3.6(续) 单位:mm

轴颈直径	铁梨木、层压胶板、金属板条橡胶				白合金		整体橡胶	
	安装间隙			极限间隙	安装间隙	极限间隙	安装间隙	极限间隙
	铁梨木	层压板	金属板条橡胶					
200~250	1.1~1.3		0.75~0.85	5.2	0.55~0.65	1.95		
250~300	1.2~1.4		0.80~0.90	5.6	0.60~0.70	2.10		
300~350	1.3~1.5		0.90~1.05	6.0	0.65~0.75	2.25		
350~400	1.4~1.6		1.00~1.15	6.4	0.70~0.80	2.40		
400~450	1.5~1.7		1.10~1.25	6.8	0.75~0.85	2.55		
450~500	1.6~1.8		1.20~1.35	7.2	0.80~0.90	2.70		
500~550	1.7~1.9		1.30~1.50	7.6	0.85~0.95	2.85		
>550	1.8~2.0		1.45~1.70	8.0	0.90~1.00	3.00		

⑦为保证艉轴密封装置中心线与艉轴中心线同轴,有时会选择将轴承加工成偏心,即内孔中心线比外圆中心线高出轴承间隙的一半,如图 1.3.16 所示。不过也有船厂采用如图 1.2.14 所示的偏心镗孔的方法。

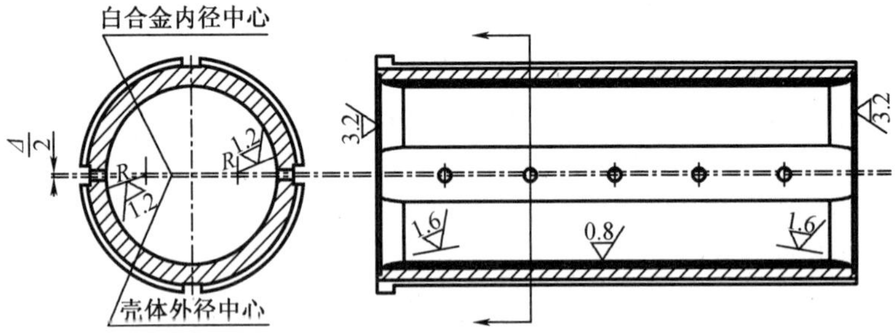

图 1.3.16 偏心轴承示意图

艉轴承加工技术要求如下:

①加工好的艉轴承的表面应无裂纹、气孔等缺陷,小缺陷允许补焊,可参见《材料与焊接规范(2018)》;

②表面粗糙度应符合图纸要求(Ra 6.3 μm);

③轴承外圆的圆度、圆柱度应符合图纸要求;

④艉轴承法兰端面与轴承位中心线的垂直度应符合图纸要求,一般不大于 0.15 mm/m;

⑤艉轴管孔不能倒锥度;

⑥艉轴管轴承孔的中心应比外圆中心高半个间隙,“TOP”标记向上。

(2)压入安装的压力

压力由液压千斤顶液压螺母或者丝杠提供。压入安装或以过盈量为标准,或以压入力为标准,也有的将两者同时参考作为标准。大中型船舶多使用液压安装,压入过程中推入力的测定是最后鉴定轴承与轴承座的配合和装配是否达到设计要求的重要指标。压入力一般在 20 ~ 50 MPa 之间，或参照 CB/Z 233—1987 的要求，如图 1.3.17 所示，也可参照表 1.3.7 中推荐的数值。

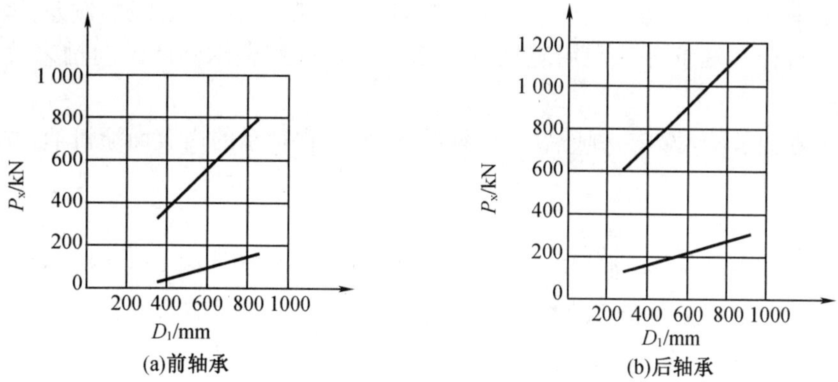

图 1.3.17　标准压入力 P_x 与轴径 D_1 的关系

表 1.3.7　压力润滑艉轴承的压入力

轴承外圆 D/mm	压入力/kN	
	前轴承	后轴承
$300 < D < 500$	68. 65 ~ 294. 2	147. 1 ~ 588. 4
$500 < D < 900$	147. 1 ~ 588. 4	343. 23 ~ 980. 67
$900 < D$	147. 1 ~ 784. 53	343. 23 ~ 1 176. 8

【二维码】《艉管轴承压装计算与质量要求》(CB/Z 233—1987)

(3)压入安装工艺过程

①压入前，应清洁轴承和轴承位，在轴承与孔的配合表面喷上润滑剂二硫化钼，以减少配合面的摩擦力，防止咬合。

②压入轴承前，应测量环境温度、艉轴管及轴承温度。

③将轴承放入艉轴管内。量取轴承伸出的长度，一般测量 3 ~ 4 点，且值应相等，说明艉轴管与轴承的中心线在一条直线上。注意轴承是有上下的，“TOP”标记向上。

④根据轴承直径可查出压入力的范围，从开始压入起，每压入单位长度(如 50 mm)，应记录一次油压及压入距离，直至全部压入。在正常情况下，压力和位移应有线性关系或略呈指数曲线上升。如果压力出现异常，偏离上限很多，应停止压入，等轴承拉出后查找原因，解决后再进行压配。如压入力偏离下限，则根据情况而定，如偏离量很大，则将轴承拉出后查找原因，一般情况下是因为过盈量偏小，只能换轴承。在压入的最后 80 mm，应能连

续压入,瞬时油压超过或低于设计值过多时,应停止压入,待查出原因并纠正后方可继续。其最终油压应符合设计要求。

⑤如果轴承是偏心的,压入过程中不允许有转动,否则会产生中心线的偏差,因此应采取防转措施。白合金轴承可以利用艉轴管端面上的螺孔和轴承外圆纵向槽来设计防转工装。

⑥白合金艉轴承压入安装完成后,在艉轴灌入前,应在轴承的内表面涂机油,并用封板封住。

2. 低温安装

低温安装工艺概况:将艉轴承放在盛有液氮或干冰的容器中(图 1.3.18),液氮或干冰气化,吸收热量,使轴承温度降低,外径变小。经确认后,将艉轴承装入艉轴管内,待艉轴承温度恢复到正常温度,与轴承位之间形成过盈配合,轴承安装完成。

低温安装工艺比较简单,工作效率高,劳动强度低,因此被广为采用,尤其是用来制造复合材料轴承,而白合金轴承则很少使用,这是因为白合金轴承由线胀系数不同的两种金属制成,低温安装会使两种金属之间产生较大的应力,同时低温也会影响巴氏合金的机械性能。

低温冷装采用的介质通常有干冰、液氮等。下面介绍选用液氮进行赛龙轴承低温安装的工艺过程。

(1)准备足够容积的密封保温容器和足以浸没赛龙轴承的液态氮。

(2)清洁赛龙轴承表面及轴承座孔内壁,可用丙酮去除油污。将加工后的赛龙轴承放入密闭容器,注入液氮。为使赛龙轴承迅速冷却收缩,要将赛龙轴承完全浸没在液氮中,时间约为 10 ~ 15 min。如液氮不能浸没赛龙轴承,应延长冷冻时间,确保赛龙轴承缩至可安装尺寸。

(3)将赛龙轴承放入轴承座孔中。为防止轴承膨胀,自轴承脱离液氮到安装到位,速度要快。

(4)如轴承由多段组合而成,安装时应首先将里端轴承安装好,待 3 ~ 5 min 后再装下一段,各段对紧。如有环槽及水槽,注意摆放位置,对于艉轴承,水槽应保证放在轴线正下方的两侧,如图 1.3.19 所示。

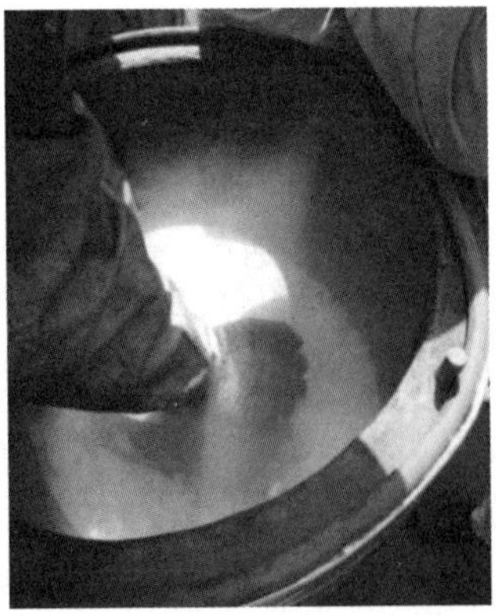

图 1.3.18 轴承在干冰中

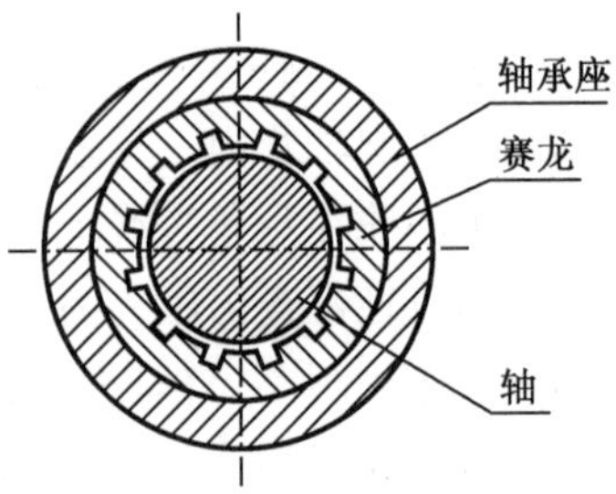

图 1.3.19 水槽的方向

(5)安装后应在装入端加压盖。

低温安装过程中需注意以下事项:

(1)安装前先将各部件清洗干净,不得附有油渍、水、砂等杂物。

(2)如果使用液氮,需要采取适当的安全措施以防止液氮触及皮肤而导致冻伤,施工场所应通风良好,防止液氮气化造成容器周围缺氧。

(3)安装过程中一般不允许用大锤硬性敲击。

(4)待轴承温度完全恢复到常温后才可以灌轴。

(5)安装时禁止使用任何润滑剂。

【拓展知识】赛龙轴承的加工

1. 赛龙材料的加工特性

(1)赛龙是具有较高的刚性、韧性和弹性的高分子聚合材料。可以方便地实现机加成型。由于赛龙是非金属材料,具有不同于金属材料的独特的加工特性。加工时,切削力会使赛龙产生"偏移"的趋势。所以加工赛龙时切削刀具必须锋利。

(2)转速对赛龙的加工影响很大,转速太慢容易产生粗糙的切削面,太快则会引起摩擦热而使表面焦灼。最适当的转速/进刀配合与铝件的加工相同。

(3)薄壁赛龙管外径加工时如果没有使用心轴或心套,以及内径加工时没有仿形外套,切忌靠近夹头加工。

2. 切削刀具

(1)可选用白钢刀或其他性能更好的刀具。

(2)加工赛龙前应将刀具用油石磨出锋利的刀刃,以提高加工质量和精度。

(3)要合理设计刀具。刀具的各刃角应保证使切屑以薄片状被切削下来,切下的切屑应为连续的带条状。

(4)加工时切屑应及时从刀具上除掉,防止切屑干扰刀具工作,影响加工质量。

3. 切削速度和进刀速度

(1)车削不同直径的赛龙轴承建议转速见表1.3.8。

表1.3.8　赛龙轴承切削转速

赛龙轴承直径/mm	75	150	300	450	600	750	900
转速/($r \cdot min^{-1}$)	600	450	300	150	120	95	80

(2)进刀速度建议如下:

粗加工:0.50~0.60 mm/r;

精加工:0.40 mm/r。

(3)精加工的切削量建议为1.5~2.5 mm。

(4)注意事项:

①转速与进刀配合可参照铝件。实际的参数应根据赛龙长度、壁厚和装卡方式等进行必要的调整。为获得最佳的参数最好预先做一些工艺试验。

②防止温度变化产生公差。在最后精车前应放置一段时间,使轴承表面温度达到环境温度。

③加工中建议不使用冷却剂。

4. 辅助工装

(1)采取必要辅助措施防止轴承变形。可在端面打眼、攻丝、扣上法兰,让卡盘卡在法兰上,也可制作圆盘状胎具,置于轴承内一端,让卡盘卡在此端。

(2)外径夹模可用假轴代替,可以排除两端因压力产生的歪斜。

(3)保证同轴度,特殊要求除外。

3. 环氧树脂安装

环氧树脂安装工艺概况:将艉轴承装入轴承壳体,按轴系理论中心线校中定位,然后在轴承和壳体之间浇注环氧树脂,将轴承固定。

具体工艺过程与之前介绍过的艉轴管环氧树脂安装工艺基本相同,也可参见船舶标准《尾轴管及尾轴承环氧树脂定位》(CB*/Z 321—1981)。

环氧树脂安装方法一般用于人字架或艉轴承的安装,如图 1.3.20 所示。

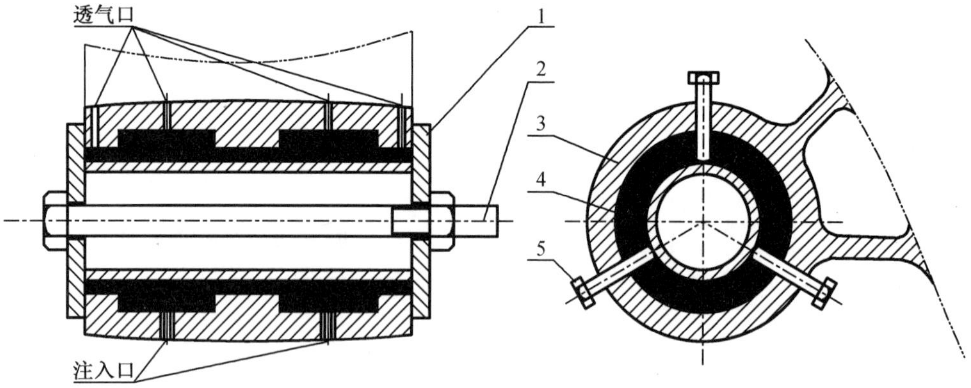

(a)侧视图　　(b)正视图

1—封板;2—螺杆;3—托架;4—艉轴承;5—调节螺钉。

图 1.3.20　环氧树脂安装艉轴承示意图

4. 艉轴承安装的其他问题

(1)安装完成后检查轴承内孔的同轴度,应满足图纸要求。可以使用光学仪器法和拉线法。

光学仪器法如下:

a. 按照图 1.3.21 所示在艉轴管后端和前端分别架设光学仪器胎架和参考光靶架,在前、后轴承上支设若干个光靶。光靶全部按照前、后轴承内孔和艉轴管内孔找正,同时要求光靶架端面与轴线垂直。

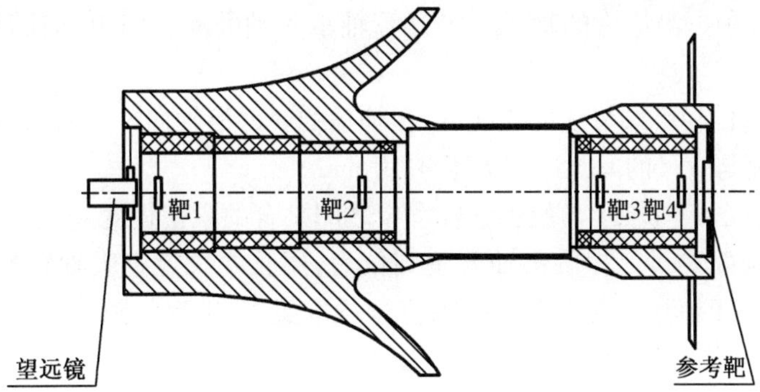

图 1.3.21　轴承内孔同轴度检查示意图

b. 调节望远镜胎具,使望远镜的十字中心与艉轴管前端的参考靶的中心重合。

c. 以望远镜十字中心线为基准分别检测靶 1、靶 2、靶 3、靶 4 的偏差值,并且将偏差值记录在表 1.3.9 中。

表 1.3.9　同轴度偏差记录表

位置	偏移方向			
	上	下	左	右
靶 1				
靶 2				
靶 3				
靶 4				

拉线法则如图 1.3.22 所示,检查 A、B、C、D 四个截面处轴承位内壁至钢丝的距离,计算时需要考虑钢丝的下垂量。

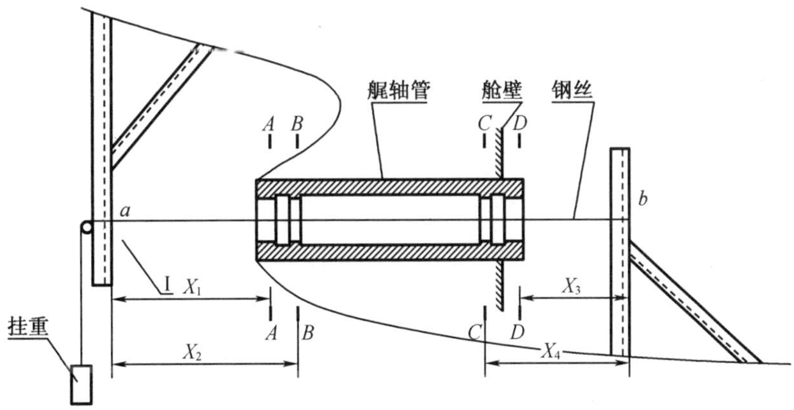

图 1.3.22　拉线法检查轴承内孔同轴度示意图

另外,也有船厂使用专业的数据实时显示的激光同轴度测量仪器来进行测量。

(2)艉轴管轴承压装结束后,制作轴承的材料至少恢复几个小时或者最好过一夜后再测量其内径尺寸，根据测量后的轴承内径计算轴承和轴的配合间隙，应满足相关图纸和文件要求。

（3）检测轴承内径下端母线的直线度，在轴承的底部沿轴向放置直尺，使用塞尺进行检查，轴承的内表面与直尺的间隙应不大于0.10 mm。

（4）使用听音法检查轴承与艉轴管轴承位之间贴合的紧密程度。

（5）安装后间隙测量。螺旋桨轴安装到位后，用长塞尺检查艉轴管前后轴承端面上、下、左、右四个位置的间隙，要求上部间隙符合技术要求，下部间隙为零，左、右间隙应基本均匀，并做出测量记录。

间隙要求应按照轴承生产厂家的技术要求，或参考表1.3.6的规定。

高分子材料轴承（如赛龙轴承）的轴承间隙选取时需考虑安装方式、最小运转间隙、热膨胀系数、水胀余量、内孔安装收缩量等因素，计算按照轴承厂家要求进行，或按下式计算：

$$\Delta = 0.0025d + (0.40 \sim 0.60) \tag{1.3.1}$$

式中 Δ——安装间隙，mm；

d——轴径，mm。

轴承安装间隙也可参考表1.3.10。

表1.3.10 螺旋桨轴与赛龙轴承安装间隙 单位：mm

轴径	≥120～180	>180～260	>260～360	>360～500	>500～600	>600～700	>700～850
安装间隙	0.90～1.00	1.00～1.25	1.25～1.50	1.50～1.75	1.75～2.00	2.00～2.25	2.25～2.50
极限间隙	4.50	5.50	7.00	8.50	9.50	10.50	11.50

（6）艉轴承的止动

如果是带法兰的艉轴承，利用法兰螺栓孔，用双头螺栓即可将轴承固定在艉轴管端面上；如果是不带法兰的艉轴承，其安装到位之后，还会采取一定的止动措施。白合金轴承一般会在轴承衬套和艉轴管接缝处钻孔攻丝，安装锥端紧定螺钉（也叫骑缝螺钉），如图1.3.23所示。中、小尺寸的橡胶轴承和高分子材料轴承一般会选择在艉轴管轴承壳体的外圆面上钻通孔，攻丝，然后安装紧定螺钉。

螺钉的规格、数量以及安装位置按照图纸要求确定。

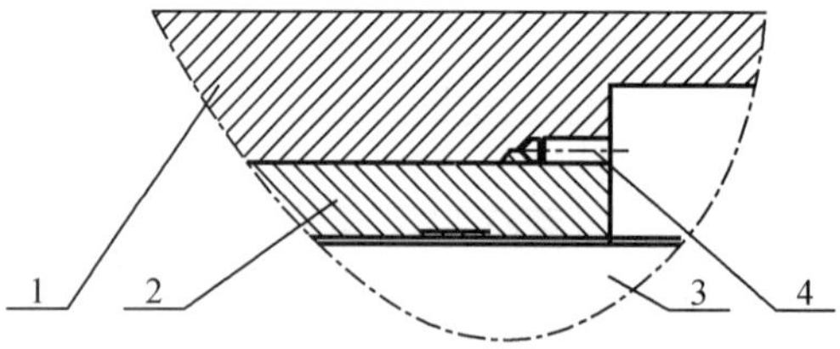

1—艉轴管前轴承壳体；2—轴承衬套；3—艉轴管；4—骑缝螺钉。

图1.3.23 骑缝螺钉示意图

中、小尺寸的橡胶轴承和高分子材料轴承一般会选择在艉轴管轴承壳体的外圆面上钻通孔，攻丝，然后安装紧定螺钉，如图1.3.24所示。螺钉的规格、数量以及安装位置按照图纸要求。

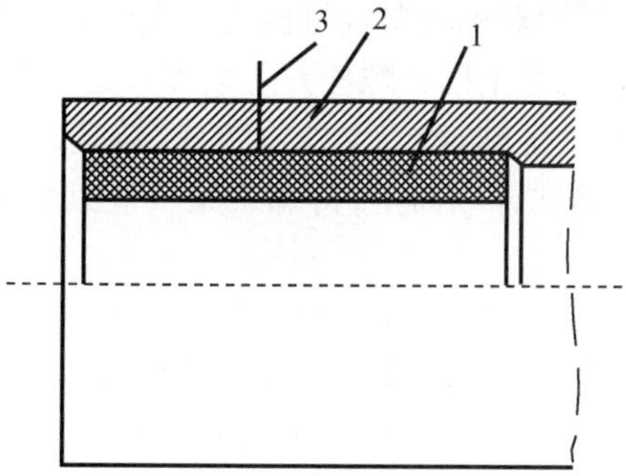

1—轴承;2—艉轴管;3—锥端紧定螺钉。

图 1.3.24 径向安装的艉轴承止动螺钉

【工作任务】1.3.4　艉轴密封装置的安装

艉轴管装置分为油润滑和水润滑两种形式。油润滑艉轴管设有首部密封装置(简称首封)和尾部密封装置(简称尾封),油润滑首封的任务主要是防止油漏入船内,尾封则担负着防止舷外水进入艉轴管和润滑油外漏的双重任务。水润滑的艉轴管大多只设首封,担负着不使船外水漏入船内的任务。总之,艉轴密封装置的作用非常重要,其安装质量直接关系到船舶能否正常和安全地航行。艉轴密封装置的安装主要包括艉轴密封装置本身的安装、冷却和润滑系统的安装、密性试验等。

艉轴密封装置有很多类型,下面仅就几款典型的密封装置进行介绍。

1. 油圈式密封装置的安装

油圈式密封装置在车间装配前应将金属环的平面在平板上刮平,以消除平面翘曲,并测量金属环厚度,要求圆周各处厚度相等,误差≤0.02 mm,然后测量油盘四周深度,也要求各处相等。根据金属环厚度和油盘深度数值,按油盘和金属环的平面间隙要求,决定油盘平面上应加纸垫的厚度。油盘和金属环间的平面间隙应等于推力轴承侧向间隙加 0.04 ~ 0.06 mm,平面纵向间隙一般取 0.20 ~ 0.35 mm,以保证因螺旋桨正倒车艉轴发生轴向窜动时,金属环和油盘不会相碰。如图 1.3.25 所示。

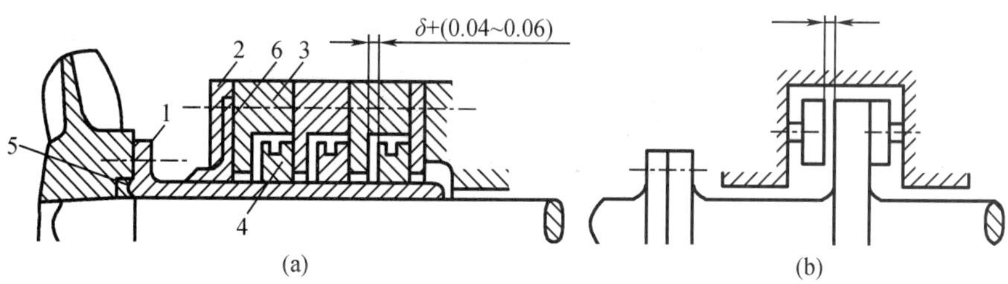

1—防蚀衬套;2—压板;3—油盘;4—油圈;5—O 型圈;6—压板。

图 1.3.25　油圈式密封装置

车间内的装配顺序:将擦净的防蚀衬套套上压板,再将橡皮圈和羊毛毡圈套上,并使它们的内孔紧箍在衬套上并伸向压板的孔中,然后装油盒。装油圈时,油圈与防蚀衬套配合较紧,需慢慢将其压入,可用手锤对称方向轻打四周逐渐装入。在油盒平面间垫上纸垫,继而以同样方法将其全部装完后,穿上固紧螺栓并上紧即可送船上安装。

在船上安装时,当艉轴灌入艉轴管之后,即将垫片、装置总成和 O 型圈套到轴上,然后用配套的螺栓将总成固定在艉轴管端面上,待螺旋桨安装到位后,再将防蚀衬套与螺旋桨大端连接。

2. 填料函密封装置

填料函密封装置很多时候由船厂设计和制造,填料函设计和加工时,各部位的装配间隙与极限间隙按表 1.3.11 的规定。填料压盖、压盖衬套与分油环等为了便于拆装,都应由两半组成,其结合面应位于通过中心线的平面上。两接合面刨平后,还应在平板上略为研刮,并用螺钉或锡焊将两半块结合成一体,然后进行内外圆和端面的加工。

表 1.3.11　艉轴管前端填料函装置间隙　　单位:mm

轴径 d	分油环、分水环、填料压盖与填料函本体之间隙 A	分油环、分水环、填料压盖与轴之装配间隙 B	极限间隙	
			A_j	B_j
<100	0.10 ~ 0.15	2.00 ~ 2.50	0.80	5.0
100 ~ 180	0.15 ~ 0.25	2.50 ~ 3.00	0.90	6.0
180 ~ 260	0.20 ~ 0.35	3.00 ~ 3.50	1.00	7.0
260 ~ 360	0.25 ~ 0.40	3.20 ~ 3.70	1.10	8.5
360 ~ 500	0.30 ~ 0.45	3.50 ~ 4.20	1.20	10.0
500 ~ 600	0.35 ~ 0.50	4.00 ~ 4.80	1.25	12.0

填料函安装前先清洁衬套、填料压盖、艉轴轴颈,当艉轴安装到位后,装入衬套,将填料和分油(或水)环按顺序塞入,然后安装填料压盖,推入并拉出数次,检查填料压盖前后移动的灵活性,同时还要测量填料函、衬套等的内孔与艉轴上下左右四处的间隙值是否符合技术要求。检验合格后压紧压盖,检查填料压盖法兰与填料函本体端面间距离,应保证距离相等,最后安装油杯(或冷却水管接头)等附件。如图 1.3.26 所示。

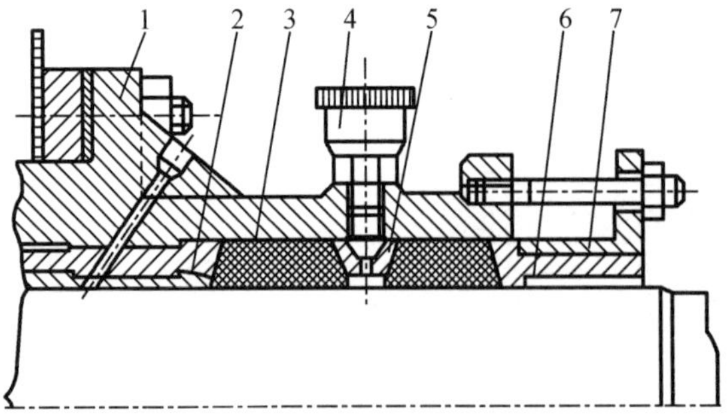

1—艉管;2—前艉轴承;3—填料;4—油杯;5—分油环;6—压盖衬套;7—填料压盖。

图 1.3.26　填料函密封装置

在安装过程中应注意以下几点:

(1)料式密封装置中的填料往往由几种材料的填料混装,所以在安装填料时,应严格按照图纸要求的填料规格、材料及数量施工。

(2)每圈填料的两端应刚好接拢，各道填料的搭口应相互错开安装。

(3)压盖衬套和分油环(或分水环)的内圆往往有偏心，安装时应将偏心部分装于下部，使安装后下部间隙大于上部间隙，安装时必须注意它们的方向。

(4)填料压盖前后移动应灵活。

(5)轴系运转时，艉轴管前端填料函应按表1.3.12要求检查。

表1.3.12　艉轴管前端填料函营运中的要求

类型	营运中使用情况	使用极限温度/℃
水润滑填料函	少量水经艉管内流出	60
油润滑填料函	一般不漏油，6～10滴/min容许使用	75

3. 橡皮环式(SIMPLEX)密封装置

SIMPLEX密封装置是目前应用较为广泛的一种密封装置，它利用几个带有唇部的橡胶密封环紧套在艉轴或艉轴防蚀衬套上，靠其唇部紧密贴合来保证密封。其主要特点是随动性、变形度和密封效果好，使用寿命长。

SIMPLEX密封装置上船安装之前，需检查其外观是否完好无损，合格后还需在车间进行密性试验，如图1.3.27所示。

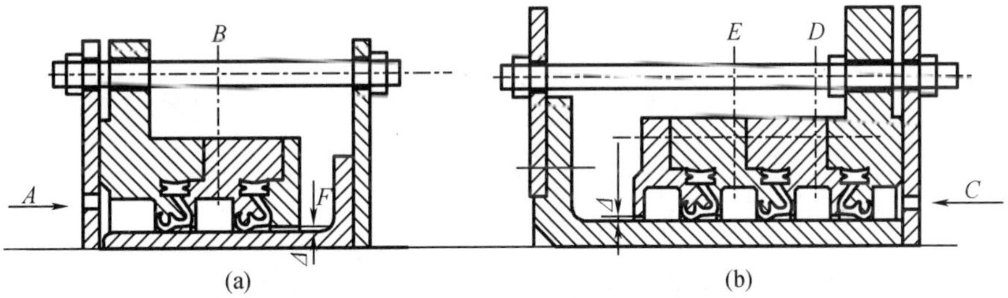

图1.3.27　轴管密封装置的密性试验

艏部密封试验时，先在A处接油泵试压，在B处观察是否漏油，试验后将A处封堵，把B处接油泵试压，观察F处是否漏油；艉部密封试验时，先在C处接油泵，在D处观察是否漏油，试验后将C处封堵，把E处接油泵试压，观察D处是否漏油。

(1)密性试验要求

①泵油试验用油应与艉轴管实船使用的润滑油牌号一致。

②试验压力与船舶吃水有关，防止油漏出一侧的试验压力约为载重水线至轴系中心线间深度水压力的2倍，防止海水漏入处的密封试验压力可为载重水线至轴系中心线间深度水压力的1.5倍。试压应保持5 min无渗漏现象。

③密封试验时，须将壳体与防蚀衬套用千分表找正，保证两者同心，然后在Δ处周向等分四点测出四个间隙值并做好记录，同时测量出衬套端面与密封装置后压盖的距离作为船上安装时的依据，以确保橡皮环不脱落。

④密封试验时，应保持试验用油及设备的清洁；试验结束后，各接口应封好，防止杂物落入。

艉轴密封装置在船上安装时,若艉轴带有螺旋桨法兰则在装艉轴前先把后艉轴密封装置套在艉轴上,否则可以待艉轴安装到位后,再把密封装置和密封圈套在艉轴上,套装过程中不允许发生扭曲现象。将壳体法兰与艉轴管连接,然后安装螺旋桨,螺旋桨安装完成且艉轴定位之后,将防蚀套筒与螺旋桨连接。首密封装置安装时,如果艉轴前端是整锻法兰,则需要在灌轴之前就将密封装置总成、密封圈、垫片衬套等预先套到轴上;如果艉轴前端是可拆联轴节,则可以在艉轴安装到位后再进行密封装置的安装,首封壳体法兰与艉轴管连接,防蚀套筒则与前端哈呋连接并固紧在轴上。

(2)安装技术要求

①前后密封装置安装时,艉轴须保持或接近轴系找正后的状态。例如,合理校中安装的螺旋桨,轴在艏部往往要加一向下压的负载,在安装密封装置时该负载应加上,螺旋桨及艏部联轴节应装上。

②在安装螺旋桨及艏部联轴节之前,应先将首、尾密封装置套在轴上。

③安装时应确保清洁,不可落入杂物,一般情况下不得随意拆开密封装置。

④艏部密封装置的防蚀衬套法兰端面与压紧环的固定贴合应保证 0.03 mm 塞尺插不进,螺栓上紧时需注意对称。

(3)SIMPLEX 密封装置安装后的检查

①跳动量

前后密封装置安装到位后,盘动艉轴,用百分表测量密封装置的防蚀套筒外圆,检查防蚀套筒与艉轴的同轴度,一般要求同轴度不超过 0.10 mm,具体根据制造厂的要求,如图 1.3.28 所示。

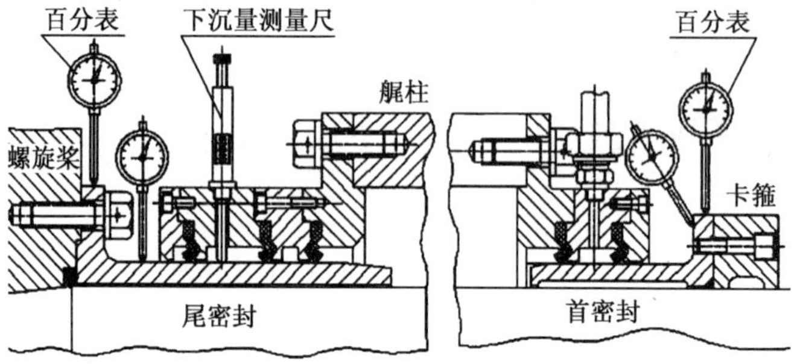

图 1.3.28 SIMPLEX 密封装置防磨衬套下沉量以及各处跳动量的测量

②下沉量

测量下沉量时记录螺旋桨的位置,测量位置应与上一次测量位置相同,无测量位置记录则以主机一缸上止点位置或螺旋桨 A 叶在上部作为测量位置。打开密封装置测量孔,测量并记录测量数据。该尺寸供船舶运行一段时间进坞时复测对照,用以判断运行后轴承磨损情况。如图 1.3.28 所示。

③防磨衬套与壳体之间的间隙

螺旋桨与衬套、壳体与艉柱均采用止口定位,间隙的存在以及安装时间隙偏向某一侧都会影响到壳体与衬套之间的同轴度。如同轴度偏差过大,将导致密封环边缘受力不均匀,影响密封环的使用寿命。但由于密封环有一定的弹性,对安装同轴度要求并不高,按常规对称位置测得间隙差在 0.3 mm 左右是允许的。间隙用厚薄规检查。如图 1.3.29 所示。

(4)密性试验步骤

船舶漂浮前,艉轴管滑油系统串油清洗结束后,按照密封装置安装技术文件要求进行密性试验。下面以 SIMPLEX 密封装置为例介绍密性试验程序。

①通过艉管滑油泵向艉管内注入滑油(进入 3#/3S 油腔管路上的阀必须关闭)。

②打开尾密封 3#/3S 油腔和首密封 4#/5#油腔之间的泄放塞,检查泄漏情况。

③关闭尾密封 3#/3S 油腔的泄放塞,然后打开 3#/3S 油腔管路上的阀,供油到 3#/3S 油腔。

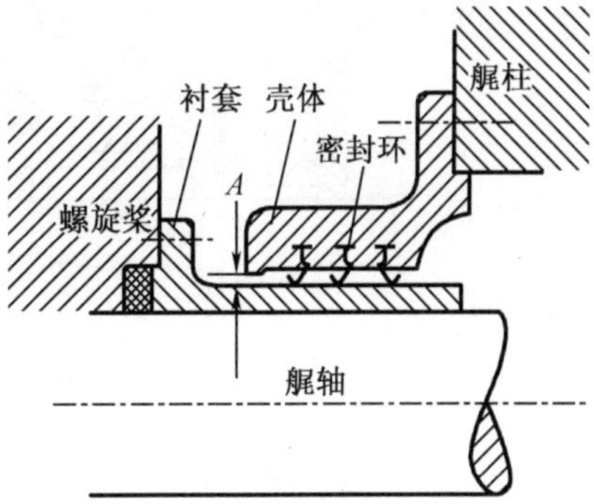

图 1.3.29 防磨衬套与壳体之间间隙的测量

④打开 2#/3#油腔之间的泄放塞,检查泄漏情况。

⑤供油到尾密封 1#/2#油腔。

⑥检查 1#密封环和 2#/3#油腔之间泄放塞处的泄漏情况。

⑦关闭 2#/3#油腔之间的泄放塞,供油到 2#/3#油腔。在顶部旋塞口处检查油位是否下降。

⑧关闭 4#/5#油腔间的泄放塞,供油到 4#/5#油腔。

⑨检查 5#密封环和夹紧环处的泄漏情况。

如果泄漏量较大,需查明原因予以消除。完成油压试验以后,检查所有旋塞是否上紧。下水前,要对尾密封进行有效的防护,防止异物颗粒进入密封中。

需要注意的是,某些密封装置对各腔室的压力有着明确规定,密性试验时应严格遵照执行。表 1.3.13 为某款带空气腔的艉轴后密封装置各道密封环及密封腔室的压力情况。

表 1.3.13 某款艉轴后密封装置各道密封环及密封腔室的压力情况 单位:MPa

项目	1#环	2#环	3#环	4#环	艉轴管
润滑条件	海水	空气	空气	滑油	滑油
各腔室压力情况	P_{SW}根据船舶吃水变化	$P_{1/2}$根据船舶吃水变化	$P_{2/3}=P_{SW}+(0.02\sim0.04)$	$P_{3/3s}\leqslant P_{2/3}+0.05$	$P_{s/t}\leqslant P_{2/3}+0.05$
压差情况		$-0.02\sim-0.01$	$-0.02\sim-0.01$	$\leqslant 0.05$	0

4. 端面密封装置

端面密封装置的工作原理是利用弹簧或橡胶筒本身的张力,始终保证静、动环紧密贴合,形成弹性接触和良好的跟随性,可以充分适应艉轴的轴向窜动,以及轴承磨损后艉轴下沉和轴线失中导致的径向跳动。图 1.3.30 所示为 CEDERVALL 端面密封装置。

CEDERVALL 端面密封装置在安装时主要是保证轴向尺寸严格按照设备厂家提供的安装尺寸执行,这是保持动、静环之间弹簧压紧力,进而保证密封的关键。

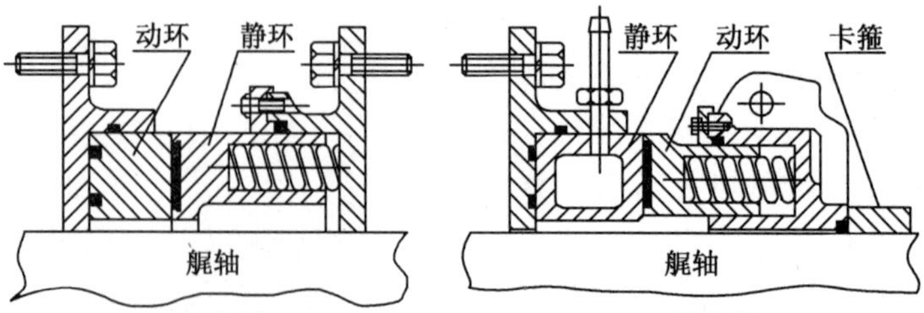

图 1.3.30　CEDERVALL 端面密封装置

5. SM 型水润滑艉轴密封装置

SM 型水润滑艉轴密封装置适用于各类水润滑艉管轴承的海洋运输船、内河运输船、旅游船、渡轮、工程船及各种军船。该装置通过水压及水密封圈与端密封盖轴向合理过盈而发挥密封作用,同时通过运转,在水密封圈唇口形成最佳水膜,达到密封、隔离海水的目的。装置附设气胎密封,使船舶无须进坞,便可在水上对密封装置进行检查、调整和维修。其适用的艉轴基本直径范围为 50 ~ 800 mm,艉轴线速度≤7 m/s,结构形式如图 1.3.31 所示。

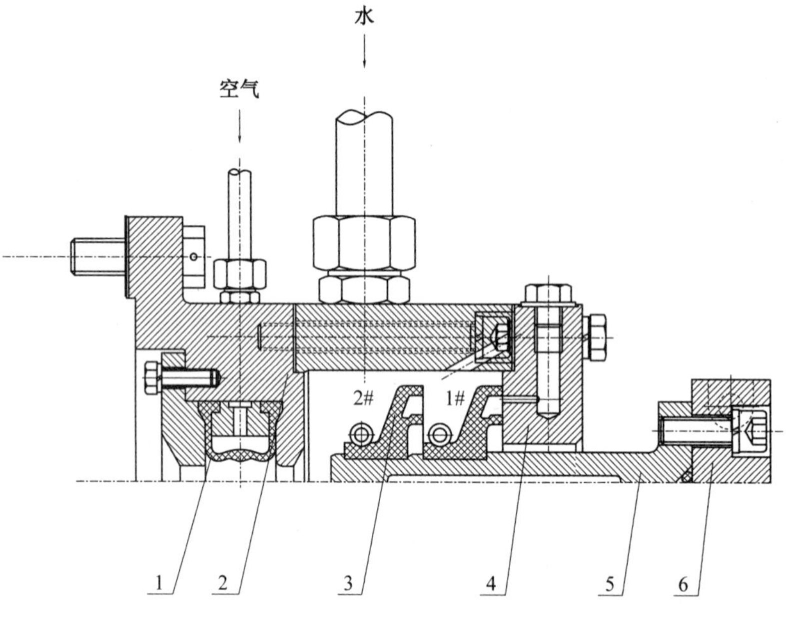

1—气胎;2—本体;3—密封圈;4—端盖;5—衬套;6—夹环。

图 1.3.31　SM 型水润滑艉轴密封装置结构示意图

SM 型水润滑艉轴密封装置安装步骤如下:

(1)艉轴灌入船体后,在舱内依次向轴上套入垫片、装置总成、密封总成、O 型圈、夹环,然后推向船体;

(2)将垫片、装置总成用螺栓均匀紧固在船体上,并用铜丝串固止动;

(3)检查、确认水密封圈、弹簧在衬套规定位置后,移入装置总成内,安装、固定好端密封盖后,前移 O 型圈,然后将剖分式夹环与衬套连接。

(4)用定位块 A 面确定、调整夹环、衬套与端盖外端面轴向距离,使水密封圈唇口与端密封盖内端面的轴向过盈达到设计要求(0.8~1.2 mm)。运转一段时间后,如泄漏量超标,若无其他特殊原因,停机后利用定位块 B 面调整该过盈量至≤1.6 mm。

6. 艉轴密封装置冷却和润滑系统的安装

冷却和润滑系统同样也分为油润滑和水润滑两种类型。

油润滑艉轴管的冷却和润滑系统属于密封装置的配套设备,主要由重力油柜、油泵、管子及其附件组成,其中重力油柜、油泵等主要设备大都由密封装置生产厂家供货。船厂的安装工作主要就是管子的加工和安装、设备的安装以及密性试验。

自然润滑是指重力油柜中滑油靠自身所受的重力供油,广泛应用于中、小型船舶,如图1.3.32 所示为赛德瓦推荐的自然润滑系统示意图。

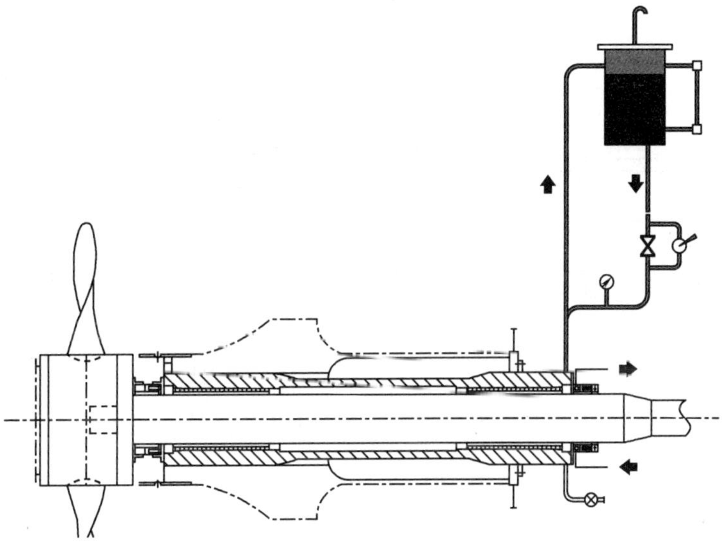

图 1.3.32　自然润滑系统示意图

自然润滑系统的主要设备就是油泵和重力油柜。油泵一般为手摇泵,很多时候手摇泵会整合在艉轴油柜里,大、中型船舶还会增设一台与手摇泵并联的电动油泵。油泵的安装很简单,按照图纸施工,牢固可靠即可。而油柜安装时需特别注意其高度位置。一般中、小型船舶要求其重力油柜的位置高于水线 500~1 000 mm;对于某些大型船舶,当其满载水线与空载水线差大于 5 m 时,应设置两个油柜,并要求其重力油柜的位置高于水线 3~4 m。

其他类型密封装置的冷却和润滑系统也同样强调重力油柜安装高度的正确性。尤其是某些密封装置,其不同部位的供油由安装高度不同的重力油柜分别承担,各部位的压力也不同。如图 1.3.33 所示为间歇循环润滑油系统。冷却和润滑系统安装时应严格按照设备厂家和相关图纸技术要求执行。

艉轴密封装置及其润滑、冷却管路系统安装完成后,需进行密性试验。

自然润滑的密性试验比较简单。先向艉轴管供油,油的牌号与实船使用牌号相同。当系统中的回油管有回油时,就表明艉轴管已经充满。密性试验时,用手摇泵泵油,当见到回油管有回油时,继续泵油 5 min,同时匀速转动螺旋桨,检查各处无泄漏,密性试验即告结束。试压时需注意某些密封需要排空气,如 CEDERVALL 密封就应将压盖上的排气螺钉旋开,直到润滑油连续溢出,再将其旋紧,然后才可以进行封闭试压。

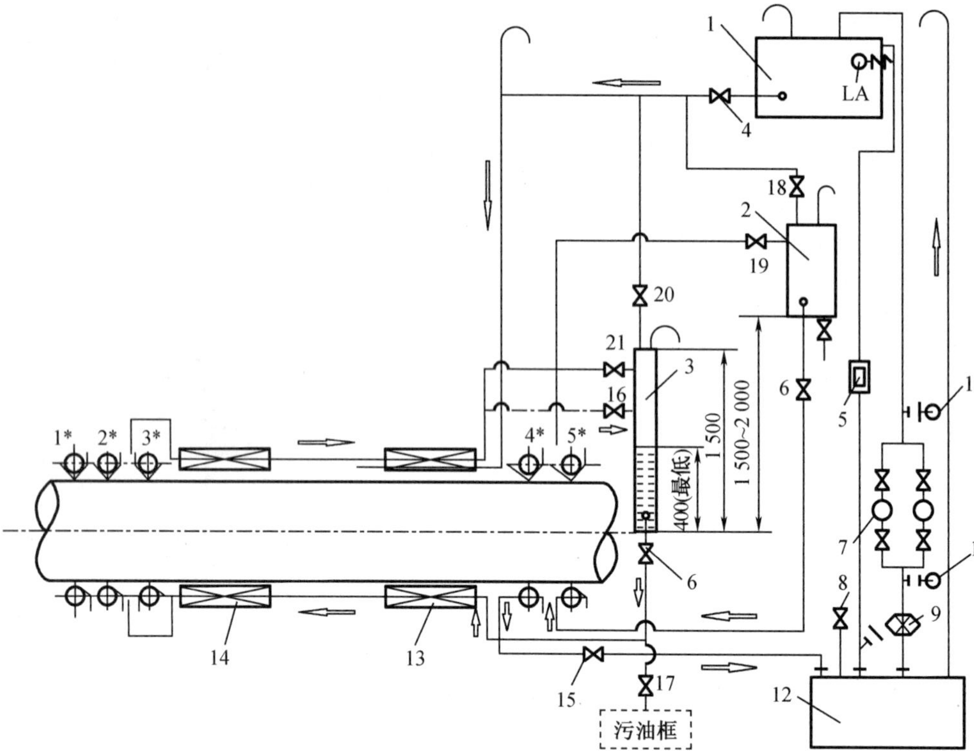

1—重力油柜;2—前密封油柜;3—后密封油柜;4,6,15~21—截止阀;5—视流器;7—循环油泵;8—测深自闭旋塞;9—过滤器;10,11—真空表;12—下油柜;13—前艉轴承;14—后艉轴承;1*~3*—密封圈。

图 1.3.33 间歇循环润滑油系统

SIMPLEX 密封装置压油前先把艉管里的滑油加满,打开首、尾密封装置底部的放泄螺塞,注意此时首、尾密封不加油,以低位油箱内油的静压力进行密性试验。保持一段时间,具体时间根据厂家要求确定,然后检查放泄旋塞是否有油泄漏,检查合格后装上旋塞。通过首、尾密封油柜,依次向首、尾密封的各油腔供油并保持一段时间之后,检查相应密封圈处以及首密封夹紧环处有无泄漏。

艉轴密封装置船上安装后的密性试验要求如下:

(1)密封性试验应在艉轴管润滑油管系全部安装结束并清洗完毕后进行。

(2)试验用油与实船使用润滑油牌号相同。

(3)充油时须排出管路中的空气。

(4)试验后用布包好并做好防尘工作,待下水时再拆去包布。

水润滑艉轴管装置基本上都是开式,只设首封,冷却多采用压力水,压力水一般来自主机冷却水系统。水润滑的冷却和润滑系统安装比较简单,主要是管子及其附件的安装。

【子项目】1.4　螺旋桨轴的加工和安装

【学习目标】

1. 知识点
(1)掌握螺旋桨轴的加工技术要求；
(2)掌握轴套的加工技术要求；
(3)掌握轴包覆玻璃钢的技术要求；
(4)掌握轴系配对的技术要求；
(5)掌握艉轴安装技术要求。
2. 技能点
(1)掌握轴系配对的工艺方法；
(2)能够按照工艺规程及图纸进行轴套的安装；
(3)能够按照工艺规程及图纸进行艉轴的安装。

【工作任务】1.4.1　艉轴和其他传动轴的加工技术要求

螺旋桨轴(螺旋桨轴就是螺旋桨所安装的轴,因此对于有复杂轴系的大船,螺旋桨轴就是艉轴,故本节中对二者不做区分)在车间的内场加工工作主要包括轴的加工、轴系配对、轴套的加工和安装、轴包覆的安装等。

1. 传动轴的材料

传动轴广泛使用30号、35号、40号优质碳素钢的锻件作轴的材料。为降低成本,中国船级社规定轴径小于250 mm的螺旋桨轴和中间轴可用热轧圆钢来制造,裸露在水中的螺旋桨轴还可选用不锈钢,如316(美国钢铁学会标准(AICI))等。军船及高速船为减轻轴系质量,还会选用合金钢。

用于轴材料的锻件,其化学成分、机械性能以及锻造比均应满足规范的规定(详见《材料与焊接规范(2018)》)。

成品直径等于或大于250 mm的艉轴、推力轴、中间轴和其他重要用途的轴按规范规定进行超声波检测。锻钢件表面的轻微缺陷可用铲凿或修磨的方法去除,铲凿或修磨的宽度应不小于深度的3倍,且边缘处有足够大的过渡圆角。必要时可采用磁粉检测或渗透检测方法证实缺陷确已消除。锻钢件表面一般不允许用焊补方法修整缺陷。除曲轴锻钢件外,经船级社同意,对锻件上的低应力区域小的缺陷可以焊补,但应将焊补及焊后热处理的详细资料及检查程序提交船级社,并经船级社认可。

2. 艉轴和其他传动轴的热处理

艉轴和其他传动轴的热处理一般是锻打之后进行去应力退火,粗加工之后进行正火加回火或淬火加回火,后者即调质处理,回火温度不低于550 ℃。

3. 艉轴和其他传动轴的加工技术要求

艉轴和其他传动轴的加工技术要求主要包括以下内容:

(1)工作轴颈或轴套的外表面、轴锥体的径向圆跳动量应符合表1.4.1的规定。

表 1.4.1 轴径向圆跳动量允差

序号	轴长与轴径之比(*L*/*D*)	径向圆跳动量允差/mm
1	≤20	≤0.030
2	>20～35	≤0.040
3	>35～50	≤0.050
4	>50～65	≤0.065
5	>65～80	≤0.090
6	>80	≤0.120

轴的非工作部分的径向圆跳动量的最大值不得大于表 1.4.1 的规定数值的 2 倍。

(2)传动轴法兰外径径向圆跳动量、法兰端面边缘处的轴向跳动量、法兰端面平面度应符合表 1.4.2 的规定。

表 1.4.2 法兰加工技术要求 单位:mm

<table>
<tr><th colspan="2">法兰外圆</th><th colspan="5">法兰端面</th></tr>
<tr><th>法兰直径</th><th>法兰外径径向圆跳动量</th><th>法兰端面边缘处的轴向跳动量</th><th>备注</th><th>法兰直径</th><th>法兰端面平面度允差</th><th>备注</th></tr>
<tr><td>≤250</td><td>≤0.02</td><td>≤0.03</td><td rowspan="4">推力轴的首端法兰面边缘处的轴向圆跳动量,在任何情况下都不得超过 0.03</td><td>≤500</td><td><0.03</td><td rowspan="3">不允许有凸度,只允许有凹度</td></tr>
<tr><td>>250～500</td><td>≤0.03</td><td>≤0.04</td><td>>500～800</td><td><0.04</td></tr>
<tr><td>>500～800</td><td>≤0.04</td><td>≤0.05</td><td>>800</td><td><0.05</td></tr>
<tr><td>>800</td><td>≤0.05</td><td>≤0.06</td><td></td><td></td><td></td></tr>
</table>

(3)轴、轴套的工作表面或内、外圆柱形配合表面的加工允差应符合表 1.4.3 的规定。

表 1.4.3 轴、轴套的圆度及圆柱度允差 单位:mm

直径 *D*	≤120	>120～180	>180～260	>260～500	>500～800	>800
圆度及圆柱度允差	≤0.025	≤0.035	≤0.045	≤0.055	≤0.065	≤0.075

(4)螺纹精度。螺旋桨轴螺纹的表面粗糙度应符合图样规定。螺旋桨轴螺纹加工后,将螺母旋入,要求两者组成的配合为中等的紧密配合,并可用扳手轻便地拧入螺母。

(5)轴最后的表面粗糙度要求见表 1.4.4。

表 1.4.4 传动轴表面粗糙度要求

<table>
<tr><th rowspan="2">序号</th><th rowspan="2">项目</th><th colspan="3">Ra/μm</th></tr>
<tr><th>D<500 mm</th><th>D≥500～1 000 mm</th><th>D≥1 000～1 750 mm</th></tr>
<tr><td rowspan="2">1</td><td>(1)推力轴工作表面</td><td>0.1～0.2</td><td>0.2～0.4</td><td>0.4～0.8</td></tr>
<tr><td>(2)推力环工作表面</td><td>0.2～0.4</td><td>0.4～0.8</td><td>0.8～1.6</td></tr>
</table>

表 1.4.4(续)

序号	项目		Ra/μm		
			$D<500$ mm	$D\geq500\sim1\ 000$ mm	$D\geq1\ 000\sim1\ 750$ mm
2	(1)工作轴颈装可拆联轴节或螺旋桨的轴表面 (2)推力轴与推力环圆角处的过渡表面 (3)法兰端面及外圆表面 (4)铰制螺栓孔的表面		0.4~0.8	0.8~1.6	1.6~3.2
3	(1)安装轴颈套轴套处轴表面 (2)法兰的圆角处过渡表面 (3)键表面 (4)可拆联轴节内孔的表面		0.8~1.6	1.6~6.3	6.3
3	(5)铰制螺栓的配合表面(平均直径 D,mm)	$D\leq25$	0.4~0.8	0.8~1.6	1.6~3.2
3	(5)铰制螺栓的配合表面(平均直径 D,mm)	$25<D\leq50$	0.8~1.6	1.6~3.2	3.2~6.3
3	(6)螺旋桨孔的表面		0.8~1.6	1.6~6.3	6.3
3	(7)轴套内孔表面(长度 l,m)	$l<0.25$	0.1~0.2	0.2~0.4	0.4~0.8
3	(7)轴套内孔表面(长度 l,m)	$0.25<l\leq0.50$	0.2~0.4	0.4~0.8	0.8~1.6
3	(7)轴套内孔表面(长度 l,m)	$0.50<l\leq0.75$	0.4~0.8	0.8~1.6	1.6~6.3
3	(7)轴套内孔表面(长度 l,m)	$0.75<l\leq1.00$	0.8~1.6	1.6~6.3	6.3
4	(1)轴及零件的非工作表面 (2)空心轴内孔精加工后的孔表面 (3)键槽的工作表面		1.6~3.2	6.3	6.3~12.5

(6)螺旋桨轴桨端的锥体键槽与螺旋桨轴可拆法兰联轴器锥孔键槽的检验要求:

①键槽宽度误差不大于 0.01 mm;

②键槽侧的底面应圆弧过渡;

③螺旋桨轴锥体大端的键槽,从槽底到轴表面应加工成渐渐上升的雪橇形,键槽前端表面呈汤匙形。按图样要求检验其形状,并修正其圆弧度,表面应光顺,粗糙度应符合图样要求。

(7)推力轴推力环两端面全跳动量应符合表 1.4.5 的规定。

表 1.4.5　推力轴推力环两端面全跳动量允差

单位:mm

序号	推力轴的基本轴径 D	允许两端面全跳动量允差	备注
1	≤300	≤0.020	不允许有凸度
2	>300~500	≤0.025	
3	>500~800	≤0.030	
4	>800	≤0.035	

艉轴和其他传动轴的加工技术要求详见《轴系加工技术要求》(CB* 228—1986)。

【二维码】《轴系加工技术要求》(CB* 228—1986)

【工作任务】1.4.2 轴系配对

轴系配对是将各传动轴段置于同一轴线上,保证其同轴度要求,然后铰镗法兰螺栓孔,并配置相应的铰制孔螺栓等一系列工作的总称。此项工作过去多在轴系校中完成之后在船上进行,目前大多在车间内完成,主要为了加快水下施工进度。

配对工作一般自艉向艏依次进行,先在临时支承上放置螺旋桨轴,检查其前法兰跳动量为最小值后作为基准,然后在临时支承上放置第一根中间轴,确认连接法兰的偏移和曲折值满足要求之后,用临时螺栓将法兰拉紧并紧固,之后便可进行铰孔工作。

铰孔完成之后,按照铰孔尺寸和配合要求配置铰制孔螺栓。铰制孔螺栓按照其白位形状分为圆柱形和圆锥形两种类型。圆柱形铰制孔螺栓较为常见,其特点是加工方便;而圆锥形铰制孔螺栓的特点则是安装方便,而且可以多次拆装,但是加工工艺过程比较麻烦。铰制孔螺栓如图 1.4.1 所示。

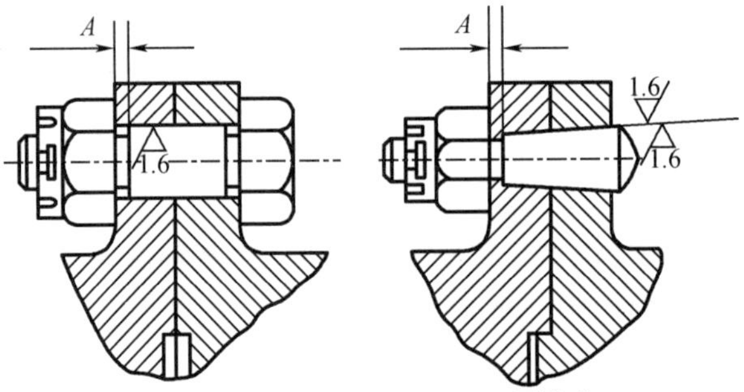

(a)圆柱形 (b)圆锥形

图 1.4.1 铰制孔螺栓示意图

1. 临时支承的布置

(1)中间轴与艉轴在车间对中时,支承距离应符合图 1.4.2 要求。图 1.4.2 中 $a_1 = b_1 = 0.2L_1$,$a_2 = b_2 = 0.2L_2$。

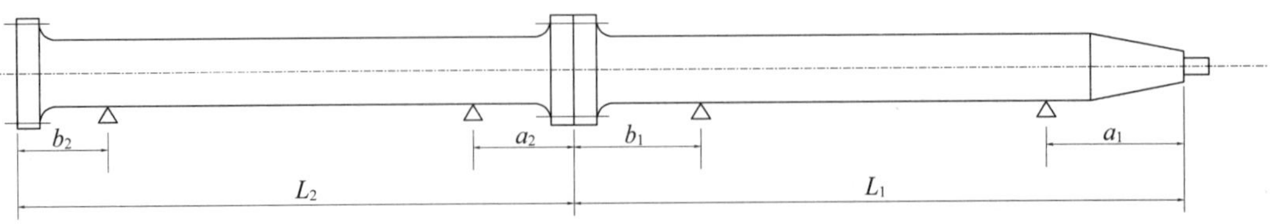

图 1.4.2 中间轴与艉轴对中示意图

(2)中间轴与主机飞轮端镗孔也经常在船台上或车间里进行,临时支承的位置也应该遵循工艺图纸要求。

2. 校中

用临时螺栓将两轴拉拢,使法兰端面间隙越小越好。然后测量并调整两个法兰的偏移和曲折,允差参见表1.4.6。报检合格后,用临时螺栓均匀地将两轴拉紧,直至两法兰平面贴紧,然后固紧螺母。拉紧过程中,法兰的曲折和偏移不得发生变化,可以在法兰外圆安装两块百分表,拉紧过程中表的读数不发生变化,说明情况正常,然后即可进行铰孔工作。

表1.4.6　两法兰的偏移值和曲折值允差　　单位:mm

序号	法兰外径	两法兰的偏移值和曲折值允差
1	≤500	≤0.02
2	>500~800	≤0.03
3	>800	≤0.04

3. 铰孔

对接工作完成后,便可进行铰孔工作。中、小直径的螺栓孔可以采用手工铰孔和机铰,大直径的螺栓孔为了减轻劳动强度,提高工作效率,一般采用机铰或镗孔机进行镗削。

图1.4.3所示为手工铰孔,它的主要工具是一只双簧扳钻及卡箍。将铰刀的方榫插入扳钻孔内,扳钻的另一端顶在卡箍上,而卡箍固定在轴上。扳动扳钻手柄即可进行铰孔。孔铰好后,在法兰端面螺孔处应刮出鱼眼坑。

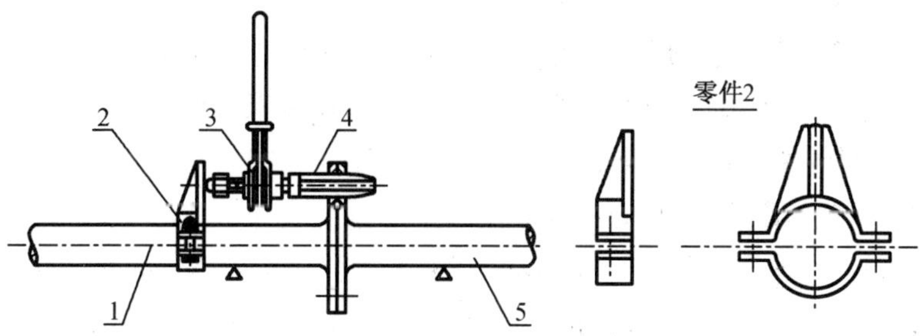

1—轴系中心线;2—哈夫式卡箍;3—双簧扳钻;4—铰刀; 5—轴。

图1.4.3　手工铰孔示意图

较大尺寸的螺栓孔,为减小劳动强度,可以采用风动铰孔机,由压缩空气驱动。

大型螺栓孔的加工,经常采用专门的轴系法兰镗孔机,如图1.4.4所示。

将铰孔机安装在轴上,调整铰孔机的高度,使铰孔机的镗排中心与孔的中心一致(孔的粗加工在镗床上已完成,一般留3 mm余量);然后在镗排上安装磁力座和百分表,将百分表对准法兰端面,旋转镗排,测量孔与端面之间的垂直度,应不大于0.03 mm,否则应调整铰孔机直到达到要求为止。调整好铰孔机后将其固定,然后就可以开始镗孔了,孔的尺寸镗至比要求尺寸小 0.20 mm 时,换浮动铰刀,加油,从离铰孔机远的方向向近的方向进刀铰孔。一个孔铰好后,配置紧配螺栓装入此孔后,才能进行第二个孔的加工。一般需在装配了 2 ~ 3 个紧配螺栓后,可转动轴进行其余孔的加工。

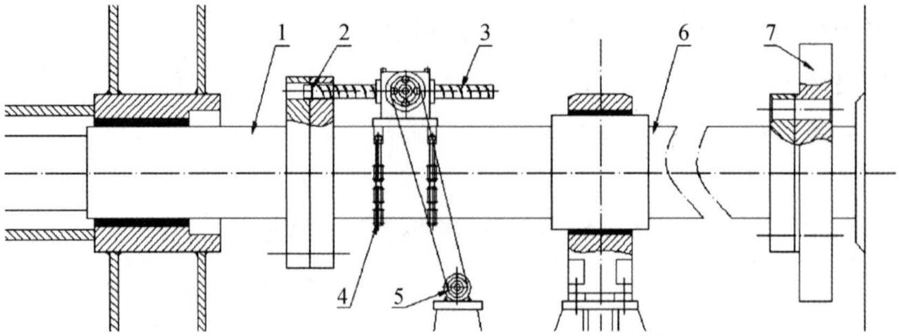

1—刀板;2—艉轴;3—镗孔机刀杆;4—镗孔机固定链条;5—电机;6—中间轴;7—主机输出端。

图 1.4.4 轴系法兰镗孔机示意图

铰孔时应注意以下事项:

(1)待铰孔应留有铰孔余量,余量大小视钻(镗)孔时的精度和粗糙度来决定,一般在 0.5 ~ 2.0 mm 之间。

(2)为达到较低的表面粗糙度,每次铰孔的切削量不宜过大。

(3)在铰(镗)法兰螺栓孔时,铰(镗)孔的进给方向应与螺栓压入方向一致。

(4)在加工螺孔的过程中,应不断检查配对法兰的偏移和曲折,如发生差异,要停止加工,修正后再继续加工。

(5)铰孔需分批次、错孔加工,一批螺孔精铰完成之后,就要立即为其配置铰制孔螺栓,并将其安装到位,然后拆去其他临时螺栓,对其他螺栓孔进行铰孔。

(6)螺栓与孔还需要用钢号码分别打上序号标记,以免安装时弄混。

螺栓孔应达到的技术要求如下:

(1)孔的表面粗糙度应达到 Ra 1.6 μm。

(2)孔的圆柱度,对于孔径在 50 mm 以下的,≤0.02 mm;在 50 mm 以上的,≤0.03 mm。

(3)孔的圆度,对于孔径在 50 mm 以下的,≤0.01 mm,在 50 mm 以上的,≤0.02 mm。

(4)螺栓孔加工后,两端面应锪平并与螺栓孔中心线垂直,螺栓装配后,螺栓头用 0.05 mm 塞尺不能塞入。

(5)圆柱形螺孔孔径的倒锥≤0.02 mm。

(6)如果是安装带内套的液压张紧螺栓,螺栓孔的加工技术要求需参考所选用螺栓的生产厂家的相关技术文件。表 1.4.7 所示为 SKF 某系列螺栓对螺栓孔的技术要求。

表 1.4.7　SKF 某系列带内套液压张紧螺栓对螺栓孔的技术要求　　单位：mm

孔径	直径公差	圆柱度	同轴度
40～(50)	H7　+0.025/0	0.013	0.025
50～(58)	H7　+0.030/0	0.015	0.030
58～(80)	H8　+0.046/0	0.023	0.046
80～(120)	H8　+0.054/0	0.027	0.054
120～(180)	H8　+0.063/0	0.032	0.063

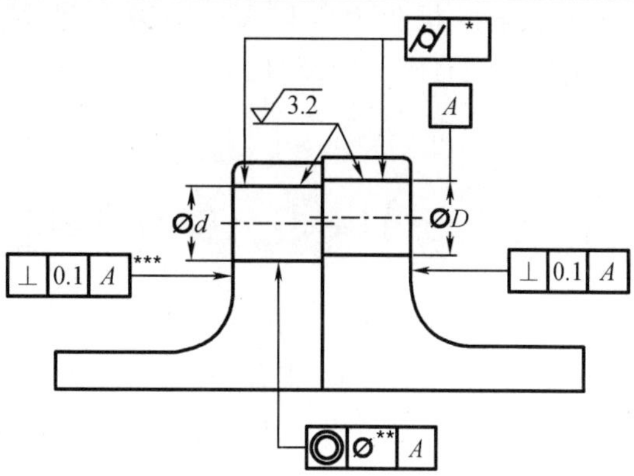

螺栓与螺栓孔的间隙为螺孔直径的 0.05%～0.15%

4. 铰制孔螺栓的配置

铰制孔螺栓在设计时，主要是考虑白位和螺纹部位的直径及长度，同时进行强度校验。直径计算和强度校验一般按照船舶规范的有关公式进行。螺栓材料与轴相同，一般使用 35、40 号钢锻件，其化学成分及机械性能必须符合材料试验规范的要求。铰制孔螺栓加工技术要求详见 CB/T 3611—1994，主要有以下几项内容：

(1)螺栓表面粗糙度。表面粗糙度的要求如图 1.4.5 所示。

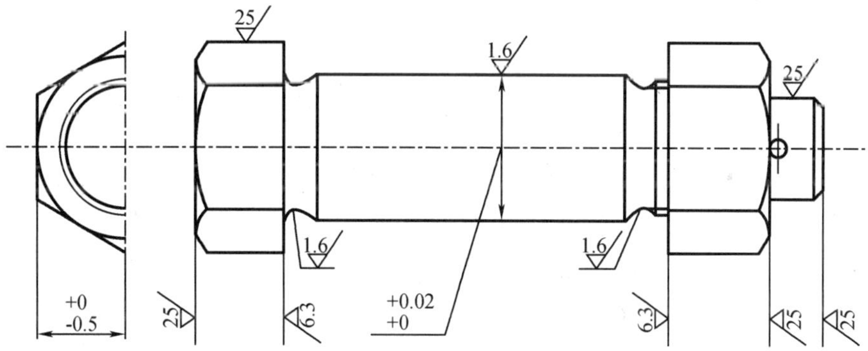

图 1.4.5　铰制孔螺栓表面粗糙度要求

(2)圆柱形铰制孔螺栓光位与螺孔的配合可参考表 1.4.8。

表 1.4.8　铰制孔螺栓光位与螺孔的配合　　单位：mm

螺栓直径	≤30	30～50	50～70	70～100
配合值	0～0.01	-0.005～+0.005	-0.015～0	-0.02～+0.005

(3)螺栓白位的圆度和圆柱度。孔径≤50 mm 时，其圆度和圆柱度应≤0.01 mm；孔径>50 mm 时，其圆度和圆柱度应≤0.02 mm。

(4)光位长度一般要求较法兰总厚度短 1～2 牙。

(5)螺栓孔如采用锥形，需检查锥孔与螺栓锥体的接触情况。可在螺栓锥体表面涂色油,插入锥孔,用螺母收紧,然后松开螺母,将螺栓退出,检查锥孔色油接触情况,要求接触均匀,且接触面积在75%以上。圆锥形螺栓安装后,大端锥体必须凸出法兰平面5～10 mm,以保证有修配余量,用0.03 mm塞尺检查锥体大端,局部可插入,深度不得超过3 mm。

【工作任务】1.4.3 轴套的加工和安装

采用水润滑的船舶,常在艉轴工作轴颈上安装轴套。其作用在于隔绝舷外水,避免腐蚀,延长艉轴的使用寿命,轴套磨损后,可上车床精车,而当精车到极限厚度时,又可将轴套拆换。对于没有装轴套的艉轴,其轴颈经多次精车后,也可加装轴套,使艉轴仍能使用。

1. 轴套的加工

对轴套的材料,要求有良好的耐磨性和抗蚀性。一般采用铜合金,如ZCuSn10Zn2、QSn10－2、ZHMn58－2等。

轴套的厚度可按表1.4.9规定的公式进行计算。

表1.4.9 轴套的厚度 单位:mm

分类	轴承挡处新制最小厚度 t	非工作轴颈部位厚度	光车修理厚度	极限厚度
厚度	$0.03d+7.5$	$0.75t$	$0.02d+5$	$0.015d+3.5$

注:d是轴承挡处基本直径。

轴套与轴颈之间的过盈量见表1.4.10。

表1.4.10 轴套过盈量 单位:mm

轴颈直径	≤120	120～180	180～260	260～500	500～800	>800
过盈量	0.10～0.14	0.14～0.20	0.20～0.26	0.26～0.32	0.32～0.40	0.40～0.50

轴套技术要求如下:

(1)加工好的轴套,不允许有裂纹、密集气孔、疏孔和砂眼等缺陷。对于不是很严重的缺陷,允许修补。

(2)轴套安装前应试压,压力为0.2 MPa,5 min内应无裂纹、泄漏等现象;铜套表面产生渗漏的个别小空隙,允许用焊补、涂胶、熔铅等方法消除,处理后再进行水压试验。

(3)轴套的圆度和圆柱度要求见表1.4.3。因为轴、孔的圆度和圆柱度会直接影响套合后各接触点所受压力的均匀性,以致减少接触面而降低套紧力。加工时,先将外圆留有2～5 mm的加工余量,内圆加工到位,然后将轴套装到艉轴上,之后上车床一起加工轴套外圆面、艉轴法兰外圆、端面和其他部位。

2. 整体式轴套的安装

轴套在艉轴上的安装方法主要是红套法,具体安装时可以采用卧式和立式安装。下面以单个铜套为例介绍红套工艺过程。

(1)卧式安装

其特点是铜套与轴的对中容易把握,不需要太大的起吊空间,但是吊装比较麻烦,需要多次更换吊点,而且还需要保证吊装过程中轴、轴套的水平以及二者之间间隙的均匀。工艺过程如下:

①将轴颈光车好的艉轴搁置在V形垫木上,艉轴表面必须擦拭干净,不得有油污,在套合时,轴颈必须干燥。为了防止铜套红装时超过预定位置,可以在艉轴上安装一个定位卡箍或定距环,当铜套套入轴中并与定距环接触时,即认为轴套轴向位置安装到位。卡箍的位置按图纸上规定位置放置。如图1.4.6所示。

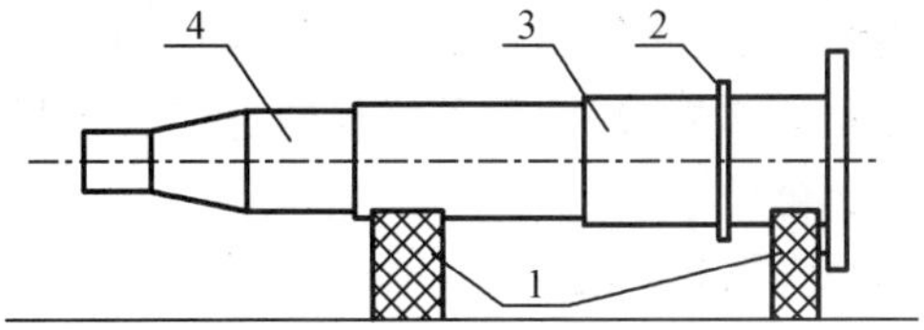

1—垫木;2—卡箍;3—前轴颈;4—后轴颈。

图1.4.6 铜套红装时的艉轴搁置情况

②加热铜套,使孔径膨胀到量棒能放进时,即认为可以红装。取出铜套,迅速擦拭铜套内孔及外表面,不允许内孔有任何杂物。然后将铜套从艉轴锥体端套入,先套至后轴颈处,并立即用吊车吊起艉轴锥体端,移开垫木,将铜套继续套到前轴颈处,并碰上卡箍为止。然后安装前轴颈轴套。如果艉轴前部为可拆联轴节,则可分别从两端套入。

③让铜套自然冷却,不允许使用任何方法进行强制冷却,以免影响套合质量。冷却后,用小锤轻轻敲打铜套,如声音清脆,表示铜套质量良好。在距离艉轴锥体端70 mm长度上,严禁有配合不紧密的地方。然后拆去卡箍,热套工作即告完成。

④上车床,精加工铜套外圆及其他部位,使各部分的尺寸加工到符合技术要求。

为了克服吊装难题,有船厂选择在车床上安装轴套。利用车床的卡盘、中心架和尾座支承艉轴,将轴套和加热器安装在拖板上,利用导轨移动轴套和加热器。

(2)立式安装

其特点是工艺相对比较简单,但是轴与轴套的对中不容易把握,而且需要足够的起吊空间。工艺过程如下:

①制作一个用来摆放铜套的支承架。在支撑架上面放置一块钢板,厚度20 mm左右,在钢板中间开一个圆孔,圆孔直径要大于铜套内径而小于铜套外径,具体视现场情况而定。支承架的高度取决于艉轴的自身长度和铜套在艉轴的安装位置,一般情况下,需保证当铜套安装到位时,艉轴的一端距地面有一段距离。另外,为方便观察、确认铜套安装是否到位,可预先确定铜套距艉轴端部距离,然后在地面上按此尺寸设置限位板,吊装时,当艉轴的下端与限位板相碰时,铜套正好安装到位。

②将准备安装的铜套摆放在支承架的钢板上,并使铜套孔与钢板上的孔对正。

③需要特别注意的是,摆放后的铜套一定要垂直于地面,必要时可用水平尺测量。

④用吊车将艉轴垂直吊起。注意:吊起时艉轴的轴线一定要与地面保持垂直。

⑤为保证万无一失,在铜套加热之前,先将艉轴垂直吊起,并放在铜套的内孔上方,然后将艉轴慢慢落下,观察艉轴与铜套内孔是否对中,确认无误后,再将艉轴慢慢吊起停留在

适当的高度上。此时,吊车绝对不允许有水平方向上的任何移动。

⑥用电加热毯将铜套从下到上全部裹住,加热毯外面用岩棉覆盖。然后通电加热,用点温计监测加热温度,一般在 250 ℃左右时,掀开岩棉,用量棒检验铜套内径是否达到安装尺寸。

⑦当达到安装条件后,将铜套上方的艉轴慢慢地落下,当实际确认无误后,再将艉轴快速地落入铜套的内孔中,整个过程要一气呵成,直至艉轴的下端与定位板接触。

⑧将电加热毯断电并移除,待铜套慢慢冷却至常温。

3. 分段轴套的加工和安装

轴套一般制成一个整体,但当轴套过长时,制造和安装都很困难,因此允许分段制造、分段安装。两个分段的接缝在设计时应避开工作部位,最好距工作部位边缘 50 ~ 100 mm 以外。接缝处采用焊接法、锡焊填补法、热搭法和滚压法等几种形式。

采用焊接法时,接缝处用氩弧焊填补,焊条材料应与铜套材料基本相同,并应采取合理的焊接工艺,避免影响轴套套合质量。

锡焊填补法是将两个轴套的接缝处留出一个 V 形槽,在此槽内填以锡焊,如图 1.4.7 所示。

热搭法是指套与套之间采用过盈配合。搭接处热套过盈量应为铜套与轴配合过盈量的 110% ~120% ,如图 1.4.8 所示。

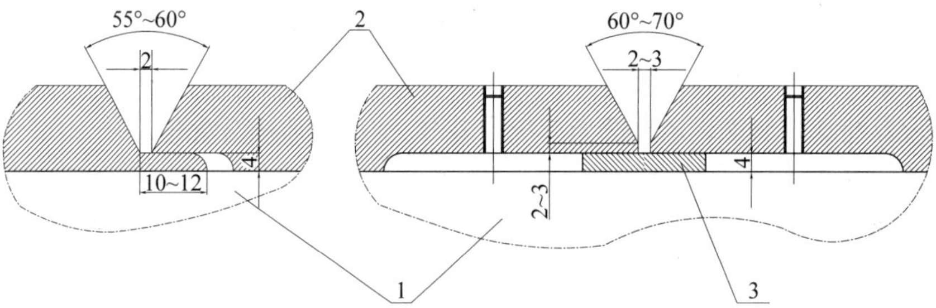

1—螺旋桨轴;2—轴套;3—垫环。

图 1.4.7 轴套搭缝

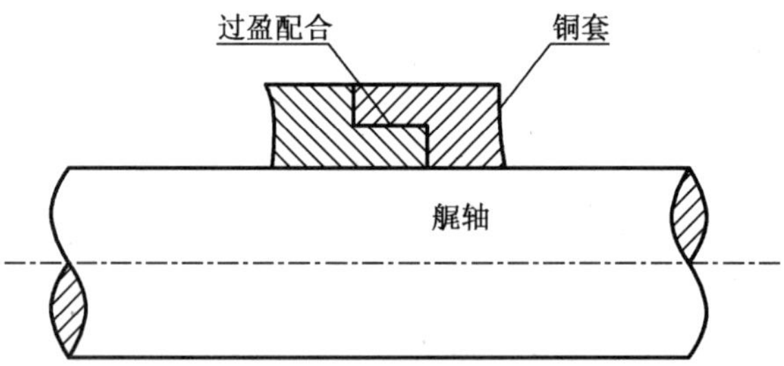

图 1.4.8 轴套热搭

采用滚压法时,轴套内径加工到位,外径单边留 1.5 ~2 mm 加工余量,搭口处留出滚压台阶,如图 1.4.9 所示。轴套加工好之后进行 0.2 MPa 的水压试验,5 min 不得有渗漏和裂纹等现象。试压合格后即可进行红套。最后在车床上精加工铜套外圆时,用滚轮滚压搭口处,将缝口碾平。

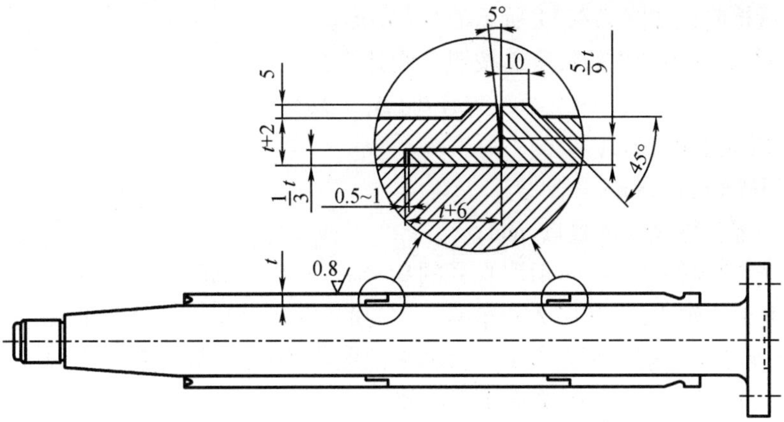

图 1.4.9 轴套卸荷槽和接缝搭口尺寸

分段制造、安装的轴套,其红套工艺过程与整体轴套基本相同,如图 1.4.10 所示。图 1.4.10 中的调位螺钉用来调整吊笼中的铜套与艉轴之间的同轴度。

对于分段制造、安装的轴套,每套一节,立即用压缩空气首先冷却搭接处,使搭接处先冷,自由端慢冷,以免搭接处出现冷缩缝。搭口处的水密性必须得到保证,一旦有水渗入,艉轴将会因锈蚀而缩短使用寿命。因此,轴套安装完成之后,在搭口处钻孔攻丝,加工两个螺孔,用以安装密性试验用的螺纹接头等附件。密性试验的试验压力为 0.2 MPa,5 min 内轴套接缝处不得有任何裂纹或渗漏。试验合格后,螺孔用闷头螺塞通过锡焊进行封没。

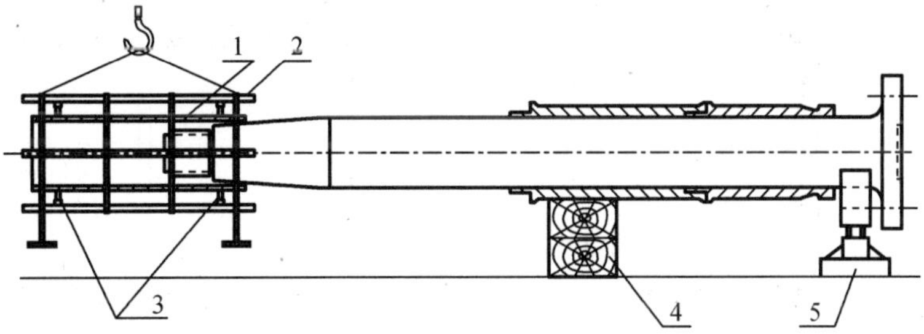

1—轴套;2—吊笼;3—调位螺钉;4—垫木;5—可调支承。

图 1.4.10 分段轴套安装

红套时应注意以下几点:

(1)铜套加热温度为 250 ~ 300 ℃,并要求加热均匀,防止铜套变形,常用的加热方式有油加热、电加热和瓦斯加热等。

(2)轴套在其红套轴上后应检查其紧密性,在距离艉轴锥体端 70 mm 长度上,严禁有配合不紧密的地方。

(3)由于红套法操作复杂,动作稍慢,在套到一半时就可能因温度的降低而无法向前套进,同时也无法拉出,所以准备工作一定要充分。事先可以准备一个轴套内径测量样棒,使用样棒可快速测量出加热后的铜套孔径是否已膨胀到预定套合尺寸。量棒可用直径 10 ~ 15 mm 圆铁制成,两端磨尖,尖端带圆弧形,其长度为套合处轴颈直径再加 2 倍的过盈量。

也有厂家将量棒制成如图 1.4.11 所示的“T”字形。

图 1.4.11 所示的量棒的长度 L 按照下式计算：

$$L = d + \Delta_1 + \Delta_2 \tag{1.4.1}$$

式中 L——热装长度，mm；

d——配合直径，mm；

Δ_1——配合件最大过盈量，mm；

Δ_2——热装时的间隙，一般取直径的 0.9‰～1.4‰，mm。

由于铜套套于轴上后，其应力分布是不均匀的，冷却后应力会急剧增大，它会严重影响铜套强度，甚至在铜套端部应力集中处有脆裂的危险，因此一般在铜套两端开有卸荷槽，其形状如图 1.4.12 所示。安装时方向不要弄错。

4. 轴套的粘接安装

因为红套安装工艺比较复杂，容易出现咬轴现象而导致安装失败，因此目前也有选择采用环氧树脂粘接安装方法的，实践证明，这种方法粘接强度高，使用性能良好。

(1)胶黏剂的配方(质量份额)

E－44 环氧树脂 100 份；

邻苯二甲酸二丁酯 15 份；

乙二胺 7～8 份。

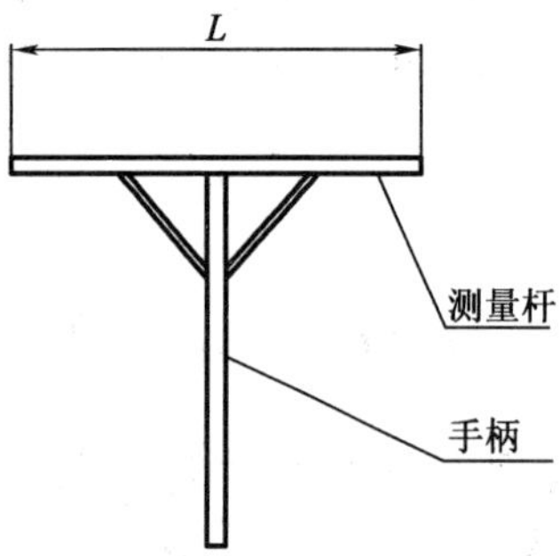

图 1.4.11 T 形量棒

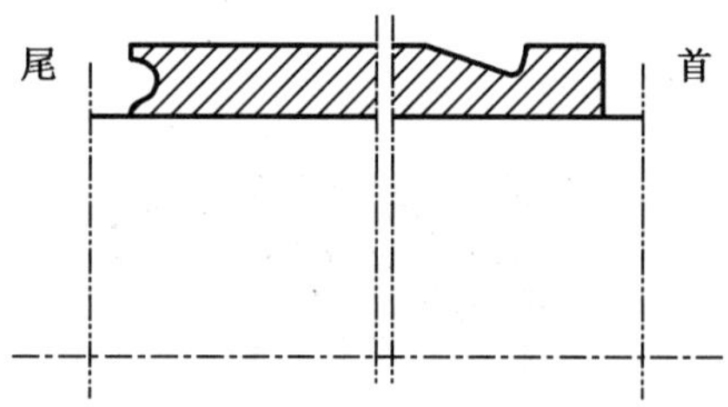

图 1.4.12 轴套的卸荷槽

(2)粘接过程

①清洗：将艉轴水平安放在支架上，然后用丙酮清洗粘接部位。

②配胶：按配方规定量混合调匀。

③涂胶：将配制好的胶黏剂均匀地涂于粘接表面，胶层厚 0.5 mm 左右，涂完后立即将铜套套入艉轴。

④固化：室温固化 24 h。

⑤精车：固化后上车床精车轴套外圆至图纸要求尺寸。

【工作任务】1.4.4 艉轴包覆玻璃钢

艉轴非工作表面可以包敷玻璃钢保护层以防止海水腐蚀。工艺过程如下：

(1)艉轴表面要除净油污和锈斑，可用丙酮、汽油、香蕉水或四氯化碳等清洗。

(2)将已裁成一定宽度的玻璃纤维布卷装在特制的圆筒体中,以便抽出包裹。玻璃纤维布一头浸入胶黏剂内,浸透后由另一头抽出,即可包扎。

(3)将配制好的胶黏剂在艉轴表面均匀涂刷一层,然后将浸透了胶黏剂的玻璃纤维布绕在轴上。包扎自后端开始,并与螺旋桨旋向相反,缠绕间距为玻璃纤维布宽度的1/3~1/2,每圈重叠为15~20 mm。包扎时需注意:布的起点及终点应在距离两端150~200 mm处,也就是由此处开始向近端包扎,然后再向反方向包扎;在包扎至另一端时,也必须在达到终点后,再向反方向包扎150~200 mm。玻璃纤维布重叠层数不少于四层,然后将布剪断。也可在包扎之前,先在轴表面上涂一层胶黏剂,将玻璃纤维布按其宽度在轴上均匀包覆一层。然后,再涂一层胶黏剂,再包一层玻璃纤维布,直到达到需要厚度。

(4)在包覆过程中,艉轴应匀速缓慢转动,直至胶黏剂不流动。

(5)每包扎一层后,应稍待0.5 h左右,使其中丙酮挥发后再包扎第二层,以避免在第二层包扎后产生气孔。

(6)艉轴包好玻璃纤维布后,应让其自然干燥,一般干燥40~48 h。

(7)装配前,应将毛刺去除。包扎环境要求干净无尘,在未完全硬化前,不能遇水或油污。

(8)按照相关标准和规范的要求进行包覆材料的抗拉强度和海水腐蚀试验。

包覆工作可在车床或有关工装设备上进行,如图1.4.13(a)所示。

为了保证玻璃纤维布包覆层与艉轴铜套的紧密结合,在铜套接触保护层的端头最好车成倒向锯齿形,如图1.4.13(b)所示。

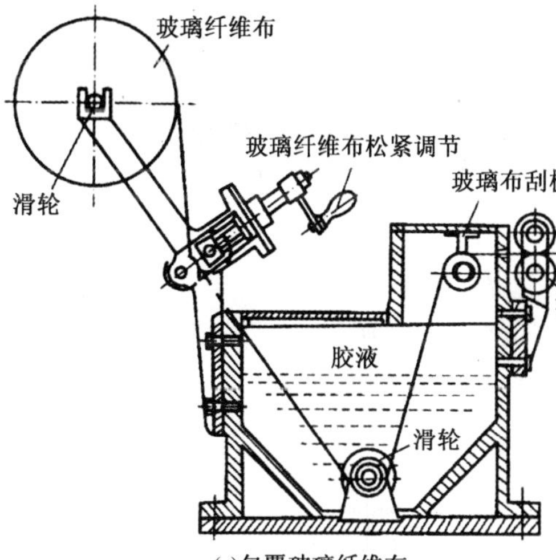

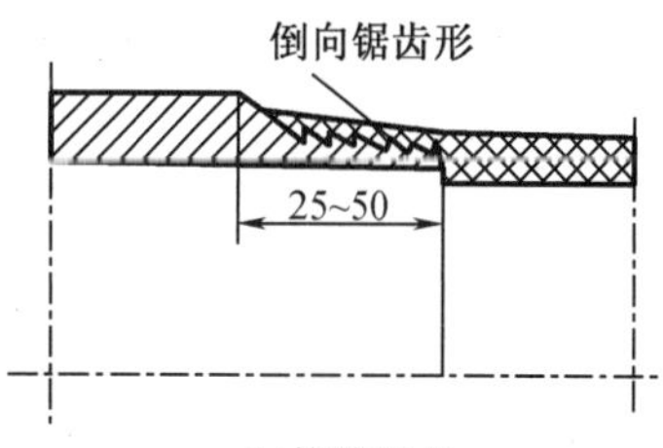

图1.4.13 艉轴包覆玻璃纤维布以及轴套与玻璃钢接缝形式示意图

【工作任务】1.4.5 艉轴的安装

艉轴的安装方法一般有两种,一种是从船内往船外安装,适用于前端具有固定法兰的大型艉轴;另一种是从船外向船内安装,适用于具有可拆联轴节的中、小型船舶艉轴。

1. 吊装前的准备工作

(1)螺旋桨轴安装必须在艉管安装完成并检验合格后进行。

(2)吊装前用压缩空气和棉布将艉轴管及艉轴彻底清洗干净。在艉轴管前、后轴承位置和艉轴上涂清洁的润滑油,对于铁梨木和层压板的艉轴轴承,可以涂些黄油。

(3)艉轴末端螺纹部分用布或薄橡皮包扎好,防止在装配中碰伤。对于具有固定法兰的艉轴,还应将前密封装置的相关零件预先套到轴上,如防磨衬套、密封圈等。

(4)为便于在艉轴进入艉轴管之后调整艉轴姿态,一般会在艉轴上安装一根引管,引管上包覆岩棉和锡箔纸或其他等效保护材料,防止其撞击到艉管内部或端面,如图 1.4.14 所示。

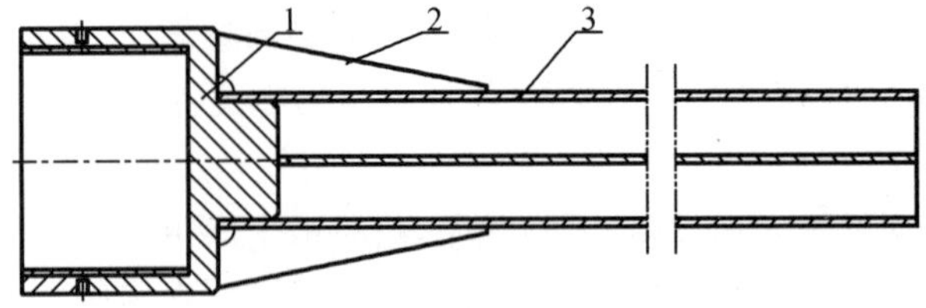

1—接头;2—肘板;3—引管。

图 1.4.14　艉轴塞轴引管

2. 艉轴的吊装

将塞轴引管装在艉轴前端的螺纹上,并且在绑扎钢丝绳的部位包上麻包以保护艉轴后,即可开始吊装艉轴。艉轴的吊装一般使用葫芦、小车或滑车等进行。

如图 1.4.15 所示为从船内向船尾,使用葫芦进行艉轴吊装。其过程如下:

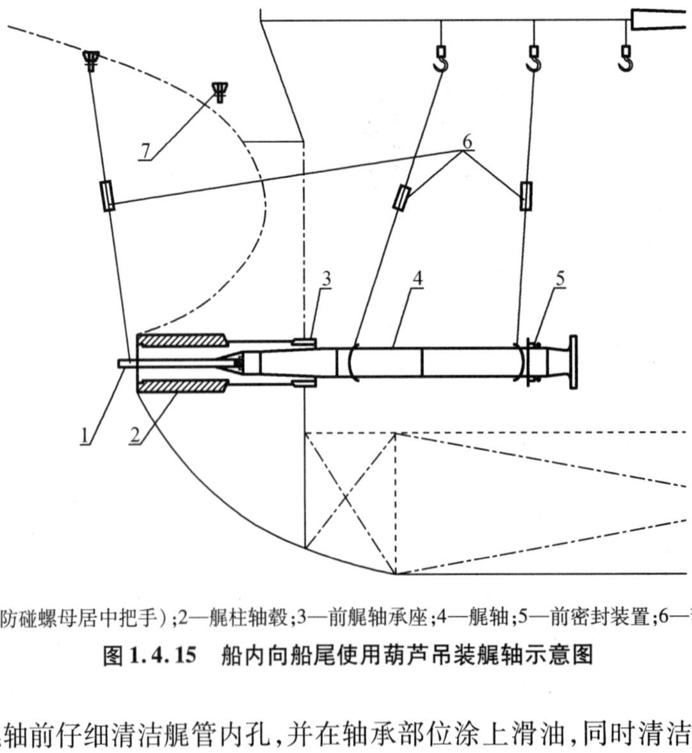

1—塞轴引管(可拆防碰螺母居中把手);2—艉柱轴毂;3—前艉轴承座;4—艉轴;5—前密封装置;6—葫芦;7—吊装眼板。

图 1.4.15　船内向船尾使用葫芦吊装艉轴示意图

(1)吊塞艉轴前仔细清洁艉管内孔,并在轴承部位涂上滑油,同时清洁艉轴、前后密封装置、螺旋桨桨毂端面及内孔。

(2)将前密封整体连同垫片、密封圈一起在螺旋桨轴塞轴前套入螺旋桨轴前端,并将后密封装置、螺旋桨、液压螺母、导流帽等吊运至船尾的安装位置附近并保护好。

(3)螺旋桨轴吊装、塞轴过程如图 1.4.15 所示,塞轴过程中应在艉轴表面涂抹润滑油。

(4)螺旋桨轴引管出艉柱后端面后,需及时将起吊绳索转移到引管上,以保持螺旋桨轴平衡。

(5)螺旋桨轴引管完全出艉柱后,需及时将起吊绳索转移到艉轴上,并拆除引管。

(6)螺旋桨轴出艉柱后端面适当距离后,将后密封连同垫片、密封圈一起套入螺旋桨轴;同时将螺旋桨吊装到位,螺旋桨内孔对准螺旋桨轴,并继续将螺旋桨轴向后塞入直至螺旋桨轴锥体部分完全进入螺旋桨桨毂,螺旋桨轴塞轴完成。

如图 1.4.16 所示为从艉部向船内灌轴,使用葫芦接力传递法进行艉轴吊装。其过程如下:

(1)将艉轴用行车吊至艉部附近后,按图 1.4.16(a)所示在艉部设置葫芦 4,在靠近前轴承位处系钢丝绳 5,使其受力,松掉靠近前轴承位钢丝绳 2,将艉轴向艉轴管输送。

(2)然后按图 1.4.16(b)所示在艉轴管附近船壳板上设一只葫芦 6,靠近前轴承位处系钢丝绳 7,随其受力,将葫芦 4 上的钢丝绳 5 重新系于艉轴艉锥体附近,同时在尾封板附近再设一葫芦 6,将钢丝绳 5 系在前轴承前端,松掉吊车吊钩 3 及钢丝绳 2。

(3)调整三只葫芦升降,其中两只葫芦控制艉轴向前运动,一只葫芦控制艉轴向后运动,目测艉轴与艉轴承四周间隙基本正常,使轴在艉轴承内平行向前移动。

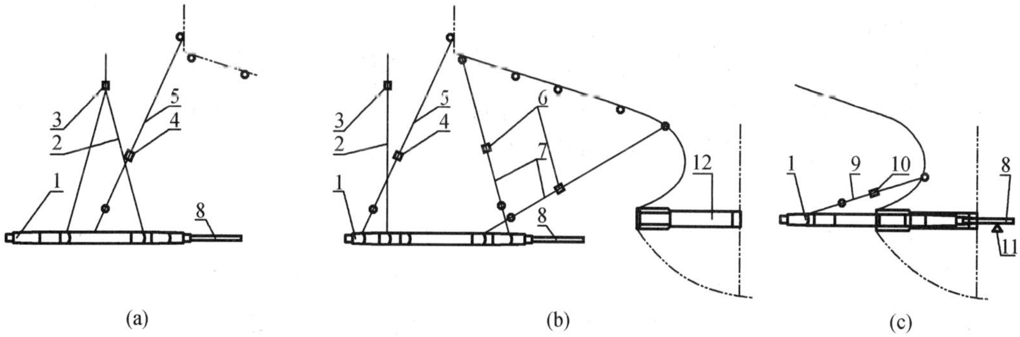

1—艉轴;2,5,7,9—钢丝绳;3—吊车吊钩;4,6,10—葫芦;8—塞轴引管;11—临时支承;12—艉轴管。

图 1.4.16 葫芦接力传递法安装艉轴示意图

(4)当艉轴进入艉轴管二分之一长度后,按实船具体情况留用 1 ~ 2 只葫芦或重新在艉轴管出口斜前上方或船舶左右两舷船壳板上设置葫芦,以保证艉轴继续进入艉轴管时不被卡住。

(5)艉轴进入艉轴管后会发生下沉,可借助塞轴引管和临时支承调整艉轴姿态,使艉轴稍稍抬起,前轴颈的台阶不碰到前轴承下沿,并利用葫芦控制艉轴向前移动,直至艉轴前轴颈落位于前轴承上。

⑥最后利用葫芦控制艉轴到位,艉轴安装结束。

在送进过程中,要注意将艉轴对正艉轴管,防止艉轴承和艉轴螺纹相碰。另外除了如图 1.4.16(c)所示在前轴承附近设一个临时支承点之外,有些船厂专门设计了附有滚轮装置的高度可调的液压支承，将其设置在艉轴管中部和出口处，当艉轴和塞轴引管进入艉轴管以及出艉轴管时，轴和塞轴引管会落在滚轮上，由滚轮支承，并且借助于调节支承的高低来摆正轴的姿态。

如图 1.4.17 所示为使用小车灌轴。导轨敷设在墩木上，调整墩木位置使导轨和轴线平行。小车本身可以调整高低，小车上支承座的左右位置也可以调整。把艉轴放到小车的支承座上，调整支承座的高低和左右位置，使艉轴中心线和人字架轴壳孔或艉轴管轴心线同轴。将绞车上的钢丝绳和艉轴尾端连接好，用小车将艉轴连同小车一起沿着导轨向前移动。

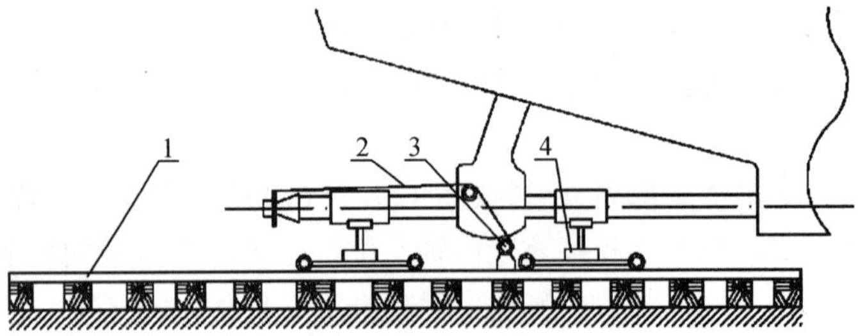

1—导轨；2—钢丝绳；3—绞车；4—小车。

图 1.4.17　用小车从船外向船内安装艉轴

另外还有使用滑车和葫芦、移动支架和滚轮来进行艉轴塞轴工作的。

3. 艉轴吊装后续工作

(1)在艉轴前后两端的艉轴密封装置、可拆联轴节等附件以及螺旋桨安装完毕后，按艉轴管装配图的技术要求调整螺旋桨桨毂大端与船体艉柱后端面之间的距离，即图 1.4.18 中的 L_1，同时测量艉轴法兰前端面到舱壁的距离 L_2，并做记录。

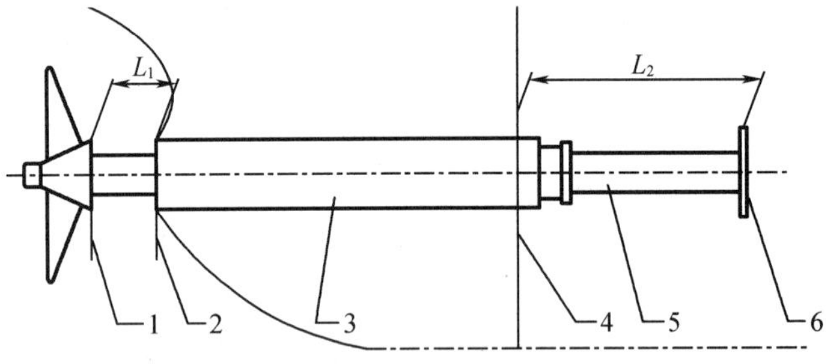

1—螺旋桨；2—艉柱或艉轴管后端面；3—艉轴管；4—隔舱壁；5—艉轴；6—艉轴前法兰。

图 1.4.18　艉轴轴向位置测量示意图

(2)艉轴安装完成后用长塞尺测量艉轴承左、右及下部间隙，要求下部接触面 0.05 mm 塞尺插不进，左、右间隙在总间隙的 40% ~60% 之间，测量时应在艉轴末端挂重，质量与螺旋桨相仿，如图 1.4.19 所示。

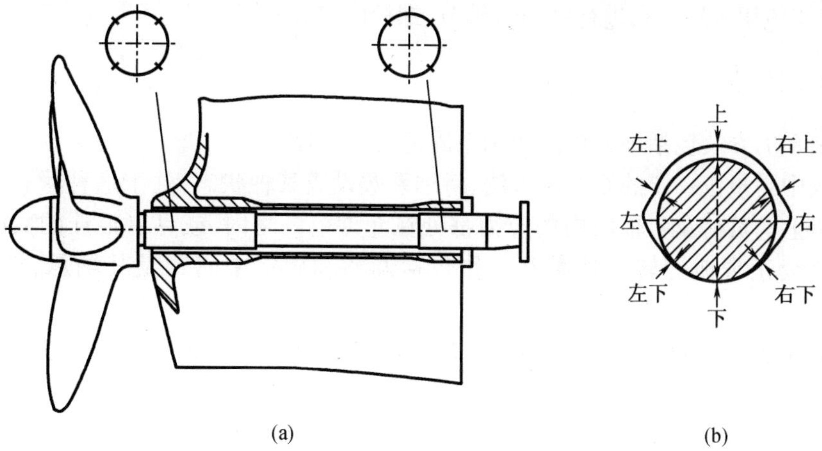

图 1.4.19　艉轴承间隙测量示意图

(3)艉轴到位后,法兰端垫以枕木以防轴端弯曲变形,以及对艉轴管前轴承造成损伤,另外使用一根固定于船体结构上的槽钢或角钢将艉轴予以固定,以避免下水时艉轴转动和轴向窜动,造成不必要的损失,如图 1.4.20 所示。

(4)艉轴到位后,安装艉轴首、尾密封装置,并为螺旋桨安装做准备。

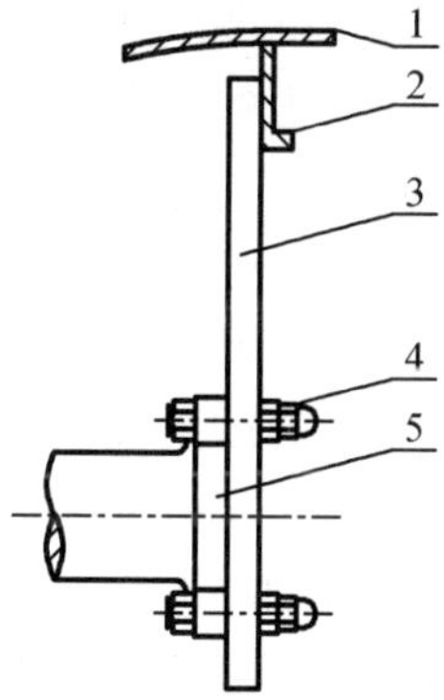

1—船体结构;2—肋骨;3—槽钢;4—螺纹连接件;5—艉轴前法兰。

图 1.4.20　艉轴前端临时固紧装置

【子项目】1.5　轴 系 校 中

【学习目标】

1. 知识点

(1)掌握平轴法校中、合理校中和负荷法校中的原理和技术要求;

(2)掌握各种联轴节的结构和原理。

2. 技能点

(1)能够使用专用工、量具进行法兰偏移、曲折的测量和调整;

(2)能够用顶升法进行轴承负荷的测量、计算和调整。

(3)能够使用专用工具进行液压联轴节、螺栓的安装和拆卸。

【相关知识】

中间轴系的安装包括轴系校中和轴系固定两个内容。

轴系校中是指按一定的要求和方法,将轴系敷设成某种状态,处于这种状态下的轴系,其全部轴承上的负荷及各轴段内的应力都处在允许范围之内,或具有最佳的数值,从而可保证轴系持续正常地运转。其主要工作包括调整和确定中间轴及其轴承、推进机组的位置。

轴系固定工作主要包括为轴承配置垫片和紧固螺栓,并将其固定在基座上,以及将各轴段和推进机组连接成整体。

事实上,很多时候,轴系校中和轴系固定工作是一体的,不可分割。

1. 轴系校中质量对轴系及船舶正常运行的影响

(1)对艉轴管轴承磨损的影响

艉轴末端上的螺旋桨使艉轴在艉轴管内往往呈弯曲状态,造成艉轴与轴承不均匀接触,即在此轴承后边缘处形成局部接触,造成"单边承荷"使该轴承局部磨损速度加快,同时也使艉管后密封迅速磨损,导致漏油。

(2)对船舶振动的影响

船体的强制振动是由于受到与螺旋桨的桨叶数或桨叶数的整数倍相当的振动频率的强制振动所造成的,当轴系校中合理时,其振幅就会显著减小。

(3)对减速箱齿轮正常啮合的影响

若轴系校中不良,会造成大齿轮轴前后两个轴承上的负荷不等而产生负荷差,当大、小齿轮啮合运动时,此负荷差则造成大齿轮轴轴线偏斜,致使大、小齿轮啮合不良,出现噪声、齿面不均匀磨损,甚至产生齿击,影响齿轮箱的正常工作。

2. 轴系校中的分类

(1)按直线性校中原理校中:主要有平轴法校中和光学仪器校中。

(2)按轴承上允许负荷校中:根据各种轴系的结构特点确定轴承上负荷的允许范围,并在校中时通过调节轴承的位置使轴系各轴承上的实际负荷都处在允许值范围内。按这种原理校中的轴系是呈曲线安装的。

(3)按轴承上合理(或最佳)负荷校中:主要有按轴承合理位置校中法和按法兰上合理偏移曲折校中法。其实质是在遵守规定的轴承负荷、应力、转角等限制条件下,通过校中计算以确定各轴承的合理位置,将轴系安装成规定的曲线状态,以使各个轴承上的负荷合理分配。

3. 轴系校中条件

(1)船舶上层建筑、主机、锅炉、发电机以及其他重大设备均已吊装就位。校中安装及检验过程中,船上应无重大设备的迁移及压载的变更。

(2)轴系区域船体的加工及装焊工程应结束。

(3)船舶结构的温度应稳定并尽可能均匀。

(4)艉轴管装置已安装完毕。

(5)在船舶处于漂浮状态时,考虑采取防止螺旋桨轴移动或转动的措施。

(6)在船舶处于正常的漂浮状态时,螺旋桨浸水状态应尽量与轴系校中计算书的要求相近。中机型船舶，一般要求浮态应尽量符合船舶运行时的状态；艉机型货船，一般要求船体尾部吃水高于轴系中心线一定高度即可，如0.5 m。

轴系校中特别要注意船体变形的问题。船体变形的影响主要体现在船体变形会引起轴承相对位置的变化从而导致轴承负荷发生变化。船舶的船体变形比较复杂，船型、船体尺寸不同，变形也会不同。另外，即便是同一条船，不同的轴系布置设计和不同的轴承，对船体变形的敏感程度也不一样。例如，大型艉机型船舶的船体尺寸比较大，船体相对较软，在不同吃水状态下，船体会产生较大的相对变形，进而引起轴承相对位置的变化。此外，短轴系刚度较大，轴承负荷对船体变形的敏感性也大，小的船体变形容易引起大的轴承负荷的变化，船体变形对轴承负荷的影响应予以重视。而对于某些吃水状态变化不大的艉机型中、小船舶，船体变形所引起的轴系弯曲不大，在轴承上所造成的附加负荷及在轴内造成的弯曲应力也不大，故对轴系校中质量影响不大。总之，船体变形对轴系校中的影响需具体问题具体分析，不可一概而论。为了保证轴系校中能够提高整体效果和准确性，应当在轴系校中过程中，对船体的变形量进行认真的分析，其中不但要对船体的变形部位和船体的变形量进行标记和分析，还要掌握船体变形的整体情况，这对提高船舶轴系校中质量以及选择正确的校中方式具有重要作用。

由经验可知，船体由于温差所引起的变形在早晨8时左右最为稳定，且变形量为最小，因此轴系校中的检查应在上午9:00之前、或阴雨天和晚上进行，而且要求尽可能连续完成，报检时也不可以分两次检验。

总之，轴系校中时，船体应处于稳定状态，任何可能引发船体变形的因素尽量予以排除。

4.轴系校中质量要求

(1)在静态下，所有轴承应为正负荷，即不应出现轴承脱空现象。轴承负荷一般应不小于相邻两跨距间所有质量总和的20%。

(2)最大轴承负荷可参照表1.5.1执行。

表1.5.1 《钢质海船入级规范(2018)》对轴承负荷的规定

轴承类型	艉轴管后轴承	艉轴管前轴承	非金属材料艉轴管轴承	中间轴轴承	齿轮轴轴承	柴油机主轴承
轴承负荷	见附注①	0.8 N/mm^2	0.3 N/mm^2	0.8 N/mm^2	1 N/mm^2	柴油机厂的规定值

附注：《钢质海船入级规范(2018)》(简称《海规》)对艉管后轴承负荷有如下规定。

邻接并支承螺旋桨的轴承长度规定如下：

①对水润滑的铁梨木、合成材料(如合成橡胶或塑料等)轴承，其长度应不小于规范所要求的螺旋桨轴计算直径的4倍或实际直径的3倍，取其较大值。对水润滑的合成材料，如果计及轴和螺旋桨质量的静载荷计算得到的轴承比压小于0.8 MPa，轴承长度可适当减小，但不小于规范所要求的该轴承处螺旋桨轴计算直径的2倍。

②对油润滑的白合金轴承的长度，应不小于规范所要求的螺旋桨轴直径的2倍或实际直径的1.5倍，取其较大值。如果计及轴和螺旋桨质量的静载荷计算得到的轴承比压小于0.8 MPa，轴承长度可适当减少，但不小于实际直径的1.5倍。

③对油润滑的合成橡胶或增强树脂或塑料的轴承，其长度应不小于规范所要求的螺旋桨轴直径的2倍。如果计及轴和螺旋桨质量的静载荷计算得到的轴承比压小于0.6 MPa，轴承长度可适当减少，但不小于实际直径的1.5倍。若材料已被证明具有足够承载能力以及使用经验，则可考虑增加轴承的压力。

轴承的最大允许负荷可以按下式计算：

$$R_{max} = [P] \cdot L \cdot d$$

式中 R_{max}——轴承最大允许负荷，N；

$[P]$——轴承衬材料的允许比压，MPa；

d——轴承中轴颈的外径，mm；

L——轴承衬长度，mm。

(3)各轴承上负荷应较均匀地分布。

(4)将水平负荷控制在允许范围之内。

(5)齿轮箱大齿轮前、后轴承负荷之差应满足制造厂的有关规定，一般应不超过两轴承之间轴段与大齿轮质量之和的20%。但如提供轴系运转状态校中计算结果，并确认轴承结构是按运转状态合力作用角确定时，则前后轴承负荷之差可不受20%的限制，但应满足规范有关要求。

(6)推力轴前、后两支承轴承上的负荷应尽可能相等，若有负荷差通常也应小于两支承轴承跨距间的自重及推力盘质量之和的20%。

(7)《海规》对轴系各轴因安装弯曲产生的附加弯曲应力有如下规定。

各轴的附加弯曲应力一般应不超过下列数值：

①螺旋桨轴和艉管轴：20 N/mm^2；

②中间轴：20 N/mm^2；

③推力轴：15 N/mm^2；

④大齿轮轴：10 N/mm^2或齿轮厂的规定值。

(8)对于直接与柴油主机连接的轴系，校中时应使施加到柴油机输出法兰处的弯矩和剪力不超过柴油机制造厂的规定值(如有要求时)。主机主轴承最小负荷一般应不小于主轴承许用负荷的10%，也可以接受柴油机厂规定的最低值，但应在轴系校中计算书中体现。

(9)在艉管后轴承支点处，螺旋桨轴与艉轴管后轴承的相对倾角在静态下一般不允许超过3.5×10^{-4} rad(有些船级社规定为3×10^{-4} rad)，如果超过，需采取必要的措施，使转角符合要求，从而保证艉轴与艉轴承的均匀接触，避免艉轴承因局部接触造成的单边磨损。为解决这个问题，船厂一般采用斜镗孔的方法，即对艉轴承或艉轴管进行一定方向上、一定角度的斜镗孔。目前多选择斜镗艉轴承。

图1.5.1所示为艉轴管斜镗孔。该艉轴管偏心数据为$A'B'=0.197$ mm，$A'C'=0.5$ mm，$AB=0.043$ mm，$BC=0.457$ mm。

图1.5.2所示为艉轴承斜镗孔。

斜镗艉轴承时，艉轴管的镗孔按照正常情况进行加工，即艉轴管轴承位与轴系中心线同轴。镗孔完成后，根据镗孔尺寸加工艉轴承外径，再根据艉轴管轴承位同轴度的测量数据确定轴承的偏心数据，将后轴承套内孔加工成与外圆不同心。图1.5.3所示为艉轴承内孔和外圆的偏心数据，图中的后轴承内孔的圆心，B端(前)的比A端(后)的高。

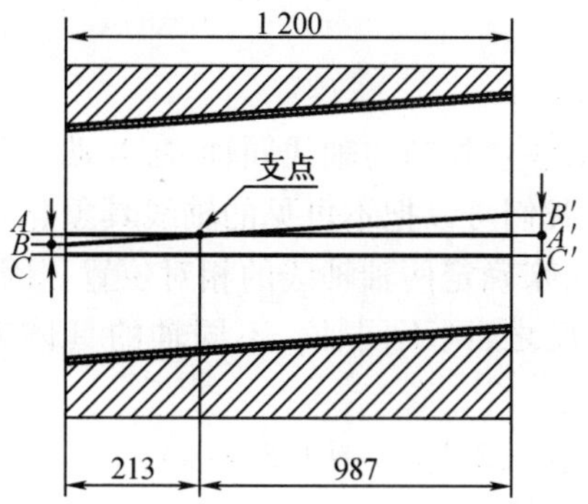

图 1.5.1　艉轴管斜镗孔

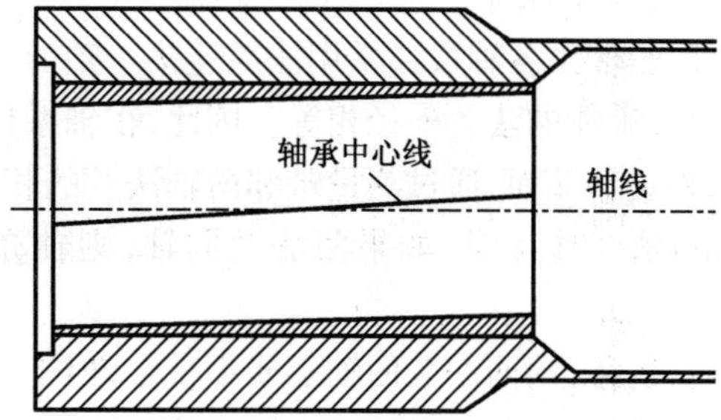

图 1.5.2　艉轴承斜镗孔

(10)目前船厂中广泛应用法兰偏移曲折法校中轴系,校中时由校中计算求得所确定的允许偏移、曲折值应满足上述校中质量要求。

必须指出的是,轴系校中质量要求是基于轴系处于正常工况运转条件下提出的。实际施工时,船舶尚处于码头系泊阶段甚至船台建造阶段,因此所有校中计算的结果均必须满足运转中轴系的受力要求(热态要求),并据此规定建造阶段进行轴系校中时的要求(冷态要求)。

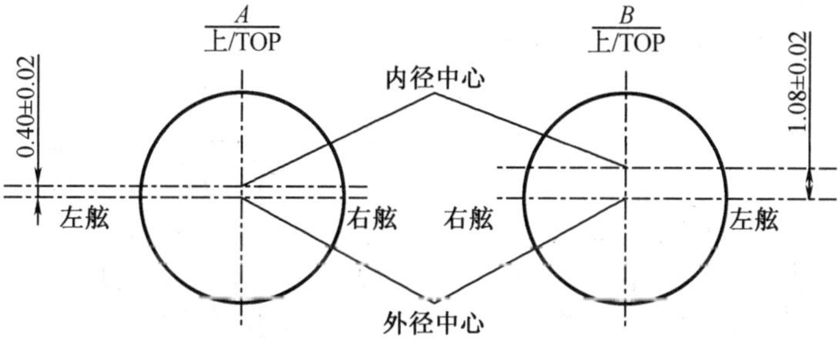

图 1.5.3　艉轴管后轴承斜镗孔示意图

【二维码】《钢质海船入级规范(2018)》

【工作任务】1.5.1　直线校中

在进行轴系校中时尽可能地将艉轴、中间轴、推力轴及发动机轴排成一条直线,以保证轴系基本在无弯曲的状态下运转,这就是所谓的轴系按直线性校中原理。生产中常应用的校中方法有:

①按连接法兰上严格规定的偏移、曲折值进行校中,即所谓平轴法。

②用光学仪器按直线性要求校中中间轴承或中间轴。

1. 轴系按法兰上严格规定的偏中值校中

(1) 校中原理

船舶轴系各轴段通常用法兰连接。轴加工时要求法兰外圆与轴线同轴，法兰端面与轴线垂直，毗邻的法兰外径相等。因此，在轴系校中时，我们可以把不可见的轴线具象化到法兰的外圆和端面，通过测量毗邻两轴法兰的相对位置，来确定两轴轴线的相对位置。因此，两轴以法兰连接时，如果两法兰同轴，则轴亦同轴；反之，则不同轴。不同轴的具体表现如下：

①偏移，指两法兰的轴心线不重合，但平行，偏移值用 δ 表示(图 1.5.4(a))。

②曲折，指两法兰的轴心线交叉，呈一定角度，曲折值用 φ 表示(图 1.5.4(b))。

当然，也有可能既有偏移，也有曲折。另外，图 1.5.4 仅显示了铅锤方向的偏移和曲折，事实上水平方向也会有同样的问题。

显然，在进行轴系校中时，只要逐段地调节毗邻两轴的位置，使轴系中每对连接法兰上的偏移及曲折均为零，这时如忽略法兰因轴端自重下垂的影响，则可认为像这样校中好后的轴系具有直线性。

(2) 法兰偏移和曲折的测量方法

①直尺、塞尺法

直尺一般选用刀口尺，如图 1.5.4 所示。

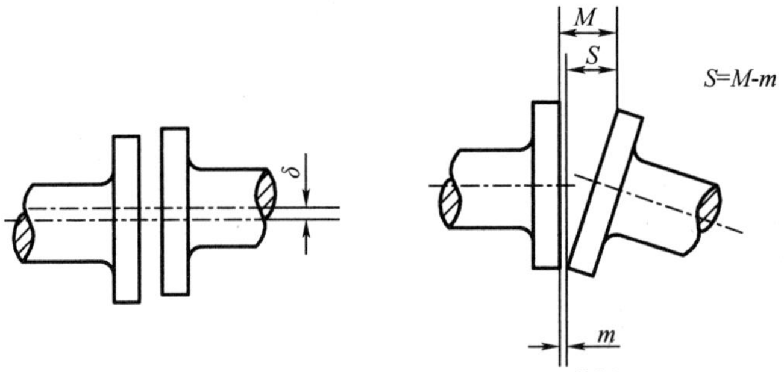

(a)偏移　　(b)曲折

图 1.5.4　法兰的偏移和曲折

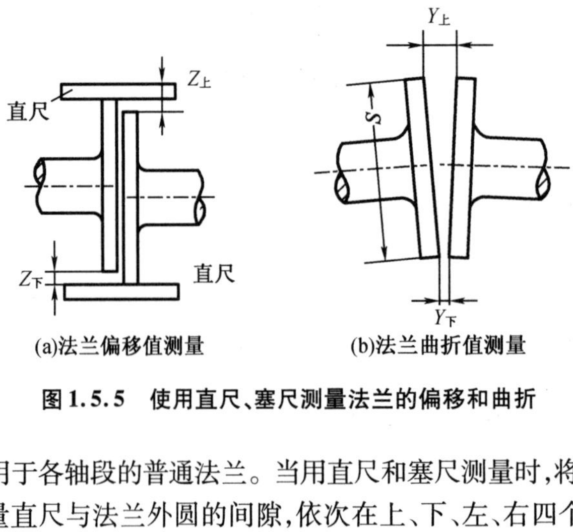

(a)法兰偏移值测量　　(b)法兰曲折值测量

图 1.5.5　使用直尺、塞尺测量法兰的偏移和曲折

直尺、塞尺法适用于各轴段的普通法兰。当用直尺和塞尺测量时，将直尺贴附在法兰外圆的母线上，用塞尺测量直尺与法兰外圆的间隙，依次在上、下、左、右四个位置进行测量，测得

$Z_上$、$Z_下$、$Z_左$和 $Z_右$四个数值(单位:mm),然后按下式计算垂直、水平方向的偏移值 $\delta_\perp$ 和 δ_-:

$$\begin{cases}\delta_\perp=(Z_上+Z_下)/2\\ \delta_-=(Z_左+Z_右)/2\end{cases}\tag{1.5.1}$$

用塞尺在上、下、左、右四个位置测量两法兰端面之间的间隙,测得 $Y_上$、$Y_下$、$Y_左$、$Y_右$ 四个数值(单位:mm),然后按下式计算垂直、水平方向的曲折值 $\varphi_\perp$ 和 φ_-:

$$\begin{cases}\varphi_\perp=(Y_上-Y_下)/D\\ \varphi_-=(Y_左-Y_右)/D\end{cases}\tag{1.5.2}$$

式中　D——联轴器直径,m。

另外,为方便施工,工程上常采用简便算法来得到两法兰端面之间间隙的最大允许偏差。例如,曲折允许值为0.15 mm/m,中间轴法兰直径为330 mm,可得到该对法兰端面之间间隙的允许偏差约为0.05 mm,施工时,工人测得的间隙差值不大于0.05 mm 即为合格。

此法特点:简单、省时、不需要特别设备,但精度不高。当法兰加工精度不高,在法兰和轴线之间有偏心或不垂直,连接法兰的直径不相等,表面不平整,用齿轮式、牙嵌式和封闭式联轴器连接,以及测量空间位置不方便——比如齿轮箱与主机之间的校中,如果二者之间设置有高弹性联轴节,间距太大时则不能用此法。

②百分表法

不能用直尺、塞尺法时可使用百分表法测量法兰的偏移和曲折。

如图1.5.6所示,将磁力表座置于被测轴上,将百分表装夹在表架上,针头与记号线对齐。百分表预压2 mm左右,确保百分表针头与轴表面接触。调零,转动被测轴,依次记录百分表在上、下、左、右四个位置的读数。百分表法的计算方法与直尺、塞尺法相同,而且数据读取更加直观,精度也高。

③指针法

如图1.5.7所示,在法兰上安装两组指针,指针用细牙螺钉制成,螺钉头部以及与之对应的测量面应加以研磨。指针固紧后,初步调整轴向和径向间隙,使间隙值保持在0.5 mm左右,并且保证轴转动到任何角度时指针和测量面都不接触。这样做是为了提高测量精度。

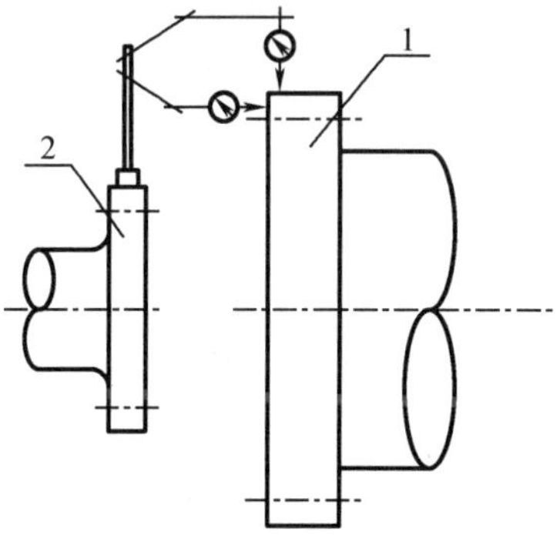

1—主机飞轮;2—齿轮箱或轴系法兰。

图1.5.6　百分表法测量法兰的偏移和曲折

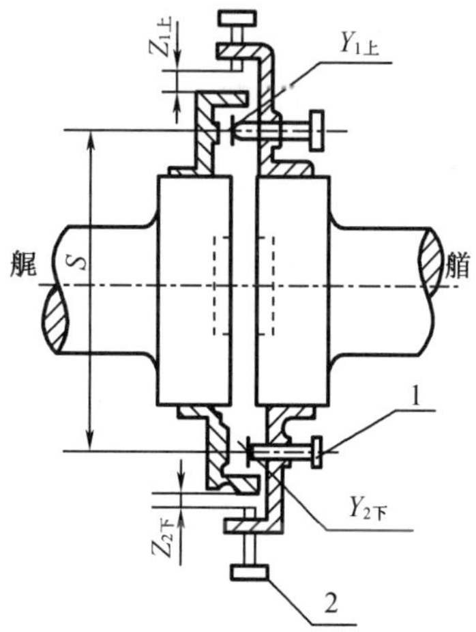

1—水平微动螺钉;2—垂直微动螺钉。

图1.5.7　用两组指针测量法兰的偏移和曲折

测量时，两轴同时转动，每转动 90°，用塞尺测量一组数据。两组指针以注脚 1 和 2 标记，间隙用字母 Z 和 Y 区分，分别代表表示偏移的径向间隙和表示曲折的轴向间隙。例如，在垂直方向上的上、下两个位置测得 $Z_{1上}$、$Z_{1下}$、$Y_{1上}$、$Y_{1下}$、$Z_{2上}$、$Z_{2下}$、$Y_{2上}$、$Y_{2下}$ 八个数值（单位：mm），然后按下式计算垂直方向的偏移值 $\delta_{\perp}$ 和曲折值 $\varphi_{\perp}$：

$$\begin{cases}\delta_{\perp}=\dfrac{(Z_{1上}+Z_{2上})+(Z_{1下}+Z_{2下})}{4}\\ \varphi_{\perp}=\dfrac{(Y_{1上}+Y_{2上})-(Y_{1下}+Y_{2下})}{2S}\end{cases} \tag{1.5.3}$$

同理，在水平方向上的左、右两个位置测得 $Z_{1左}$、$Z_{1右}$、$Y_{1左}$、$Y_{1右}$、$Z_{2左}$、$Z_{2右}$、$Y_{2左}$、$Y_{2右}$ 八个数值（单位：mm），然后按下式计算水平方向的偏移值 δ_{-} 和曲折值 φ_{-}：

$$\begin{cases}\delta_{-}=\dfrac{(Z_{1左}+Z_{2左})+(Z_{1右}+Z_{2右})}{4}\\ \varphi_{-}=\dfrac{(Y_{1左}+Y_{2左})-(Y_{1右}+Y_{2右})}{2S}\end{cases} \tag{1.5.4}$$

④激光轴对中仪测量法

目前也有船厂在轴系校中时使用激光设备进行轴系校中。图 1.5.8 所示为 SKF 公司的 TKSA 31/41 激光轴对中仪。它使用两个测量单元，法兰两侧轴上各安装一个。它们均拥有激光二极管和 CCD 探测器。当轴旋转时，任何平行不对中或角度不对中的误差都会使两条激光偏离它们原先的相对位置。测量时只需测量 9 点钟、12 点钟和 3 点钟三个位置，然后探测器测得的位移偏差值会被用来自动计算两个轴的中心线在垂直方向和水平方向的空间位置，给出设备前后地脚的调整量，指导用户完成垂直（依靠垫片）和水平校正。在设备调整过程中能实时显示调整的状态。我国也有类似产品。

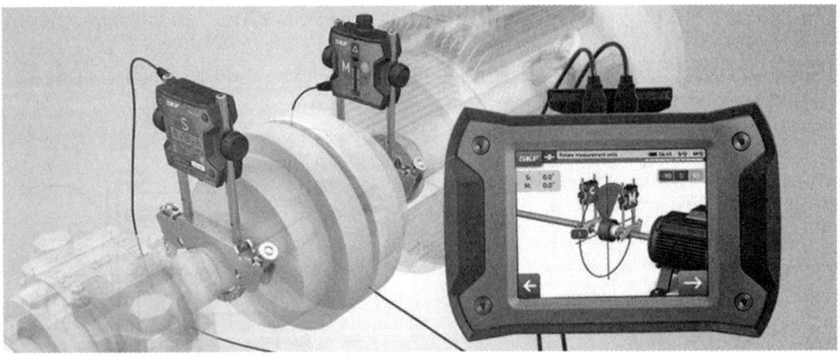

图 1.5.8　激光轴对中仪

相较于传统方法，激光轴对中仪测量法有以下特点：

a. 杜绝测量中计算、绘图等人为因素带来的不可控性，精度更高。

b. 调整的同时，实时显示偏差的变化量，实现即时调整；采用任意三点法进行对中，轴不必转动 360°，如果不能转轴，也可利用滑动轴固定器，只需在轴上转动滑动轴固定器测三个点即可得出数据，前提是轴的圆度要高。

c. 系统测量距离范围大，适合长中间轴联轴器的对中找正，如某船主机和螺旋桨轴对中，两轴跨距为 2 m，精度要求高，在未使用激光对中技术之前，采用安装假轴打百分表方式,费时费力,对人员要求高;后来采用激光对中技术,不仅省去了假轴,而且利用激光对中技术的测量和调整实时显示,非常方便。

d. 激光本身无挠度问题,由于仪器只测轴径向位移偏差,所以可以有效消除轴向窜动的问题。

(3)偏移、曲折的调整方法

如图1.5.9所示,两法兰铅垂方向的偏移为δ,另已测得铅垂方向的开口值$S_{上}$、$S_{下}$,现在要求将这对法兰铅垂方向的偏移和曲折均调整为0,则A、B两支承铅垂方向的调整值可按照下式进行计算:

$$\begin{cases} H_A = \dfrac{L_A(Y_{上} - Y_{下})}{D} + \delta \\ H_B = \dfrac{L_B(Y_{上} - Y_{下})}{D} + \delta \end{cases} \tag{1.5.5}$$

式中 H_A、H_B——A、B两支承调整值,mm;

L_A、L_B——法兰端面与A、B两支承之间的距离,mm;

$Y_{上}$、$Y_{下}$——两法兰端面垂直方向用塞尺测得的数据,mm;

D——法兰直径,mm;

δ——待校正轴较基准轴在垂直方向的偏移值,mm。

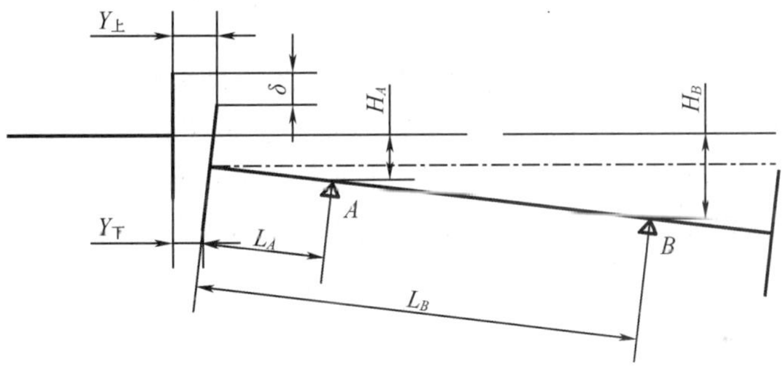

图1.5.9 法兰偏移、曲折调整示意图

调整时,先粗调,使两法兰大致对正,之后再细调,此时有两个途径:

①可以先调偏移,使水平和垂直两个方向上的偏移均为0,然后再调曲折,使水平和垂直方向的曲折值≤0.05 mm,最后复查偏移,如有变动,予以调整。

②先调曲折,使两法兰端面平行,然后将轴在水平和垂直两个方向分别进行平移,使两个方向的偏移均在允许范围之内,最后复查曲折,如有变动,予以调整。

水平方向的调整方法与之相似。

(4)按法兰校中偏移值和曲折值校中的规定

在很长的一段时期内,在直线校中轴系时,对法兰上的允许偏中值的规定很严苛,施工难度很大。经过长期的实践,现在的要求已经有所放松,一般规定偏移值≤0.10 mm,曲折值≤0.15 mm/m。另外还可以参考CB/T 3420—1992对轴系各法兰校中安装的偏差要求,见表1.5.2。

表 1.5.2　轴系各法兰校中安装的偏差要求

<table>
<tr><th>分类</th><th>校中部位</th><th>偏移值 δ/mm</th><th colspan="2">曲折值 $\varphi/(mm \cdot m^{-1})$</th></tr>
<tr><td rowspan="4">长轴系</td><td>推力轴与相邻中间轴法兰</td><td>≤0.15</td><td colspan="2">≤0.20</td></tr>
<tr><td rowspan="2">艉轴与相邻中间轴法兰</td><td rowspan="2">艉轴安装间隙的 25%</td><td rowspan="2">$\delta=0$ 时</td><td>≤0.25(上开口之值)</td></tr>
<tr><td>≤0.50(下开口之值)</td></tr>
<tr><td>中间轴与中间轴相邻法兰</td><td colspan="3">参照艉轴与相邻中间轴法兰的要求稍许降低,各中间轴法兰的 δ、φ 基本是平均分配,但靠近轴系中间部分的法兰要求可相应降低些。当 $\delta=0$ 时,$\varphi_{max}\leqslant0.6$ mm/m。合理分配中间轴相邻法兰的 δ、φ</td></tr>
<tr><td>短轴系</td><td>推力轴后法兰</td><td>≤0.25</td><td colspan="2">≤0.25</td></tr>
<tr><td rowspan="2">离合器</td><td>气胎式离合器</td><td>≤0.60</td><td colspan="2">≤2.00</td></tr>
<tr><td>齿式离合器</td><td>≤0.40</td><td colspan="2">≤1.00</td></tr>
<tr><td colspan="2">弹性橡胶圈连接螺栓联轴器法兰</td><td>≤0.40</td><td colspan="2">≤1.00</td></tr>
<tr><td colspan="2">主机曲轴与推力轴(或齿轮轴)法兰</td><td>—</td><td colspan="2">≤0.10</td></tr>
</table>

附注:

①短轴系为具有一根中间轴或无中间轴的轴系,反之即为长轴系。

②无论用何种方法校中和交验轴系,在曲轴最后一道曲拐臂距离允许范围之内,调整偏移值,使推力轴(齿轮轴或电机轴)轴心线比曲轴轴线低 0.05 ~0.10 mm。

③当轴径 $d\geqslant400$ mm 时,要求各法兰的曲折值为上表中数值的 75%。

CB/T 3420—1992 除了对法兰的偏中值有规定之外,对轴系校中时按直线校中方法测得的主机与艉轴两端法兰间的轴线总偏差值也有规定:根据所测轴系的 $L_{计算}$ 和最小轴径 d 得到总偏差 $\delta_{总}$ 和 $\varphi_{总}$,绘制总偏中值计算图(图 1.5.10)。若测得的总偏中值为 δ_A、φ_A,而 δ_A 和 φ_A 在坐标上的交点 A 位于三角形内(阴影部分),则合格;反之,则不合格,如 B 点。

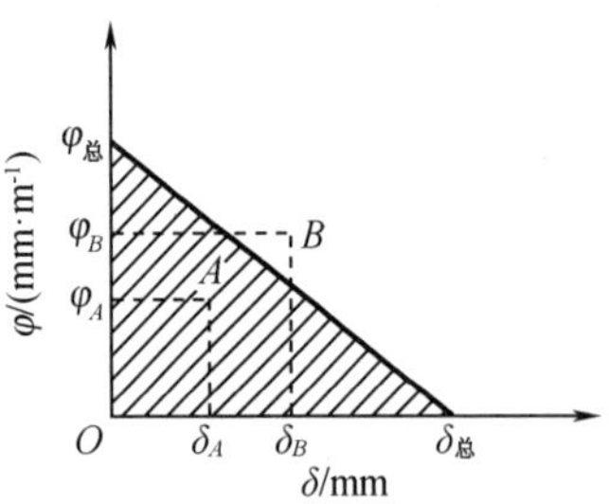

图 1.5.10　轴系两端总偏中值计算

图 1.5.10 中的 $\delta_{总}$ 和 $\varphi_{总}$ 由表 1.5.3 查得。

表 1.5.3 $\delta_{总}$ 和 $\varphi_{总}$

$L_{计算}$/m	总偏移值 $\delta_{总}(\varphi=0)$/mm						总曲折值 $\varphi_{总}(\delta=0)$/(mm · m^{-1})					
	轴的最小直径 d/mm											
	100	150	200	300	400	500	100	150	200	300	400	500
5	1.25	0.85	0.65	0.42	—	—	0.42	0.28	0.21	0.14	—	—
10	5.2	3.50	2.60	1.70	1.30	—	0.78	0.51	0.39	0.26	0.20	—
15	11.7	7.80	5.80	3.90	2.90	2.30	1.17	0.78	0.58	0.39	0.29	0.22
20	20.8	13.9	10.4	6.90	5.20	4.20	1.56	1.04	0.78	0.52	0.39	0.31
30	46.8	31.2	23.4	15.6	11.7	9.40	2.34	1.56	1.17	0.78	0.58	0.47
40	83.2	55.5	41.6	27.7	20.8	16.6	3.12	2.07	1.56	1.04	0.78	0.62
50	—	86.7	65.0	43.3	32.5	26.0	—	2.59	1.95	1.30	0.97	0.78
60	—	—	93.6	62.4	46.8	37.4	—	—	2.34	1.56	1.17	0.94
70	—	—	—	84.9	63.7	51.0	—	—	—	1.82	1.36	1.09
80	—	—	—	—	83.2	66.6	—	—	—	—	1.56	1.26

表 1.5.3 中的 $L_{计算}$ 为轴系受连接偏中影响后弯曲部分的长度,如图 1.5.11 所示。

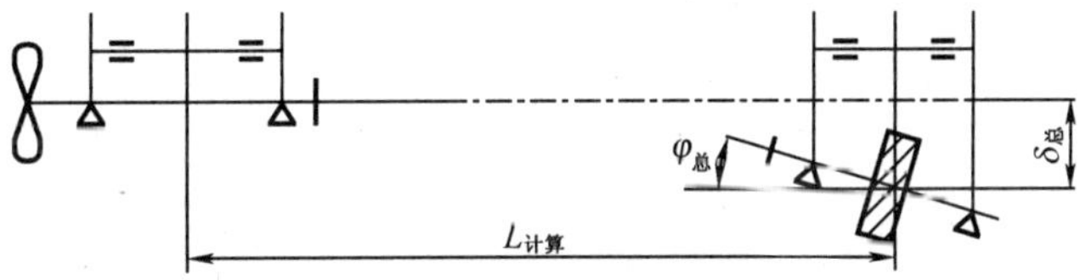

(a)主机减速器轴(电机轴)与轴系连接

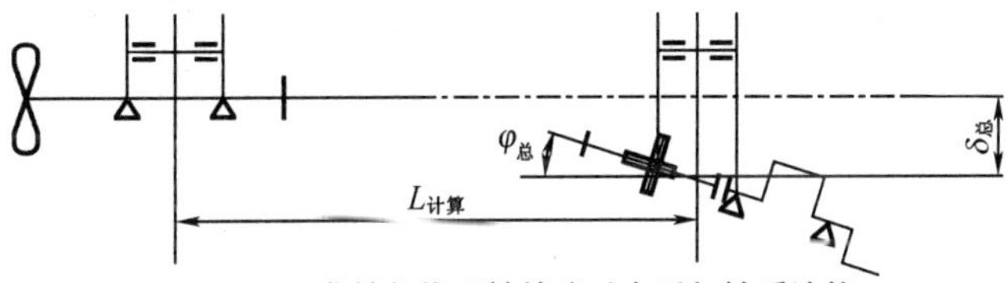

(b)曲轴与推理轴精确对中后与轴系连接

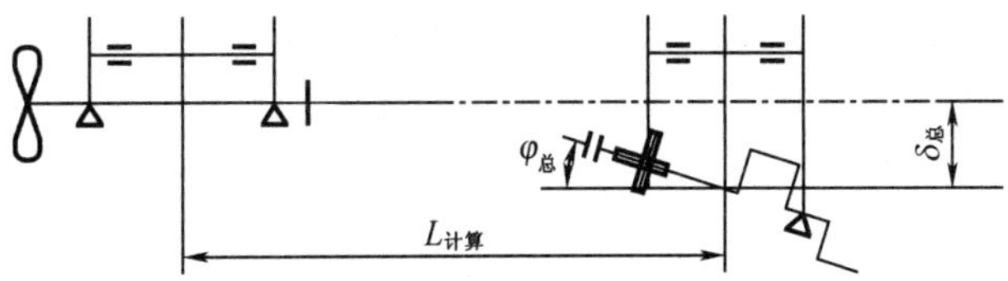

(c)曲轴直接与轴系连接

图 1.5.11 $L_{计算}$ 示意图

轴系中心线允许总偏差按下式计算:

当 $\varphi_{总}=0$ 时,有

$$\delta_{总}=5.2\times10^{-3}\cdot\frac{L_{计算}^{2}}{d} \tag{1.5.6}$$

当 $\delta_{总}=0$ 时,有

$$\varphi_{总}=7.8\times10^{-3}\cdot\frac{L_{计算}}{d} \tag{1.5.7}$$

【二维码】《船舶轴系修理装配技术要求》(CB/T 3420—1992)

校中时,测出每对法兰的偏移值与曲折值,然后通过计算叠加,求出轴系的总偏移值与总曲折值,其公式如下:

垂直平面:

$$\delta_{总}=\varphi_1(l_1+l_2+\cdots+l_n)+\varphi_2(l_2+l_3+\cdots+l_n)+\cdots+\delta_1+\delta_2+\cdots+\delta_{n+1} \tag{1.5.8}$$
$$\varphi_{总}=\varphi_1+\varphi_2+\cdots+\varphi_{n+1}$$

水平平面:

$$\delta'_{总}=\varphi'_1(l_1+l_2+\cdots+l_n)+\varphi'_2(l_2+l_3+\cdots+l_n)+\cdots+\delta'_1+\delta'_2+\cdots+\delta'_{n+1} \tag{1.5.9}$$
$$\varphi'_{总}=\varphi'_1+\varphi'_2+\cdots+\varphi'_{n+1}$$

其中,n 为中间轴数目。正负符号规定:$\varphi_1,\varphi_2,\cdots$ 和 $\varphi'_1,\varphi'_2,\cdots$,法兰开口向上或向左舷为正,反之为负;$\delta_1,\delta_2,\cdots$ 和 $\delta'_1,\delta'_2,\cdots$,前端轴相对于后端轴向下或向右为正,反之为负。

(5)平轴法安装工艺过程

①船舶下水后进行轴系安装准备工作,包括调位工装的制作、测量仪器的校准等,待压载水舱压水后 2 ~3 d 即可进行安装。

②中间轴初步定位,安装临时支承。临时支承的位置一般取(0.18 ~0.22)L,如图 1.4.2 所示。当支承恰好在轴承位,允许直接用中间轴承支承,但需用千斤顶或螺栓来升降。

临时支承如图 1.5.12 所示。

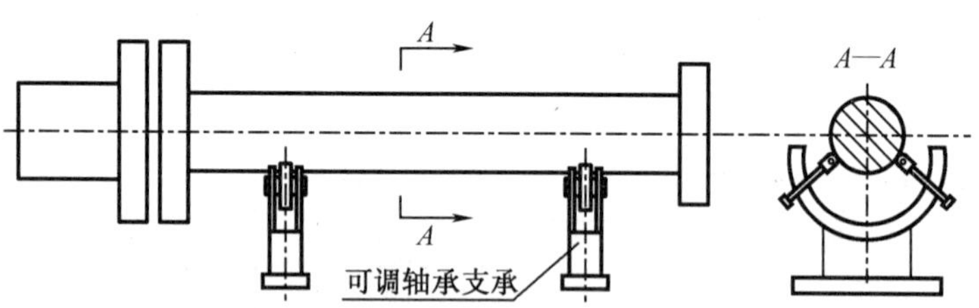

图 1.5.12　临时支承示意图

③以艉轴前法兰为基准,由船尾向船首方向逐段地调整中间轴及推力轴的位置,使各对连接法兰上的偏移值和曲折值不超过规定的偏中值,最后以最前面一根轴的前法兰为基准进行主机组的定位。规定的偏中值参见表 1.5.2 中对轴系各法兰校中安装的偏差要求。

④轴系校中好之后,为轴承和主机组配置垫片及基座螺栓,将各轴承和主机组紧固在各自的基座上,用法兰连接螺栓将各轴段以及主机组连接成一体。

(6)关于平轴法的几点说明

①校中工作一般安排在船舶下水两三天之后进行,可能会有一些压载和浮态的要求。

②中间轴、艉轴等参与校中的设备,之前应对其连接法兰的加工质量、形位尺寸、端面及径向跳动等进行确认,测得的数值供安装时参考,这项工作可以在车间进行。按法兰上的偏中值校中轴系时,应计及法兰因轴端下垂所存在的下垂量及偏转度,在计算法兰的偏移值及曲折值时进行修正。

③校中时,两法兰之间应留出一定的测量距离,一般取 0.5 ~ 1 mm。

④平轴法可用刀口尺和塞尺,也可用百分表。

2. 光学仪器直线校中

使用光学准直仪、激光经纬仪等光学设备,利用光在均匀介质中直线传播的原理,将光学设备的主光轴或光束调整至与理论轴线同轴,然后以光学设备的主光轴或光束为依据,校正中间轴承或空心的中间轴,使之与代表理论轴线的光学设备的主光轴或光束同轴。轴系的各支承部件的位置确定后,用垫片和底脚螺栓将各道中间轴系固定,分别安装好艉轴和中间轴,并用法兰连接螺栓将轴系中各轴段连接起来。

光学仪器在校中时能获得良好的直线性,测量精度较高,并且可使确定轴系理论中心线的工作与轴系校中工作结合起来,提高轴系安装工作效率,因此目前船厂不仅较多地将其替代拉线法用于确定轴系中心线,而且还用于校中轴系,尤其是更多地用于以滚动轴承作为中间轴承的轴系校中工作。另外,在合理校中时,可采用光学仪按合理校中计算所确定的轴承最佳位移进行校中。

(1)用光学仪器校中中间轴承

在规定位置安装标靶,找正,使光靶的十字线中心在理论轴线的延长线上。安装并调整光学仪器,使仪器的主光轴(或光束)通过两基准光靶上的十字线中心,此时仪器主光轴(或光束)就代表轴系理论中心线,如图 1.5.13 所示。

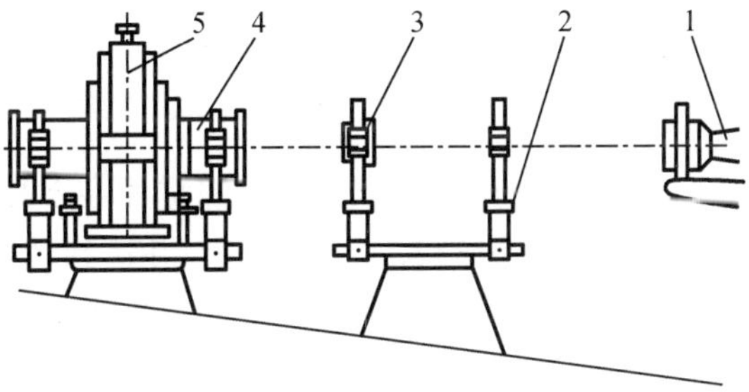

1—光学投射影;2—可调节支架;3—光靶;4—空心假轴;5—中间轴承。

图 1.5.13　用光学仪器校中中间轴承

校中时,先在安装中间轴承的基座上安装夹具。在夹具的两个可调节支架的孔中各装一个光靶,光靶中心经调节应与支架孔中心线重合。调节支架的位置,使其孔中的两个光靶中心均与基准光学仪的主光轴重合。然后从可调支架孔中取出光靶,装入一根空心假轴,此假轴的两端各同轴地安装着一个光靶。将所需校中的中间轴承套在样轴上(用纸垫将轴承上部的间隙压死)。然后,再按基准光学仪精确校准样轴的位置,使其两端的光靶中心与仪器主光轴完全重合,则此轴承就达到了按轴系中线定位的要求。

按此法将全部中间轴承逐个校中好,在各轴承下配置调整垫片和定位螺栓,并用基座螺栓将各轴承紧固在基座上。在垫片配置完成以及用基座螺栓将轴承紧固在基座上之前,通常要求校验一次样轴的位置,然后拆去安装夹具,固紧轴承。

在用光学仪器校中安装滚动轴承的中间轴时,轴承相对于轴系中心线的允许偏移量 β 是根据轴内产生的附加应力来确定的,按下式进行计算:

$$\beta \leqslant \frac{L_1 L_2}{8\,400d} \tag{1.5.10}$$

式中 β——轴承相对于轴系中心线的允许偏移量,mm;

L_1、L_2——相邻轴承两跨距最小的距离,cm;

d——中间轴轴径,cm。

轴系校中若在船舶下水之后进行,允许偏移量按式(1.5.10)计算;若在船台和船坞进行,则允许的偏移量取式(1.5.10)计算所得数值的一半。

全部中间轴承校中完成之后,为中间轴承配置活动垫片和铰制孔螺栓,并将轴承紧固在基座上,然后将中间轴装入各自的轴承上,最后将轴连接成整体。

(2)用光学仪器校中中间轴

对于空心的中间轴,尤其是具有滚动中间轴承的轴系,可采用基准光学仪器按轴系中线直接校中各段中间轴的方法。

校中时将中间轴承用调节螺栓安放在各自的基座上,并按基准光学仪要求初步校中。然后将距基准光学仪最远的一根中间轴装在对应的中间轴承上,按基准光学仪的主光轴进行校中。在此中间轴中孔的两端应先同轴地各安装一个光靶。通过调节轴承的位置,使该轴两端的光靶中心均与基准光学仪的主光轴重合。这样就完成了将这根中间轴按轴系中线的校中。然后,由远到近地按此法进行其余各中间轴的校中。

全部中间轴校中好后,为中间轴承配置垫片和铰制孔螺栓,并将轴承紧固在基座上,最后将轴连接成整体。

【工作任务】1.5.2 负荷法校中

负荷法校中是将初步校直的中间轴与主机、艉轴连接成一个整体,然后用测力计调整已装配好的轴承高度及左右位置,使各轴承的负荷平衡,并达到计算所规定的负荷范围为止。在生产实践中,按这种校中原理经常采用的校中方法为测力计校中法,常用于长轴系的中、小型船舶。

负荷法校中包括轴承允许负荷的计算、轴承负荷的测量、轴承的调位和轴承的固定等工作。下面对前两项工作进行详细介绍。

1. 轴承允许负荷的计算

(1)轴承的最大允许支反力可以按下式计算:

$$R_{max} = [P] \cdot L \cdot d \tag{1.5.11}$$

式中 R_{max}——轴承最大允许负荷,N;

d——轴承处轴颈的外径,mm;

L——轴承衬套长度,mm;

$[P]$——轴承衬套的许用比压, MPa。

各种材料衬套许用比压[P]如下：

①白合金艉轴承为0.8 MPa；

②铁梨木艉轴承为0.3 MPa；

③橡胶艉轴承为0.3 MPa；

④复合材料艉轴承最大为0.3 MPa；

⑤中间轴承为0.6 MPa；

⑥推力轴支承轴承为2.74 MPa。

(2)所有轴承应为正负荷，即不应出现轴承脱空现象。轴承负荷一般应不小于相邻两跨距间所有质量总和的20%，即

$$R_{min} \geqslant (Q_1 + Q_2 + \sum P) \times 20\% \tag{1.7.12}$$

式中　R_{min}——轴承最小负荷，N；

Q_1、Q_2——该轴承左、右两跨轴所受的重力，N；

$\sum P$——该轴承左、右两跨上外载荷之和，N。

2. 轴承负荷的测量

在轴系校中时，可采用弹簧测力计、电子测力计等直接测量中间轴承上的实际负荷。

弹簧测力计有环形及碟形等形式。测力时，将测力计如图1.5.14所示装在中间轴承的螺栓孔内，并在测力计壳体下端装上调力扳手。轴承负荷作用在测力计壳体上，壳体通过一组碟形弹簧与顶杆相连，顶杆下端支撑在轴承基座上，顶杆上端与紧固在壳体上的百分表量头接触。轴承上的负荷通过壳体使碟形弹簧压缩，弹簧变形度与轴承负荷大小成正比，将百分表上测得的弹簧变形值与变形值－负荷值图(图1.5.15)相对照，即可得到轴承负荷值。

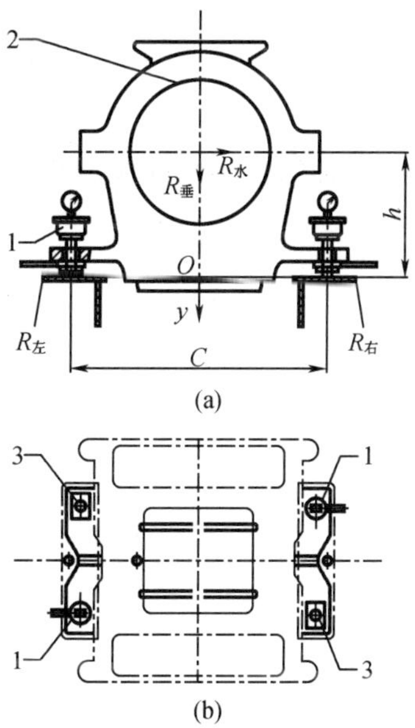

1—测力计；2—软垫片；3—调节螺栓。

图1.5.14　弹簧测力计的安装示意图

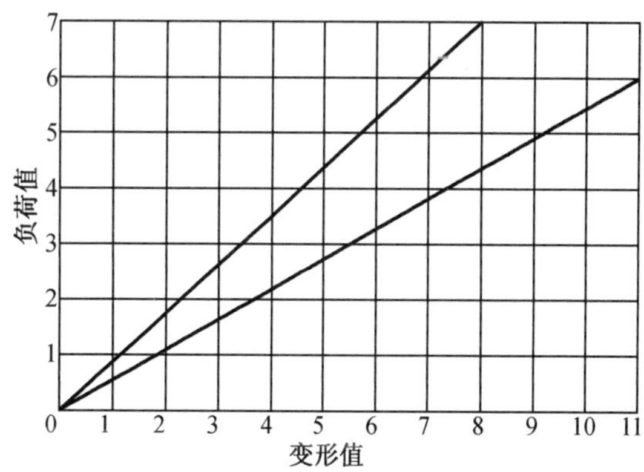

图1.5.15　变形值－负荷值图

需要注意的是，由于弹簧受材料、热处理与加工工艺等因素的影响，每个弹簧测力计的

实际压力变形值和理论值是不一致的,所以弹簧连同测力计必须先经负荷试验,求出实际变形率,并绘出每个测力计实际变形量与负荷大小的关系图,即变形值 - 负荷值图。每次使用前都需要校准。

测力时,轴系粗校完成且已连接为整体,轴由轴承支承,但轴承尚未固定。

(1)弹簧测力计测力过程

①首先在轴承上对角线位置分别安装两个测力计和两个调节螺栓。

②轴承上盖与轴之间垫以软质衬垫(如纸板),厚度为 2 ~ 3 倍轴承间隙,宽度不大于轴径的 1/6,长度略大于轴承盖宽度,使轴与轴承之间无间隙,轴与轴承同步升降。

③调整测力计的调节螺栓直至顶杆与基座接触,用塞尺检查。

④测力前,为确认测力计的灵敏度及精确性,在正式受负荷前应试验受负荷数次。具体做法是:缓缓放松顶升螺栓,使测力计逐渐受负荷,直至顶升螺栓全部松开,读数,再拧紧顶升螺栓,逐渐移去测力计负荷,直至完全卸去负荷。重复两次,要求读数相同。

⑤逐步放松调节螺栓,当测力计受力为计算负荷的 1/5 左右时,顶升螺栓全部松去,此时负荷已全部由测力计承受,读数,计算轴承负荷。

(2)测量数据的处理

①轴承在垂直方向的负荷按下式计算:

$$R_c = R_z + R_y - q \tag{1.5.13}$$

式中 R_z——左侧测力计的读数,N;

R_y——右侧测力计的读数,N;

q——轴承自身所受重力,N。

②轴承在水平方向的负荷按下式计算:

$$R_h = \frac{C(R_y - R_z)}{2h} \tag{1.5.14}$$

式中 C、h——如图 1.5.14 所示,mm。

③艉轴管轴承的实际负荷尚不能用测力计直接测出,艉轴管前轴承的实际负荷可用下面的近似公式计算确定:

$$R_2 = \frac{QC_2 - WC_1}{C_3} \tag{1.5.15}$$

式中 R_2——艉轴管前轴承的负荷,N;

Q——艉轴所受重力,N;

W——螺旋桨所受重力,N;

C_1、C_2、C_3——如图 1.5.16 所示,mm。

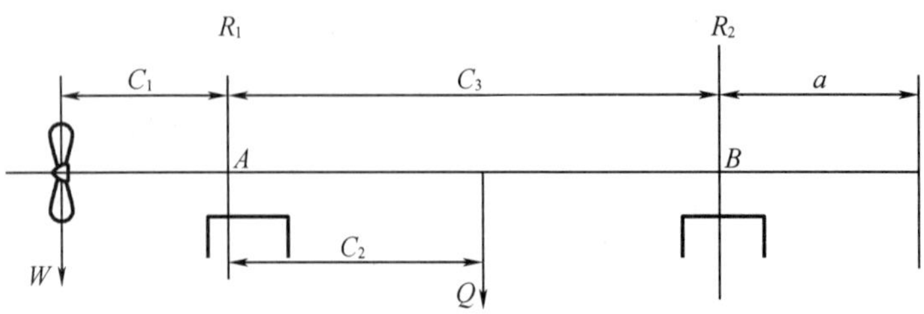

图 1.5.16　有两个轴承的艉轴管前轴承的负荷

因为艉轴前轴承负荷偏低,工程上经常采用降低中间轴承高度的方法,使中间轴承一部分负荷转移给艉轴前轴承。此时,可以在艉轴前法兰上安装一只 C 形夹具,夹具上安装两只测力计,分别用来测量垂向和轴向负荷,如图 1.5.17 所示。

简化后的受力图如图 1.5.18 所示。

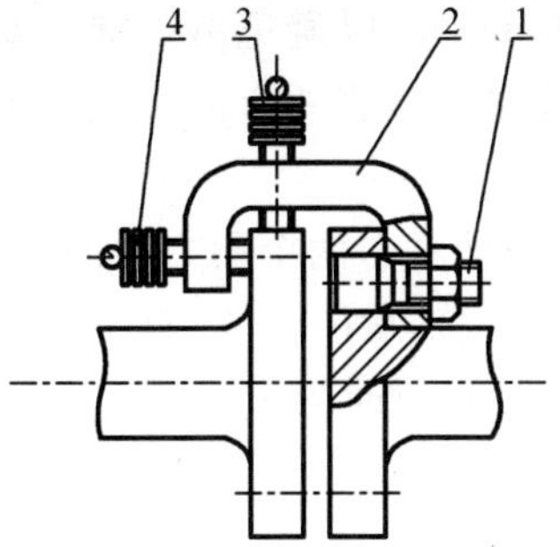

1—调节螺栓;2—C 形夹具;
3—垂向测力计;4—轴向测力计。

图 1.5.17　测力计的安装

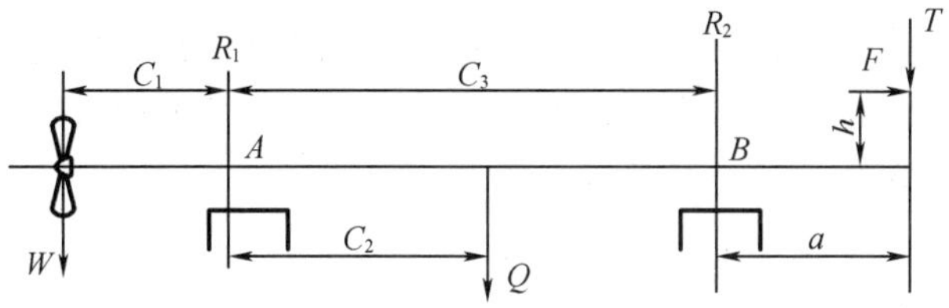

图 1.5.18　艉轴前法兰轴承负荷测量

测力时使法兰偏移值和曲折值均为 0,然后根据测力计的数据,按照下式计算艉轴管前轴承负荷:

$$R_2 = \frac{QC_2 - WC_1 + T(C_3 + a) + Fh}{C_3} \tag{1.7.18}$$

式中　R_2——艉轴管前轴承的负荷,N;

Q——艉轴所受重力,N;

W——螺旋桨所受重力,N;

T——艉轴法兰处的垂向负荷,N;

F——艉轴法兰处的轴向负荷,N;

h——轴向负荷测力点到轴中心的距离,如图 1.5.18 所示,mm;

C_1、C_2、C_3——如图 1.5.18 所示,mm。

在生产实践中,按这种校中原理经常采用的校中方法是测力计校中法,常用于中、小型长轴系船舶。

由于船体在船台与下水后,重力和浮力的分布不同,轴承所受负荷也会变化,为了保证轴系的安装质量,应尽可能在下水后进行轴系测力工作,但在特定情况下,如船体变形较小、已掌握船体变形规律等时,也可在船台上进行轴系测力工作,待下水后进行复验修正。

在进行测力工作前必须具备下列条件:

a. 船舶必须压载到轻载水线,同时横倾要小于 1°。

b. 由于测力计结构安装高度需要,中间轴承安装垫片厚度必须大于 30 mm。

c. 测力计在中间轴承座螺孔内安装要垂直。

d. 测力前,每只百分表必须检验合格。

e. 由于潮汐的变化会引起主机曲轴臂距的变化,测力最好在平潮时进行。而且在测量过程中经常检查臂距差的变化。

(3)使用测力计进行负荷法校中的施工设计

①中间轴承落位,为轴承安装调位螺栓,如果中间轴只有一个轴承,则需增设一个临时支承,如元宝铁等。

②中间轴落位。

③将整个轴系按连接法兰进行粗略校中,但中间轴与主机或减速箱之间的一对法兰需严格对中,保证法兰上的偏移值≤0.10 mm,曲折值≤0.10 mm/m,以避免由于轴系安装弯曲而影响主机或减速箱的正常工作。轴系初校后,用法兰连接螺栓将所有的轴以及推进机组连接成一个整体。

④在各中间轴承的螺栓孔中安装测力计,测力,记录各轴承左右两个测力计的读数,计算轴承负荷。当某轴承负荷超出允许负荷范围时,则调节有关轴承的位置,直至全部中间轴承的实际负荷都符合要求,而且毗邻轴承的实际负荷值比较接近时为止。

⑤轴承经测力校中合格后,拆下顶升螺栓和测力计,为轴承配置垫片和紧固螺栓,并最终将轴承固定在船体基座上。

⑥若轴系的测力校中是在船台上完成的,船下水后应松开轴系与推进机组的连接法兰,检查这对法兰的偏移和曲折值是否超差,若超差,予以调整。

(4)负荷测力的验收标准见表1.5.4。

表1.5.4　轴承负荷验收标准

轴承名称	船台验收标准		下水后验收标准	
	垂直负荷	水平负荷	垂直负荷	水平负荷
中间轴承	$P\pm0.25P$	$\pm0.25P$	$P\pm0.5P$	$\pm0.5P$
艉轴前轴承	$\pm0.5R_1$	$\pm0.5R_1$	$\pm R_1$	$\pm R_1$
主机后轴承	$\pm0.5R_2$	$\pm0.5R_2$	$\pm R_2$	$\pm R_2$

注:P 为中间轴承平均设计负荷,$P=Q/n$,Q 是中间轴所受总重力,n 是轴承数;R_1、R_2 分别为艉轴管前、后轴承设计负荷。

【工作任务】1.5.3　合理校中

轴系合理校中是在遵守规定的轴承负荷、轴的应力、转角等限制条件下,通过校中计算以确定各轴承的合理位置,将轴系安装成规定的曲线状态,使各个轴承上的负荷合理分配,以确保轴系可靠运行,与之连接的发动机和齿轮箱不因轴系校中不良而受到有害影响。

目前,轴系合理校中应用广泛,许多国家的船级社和造船厂已能提供轴系静态校中计算书(包括被校中轴系的各种状态参数和工艺参数),并按此法进行船舶轴系的安装和验收。

1.合理校中计算

目前,主要应用三弯矩法和有限元法进行合理校中计算,有关部门编写了适用于按校中计算安装轴系的行业标准《船舶推进轴系校中》(CB/Z 338—2005)。

【二维码】《船舶推进轴系校中》(CB/Z 338—2005)

(1)合理校中计算内容

①建立校中计算模型,进行轴系各结构要素的处理,建立轴系计算的物理模型。如图1.5.19所示为轴系合理校中模型。

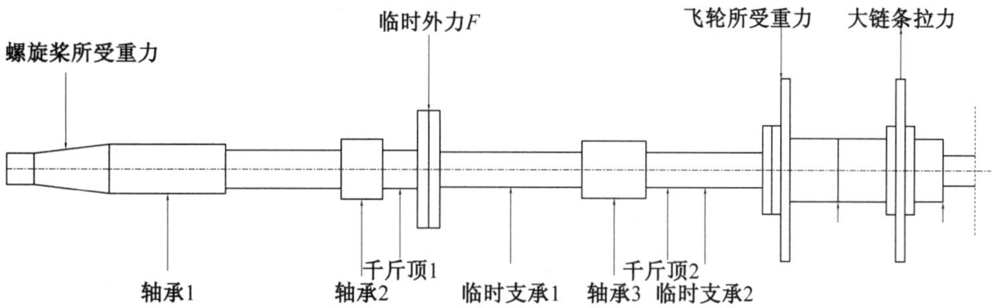

图1.5.19　轴系合理校中模型

②确定约束条件,即确定轴承允许负荷、轴的弯曲最大应力、轴弯曲时最大转角等限制条件。

③计算按直线校中时轴系各支座处的弯矩、反力、挠度及截面转角。

④计算能表征轴承负荷与位移关系的轴承负荷影响数,必要时也计算弯矩影响数。

⑤根据给定的约束条件用线性规划法或试错法确定轴承的最佳位移量。

⑥根据轴承位移及轴承负荷影响数求出轴承上的实际负荷。

⑦根据轴承最佳或合理位移量计算轴系有关连接法兰上允许的偏移值、曲折值。

⑧计算当采用顶举法检验轴承负荷时的轴承负荷顶举系数。

⑨编制轴系校中计算书文件,绘制轴系合理校中状态图,如图1.5.20所示。

(2)合理校中计算的约束条件

合理校中计算的约束条件的设置是为了确保轴系可靠运行,与之连接的发动机和齿轮箱不应因轴系校中不良而受到有害影响,主要有以下内容。

①轴系各轴承的许用比压一般应不超过下列允许值:

a.白合金艉管轴承为0.8 MPa;

b.铁梨木艉管轴承为0.3 MPa;

c.橡胶艉管轴承为0.3 MPa;

d.复合材料艉管轴承最大为0.3 MPa;

e.中间轴承为0.6 MPa;

f.大齿轮轴前后轴承静态许用值为1 MPa,轴系运转状态许用值为3 MPa。

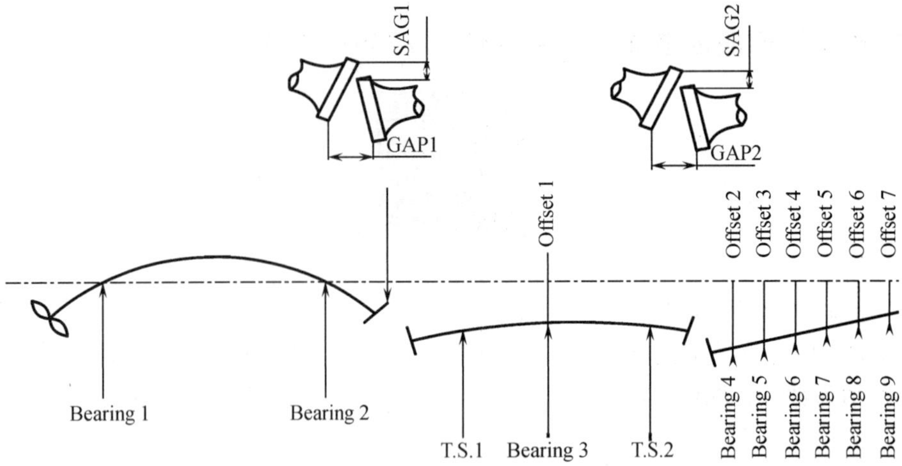

图 1.5.20　轴系合理校中状态图

注:SAG 为偏移;GAP 为曲折;Bearing 为轴承;Offset 为位移量;T. S. 表示临时支承。

②轴承负荷的要求如下:

a. 轴承负荷应不小于相邻两跨距间所有质量总和的 20%。

b. 减速齿轮箱大齿轮轴的前、后轴承负荷差应不超过制造厂的规定。在未提供相应数据的情况下,一般应不超过两轴承间轴段与大齿轮质量之和的 20%,但如果提供轴系运转状态校中计算结果,且确认轴承轴瓦分界面是按运转状态校中计算得到的动态合力作用角确定的,此时前、后轴承负荷差可不受 20% 限制。

③各轴的附加弯矩应力一般应不超过下列允许值:

a. 螺旋桨轴、艉轴和中间轴为 20 MPa;

b. 推力轴为 15 MPa;

c. 大齿轮轴为 10 MPa。

④大型低速柴油机直接传动的推进轴系,施加到柴油机输出端法兰的弯矩和剪力,应不超过柴油机制造厂规定范围。

⑤艉轴管后轴承支承点处截面转角一般应不超过 3.5×10^{-4} rad。

(3)合理校中计算结果

目前的合理校中计算都是在计算机上进行的,输入各项相关数据后,计算结果会自动输出,见表 1.5.5 ~ 表 1.5.9。

表 1.5.5　轴系直线状态下轴承的状态参数表

轴承序号	弯矩/(N · cm)	支反力/N	转角/rad	位移/mm
1	−15 708 060	203 860	2.49×10^{-4}	0
2	−644 500	12 290	-1.13×10^{-4}	0
3	−293 510	59 750	3.53×10^{-4}	0
4	−5 650 810	215 250	1.62×10^{-6}	0
5	1 230 000	−51 960	3.51×10^{-7}	0
6	−981 750	79 240	7.69×10^{-8}	0
7	−10 320	14 250	4.35×10^{-7}	0

表 1.5.6 合理校中状态下轴承的状态参数表

轴承序号	弯矩/(N·cm)	支反力/N	转角/rad	位移/mm
1	-15 708 060	198 690	2.67×10^{-4}	0
2	-2 442 870	20 490	-1.46×10^{-4}	0
3	-3 131 670	67 680	-1.82×10^{-4}	0.075
4	-1 908 620	152 030	4.52×10^{-6}	0.125
5	38 160	16 390	-9.25×10^{-7}	0.125
6	-683 530	59 940	3.01×10^{-8}	0.125
7	-10 320	17 460	8.05×10^{-7}	0.125

表 1.5.7 轴承负荷影响数

单位:N/mm^2

轴承号	1	2	3	4	5	6	7
1	13 090	-24 670	18 600	-20 570	17 660	-4 970	830
2	-24 670	50 010	-46 980	63 240	-54 350	15 260	-2 550
3	18 600	-46 980	86 700	-233 670	228 830	-64 220	10 740
4	-20 570	63 240	-233 670	3 301 600	-6 323 530	3 855 150	-642 530
5	17 660	-54 350	228 830	-6 323 530	15 454 830	-13 051 350	3 728 180
6	-4 970	15 260	-64 220	3 855 150	-13 051 350	14 827 400	-5 577 100
7	830	-2 550	10 740	-642 530	3 728 180	-5 577 100	2 482 440

表 1.5.8 偏移值、曲折值

法兰	艉轴—中间轴	中间轴—推力轴
偏移值/mm	0.184	0.137
曲折值/(mm·m^{-1})	0.209	0.365

表 1.5.9 某轴承顶举系数表

被测轴承序号	3
顶举系数	1.18

另外,还会绘制顶升测力时千斤顶和临时支承布置示意图(图 1.5.21),供顶升测力时使用。

2. 顶升法测量轴承负荷

为保证轴系正常可靠地运转,轴系合理校中应确保轴系各个轴承上的负荷处于允许范围之内,或具有合理的数值。为此需要对轴系各轴承上的实际负荷进行测量,并以实测的数据作为验收轴系校中质量的依据。目前船厂普遍使用顶升法测量轴承负荷,包括中间轴承、艉轴管前轴承和主机轴承。

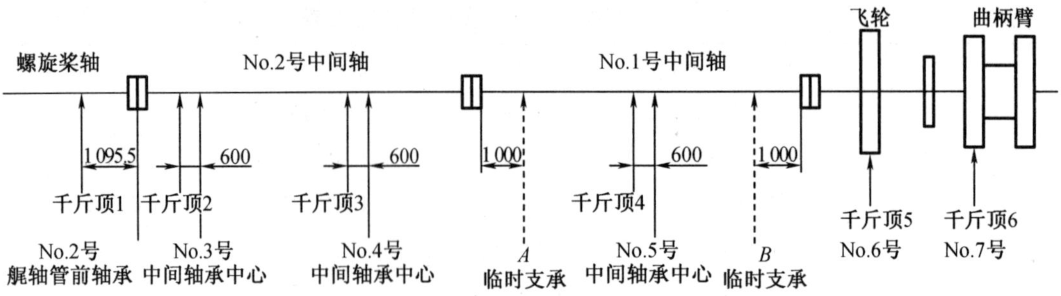

图 1.5.21　某船顶升测力时千斤顶和临时支承布置示意图

图 1.5.22 所示为顶升法测量中间轴承的负荷。

图 1.5.23 所示为顶升法测量主机轴承的负荷。

(1)顶升测力过程

①顶升测力之前,整个轴系,包括推进机组的校中已经完成并且连接成为一个整体,中间轴承和主机组已固紧,艉轴上的附加力和校中用的临时支承均已去掉,中间轴的质量由中间轴承承担。

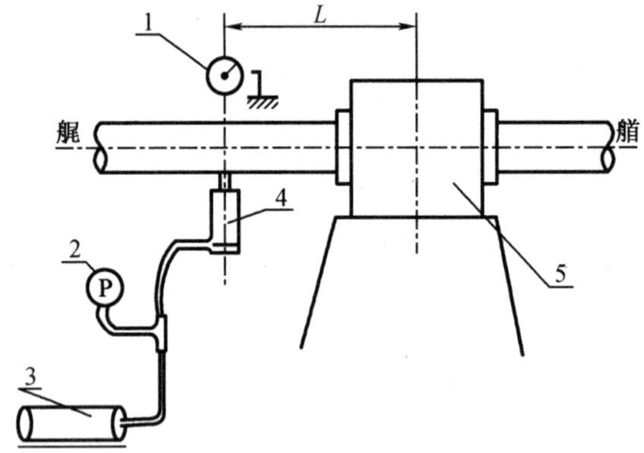

1—带磁力座百分表;2—压力表;3—油泵;4—千斤顶;5—中间轴承。

图 1.5.22　顶升法测量中间轴承的负荷

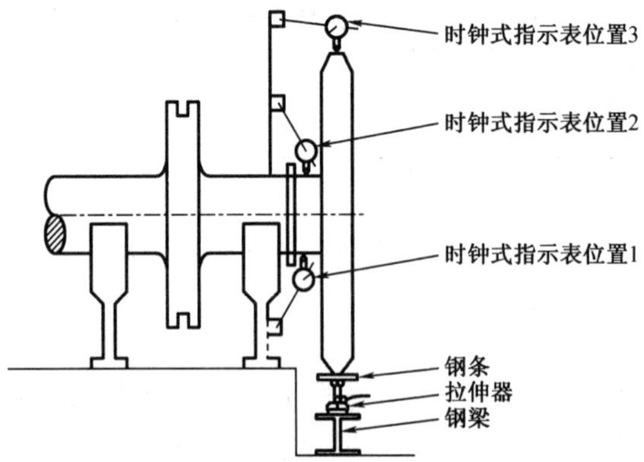

图 1.5.23　顶升法测量主机轴承的负荷

②按照轴系校中计算书所示的位置安装千斤顶(图 1.5.22)和百分表,要求基座牢固可

靠，松开中间轴承上盖，将百分表归零，此时中间轴未被顶起，千斤顶刚刚与中间轴接触。

③油泵加压，将轴分挡位慢慢顶升，要求油压每升高 2.0 MPa（视情况而定），记录一次对应的百分表读数（即轴的上升量），直到压力上升不大但轴颈抬高较快时为止。顶起的高度不能超过轴承的径向间隙。然后慢慢降压，每降 2.0 MPa（视情况而定），记录一次对应的百分表读数（即轴的下降量），直至油压完全释放，千斤顶不受力，轴回复原位。

④根据列表记录的轴的位移量和千斤顶负荷，即可做出顶升曲线，计算轴承负荷。顶升曲线的绘制可以使用坐标纸，在坐标纸上建立一个平面坐标系，然后将顶升测力记录的成组的位移和油压数据，以点的形式标绘在坐标系中，然后选取合适的点进行线性拟合，得到顶升曲线图，如图 1.5.24 所示。也可以使用 Excel 或者厂家提供的专业软件来进行顶升曲线图的绘制。

图 1.5.24 中的 Oab 是上升曲线，cdO 是下降曲线，两条线不重合的原因是千斤顶存在内阻而导致滞后，a 点和 d 点分别为轴、轴承完全脱离和接触的临界点，或者称为拐点。P_u 和 P_d 是直线 ab 和 cd 的延长线与横坐标相交之处的油压值。

需要注意的是，线性拟合时选点的正确与否非常重要。如图 1.5.25 所示，将测量点连接后，可能会出现几段斜率不同的直线。坐标原点是负荷在轴承上，千斤顶不受力；1 号点是负荷完全转移到千斤顶上，轴承不受力；1 号线代表着负荷不断从轴承向千斤顶转移的过程；2 号点是第二个轴承完全卸载；2 号线代表着千斤顶负荷不断增加，第二个轴承开始卸载。测量中间轴承的负荷时，所选点均应在 2 号线上，不应超出 1 号拐点和 2 号拐点的范围。（2）顶升曲线数据处理

轴承的负荷 R 按照下式进行计算：

$$R = C \cdot A \cdot \frac{P_u + P_d}{2} \tag{1.5.17}$$

式中　R——轴承的实际负荷，N；

C——顶升系数；

P_u、P_d——如图 1.5.24 所示，MPa；

A——千斤顶的活塞面积，cm^2。

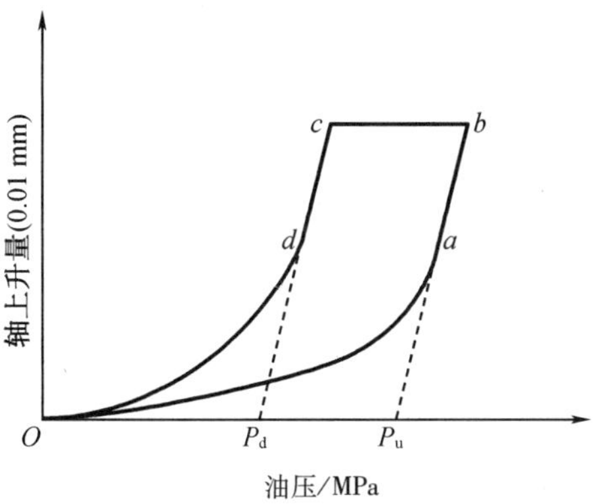

图 1.5.24　顶升曲线图

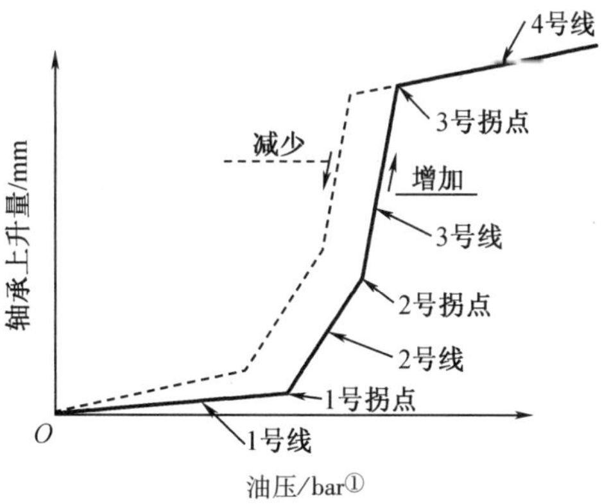

图 1.5.25　顶升曲线分析

① 1 bar = 0.1 MPa。

(3)顶升法测量轴承负荷的注意事项

①各轴承的顶升单独进行,不能几个轴承同时进行。

②千斤顶座必须有较好的刚性,百分表架应装在不受顶升影响的独立的稳定结构上。

③千斤顶顶升支点、百分表杆的触点必须在同一轴颈截面上的最低点与最高点的上下对称中心点上。

④轴在顶举过程中不受任何阻碍。

⑤在升压与降压过程中,应记录千斤顶压力和百分表的稳定读数,不允许在千斤顶上升(或下降)过程中降压(或升压)。

⑥测量应在校中结束后的近期内进行,以避免后续施工造成的轴系区域变形及吃水变化。测量时间尽量与报检时间一致,避免因温差引起的船体变形。

⑦最大测试力应限制在被测轴承实际负荷的2~2.5倍,这样既可保证绘出的顶升曲线有较好的线性,又能保证相邻轴承不脱空。

⑧主机轴承间距和轴承间隙较小,在位移较大时,相邻轴承可能已经被抬起,因此测量主机轴承负荷时,顶升距离一般取值较小。

⑨垫在轴着力点间的保护板不应用橡胶及石棉等非线性弹性变形的物品,以保证测试起点的精度。

⑩如果 $P_d - P_u > 0.2 \cdot (P_u + P_d)$,则说明测量的数据不理想,建议重测。

(4)轴承负荷的调整

如果所测得的轴承负荷不满足计算书的要求,则按照校中计算书计算轴承所需要调整的高度值,并加以调整,然后重新测量轴承负荷,直至合格。

轴承所需要调整的高度值按下式进行计算:

$$H = \frac{\Delta}{A} \tag{1.5.18}$$

式中 H ——轴承所需要调整的高度值,mm;

Δ——轴承负荷实测值与轴系校中计算书中计算值的差值,N;

A ——轴承负荷影响数,N/mm。

表1.5.10所示为某船轴系轴承负荷影响数,其中3#轴承是中间轴承,该轴承上升1 mm,该轴承增加的负荷为下表中的 A 值。

表1.5.10 某轴系轴承负荷影响数

轴承号	1#	2#	3#	4#	5#
1#	1.152 0	-1.979 9	1.478 8	-1.933 5	1.539 8
2#	-1.979 9	3.622 8	-3.419 1	5.276 6	-4.202 2
3#	1.478 8	-3.419 1	A	-30.004 1	29.049 8
4#	-1.933 5	5.276 6	-30.004 1	426.140 5	-736.744 1
5#	1.539 8	-4.202 2	29.049 8	-736.744 1	1 732.468 5

轴承高度调整依靠顶螺丝,调整时须注意均衡。

3. 合理校中的施工工艺过程

合理校中的施工工艺过程有两条路线，按计算所得的法兰偏移值和曲折值进行校中，按照计算所得的轴承位移量进行校中。

(1)按偏移值、曲折值校中

目前这种方法使用较多，其工艺过程如下：

①校中前，艉轴应已装好，其前法兰的位置应与在船台上的安装记录一致，当校中计算文件规定校中时应施加附加力时，应在所要求的位置上施加规定数值的附加力。

②以艉轴前法兰为基准，自艉向艏逐段地调节中间轴、推力轴、主机(组)的位置，使每对连接法兰上的偏移值、曲折值符合校中计算文件的规定，允许误差为偏移值不超过 ± 0.10 mm，曲折值不大于 $\pm D\times 10^{-4}$ mm(D 为被测法兰的外径，单位为 mm)，同时保证主机机座的水平挠度、扭曲度和曲轴臂距差不超差。

③校中后，将中间轴承安放到位，临时固定在基座上。

④装配法兰连接螺栓，将各传动轴以及主机(组)连接起来，拆除螺旋桨轴法兰处的附加力和中间轴上的临时支承。

⑤检验校中质量。用顶升法测量轴承的实际负荷，应符合校中文件的规定，允许误差为计算负荷的 $\pm 20\%$，如果超差，则加以调整；对曲轴的臂距差或减速器齿轮的啮合进行检查，应满足相关技术要求。

⑥测量并配置中间轴承、主机(组)的调整垫片及紧固螺栓，之后将中间轴承及主机(组)紧固在各自的船体基座上；主机(组)固定后应按相关规定测量曲轴的臂距差和主机机座的水平挠度，减速箱固定后应测量大、小齿轮的啮合质量，均应符合有关规定。

(2)按轴承位移量校中

按轴承位移的方法比较适合于长轴系的校中，其施工设计要点如下：

①以安装好的艉轴为基准，在其前法兰上安装照光仪器，并调节仪器的位置，使其主光轴与艉轴的中心线重合。

②轴承落位。在轴承孔(最好是安装空心样轴)的两端安装光靶，光靶的中心应与轴承的中心重合。

③由艉向艏按光学仪器的主光轴逐个调节中间轴承的位置，这时可采取如下两种办法：

a. 使轴承的位移值符合校中计算文件的规定；

b. 使各轴承均与艉轴同轴，即位移为零。

按仪器主光轴测量轴承位置时，应考虑艉轴前法兰挠度的影响。

④从轴承中取出光靶，吊装中间轴，连接艉轴、中间轴。

⑤以最前面的中间轴为基准，按照规定的偏移值、曲折值校中主机(组)。

⑥测量主机曲轴臂距差，符合规定后，连接主机(组)与轴系。

⑦测量轴承负荷。

⑧分别为中间轴承、主机组配置垫片和紧固螺栓，并紧固之。如果之前将轴承调整至与艉轴同轴，那么在确定垫片厚度时还应考虑该轴承的位移量。

4. 合理校中的施工要求

(1)校中前，船舶已完工状态应与建造原则工艺中有关条款相一致。轴系区域的加工、装配及安装工程均应结束并检验合格，剩下工程应不影响校中工作的质量。

(2)轴系零部件的加工、装配应符合相应的技术要求并检验合格。

(3)校中时，主机、发电机、锅炉及其他重大设备均已吊入就位，船上应无重大设备的迁移及压载的变更。

(4)螺旋桨、螺旋桨轴安装应合格。螺旋桨轴前法兰的安装位置应记录，并应防止在校中时变动。

(5)中间轴吊入并布置好中间轴承或临时支承。

(6)轴系校中及其检验应在船舶下水后进行。对施工单位确能把握船舶下水后变形规律的同型船舶的后续产品，经检验部门同意，允许在船台或船坞内校中，但应在船舶下水后进行复检。

(7)轴系校中及检验应避免在强阳光直接照射下进行，且在轴系区域及与之相邻区域应停止振动性作业及焊接作业。

5. 合理校中的校中要求

(1)采用按法兰曲折值和偏移值校中时，应以螺旋桨轴前法兰为基准，自艉向艏调节各轴及主机或减速齿轮箱位置，使各对法兰偏移值、曲折值符合校中计算结果的要求。

(2)采用按轴承位移量校中时，应确保准直仪主光轴与螺旋桨轴轴线重合，并使各中间轴承中心线与光靶中心重合。按主光轴调整的各中间轴承位移量，应符合校中计算结果规定的数值，同时应计及螺旋桨轴前法兰挠度对各轴承实际位移量的影响数值。对主机或减速齿轮箱的定位，仍应以最前一根中间轴的前法兰为基准，按校中计算结果中法兰偏移值和曲折值进行安装。

(3)采用其他方法校中轴系时，应使所有被测轴承上的负荷符合校中计算结果的数值。

(4)轴系校中完工后，应做出记录，并配置各法兰连接螺栓、主机、减速齿轮箱及轴承垫片和紧固螺栓，连接各轴并固紧各轴承及机座。

6. 合理校中的检验要求

(1)校中计算的原始数据应与轴系设计图样一致。

(2)轴系结构参数或校中计算的原始数据更改后，应重新计算，并对计算结果进行复审。

(3)一般应分别在各轴法兰连接前和轴法兰连接且轴承及机座固紧后，对校中质量进行检验。

(4)各轴法兰连接前，对法兰偏移值、曲折值进行检验。其允许误差为偏移值不超过 ± 0.10 mm，曲折值不大于 $\pm D \times 10^{-4}$(D 为被测法兰的外径，单位为 mm)。

(5)各轴法兰连接且轴承及机座固紧后，可采用顶举法或其他方法，按校中计算结果的要求，对中间轴承的实际负荷进行检验，其允许误差应不超过计算值的 ±20%，同时应检验柴油机曲轴臂距差或检视齿轮啮合质量。

(6)校中结果的各项技术指标应满足相关规定，检验结果应记录，并由检验人员签字。

【工作任务】1.5.4 中间轴承的安装

轴系校中完成后，即可进行中间轴承的固定工作，主要内容就是垫片和紧配螺栓的配置。图 1.5.26 所示为某船中间轴承安装图(局部)。

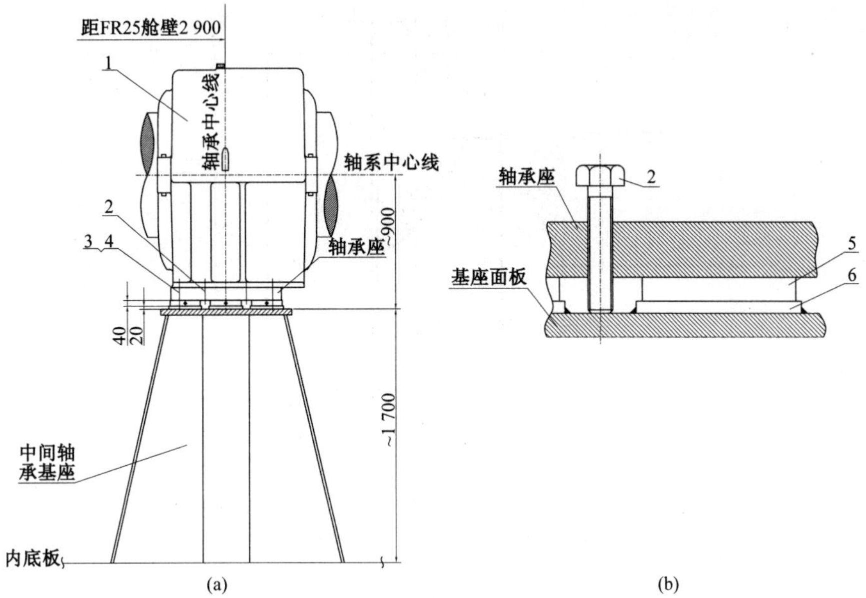

1—轴承;2—调位螺钉;3,4—紧固件;5—调整垫片;6—焊接垫片。

图 1.5.26　中间轴承安装图(局部)

中间轴承在安装前需检查其与轴颈的接触情况,在轴承下部范围内接触面积应达到75%以上,用色油检查,25 mm×25 mm 内应有 3~4 个触点。

中间轴承一般采用矩形垫片。矩形垫片需要进行拂配,接触面积不小于 75%,用色油检查,25 mm×25 mm 内应有 3~4 个触点,接触面之间 0.05 mm 的塞尺塞不进。

垫片报检合格后,用夹具将轴承、垫片和基座面板夹紧,配钻地脚螺栓孔、铰孔,配置铰制孔螺栓,最终将中间轴承固紧在船体基座上。

另外还需检查中间轴承的间隙。用塞尺测量艏、艉端的上、下、左、右 4 个位置的径向间隙,轴颈应与下瓦紧贴,左右间隙应基本相等,不允许单边接触。

目前,中间轴承也经常采用环氧树脂垫片。

中间轴承垫片和紧配螺栓的配置,其工艺与主机安装相似,详见主机安装的有关内容。

【工作任务】1.5.5　轴系联轴节的安装

传动轴之间、传动轴与推进机组之间的连接均是通过各种联轴节实现的。这些联轴节主要包括固定法兰式联轴节、可拆式联轴节、液压装配式联轴节、套筒式液压联轴节等。

1. 固定法兰式联轴节

固定法兰式联轴节又名凸缘(或法兰)联轴节,其结构简单,主要用于中间轴与中间轴、推力轴、艉轴和主机组之间的连接,分整锻式和焊接式两种。

整锻式固定法兰式联轴节与轴整体由钢锭锻造而成,制造锻件时,锻造比在轴颈部分应大于等于 3,凸缘部分应大于等于 5,结构尺寸参照 CB/T 145—1994,如图 1.5.27 所示。

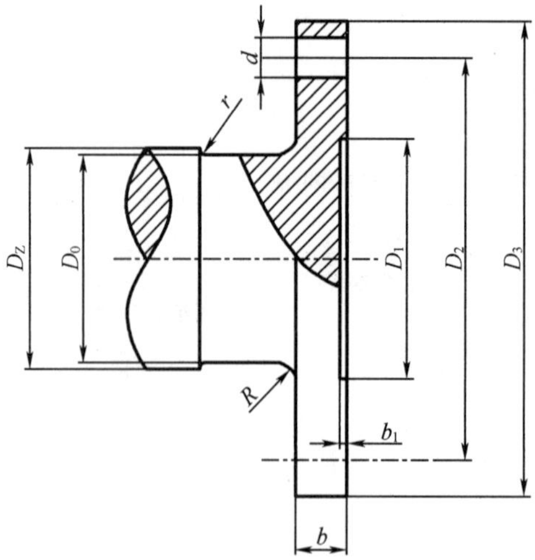

图 1.5.27　船舶轴系整锻法兰结构示意图

焊接式固定法兰式联轴节主要用于采用热轧圆钢作轴材的中、小功率船舶轴系，法兰材质与轴相同，法兰结构尺寸参照 CB/T 145—1994 执行。其基本思路是：法兰和轴分别初加工后，将二者定位、拼装，然后焊接成为一个整体，检验合格后整体上机床加工，直至满足图纸要求。

固定法兰式联轴节的加工主要是保证法兰外圆的径向圆跳动量、法兰端面边缘处的轴向跳动量及法兰端面的平面度，应满足表 1.4.2 的要求。另外还有法兰的螺栓孔的加工，详见 1.4.2。

【拓展知识】

法兰与轴连接焊接工艺

1. 焊接前准备

(1)焊接前应检查焊接设备是否完好，应确保电路、气路及机械装置的正常运行。

(2)焊工必须经过专业培训和考试，并经过船级社或有关的检验部门认可合格后，方能持证上岗。

(3)轴与法兰连接应在车间内进行。

(4)检查轴件材质证书，其含碳量符合图纸要求。

(5)轴与法兰连接应采用手工电弧焊或 CO_2 气体保护焊。手工电弧焊采用 J507 焊条，CO_2 气体保护焊采用 K－71TLF 药芯焊丝。

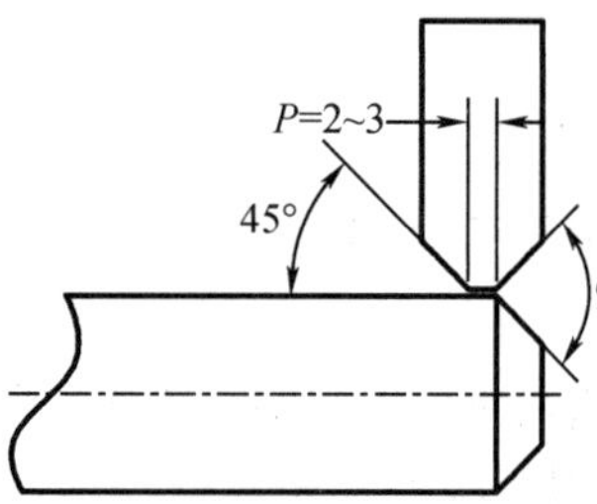

图 1.5.28　法兰坡口形式

(6)J507 焊条使用前应进行烘焙，烘焙温度在 350～400 ℃之间，烘焙时间为 2 h。

(7)法兰坡口形式应符合图 1.5.28 要求，间隙为 1 mm。

2. 焊接步骤及工艺要求

(1)焊接前需确保轴和法兰机加工合格，未经机加工的部位需用砂轮或磨光机将坡口及其边缘打磨至露出金属光泽，去除油漆、锈、氧化皮、油污等影响焊接的污物。

(2)焊接参数选择见表1.5.11。

表1.5.11　焊接参数

焊接形式	焊材	焊丝直径/mm	焊接电流/A	电焊电压/V	气体流量/(L·min^{-1})
手工电弧焊	J507	ϕ3.2	100~120	—	—
		ϕ4.0	130~150		
CO_2气体保护焊	K-71TLF	ϕ1.2	150~220	15~25	20

(3)当法兰厚度大于20 mm时,需对焊接位置进行局部预热,预热宽度为坡口两侧100 mm以上,预热温度见表1.5.12。

表1.5.12　预热温度

法兰厚度/mm	20~40	>40
表面预热温度/℃	50~60	70~100

(4)组装轴与法兰,保证轴线与法兰端面垂直度小于0.5 mm。

(5)轴与法兰组装完成后,应进行点焊定位。点焊过程中应进行对称点焊。

(6)定位焊焊缝末端收弧处应填满弧坑。

(7)若条件允许,点焊定位完成后,可采取一定的工装夹具,对被焊接件进行固定,防止焊接变形。

(8)焊接时应采用短弧、小摆动运条法,焊道宽度不大于焊条直径的3.5倍,不准在坡口外引弧。

(9)焊接时应分段均匀地进行焊接,切忌连续焊接。

(10)采用多层焊接,每层焊接完成后需清渣方可进行下一层焊接。

(11)对于需要预热的焊缝,因故焊接中断超过10 min时,需重新预热。

(12)焊缝的截面变化应平滑过渡,法兰根部圆角半径应满足图纸要求。

3.焊接后处理

(1)焊接完成后,焊件应进行去应力退火处理。

(2)焊后需探伤检查焊缝质量。

4.安全与防护

(1)焊工应穿好防护服,防止烫伤。

(2)焊接施工现场必须有防触电、火灾、中毒的安全措施,必须注意通风,尽量减少弧光、飞溅、焊接中产生的有害气体和烟尘对人员健康的影响。

2.可拆式联轴节

可拆式联轴节多用于螺旋桨轴与中间轴之间。如艉轴从尾部抽出,安装在螺旋桨轴首部的联轴节需采用可拆式联轴节。另外,配滚动轴承的中间轴和推力轴也需采用可拆式联轴节。如图1.5.29所示。

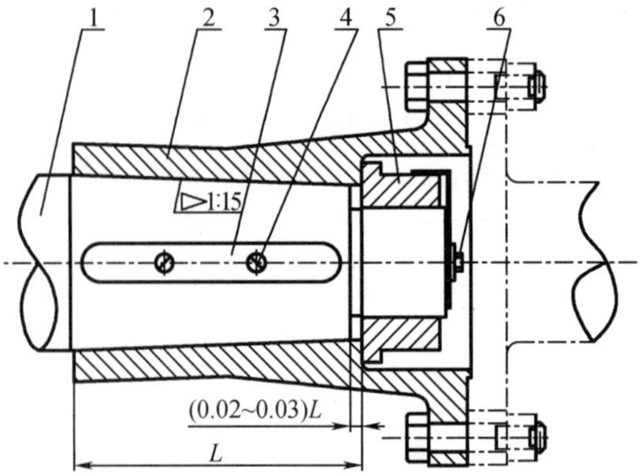

1—轴;2—可拆式联轴节;3—键;4—螺钉;5—联轴节螺母;6—防松装置。

图 1.5.29 可拆联轴节装配示意图

可拆式联轴节的结构尺寸参照相关标准。制造材料不低于轴材料的机械性能,常选用 35 号锻钢或铸钢 ZG30、ZG35 等。

(1)可拆式联轴节加工装配技术要求

①锥孔

锥孔需要与轴进行拂配(拂配的工艺详见螺旋桨加工一节)。锥孔的技术要求如下:

a. 联轴节锥孔与轴锥体应接触良好,接触面积在 75% 以上,用色油检查,每 25 mm × 25 mm 内不得少于 3 个色点;接触面上允许存在 1 ~ 2 处空白区域,其面积小于总面积的 15%;最大长度或宽度不应超过该处锥体直径的 1/10,且不得分布在同一母线或圆周线上;塞尺检查大端时,0.03 mm 插入深度不得超过 30 mm。

b. 键槽加工的宽度、高度与轴线平行度都与轴键槽加工要求相同,以最终与轴键一起相配质量为验收标准;平键与轴的键槽两侧接触面积不少于 75%,0.03 mm 塞尺不应插入,与联轴节键槽相配时,75% 以上允许插入 0.05 mm 塞尺,但 0.1 mm 塞尺不应插入;键与轴的键槽底部接触面积不应少于 40%;键顶部与联轴节键槽之间的天地间隙应为 0.3 ~0.5 mm。

c. 加工和拂磨联轴节锥孔时,轴向应留有一定的拧紧余量,一般为 0.02 ~0.03 倍的锥体长度。

②法兰

其法兰部分的加工技术要求与整锻法兰相同,详见 CB* 228—1986。为保证加工精度,法兰外圆和端面的精加工应在锥孔拂配完成后,将联轴节套装到轴上,与轴成为一个整体,一起上机床加工。

(2)可拆式联轴节安装

可拆式联轴节的安装与螺旋桨常规安装方法相似。借助于使用专用扳手拧紧联轴节螺母,将联轴节压紧在锥体上,依靠摩擦力和键传递扭矩。安装时应按拂配时所做的轴向标记将联轴节压到位。联轴节紧固螺母装好后,用 0.05 mm 塞尺检查螺帽与联轴节的接触面,在周长的 90% 范围内不应插入。螺母需有可靠的防松装置。

3. 液压装配式联轴节

液压装配式联轴节是可拆式联轴节的一种结构形式。装配时,将高压油压入联轴节与轴(或中间套筒)之间,使联轴节内孔膨胀,而轴被压缩,使两者产生弹性变形。然后,再施以轴向推力,当两者达到预定位置时,将油放出。由于弹性变形的恢复而产生了很大的静配合过盈,使联轴节紧固在轴上。拆卸时,可按相反的过程操作。由于不用键,使加工简化,操作方便。

液压装配式联轴节利用锥孔和锥体间摩擦力来传递扭矩,因此要求内外圆锥面接触良好,如图 1.5.30 所示。

(1)液压装配式联轴节的加工技术要求

①液压装配式联轴节内孔与轴配合面的锥度一般加工成 1:50,法兰的加工质量与可拆法兰联轴节相同。

②液压装配式联轴节与轴配合的过盈量 δ 可按下式计算:

$$\delta = \left(\frac{1.4}{1\ 000} \sim \frac{1.8}{1\ 000}\right)d \tag{1.5.19}$$

式中 δ——过盈量,mm;

d——配合处轴的平均直径,mm。

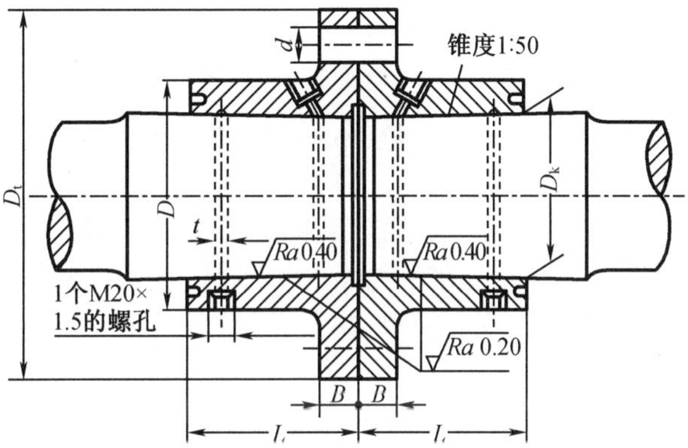

图 1.5.30 液压装配式联轴节

③锥面粗糙度 Ra 0.20 ~0.40 μm。

(2)液压装配式联轴节的装配技术要求

①联轴节的锥孔与轴的锥体应配合良好,用色油检查,接触面积在 85% 以上,每 25 mm × 25 mm 内不得少于 4 个色点,且在两端油线以外不得有贯通性不贴合部位。

②两轴轴向间隙,当 $d \leqslant 100$ mm 时,为 2 mm;当 $d > 100$ mm 时,为 $0.02d$。

(3)液压装配式联轴节的安装

液压装配式联轴节的安装与螺旋桨的湿式安装相似。

【二维码】液压联轴节的安装

(4)液压装配式联轴节的拆卸

液压装配式联轴节在拆卸前应在轴和联轴节上做好轴向和径向的安装位置记号,拆卸则按与安装相反的过程进行操作,如图 1.5.31 所示。

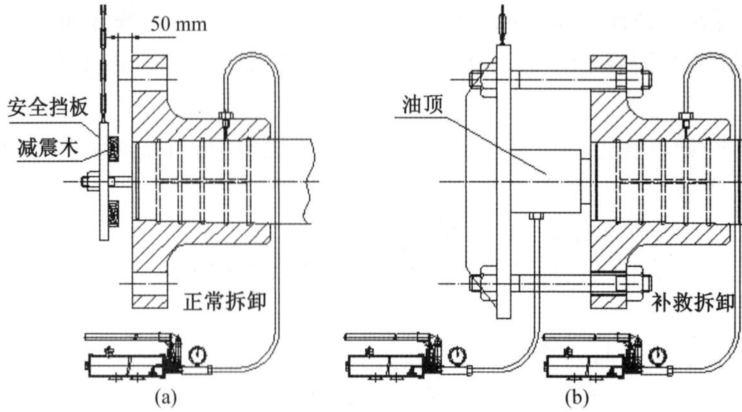

图 1.5.31　液压装配式联轴节的拆卸

拆卸时需要注意以下几个问题:

①液压拆卸时要做好安全保护,防止弹出太多造成人员受伤。

②液压拆卸时,当锥体接触面已经有渗油现象而联轴节仍不能退出时,可在径向加压的同时,增加一台油顶,轴向加压,以帮助拆卸,如图 1.5.31(b)所示。

4. 套筒式液压联轴节

套筒式液压联轴节有两种形式:一种带法兰,常安装在设备的输入、输出轴上,也可安装在光轴轴端;一种类似夹壳联轴节,安装在两光轴之间,尤其适用于狭小空间。如图 1.5.32 所示。套筒式液压联轴节不需要键,安装简单、快速、可靠。

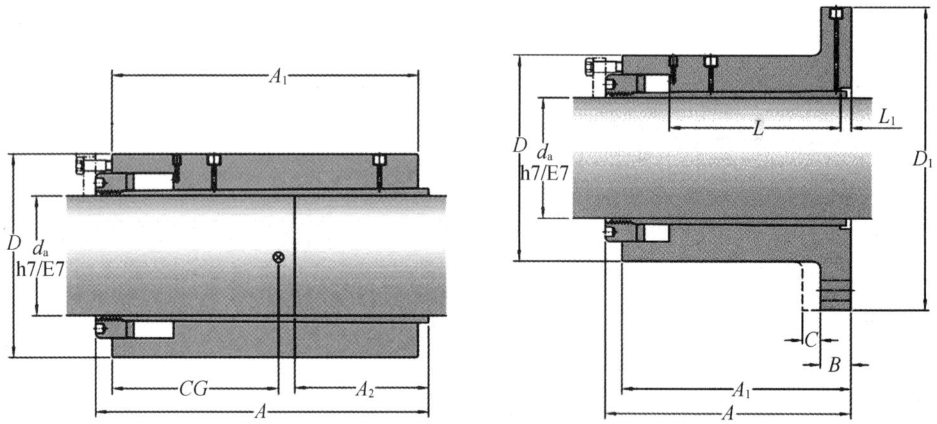

图 1.5.32　套筒式液压联轴节的两种形式

(1)基本结构

以 SKF 公司的 OK 系列联轴节(图 1.5.33)为例:有一薄壁钢套管套于两轴端部外圆之上,套管内径与轴端外圆的配合是 H7/e7,薄壁套管之外装配了一个较厚的钢制外套,其配合面为锥面,锥度在 1/100 ~ 1/80 之间。外套的内锥孔开有油槽,并有孔通至外边。

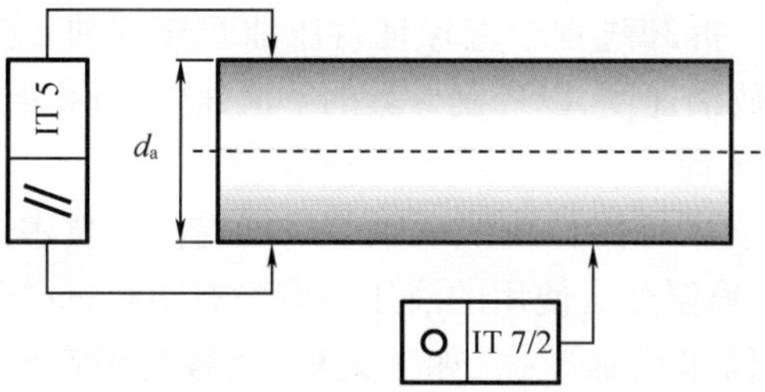

图 1.5.33 安装联轴节部位的技术要求

(2)工作原理

利用压入外套与内套的配合锥面之间的高压液体,使外套和内套均产生弹性变形,外套扩大,内套收缩,同时轴向推动外套向锥面大端移动。当外套到达既定位置后,释放高压液体,弹性变形的作用使外套、内套和轴抱紧,三者形成一个同步回转、传递扭矩的整体。

(3)SKF 的 OK 系列联轴节对轴的要求

配合此种联轴节的两根轴的光轴部分的直径必须相等,安装联轴节所需的自由长度不小于 $A+75$ mm(A 为联轴节总长),圆度和圆柱度均为 IT7/2,素线平行度为 IT5,表面粗糙度为 Ra 2.5 μm,如图 1.5.33 所示。

(4)套筒式液压联轴节的安装

①检查、清洁内外套与艉轴、中间轴的配合面有无毛刺、拉痕、污油等,保证配合面清洁、光顺;同时,按照联轴节厂家提供的技术文件,准备好适用的油泵、阀门、压力表、管子等附件以及液压油。

②检查艉轴船长方向位置的正确性。

③用葫芦吊起,按照图纸规定的方向将联轴节套到艉轴上,直至艉轴中间轴从联轴节另一端伸出。联轴节在套入过程中需避免与轴发生磕碰。

④吊装中间轴,将其与艉轴按要求进行对中。偏移值为 0,曲折值≤0.05 mm/m;或按说明书要求,两轴轴端间距为 0.5 mm 或 $d/100$(d 为轴径)。对中完成之后将两轴可靠固定。

⑤调整联轴节的轴向位置,使其内套与艉轴、中间轴的相对位置符合说明书的要求。联轴器在轴上的位置调整之前应标在轴上。

⑥用外径千分尺测量联轴节外套在自由状态下的外径。

⑦按照联轴节厂家的技术文件,将选油泵及其他管路附件装妥。先向背压油腔泵油排空气,然后径向泵油,待外套锥体大端有少量液压油流出,开始向背压油腔内泵油,在径向油压和轴向油压的作用下,联轴节外套向大端移动,当测量外套径向膨胀量 Δ 值达到规定数值时,外套安装到位。建议分 3 ~5 次进行安装,每次的径向油压及膨胀量应记录,通过作图或列表计算法确定最终的径向油压,以保证安装过程中外套的径向膨胀量不致过大。

也有以压入量作为判断安装是否到位的依据,如果压入量与 Δ 值发生矛盾,以两个指标中最小值不能低于标准要求为准。

⑧联轴节外套完全到位后,卸去径向油压,约 10 min 后,再卸去轴向油压,拆去各油泵、油管,装上外套各油孔的闷塞。至此,联轴节安装结束。

(5)套筒式液压联轴节的拆卸

先用手动泵向联轴节背压油腔泵油,充满后,再向内外套之间泵油,油压达到一定数值,外套就会从锥面下滑。拆卸过程中应保证背压油腔充满油,或按说明书要求维持一定的背压,或控制背压油腔放油速度,以控制外套的下滑速度,避免损坏联轴节。

(6)油泵及液压油的选择

油泵、阀门、压力表、管子等附件按照联轴节厂家提供的技术文件进行选用,液压油需要考虑联轴节安装时的环境温度。使用的液压油应当有 300 mm^2/s 的黏度,如果安装用液压油太黏,就会积留在套筒里增加摩擦;如果太稀,就容易引起渗漏。SKF 公司推荐按表 1.5.13 进行液压油的选择。

表 1.5.13　液压油的选择

温度范围/℃	黏度
0 ~ 8	SAE 10W
8 ~ 18	SAE 20W
18 ~ 27	SAE 30W
27 ~ 32	SAE 40W
32 ~ 38	SAE 50W

注:SAE 为国际自动工程师学会的缩写。

【二维码】套筒式液压联轴节的安装、拆卸

【工作任务】1.5.6　联轴节螺栓的安装

联轴节螺栓的作用是连接轴段,传递主机的扭矩以及传递倒车时螺旋桨的拉力。螺栓传递扭矩的方式有两种:一是通过它将两法兰夹紧,利用法兰面上的摩擦作用来传递转矩,夹紧力来源于扭力扳手或液压螺母,前者采用普通螺栓,后者为液压拉伸螺栓;二是使螺栓与螺栓孔之间紧密配合,依靠螺栓承受剪切作用来传递转矩,铰制孔螺栓和带内套的张紧螺栓属于此类。

1. 铰制孔螺栓安装

铰制孔螺栓的安装方法有压入法和低温冷装(简称冷装)法。压入法和冷装法最低过盈量一般为零,通常过盈量为 0.01 ~0.02 mm。

(1)压入法安装

①安装前,应将螺孔、螺栓清洗干净,并涂上清洁的机油。

②将螺栓装进螺孔后,用铅锤或紫铜锤轻轻敲击螺栓头部,将螺栓敲入孔内。如果用普通手锤敲击,则要在螺栓头部垫上紫铜或黄铜板,以免击伤螺栓。

③螺母旋紧后,螺栓头部和螺母与法兰平面接触紧密,0.05 mm 塞尺在 90% 周长上插不进。

④螺栓的螺纹部分应缩进孔内 1 ~2 牙。

⑤对锥形螺栓，锥体与锥孔的配合应紧密，用色油检查，接触面积在 75% 以上。

⑥力求使每个锥形螺栓头部露出孔的长度都相等。

⑦所有螺栓、螺母及法兰螺孔均应编号，以便于安装。

⑧轴上船以前，要将螺栓全部拆下，并在螺栓、螺孔上涂抹机油，以免生锈。

(2)冷装法安装

螺栓放入冷冻箱前应做好清洗工作，螺孔也需同样清洁干净，并喷上二硫化钼油脂；待螺栓冷冻温度时间达到要求后立即从冷冻箱中取出放入螺栓孔中，将螺帽随手拧紧；待螺栓温度回升到室温(一般需 8 ~12 h)后，用扳手拧紧螺帽，穿好开口销。

低温冷装法一般采用液氮或干冰作介质，其冷却时间一般参照经验值(表 1.5.14)。

表 1.5.14　螺栓冷却时间

冷却介质	螺栓温度/℃	冷却时间/min(每毫米螺栓直径)
干冰	-50	0.5 ~0.6
	-70	1.0 ~1.2
液氮	-100	0.08
	-190	0.20

2. 带内套的液压张紧螺栓安装

带内套的液压张紧螺栓由一个带有锥度的螺栓杆、内孔带有相应锥度的衬套及两只紧定螺母组成。安装到位后，螺栓与螺栓孔之间为紧配合，通过螺栓自身的剪切力及法兰之间的摩擦力来传递扭矩。如图 1.5.34 所示。

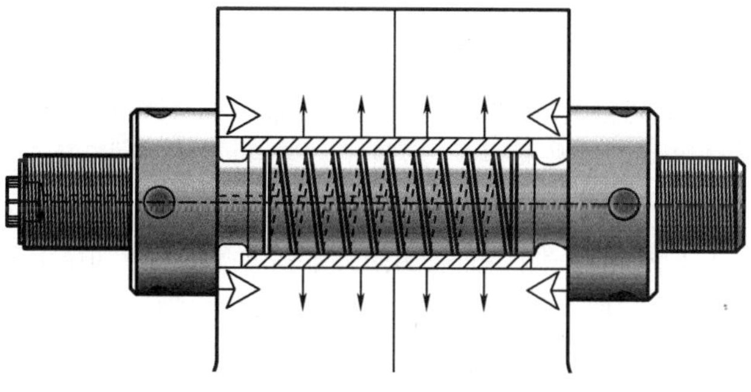

图 1.5.34　带内套的液压张紧螺栓示意图

带内套的液压张紧螺栓的主要特点如下：

(1)螺栓和相配合的螺栓孔间存在一定的间隙，视螺栓直径的不同，间隙在 0.04 ~0.10 mm 内变化，液压张紧螺栓拆卸后，其带斜锥的螺栓杆身、中间锥套内外圆以及联轴器内孔等配合部位均保持原有表面粗糙度，故可反复使用。而传统紧配螺栓多次拆卸后，配合部位因比较容易“拉毛”而报废。

(2)液压紧配螺栓不要求螺栓孔有精确的公差和螺栓加工，SKF 对孔的表面粗糙度要求仅为 *Ra* 3.2 μm，大大方便了内孔和螺栓的加工。SKF 对孔的加工技术要求详见

表1.4.7。

图1.5.35所示为带内套的液压张紧螺栓安装过程示意图。

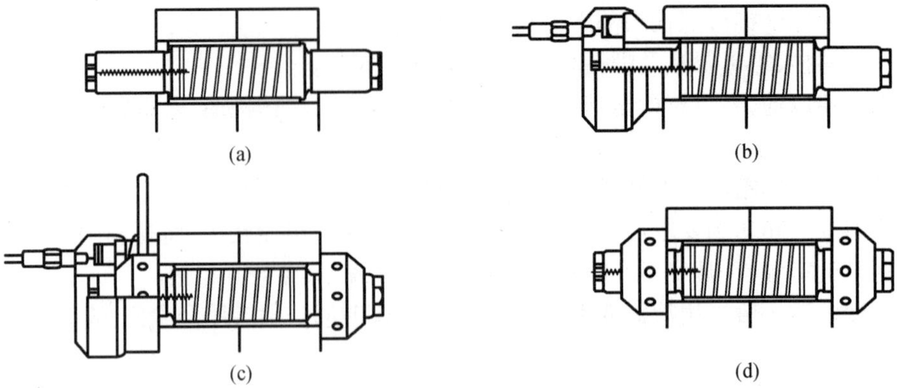

图1.5.35　带内套的液压张紧螺栓安装过程示意图

其工艺过程如下：

①首先将套与螺栓装配好，再将其整体插入加工好的法兰孔，注意套的安装位置和方向，如图1.5.35(a)所示。

②锥套的定位：将定位环插入螺栓孔(在螺栓长螺纹端)，安装液压拉伸装置，进行第一次拉伸，将锥套压到位。当压力到达预定值后，卸压，卸去液压拉伸器和定位环。定位环的作用是实施螺栓在锥套内孔中的轴向拉伸，形成中间锥套外圆的径向扩张，同时决定中间锥套在相配内孔中的轴向定位，其轴向尺寸应保证拉伸后中间锥套处于法兰组中间位置，并避免拉伸后螺栓的螺纹退刀槽露在法兰端面外侧，如图1.5.35(b)所示。

③螺母预紧：拧上螺杆两端的两只螺母，用扳手紧固，然后在拉伸一侧装上液压拉伸器，进行第二次拉伸，当压力上升到设计值后即拧紧螺母，其后卸压，螺杆缩短，螺母即预紧，如图1.5.35(c)所示。

④卸除液压拉伸器等附件，安装结束，如图1.5.35(d)所示。

由于安装时螺栓和中间锥套的锥部配合起始点难以有效确定，实际操作中螺栓的轴向拉伸量难以控制，故安装时以油压作为安装质量检验的主要依据，而油压也直接决定了螺栓拉伸到位后中间锥套外圆在法兰螺栓孔中的过盈值。油压的具体数据由螺栓厂家提供。

拆卸时，可在法兰组原拉伸一侧装上液压拉伸器拉紧螺纹，待油压上升至规定的预紧压力或稍大于预紧压力时，即可用扳手旋松螺母，卸压后即可卸去液压拉伸器和螺母。然后在螺栓的中部螺孔中接入高压油路，待油压上升至一定值后螺栓连同中间锥套自行松脱。

【二维码】带内套的液压张紧螺栓的安装、拆卸

安装中注意事项如下：

①安装时可使用颗粒大小约为0.5 μm的二硫化钼或单质碳与油的混合物。

②液压油的选用按照螺栓厂家要求。一般为清洁的液压油或透平油，不可使用气缸滑

油之类的碱性油，以免损坏支撑环。

③油压按照螺栓厂家要求。

3. 液压拉伸螺栓安装

液压拉伸螺栓与螺栓孔之间有间隙，通过将两法兰夹紧，利用法兰面上的摩擦作用来传递转矩，夹紧力来源于液压螺母。

图 1.5.36 所示为液压拉伸螺栓安装示意图。

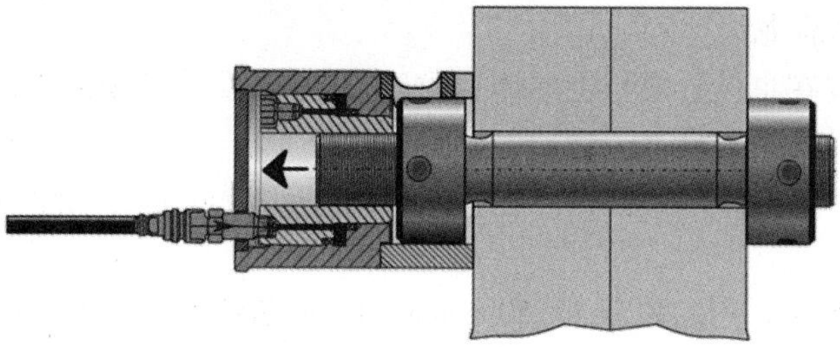

图 1.5.36　液压拉伸螺栓拉伸示意图

安装过程可以分为三个阶段：

(1)初始位置：将液压螺栓拉伸器旋入螺栓。当开始增大液压压力后，油缸里的活塞开始上升，推动拉伸头向上移动，开始拉伸螺栓。

(2)伸长和压缩：当液压压力增加时，轴向拉伸力将拉长螺栓，螺母因螺栓的伸长而与法兰接触面脱离开来。当达到要求的预紧力时，停止加压。

(3)拧紧螺母：当达到要求的预紧力后，可用拨棍拧紧螺母。此时，轴向预紧力被保留在螺栓里。泄压后取下液压螺栓拉伸器，螺栓的弹性回复力将使两法兰的接触面压紧。

【二维码】液压拉伸螺栓

4. 普通螺栓安装

普通螺栓又称穿螺栓或毛螺栓，一般市购，多选用高强度螺栓，配套的螺母多采用开槽螺母、变形螺母等。

普通螺栓的安装一般使用扭力扳手，扭力计算按照船舶规范或者参考《机械设计手册》中螺纹连接之预紧力计算的相关条款进行，并报船级社审核。

[案例介绍]某船轴系安装工艺

本节介绍某散货船轴系安装工艺。

1. 基本参数

本船为单机单舵，主机为 6M43 MAK 机，功率为 5 400 kW，可调螺距螺旋桨。

2. 原则工艺

(1)艉柱(后轴承座)按船体艉管分段上的轴线定位在艉管分段上。

(2)舵套筒按船体舵分段的舵线定位在舵分段上。

(3)艉管分段和舵分段与主船体合龙时要射合龙线。

(4)主船体成型后再确定轴系中线。

(5)前轴承座按确定后的轴系中心线定位。

(6)艉轴管不镗孔,采用环氧树脂定中,舵孔也不镗孔。

(7)本船轴系采用合理法校中。

(8)主机、艉轴管采用环氧树脂定位。

3.第一次射线(合龙线)

(1)第一次射线在主机分段与主船体合龙后,在艉分段、舵分段与船体合龙之前进行。

(2)准备工作及所用工具。

①做一只活靶,长 1 m,做经纬仪座子一只,高 370 mm,座子面板外圆 310 mm,内孔 100 mm。

②所需工具:经纬仪及底座、活靶、50 mm×50 mm 角铁 5 m、吊线锤 1 只、凡尔线 50 m、榔头、画针、样冲、钢锯、5 m 圈尺、石笔等。

③在 15#－200 mm 处焊靶架,高为 1.2 m,在距 0#后 900 mm 处设烟井架,要在船中心线上,且高度要超过轴线 300～500 mm,底部与轨道焊牢,周围设支撑。在烟井架船中心线上吊垂线,当船体找到船基线后过到垂线上,作一标记点,记为 C 点,再向上 2 700 mm 作一标记点,记为 D 点。

④在双层底 30#中线上打一点,记为 A 点,在 15#中线上打一点,记为 B 点。

(3)第一次射线。

①将经纬仪固定在底座上,并调好水平,俯仰仪器镜头(水平方向固定不可转动),分别看 C 点和 D 点,直到把镜头调到过 C、D 两点的铅垂面内,然后检查 B 点的偏差,若误差大于 7 mm 则修正 C、D 两点。

②将仪器的俯仰角调到 0°,调仪器高低,使仪器中心正好过船尾所设距基线为 2 500 mm 的高度。

③将镜头收回,检查主机座面板前后端的高度是否为 170 mm,误差控制在 ±10 mm。检查主机座的中心线与轴线的偏差,误差控制在 ±5 mm。

④在船尾的烟井架上和 15#设靶点,其中 15#为活靶点。

⑤所设两靶点是易碰的地方,故要从靶点向下在铁板上吊垂线,并打上点,记下所打点到靶点的高度,以便在靶点被撞时再将其恢复。

4.艉管分段、舵分段与主船体合龙

(1)舵分段要按过舵套筒上下中心的垂线检查上甲板的水平度,并记录数据。

(2)艉管分段与主船体合龙。

①分段用小车托住靠近主船体。

②过艉靶点和 15#处靶点拉钢丝线。

③调艉管分段达到如下要求:

a.艉柱前后两端孔按钢丝线校正,要考虑钢丝的下垂量。

b.甲板的水平度应与(1)中的测量数据基本相符,以便舵分段合龙时适当借线。

④装构件及码材,点焊艉管分段于主船体上,焊接时要及时复线,控制分段移位。

(3)艉管前外壳定位焊接。

①按轴线在10#、11#舱壁上开孔。

②按轴线定位艉管前外壳,因距离靶点很近,故不考虑钢丝下垂,但要保证前外壳前端面到艉柱后端面的距离为2 826 mm,并注意注入口朝下,排气孔向上。

③点焊牢。

(4)舵分段与船体合龙。

①在舵分段合龙的下方设置花架及枕木,用吊车提起舵分段落在枕木上。

②在舵套筒的中心吊垂线,通过吊车及花兰螺丝调分段到如下要求:

a. 垂线过舵套筒的上下中心,且垂线和轴线相交,到艉管后端面为3 870 mm。

b. 舵套筒下平面到轴线高度为2 610 mm。

c. 舵杆孔、舵销孔处于船中线上。

③装构件及码材,点焊舵分段于主船体上,焊接时要及时复线,控制分段移位。

5. 第二次射线(确定轴系中线)

(1)主船体合龙完,主要构件、主要焊缝焊接完,各舱室及船体压水完,上层房间与甲板接触处焊完,方可进行第二次射线。

(2)使用工具的准备。

①50 mm×50 mm角铁15 m,做活靶一只(长度1 200 mm),其余工具同第一次射线。

②在0# -200 mm处焊靶架。

③过舵套筒的中心吊垂线。

(3)第二次射线。

①将仪器安装到底座上,高度调到第一次射线的高度,并调好水平,分别看15#和船艉的靶点,使仪器光线处于两靶点的连线上。

②检查仪器中心线距舵孔中心的偏差,用经纬仪检查艉柱前后孔中心距仪器中心线的偏差,若误差比较大,可适当调整仪器,最后要求如下:

a. 轴线和舵线的偏差小于3 mm。

b. 艉柱前后孔中心距轴线偏差小于8 mm。

c. 轴线距双层底甲板高度偏差小于7 mm。

d. 轴线距理论中心线的偏差小于10 mm。

③在0# -200 mm处设活靶点,修正15#处靶点。

6. 艉管定位安装

(1)前轴承外壳按修正后的轴线调正,点焊,满焊,控制焊接变形。

(2)物料及工艺件的准备。

①注入管ϕ20×2.5×150做2只,排气管ϕ20×2.5×150做4件,木塞按艉管法兰控配好,过盈1 mm。

②压入泵1台、圆海绵条2.5 m、平海绵板若干、防漏胶若干(由树脂公司提供)、准备足够的环氧树脂及固化剂、电钻、搅拌器、内孔ϕ24 mm的塑料管10 m、丙酮20瓶、泡沫塑料、胶、橡皮泥5 kg、ϕ2 mm铁丝10 m、M24内六角螺栓8只、土毛巾30条。

(3)清洁除锈。

①将注入管、排气管焊接在艉柱及前外壳上,8只内六角螺栓上好,清洁艉柱及前外壳内孔,并用丙酮擦洗。

②艉管前端1 m长、后端1.2 m长范围内清洁干净，其余部位要做防锈保护。

③清洁后要向厂检、船东、船级社报检。

(4)艉轴管定位。

①艉轴管由后向前装入艉柱及前外壳内，法兰处的圆海绵条由维信公司处理好，拉钢丝，用内六角螺栓调艉管达到如下要求：

a. 前后两端内孔按钢丝线校正(考虑钢丝下垂量，前端忽略不计，后端见图纸要求)。

b. 艉管法兰前端面到艉柱后端面的距离为20 mm。

②用8只内六角螺栓将艉管固定牢。

③艉管定位向厂检、船东、GL报检。

(5)浇环氧树脂前的密封处理。

①艉管进入前，将圆海绵条粘在艉柱前端内孔台阶上。

②前外壳前、后端用平海绵板塞紧、涂胶，用包装带扎紧。

③艉管法兰处的环氧树脂腔周围用泡沫塑料围好、粘好，并做浇口和通气口以防止浇注时下沉，此处要用包装带扎紧。

④法兰处的螺栓孔用木塞堵好。

(6)浇注环氧树脂。

①将浇注泵的出口和艉柱的注入口用内径为ϕ24 mm的塑料管连好，连接处用铁丝捆牢。

②环氧树脂搅拌均匀后倒入浇注泵的进料漏斗内，开动泵向腔内压环氧树脂，直至上部的两个排气管内充满环氧树脂，浇注时要到船内检查艉柱前端封堵是否有渗漏。

③用同样方法浇注前外壳内腔。

④用手工方法浇注法兰处的空腔，从浇入口倒入，直至排气口充满环氧树脂。

⑤在整个浇注过程的中间浇注两块模块，打硬度及存档用。

⑥一般24 h后就可测量模块硬度，当巴氏硬度大于40时，环氧树脂固化完毕。

(7)安装法兰处12只M20螺栓。

①先用大钻头钻掉木塞，并定中，再用ϕ17.5 mm钻头钻孔，攻M20内螺纹。

②安装12只M20内六角螺栓，拧紧力矩300 N·m。

7. 桨轴设备安装

(1)轴线的所有螺栓按图安装。

(2)桨轴、桨叶及前后密封安装。

①将轴及后密封安装：

a. 清洗桨轴，清除轴上的油污、锈斑，检查轴上的伤痕和毛口。将后密封安装在桨毂上。

b. 清洗艉轴管，清除掉里面的油污、油漆、铁锈、沙粒等杂物，并涂润滑油，保护里面的油管、接头等。

c. 采用船台小车、支架、滑动元宝铁安装桨轴，首先调节好高度及艉管孔的对中性，轴和元宝铁之间垫半圆铁板和刹车带。

d. 开动船台小车缓缓将桨轴送向艉轴管，桨轴将要进入艉轴管时，要检查对中性，并再次检查艉轴管及轴的清洁和伤痕，并向桨轴和艉轴管内加润滑油。要确保轴和艉轴管清洁并没有伤痕，任何保修期内的损坏都是因为装配不当造成的。随着轴缓缓进入艉轴管，当前面的元宝铁将要碰到艉轴管时，将其拿掉而用葫芦代之，当后面的元宝铁将要碰到艉轴管时,用20 t的葫芦将桨毂提起,将元宝铁拿掉,完全用葫芦将桨毂装到艉管内,留有插间隙的空间。

e. 用塞尺检查桨轴和艉轴管的间隙并向GL、船东报检。

f. 将轴拉到位,按要求将尾密封安装在艉管上。

②桨叶安装:

a. 桨叶、桨毂、密封圈、密封垫片、螺纹等接触表面必须清洁,无毛口及伤痕。

b. 桨叶吊起要平衡,不能倾斜。

c. 安装顺序为密封圈—密封垫片—桨叶—螺栓—扳紧—保险。

③前、后密封的安装:

a. 按相关图纸调好轴的轴向位置。

b. 按相关图纸的要求安装后密封。

c. 按相关图纸尺寸(未注明)定好前密封位置,整个安装按图纸的要求进行。

(3)向艉轴管前、后密封压润滑油。

①重力油柜和油管必须清洁、无锈、无焊渣等。

②所选用润滑油必须符合尾密封设备生产厂家的相关要求。

③从艉轴管前端进油孔向艉轴管内压油,压油直到重力油柜有回油为止。

④检查艉轴管前后密封应不漏油,并轻轻转动桨轴亦不漏油。

(4)向桨毂加油:打开桨毂上的进油孔加油,油加满后用螺塞涂密封胶243拧紧。

(5)按厂家要求安装油分配器。

(6)按厂家要求安装联轴节。

8. 主辅机进舱、下水前准备

(1)进各种水泵等小型设备。

(2)进主机,下部垫40 mm硬木垫片。

(3)尾密封处下水之前的工作做完。安装防蚀保护件、网收集环件、缆绳保护环件。

(4)艉轴的轴向位置最后校好后,在机舱联轴器处固定艉轴,防止其轴向移动和转动。

(5)水线完工,设备、物料等上船后,船舶下水。

9. 轴系校中

(1)按图纸要求做主机对线螺丝顶。

(2)轴系校中条件:

①船舶下水48 h后,使船舶自由变形,校中时艉轴轴向位置正确,且处于自由状态。

②使船舶尽量水平,尽量接近满负荷状态。

③船舶和动力装置之间温度应一致,不能有较大温差。

④机座周围的焊接应结束且温度正常。

(3)按图纸要求进行轴系校中。

①使用的校中工具有磁力表座及百分表(2套)、塞尺、直尺、油顶、油泵、对线顶、顶升螺栓、扳手等。

②轴系校中:按图纸要求校正主机,因使用环氧树脂垫片,故主机抬高约0.04 mm,主机左、右及后止推座安装好。

(4)钻孔。

(5)复线,检查主机臂挡,报GL检验。

(6)做清洁,做环氧树脂模框,穿木塞。

(7)主机浇环氧树脂垫片,24 h 后当垫片样品的巴氏硬度达到 40 时,按要求锁紧主机。

(8)复轴线及主机臂挡,接轴线。

(9)安装并拂磨主机周围的止推块。

思考与练习

一、选择题

1. 设备在船舶上进行定位时的坐标是________。

A. 肋位、舯纵剖面、基线　　B. 甲板、中站面、基线

C. 基线、中站面、水线　　D. 主甲板、肋位、水线

2. 长轴系是指具有________中间轴的轴系。

A. 一节以上　　B. 两节或两节以上

C. 三节以上　　D. 10 m 以上

3. 确定轴线尽量选择在________进行。

A. 日照充足的下午　　B. 夜晚或阴天

C. 大风天气　　D. 高温天气

4. 拉线法使用________。

A. 琴钢丝　　B. 不锈钢丝

C. 普通铁丝　　D. 铜丝

5. 下面关于光学法确定轴线的说法中正确的是________。

A. 照光最好在白天进行

B. 激光经纬仪等精密光学仪器应由专人负责保管,仪器应定期送专业机构鉴定

C. 采用望光法时,主光轴同时通过艏艉基准点,两点成一线,在望远镜里可以同时看到艏艉基准点

D. 激光光束能够穿透玻璃,因此在调整远端光靶时,如果靶心材料为玻璃,则近端光靶的玻璃靶心无须取下,两个光靶一次定位

6. 拉线法确定轴线时需计算钢丝挠度值,挠度值与________无关。

A. 挂重　　B. 钢丝单位长度的质量

C. 所求挠度处到基准点的距离　　D. 环境温度

7. 镗孔加工圆线和检验圆线画线的依据是________。

A. 轴系理论中心线　　B. 基线

C. 水线　　D. 肋位

8. 施工时检验圆线直径可以比加工圆线________。

A. 大 20 ~ 30 mm　　B. 小 20 ~ 30 mm

C. 相等　　D. 以上都可以

9. 下列关于轴系镗孔的说法中,错误的是________。

A. 先镗孔,后镗端面

B. 镗孔需保证艉轴管或艉轴承安装位的圆度、圆柱度、与理论轴线的同轴度以及表面粗糙度等满足相关技术要求

C. 镗孔是为了消除焊接造成的艉柱轴(或人字架)毂孔和艉隔舱壁座板等零部件件形位尺寸的偏差

D. 镗孔是为了美观

10. 艉轴管轴承位镗孔完成后,船厂按照________和配合要求进行轴承外圆的精加工。

A. 轴承位实际镗孔尺寸　　B. 艉轴轴颈外圆直径

C. 轴承产品说明书　　D. 轴系理论中心线

11. 艉轴管在加工后应进行________ MPa 的液压试验,应无裂纹或泄漏现象。

A. 0.1　　B. 0.2

C. 0.3　　D. 0.4

12. 轴系中任一轴承的负荷应不小于相邻两跨上轴的自重和外载荷等所有质量的________。

A. 20%　　B. 30%

C. 40%　　D. 50%

13. 轴系校中时,应考虑轴系负荷限制,说法错误的是________。

A. 所有轴承均必须承受正向负荷,但可以脱空

B. 各轴承上负荷应较均匀地分布

C. 不承受水平负荷或将水平负荷减到最小

D. 各轴承的比压应满足规范和计算书相关要求

14. 平轴法校中是________进行。

A. 由船尾向船首　　B. 由船首向船尾

C. 由轴系中间分别向船首、船尾　　D. 分别由船首、船尾向中间

15. 轴承安装,轴承的位移量是以________为基准进行计算的。

A. 基座面板　　B. 轴系理论中心线

C. 主机飞轮　　D. 中间轴第一法兰

16. 下列关于千斤顶顶举法说法错误的是________。

A. 顶举测量轴承负荷时,为了提高效率,可以同时对各轴承进行测量

B. 千斤顶顶举支点、百分表杆的触点必须是同一轴颈截面上的最低点和最高点

C. 在测量过程中,所有传动轴的法兰连接螺栓需要拆下,轴脱开

D. 千斤顶顶升过程中,比如油压已下行至 A,继续卸压,但是因操作原因,油压下泄过急,可以重新加压到 A,然后继续按挡位卸压,之前的数据保留有效

17. 目前的合理校中,常按法兰的偏移值、曲折值进行,下列说法错误的是________。

A. 偏移值、曲折值由校中计算书给出

B. 当校中计算文件规定校中时应施加附加力时,应在所要求的位置上施加规定数值的附加力

C. 可用顶举法检验有关轴承的实际负荷,并应符合校中文件的规定

D. 偏移值、曲折值是为了保证轴系的直线性

二、思考题

1. 什么叫轴系的配对?叙述其工艺过程。

2. 轴线理论中心线建立之后有哪些后续工作?
3. 艉轴管安装有哪些方法? 试述其工艺概况。
4. 镗孔的目的是什么? 镗杆校中有哪些方法?
5. 轴系校中的含义是什么,分类有哪些?
6. 简述使用法兰偏移曲折法进行轴系合理校中施工的工艺过程。
7. 简述使用轴承位移法进行轴系合理校中施工的工艺过程。
8. 什么是负荷法校中,其特点是什么?
9. 简述平轴法施工的工艺概况。

项目2　船舶螺旋桨安装

【学习目标】

1. 知识点

(1)掌握船舶螺旋桨的基础知识;

(2)了解船舶螺旋桨加工的工艺过程;

(3)掌握船舶螺旋桨安装工艺过程。

2. 技能点

(1)能够按照图纸技术要求进行船舶螺旋桨拂配;

(2)能够按照工艺规程及图纸正确地安装和拆卸船舶螺旋桨。

【相关知识】

船在航行时必然会遇到来自周围水的阻力,为了克服这种阻力,必须供给船舶一定推力,使船舶能保持一定的速度航行。人类自开始使用船舶即需同时解决船舶的推进问题。为了获得推力必须消耗部分能量,能量来源于动力,即自然力(如风力)和机械力(如各种动力机械)等。这些动力配以不同的推进方式,就可以使船舶在水中航行。

把原动力转换为推船运动的推力的机构称为船舶推进器。在众多形式的推进器之中,螺旋桨由于效率高,制造并不复杂而被广泛采用。螺旋桨的作用是将船舶主机所发出的功率转变为推动船舶运动的推力,螺旋桨旋转时,把水推向后方,这时由于作用力与反作用力的原理,水就给螺旋桨以反作用力,这就是推船前进的推力。

螺旋桨由桨叶和桨毂构成,如图2.0.1所示。

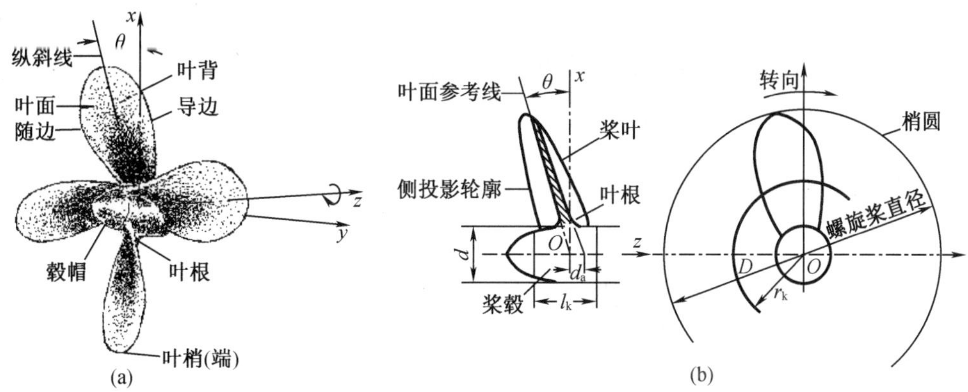

图2.0.1　螺旋桨各部分名称

桨叶又称叶片,固定于桨毂上,是产生推力的部件。桨叶数目通常为2~6叶,普通客货轮的螺旋桨常用3叶或4叶。

螺旋桨各部分名称如下：

(1)叶面与叶背：由船尾向船首看，所见到的叶片一面称为叶面（又称压力面），是一个螺旋面；其反面称为叶背（又称吸力面）。

(2)导边与随边：当主机正转时，叶片上先入水的叶边称为导边，同一叶片上相对应的另一边称为随边。

(3)叶根与叶梢：桨叶与桨毂相连的地方称叶根，远离桨毂的一端称叶梢。

(4)桨毂与毂帽：桨毂形如锥形体，起固定桨叶和连接桨轴的作用，它不产生推力。为了减小水阻力，在桨毂后端加一整流罩，与桨毂形成一光顺流线形体，称为毂帽。

(5)梢圆与直径：螺旋桨就地旋转时，叶梢的轨迹形成一个圆，称为梢圆。梢圆的直径称为螺旋桨的直径，用 D 表示，而螺旋桨半径 $R = D/2$。

(6)盘面积：梢圆的面积称为盘面积，用 A_0 表示，$A_0 = \pi D^2/4$。

(7)右旋桨与左旋桨：单桨在正车旋转时，从船尾向船首看，顺时针方向旋转的螺旋桨为右旋桨；逆时针方向旋转的螺旋桨称为左旋桨。

(8)内旋和外旋：双桨船因对称要求，其两侧螺旋桨的转向不同，双桨在正车旋转时，两螺旋桨的上部向船的中心线方向旋转时称内旋，反之，即为外旋。一般螺旋桨均为外旋，以避免挟带漂浮物而损坏桨叶。

螺旋桨是受力较大，并在较恶劣条件下工作的零件。因此，制造螺旋桨的材料应具有较高的强度、塑性及冲击韧性；良好的抗腐蚀性和抗剥蚀性能；以及良好的铸造工艺性和机械加工性能。

船用螺旋桨常用材料主要是金属材料，如锰黄铜、铝青铜、铸铁、钢等。此外也有采用尼龙、玻璃钢等制造的螺旋桨。

由于船舶不断向专业化、高速化、大型化和自动化方向发展，对螺旋桨材料的要求越来越高。特别是在污染海水中的腐蚀疲劳强度、抗空泡腐蚀性能和抗脱成分腐蚀性能，尤其重要。并要求螺旋桨材料质量要轻，加工工艺性能要好，原料价格要便宜。因此，现今制造螺旋桨的材料主要是高强度黄铜和铝青铜。此外，含镍、铬的不锈钢由于在污染海水中有较高的耐蚀性能，也引起人们的注意。

【子项目】2.1　螺旋桨加工

【学习目标】

1.知识点

(1)掌握船舶螺旋桨的基础知识；

(2)了解螺旋桨铸造、机加工的工艺过程；

(3)掌握螺旋桨加拂配工的工艺过程；

(4)了解船舶螺旋桨静、动平衡实验方法。

2.技能点

(1)能够承担船舶螺旋桨拂配工作；

(2)能够实施螺旋桨静平衡实验。

【相关知识】

螺旋桨加工的目的是将铸造的毛坯加工成成品螺旋桨，一般包括切除浇口、冒口，桨毂两端面和毂孔的加工，插毂孔内的键槽，刮削毂孔，加工桨叶的叶面和叶背等，最后还要做静平衡试验。

【工作任务】2.1.1　螺旋桨铸造

螺旋桨毛坯一般由铸造而成。

螺旋桨铸模的造型方法常用的有以下几种：

(1)整体盖箱法

这种造型方法较简单，桨叶片夹角控制较好，但原材料耗用较多且不易烘干，用于直径小于4 m的中、小型螺旋桨。

(2)托板造型法

这种造型方法较复杂，叶片夹角缝容易控制，节约造型材料，但需要配套专用托板和盖板，适用于直径大于4 m的大型螺旋桨。

(3)组芯造型法

这种造型的桨叶厚用实样模控制，尺寸精确，但桨叶片夹角不易控制，适用于批量生产的中、小型螺旋桨。

螺旋桨铸模的造型过程大致是：先用刮板和按要求预制好的螺距板刮制螺旋面形成下砂模，并在下砂模面上放置桨叶切面样板制成桨叶模型；然后做出上砂模，烘干砂模后便可进行浇铸。这就是螺旋桨铸模常用的刮板造型。

对于大型螺旋桨的铸模，还有采用螺距规造型的方法。这种方法的特点是：不必使用螺距三角板、造型刮板及螺距补砂等工具，仅用螺距规测量螺距的方法就可以直接造型，制作出螺旋桨的螺旋面来，此法可省去大量造型工具，简化造型工艺过程，缩短造型时间，同时还可以减轻工人的劳动强度。

螺旋桨常用的浇铸方法有两种：底铸法和顶铸法。

底铸法是广泛应用的一种浇铸方法，此法是在模腔的最低点即桨毂尾端浇入金属液的，然后金属液慢慢上升而充满整个铸型。为了保证铸件的补缩，应使冒口部分金属液保持高温。因此，除在冒口设置保温层外，还可在浇铸过程中，当金属液上升至冒口根部以上时，将金属液改由冒口注入，以便使冒口起到充分的补缩作用。底铸法的优点是铸件成品率高，质量较好；其缺点是浇铸系统比较复杂。

顶铸法是将金属液自冒口上方直接注入铸型模腔。这种方法的优点是铸型简单，没有浇铸系统；冒口温度较高，铸件能得到充分补缩；金属液浇注完毕时，铸型各处金属液的温度分布比较合理，具有方向性冷凝的条件。顶铸法的缺点是浇铸时金属液产生飞溅，将卷入空气和杂质，连同熔渣和氧化物流入铸型，致使铸件形成痂皮和疏松等缺陷，影响质量；又由于金属液直接从冒口注入，液体落下一定高度时，可能将铸型内腔冲坏。因此，顶铸法不适于大型螺旋桨的浇铸，而只限于浇铸直径小于1 m的小型螺旋桨。

【工作任务】2.1.2　螺旋桨机械加工

螺旋桨表面机械加工包括桨毂上镗孔和切两端面、桨毂键槽和桨叶加工等。

螺旋桨的锥孔和两端面加工,可在端面或立式车床上进行,也可在镗床或专用镗孔机上进行。加工时,螺旋桨装夹在车床花盘上或机床工作台上,用两次装夹完成。镗孔的同时加工出桨毂的两端面,可保证桨毂锥孔轴线与两端面垂直度精度。由于桨毂圆锥孔是以后的所有检验和平衡的基准,因此在镗孔时应特别注意保证镗孔的加工精度。

桨毂键槽的加工可采用插削或刨削,也可采用专用铣床铣削。

桨叶的加工目前一般使用数控铣床,如图 2.1.1 所示。

图 2.1.1　桨叶加工

螺旋桨加工技术要求如下:

(1)桨毂端面应与锥孔轴线垂直,垂直度误差不大于 0.15 mm/m。

(2)桨毂孔加工,当采用环氧树脂黏结剂与锥体装配时,允许锥孔大小端留有 30 ~ 170 mm 长的配合环面,其余镗大 0.20 ~0.30 mm,以便于配研。当采用液压无键装配时,要求桨毂孔全部为配合面,即锥孔中部无空腔。

(3)键槽两侧应与桨毂孔轴线平行,当锥孔与轴精配时,键与槽在 80% 周长上均匀接触,用 0.05 mm 塞尺插不进。

【工作任务】2.1.3　螺旋桨的拂配加工

新造螺旋桨的锥孔虽然经过机械加工,但由于加工精度问题,螺旋桨锥孔与艉轴锥体之间的配合不可能很紧密,一般还需要对锥孔(通常只刮削锥孔而不刮削锥体,但对于大直径低速运转的艉轴,也可适当刮削其锥体)进行钳工刮配,因此一般在螺旋桨锥孔上都会留有拂配余量。图 2.1.2 所示为正在进行拂配的螺旋桨。

1. 拂配技术要求

(1)螺旋桨的锥孔与艉轴锥体的配合要求

螺旋桨锥孔与艉轴锥体拂配后,应保证其接合面在全长上均匀贴合;在键装配后检查时,贴合面积要求达到总接触面积的75%以上;涂色油检查,每25 mm×25 mm的面积上不少于2~4点。为不使艉轴小端负荷集中,螺旋桨锥孔与艉轴配合的大端,其接触情况应较小端紧密些。

图2.1.2 螺旋桨锥孔拂配

对于小型船舶,直径 $D<1.5$ m的螺旋桨可采用环氧树脂胶合安装。此时仅要求螺旋桨锥孔两端各有40~60 mm长度的环面积上能与艉轴锥体经刮配后达到均匀接触,其余则低0.2~0.3 mm。沿海及内河船舶,当螺旋桨直径 $D<4.5$ m采用环氧树脂胶合安装时,亦按上述要求对螺旋桨与艉轴进行刮配。

螺旋桨采用液压安装时,桨毂与轴锥部的实际接触面积应不小于理论接触面积的70%,不接触带不应环绕整个桨毂或延伸到整个桨毂全长。

(2)键与艉轴锥体键槽的配合要求

键与锥体键槽刮配后,能将键轻轻打入而不松脱;两侧应均匀接触,在80%长度上插不进0.05 mm的塞尺,键底与轴键槽底接触面积为30%以上,不得悬空,如用小锤轻敲平键时发出清脆的响声,即认为底面已紧贴。

(3)键与锥孔键槽的配合要求

侧面接触均匀,按规定的塞尺厚度检查时,所插进的部分不超过接触长度的40%,且键的两端2倍键宽的长度上应接触良好。

采用环氧树脂胶合安装时,允许对键与锥孔键槽的配合适当降低要求,或将键的两侧配合部位单面刨窄0.25~0.50 mm(根据轴颈大小选用)。

2.螺旋桨锥孔与艉轴锥体的拂配

螺旋桨锥孔的拂配一般采用以下几种方法:

(1)艉轴固定,移动螺旋桨进行刮配

中、小型螺旋桨的刮配一般采用此法,因其艉轴往往细长、刚性差、易变形,在刮配中不宜移动,如图2.1.3所示。

具体操作过程如下:

①在车床上或平台上检查艉轴锥体键槽是否与轴中心线平行,如不平行,则应修正。

②将艉轴搁置在两支架上,并呈水平状态,锥体键槽向上,用压板垫以橡胶板将艉轴压紧固定在两支架上,使它不能转动和移动。在锥体键槽上暂不装键。

③在艉轴锥体上均匀地涂上一层薄薄的色油,用葫芦吊起螺旋桨,并使其键槽位置与艉轴锥体键槽位置对准,将螺旋桨锥孔对准艉轴锥体,用人力迅速将螺旋桨推入。拧上艉轴后螺母或整流帽,并略打紧。然后,松开螺母(但不旋下),在桨毂前端面上垫以硬木或铜棍,用大锤敲击使螺旋桨脱下。

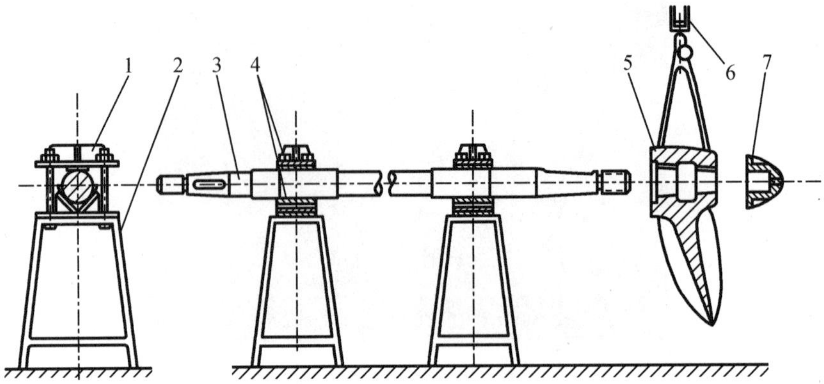

1—压板;2—支架;3—艉轴;4—夹具;5—螺旋桨;6—葫芦;7—螺旋桨紧固螺母。

图 2.1.3 艉轴固定时螺旋桨孔的刮配

④观察螺旋桨锥孔内沾油情况。如果贴合面积较小,则用风动砂轮在沾油部位进行磨削(包括沾油部位的一个小区域内);如果贴合面积较大,则用刮刀将沾油较多的部分刮去。

⑤重复上述工作,但每次在拧紧艉轴后螺母时要逐渐打紧。经过刮削,使贴合面沾油点逐渐增多,直至贴合面积达到总接触面积的 70% 左右。然后,再将其装在艉轴锥体上,重复上述工作。

⑥新造螺旋桨的键槽经机加工后,其两侧面如果能保证与锥孔中心线平行且分中的话,那么在装上键后一般是不会影响锥孔与锥体原来的贴合情况的,故只需将键或螺旋桨键槽的两侧面略经刮削即可。如果在装键后发现贴合情况比之前有较大变化,则可能螺旋桨键槽有问题,严重时需用假键来刮配。键与键槽的刮配见后文所述。

⑦螺旋桨锥孔经数次刮削,直至装上键后锥孔与锥体的贴合面积和接触点都符合技术要求。

⑧在最后一次松开螺母检验前,应在螺母与桨毂后端面上各打上相对应位置的记号,以便以后运船安装时,后螺母可按预定位置打紧。

(2)螺旋桨固定,移动艉轴进行刮配

大型螺旋桨都采用这种方法,因为移动大型螺旋桨比较麻烦,相对来说,移动艉轴较为方便,因为大直径艉轴往往是短而粗、刚性好,移动中不易变形。根据艉轴按水平方向或垂直方向移动,此法又分立式和卧式两种形式。

①立式刮配法如图 2.1.4 所示。其工艺过程如下:

a. 首先检查艉轴锥体键槽与轴中心线的平行性。

b. 在艉轴键槽内配一假键,其长度为键槽长度的 1/4,键与螺旋桨锥孔键槽配合部分的宽度比锥孔槽宽度小 0.10 ~ 0.15 mm,安装在键槽的中部。

c. 将螺旋桨平放在专门的地坑内或平地上,桨毂锥孔大端向上,用木墩将各叶片垫牢,并用水平尺将桨毂上端面调整到水平状态。

d. 在艉轴法兰的两个对称的螺钉孔中各压入一个铜衬套，以免钢丝绳穿入吊起艉轴时拉伤螺孔。在此两螺孔内穿入钢丝绳，吊起艉轴。

e. 将艉轴直立于轴坑内，并用两个卡子固紧，然后将钢丝绳换掉，在艉轴法兰上装上特制吊环。

f. 用吊环吊起艉轴，在其轴颈下部装上一个带有手柄的卡箍，然后将艉轴吊至螺旋桨上面，用框形水平仪校正其垂直度，用手转动卡箍，使艉轴上的假键对准螺旋桨锥孔及键槽中心。研配时，将轴锥体表面擦拭干净后均匀涂上色油。开始粗研磨时，色油可涂浓厚一些；待逐步到精研磨时，色油应淡薄一些。桨锥孔表面也应擦拭干净。慢慢降落艉轴至距螺旋桨上端面 50 ~ 100 mm时，急放吊车的刹车，使艉轴骤然下降，借自重压紧在锥孔中。用塞尺检查一下大、小端接触相差数据。

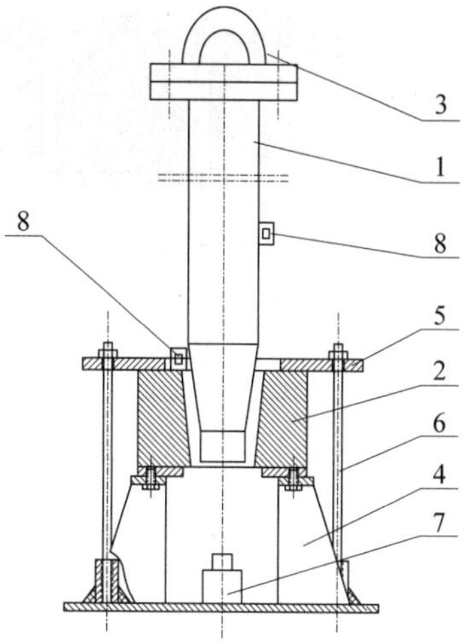

1—螺旋桨轴；2—螺旋桨；3—吊板；4—搁架；5—压板；6—螺栓；7—液压千斤顶；8—框式水平仪。

图 2.1.4 立式刮削螺旋桨锥孔示意图

g. 吊起艉轴，为防止螺旋桨与艉轴一起吊起，可用大锤振动螺旋桨桨毂，使之易于脱开艉轴锥体。吊起艉轴时，在充分考虑行车起吊能力的条件下，注意安全起吊。一般是用千斤顶先将艉轴顶起后再吊离。

h. 根据螺旋桨锥孔结合面的沾油情况予以刮削。开始时，锥孔大、小端接触不均，一般应大端孔先接触。粗研磨加工时，应以圆周向均匀磨削。这样逐次研磨，不断地增加锥孔上下的接触长度。有经验的操作者，可以充分根据大、小端接触相差值，控制余量大胆磨削，这样可大大提高效率。刮削时，先用较大的风动砂轮磨削，使锥孔与锥体贴合基本均匀，锥孔沿长度方向接触达到 90% 以上时，便进入精研磨阶段。此时用小型风动砂轮精磨，既要圆周向均匀磨削，又要将接触斑痕重处多磨些，还需注意到未接触部位空陷区的大小。这样逐次研磨加工，使锥孔沿长度上全部接触到位，而且在接触面积上不断增加，直至贴合面积达到 70% 左右。最后 1 ~2 次再用三角刮刀刮削，增加接触的均匀度和表面的光洁度，以达到每 25 mm ×25 mm 面积上有 2 ~4 点接触斑点。对液压套合装配的螺旋桨要求应高一些，避免有与大小端贯通的凹陷产生。

i. 当刮配至贴合面积达 70% 左右时，将艉轴上的假键换为真键，再继续刮配（同时进行键与锥孔键槽的刮配），直至贴合面积和接触点都符合技术要求为止。画出艉轴后螺母与螺旋桨桨毂后端面相对应位置的记号。

②卧式刮配法如图 2.1.5 所示，其工艺过程如下：

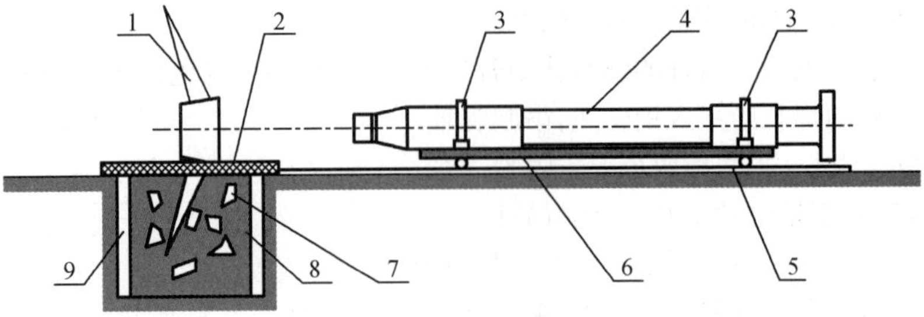

1—螺旋桨;2—木墩;3—固定艉轴夹具;4—艉轴;5—导轨;6—小车;7—大木块;8—砂箱;9—地坑。

图 2.1.5 卧式刮削螺旋桨锥孔示意图

a. 将一专用砂箱放进专用地坑内,吊起螺旋桨,尽可能使其锥孔键槽在上部,再将螺旋桨上的一个叶片向下插入铁箱内。调整螺旋桨高低位置,将其左右两个叶片分别用木墩和木楔垫正固定,并用框形水平仪或用吊垂线的方法校正桨毂锥孔大端端面垂直于水平面,即锥孔轴线处于水平状态。在铁箱内先放入矩形大木条,再灌入黄沙,直至放满为止,使螺旋桨固定不动。

b. 将艉轴吊起横放在专用小车的木墩上,调整艉轴高低位置,使其中心线与螺旋桨锥孔中心线等高,并用水平尺校正水平状态。再将艉轴键槽转到与螺旋桨键槽的相同位置,用木楔或者夹具将艉轴固定。在艉轴法兰端面上装上一块与法兰直径基本相同的垫板,垫板可由厚钢板制成,以免用撞锤撞击时损坏法兰平面。

c. 将艉轴锥体及键槽对准螺旋桨锥孔及键槽后,在艉轴锥体上均匀涂上一层色油,快速推动小车,将艉轴锥体插入螺旋桨锥孔内,再用撞锤撞击艉轴法兰端,使锥体与锥孔紧密贴合。

d. 用撞锤撞击艉轴的尾端,将艉轴向螺旋桨锥孔内撞击,推开小车,观察锥孔沾油情况。

以后的工艺操作与立式刮配法完全相同。

在这两种方法中,立式刮配法中螺旋桨是水平放置的,艉轴垂直插入,这就保证了它们的垂直性,艉轴锥体与螺旋桨锥孔贴合面上压力均匀,提高了刮配质量,但立式刮配法对起重条件和场地空间高度有一定要求。卧式刮配法则不需要复杂的设备,但由于艉轴本身质量会下垂,因此较难保证艉轴与螺旋桨端面的垂直性,从而影响刮配质量,且劳动强度也较大。

为减轻螺旋桨毂孔加工劳动强度,提高加工质量,可用标准量规来进行毂孔的刮削配对,标准量规由一对环规和塞规组成。先用高强度铸铁制造出一对量轴的环规和量孔的塞规。一般先制作环规,在加工前应先做出测量环规的样板,依据样板加工环规的内孔。孔的加工应当留有配对刮削余量。此后依据环规加工塞规。塞规上车削出一周 0.3 mm 宽的起配线并打上冲点,作为配合标记,如图 2.1.6 所示。环规和塞规刮配好后(经着色检验合格)应涂油保养合放在一起,小端朝下立放,以防变形。用标准量规加工螺旋桨毂孔时,应先按环规加工螺旋桨轴尾锥体,依据尾锥体成品尺寸校对余量后,再按塞规进行桨毂孔的刮削加工。

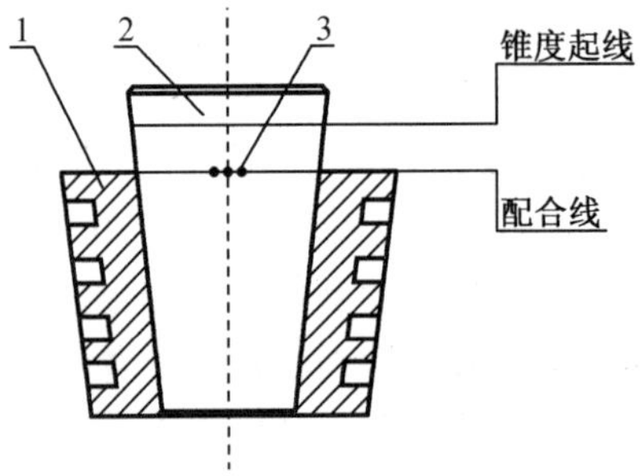

1—环规;2—塞规;3—冲点标记。

图 2.1.6 环规和塞规

3. 键与键槽的加工装配

近年来,虽然在一部分船舶上已采用环氧黏结剂无键胶接新工艺,也有采用无键液压套合法的,但很多营运中的船舶仍采用键连接。因此,键与键槽的刮配和修理仍是钳工的一项经常性工作。

(1)键与键槽加工要求

①轴键槽与桨键槽加工宽度应一致,误差应不大于0.02~0.05 mm(视键宽而定)。桨键槽加工宽度应留有0.20~0.40 mm研配加工余量(视加工精度而定)。轴键槽与桨键槽加工深度应一致,每10 mm高度误差不超过0.10 mm,且最大误差应小于0.25 mm。

②键槽两侧面应与轴心线平行。平行度公差值每100 mm长不超过0.01 mm,且最大不超过0.05 mm。轴键槽加工两侧面底部应留有圆角,首部加工成雪橇形或匙式雪橇形。

③键槽与平键加工后两侧应光洁平直。键装入轴键槽内,检查时应插不进0.05 mm塞尺,对局部位置插入段的长度不得超过键槽总长的15%。键的高度应比轴键槽深与桨键槽深之和低0.30~0.50 mm。

④由于定位公差、机床加工精度等因素影响,轴键槽与桨键槽中心线与其轴心线平行度会产生偏差,为修正这一偏差,可以以轴键槽中心线为基准来研配加工桨键槽。

(2)键与键槽的刮配和修理

①键与艉轴键槽的刮配和修理

艉轴键槽两侧面应检验与锥体中心线的平行性,它们本身也应修配。大直径艉轴键槽可用小平板刮正其两侧面和底面,使键槽宽度及上、下尺寸处处相同,宽度允差在0.03 mm以内。

平键的两侧面需与艉轴键槽刮配,并稍有过盈,因此平键宽度应制成比艉轴键槽宽度大0.08~0.10 mm,作为刮削余量。如果键槽两侧面已拂刮妥,则可以精确量取键槽的最大宽度,以此宽度来配置平键,在配置时只需留0.03~0.05 mm余量即可。这样刮削时一般只需刮削平键两侧面,涂上色油后将其打入键槽内,键槽两侧沾上色油的长度应为键槽总长的75%以上,且用0.05 mm塞尺在85%长度上插不进。平键的底部与键槽底也应用色油检验,接触面积应均匀分布于键全长的30%~40%。用小锤轻敲时,发出清脆响声即认为已贴紧。

②键与螺旋桨键槽的刮配和修理

新造螺旋桨的键槽一般在插床或刨床上加工,由于机械加工的误差和螺旋桨锥孔与艉轴锥体刮配过程中,其锥孔中心线的变化会使螺旋桨键槽的两侧面与其锥孔中心线不平行。同时,螺旋桨的锥孔经刮削修理后,也可能发生此种情况,尤其是对于大型螺旋桨。桨键槽刮配加工的目的是纠正轴键槽与桨键槽加工时中心线平行度误差。

当键槽两侧面与锥孔中心线的不平行度超过0.5 mm/m时,应予修理。为此,一般在螺旋桨锥孔与艉轴锥体刮配到70%左右时,检验其键槽两侧面与锥孔中心线的平行性,如有不平行情况,则应修正。因此,对于新造螺旋桨的键槽两侧面在机加工时应留有供刮削修正的余量。通常是以键装入轴键槽为基准,将桨键槽宽度做正,即通过对桨键槽宽度余量的加工修正,使其中心线同轴键槽中心线一致。

螺旋桨键槽两侧面与锥孔中心线若不平行,一般都是以艉轴键槽为基准,在艉轴键槽内装上假键来进行检验和修正的。假键检验的方法如下:刨制一个钢质假键,如图2.1.7所示。图中,a = 艉轴键槽宽度再略加刮削量,mm;b = 螺旋桨键槽宽度 − (0.50~0.60) mm;c = 两键槽深度之和 − (1.0~2.0) mm;d = 艉轴上键槽深度。假键长度等于实际键长度。

在艉轴上装上假键,然后将艉轴连同假键一起插入螺旋桨锥孔内,测量假键前后端两侧面与螺旋桨键槽的间隙。若无法测量,也可用压铅丝的方法测量。根据测得的间隙,即可知键槽两侧面与锥孔中心线的不平行度。

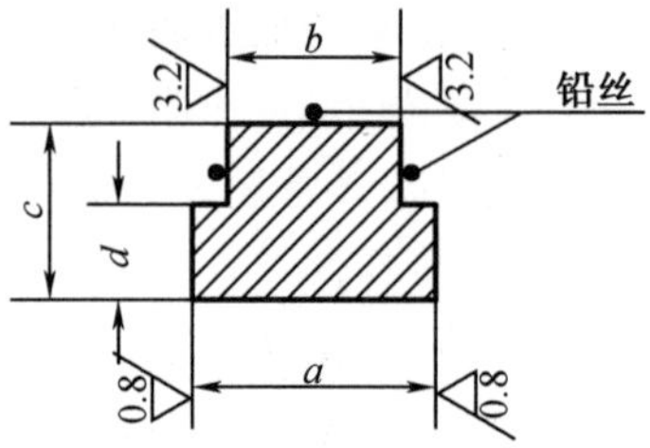

图 2.1.7 假键的尺寸

将键槽修理至平行,宽度应尽量等于艉轴键槽宽度。真键按此宽度再略加刮削量配置。装上真键后,再将锥孔刮至成品。方法如下:

根据测量中心线平行度偏差值及方向,选定桨键槽一侧某端为基点,将另一端修正加工偏差值,然后将此侧键槽加工做直。加工可用小砂轮机或铲刀,加工中注意平直性,可用涂色油的方条形平板检查,并根据色斑不断修铲。同时要保持槽宽上下一致,注意槽根部分在无法磨削条件下,应用铲刀进行加工。然后以做正的一侧桨键槽为基准,将另一侧修正加工,直至达到与键相配的尺寸要求。

键与螺旋桨键槽装配后,平键两侧与螺旋桨键槽两侧在 85% 长度上应插不进 0.05 mm 塞尺,键顶部与螺旋桨键槽顶部之间的间隙一般为 0.20 ~ 0.50 mm 或每 1 mm 键高为 0.02 mm,但不得大于 1 mm。

艉轴和螺旋桨键槽经过修理后,在配置新的平键时,根据修理后的情况,允许将两侧面制成如图 2.1.8 所示的三种形状。图 2.1.8(a)的偏移量不得大于 0.30 mm;图 2.1.8(b)和(c)的最大偏移量 e 不应超过平键宽度的 10%,但最大不应超过 4 mm。

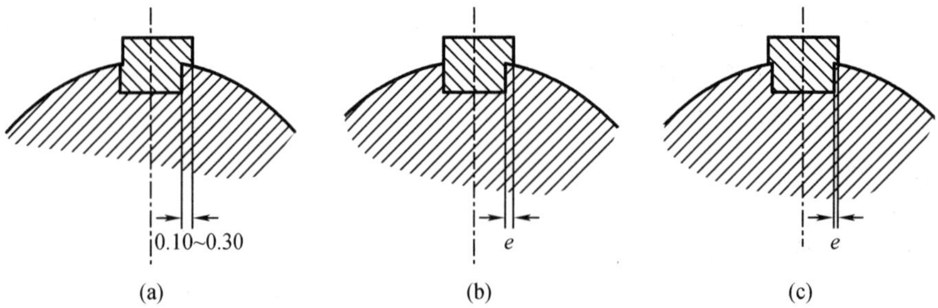

图 2.1.8 平键修配中的三种形状

艉轴或螺旋桨键槽经多次修理后,其宽度不断扩大,但极限宽度不能超过艉轴轴颈的 1/3。

【工作任务】2.2.4 螺旋桨的静平衡

新造螺旋桨由于铸造时材料质量不均匀或加工后几何尺寸不够精确,在螺旋桨的几个叶片间常存在不平衡状态。当螺旋桨各叶片轻重不一时,在旋转运动中就会产生不平衡的离心力和力矩。这种离心力及力矩会引起艉轴管轴承的额外负荷,使其磨损加剧,还会引起轴系和船体振动。船舶修理时由于螺旋桨各叶片腐蚀情况不一致或使用过程中叶片金属剥落等原因也会造成螺旋桨的不平衡,检修时必须进行平衡试验。平衡试验有两种,静平衡试验只消除不平衡力矩;动平衡试验能消除不平衡力矩和不平衡离心力。精度要求比较高的螺旋桨一般会要求做动平衡试验；大型螺旋桨一般转速较低，故仅做静平衡试验；民用的中、小型螺旋桨通常也仅做静平衡试验。静平衡试验俗称校轻重，这里只介绍静平衡试验。

螺旋桨静平衡试验通常在滚动轴承上进行，如图 2.1.9 所示，心轴两端各装一个滚动轴承，然后将它们分别搁在两个支架上，两个支架的安装应尽量使心轴处于水平位置上，全部安装好后用手转动螺旋桨，应转动自如。

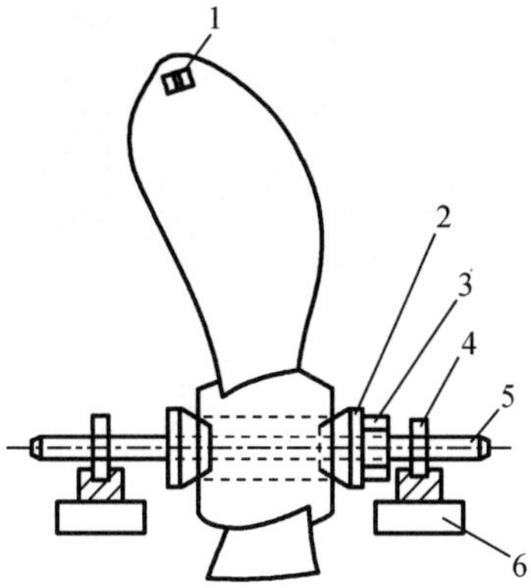

1—挂重；2—锥体；3—螺母；4—滚动轴承；5—心轴；6—支架。

图 2.1.9　静平衡试验装置

静平衡试验时，将叶片编号，缓慢转动螺旋桨数次，使其自行停止，观察每次停止在下面的是否总是同一叶片。如果停在下面的总是同一叶片，则说明该叶片比其他叶片重，而对应的一叶较轻。这时可在较轻的叶片的叶梢附近（0.7 ~ 0.8）R 处粘泥土，重复上述试验，再按叶片轻重情况增减挂重的质量。直到每个叶片在任意位置都能停止，说明各桨叶已经平衡了。ISO484 规定：最大不平衡质量（挂重）可按下列公式计算：

$$G=\frac{CM}{Rn^2}\text{或 } P=Km \tag{2.1.1}$$

式中　G、P——计算挂重，kg；

m——螺旋桨质量，kg；

R——螺旋桨半径，m；

n——转速，r/min；

C、K——系数，按表 2.1.1 选取。

表 2.1.1　螺旋桨级别系数

系数	螺旋桨级别			
	S	1	2	3
C	15	25	40	75
K	0.000 5	0.001	0.001	0.001

在计算不平衡挂重时，上述系数的选取可以按照以下原则进行：

（1）对于大型螺旋桨，应按照 1 级以上选取系数；

（2）对于中、小型螺旋桨，可以按照订货技术协议中的要求选取系数。

计算挂重采用两式中计算结果较小者。

另外，还经常采用立式静平衡试验方法。该方法基于天平原理，利用平衡仪检测螺旋桨的不平衡度，采用配重法测出螺旋桨不平衡质量的大小和方位，确定各个叶片打磨的质量和空间位置。试验原理图如图 2.1.10 所示。

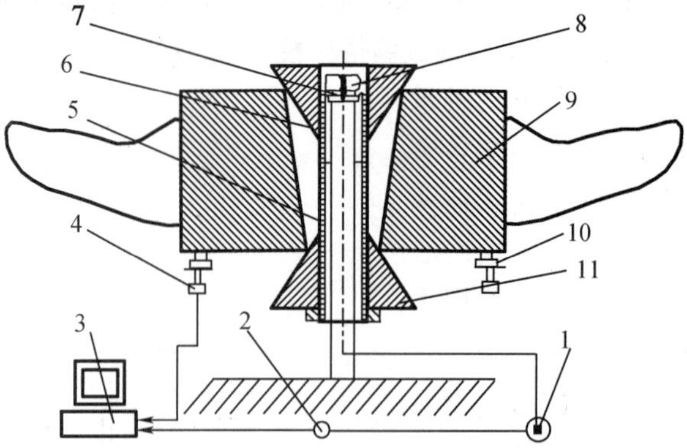

1—动力源;2—电源;3—数据处理系统;4—支撑油缸;5—悬浮筒(芯轴);6—上定心锥;7—高压油;8—液压球轴承;9—被测螺旋桨;10—传感器系统;11—下定心锥。

图 2.1.10　立式静平衡试验原理

测量时,首先将螺旋桨经对中后与悬浮筒锁紧为一体,用支撑油缸调整螺旋桨大端端面水平,然后液压系统向悬浮筒供油,支撑油缸回落,使螺旋桨及悬浮机构处于静压悬浮状态,由于静不平衡的作用,螺旋桨会向某个方向摆动,摆动的方位角就代表了附加质量的方向,而摆动的幅度则反映了静不平衡的程度,摆动幅度和方向可通过水平尺或传感器测得,由此可对螺旋桨进行打磨、校正。

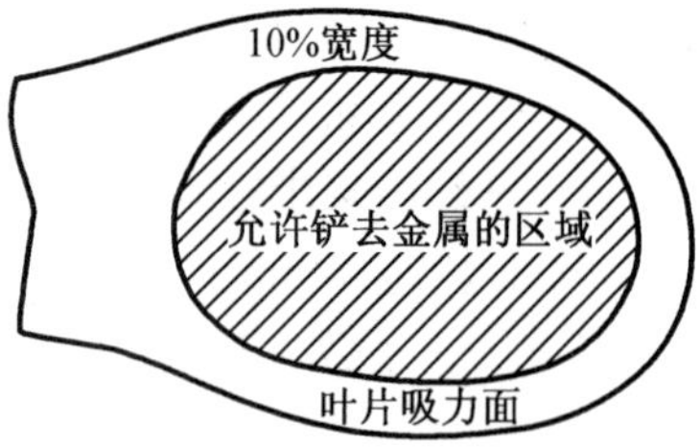

图 2.1.11　在叶片吸力面上铲削金属的范围

螺旋桨经过静平衡试验后,若不平衡质量超过允许值,则应消除,应用的方法有两种。一种是在较重的叶片背面(吸力面)铲削金属。由于叶片在边缘较薄,故在靠近边缘 10% 宽度处不允许铲去金属,如图 2.1.11 所示,绝不允许在叶片压力面上铲削金属。另一种方法是在较轻的叶片的吸力面上焊接金属板,其材料与螺旋桨材料基本相同,尤其是在海船上,绝不允许采用与螺旋桨材料有显著电位差的材料。金属板的面积和厚度可按测得的不平衡质量计算得到,且尽量只焊一块。焊时应遵守螺旋桨补焊技术要求,焊后应用砂轮将金属板磨平。

螺旋桨作静平衡试验时,在试验台上将挂重分次挂于各桨叶叶梢最大厚度点上,然后将挂重的桨叶叶梢最大厚度标记点转到水平位置并使其静止,当去掉支撑后,挂重的桨叶向下转动即为合格。

【二维码】中国船级社(CCS)铜制螺旋桨检验须知

【子项目】2.2　螺旋桨安装

【学习目标】

1. 知识点

(1)掌握船舶螺旋桨几种常用安装方法的基本原理；

(2)掌握船舶螺旋桨液压安装初始点及压入量计算方法。

2. 技能点

(1)能够确定船舶螺旋桨液压安装初始点；

(2)能够计算船舶螺旋桨液压安装压入量；

(3)能够按照工艺规程及图纸正确地安装和拆卸螺旋桨。

【相关知识】

随着船舶的大型化，船用螺旋桨的尺寸及质量也随之增大，对螺旋桨的安装要求，特别是对如何保证螺旋桨及艉轴之间配合面的紧密要求问题也相应变得突出，同时为了简化工艺、提高工效，螺旋桨的安装工艺已经从传统向多样化发展。

螺旋桨的安装方法有一般安装法、液压安装法、环氧树脂胶合法、油压套合法等。下面介绍前三种方法。

【工作任务】2.2.1　一般安装法

一般安装法主要用于中、小型船舶的螺旋桨安装。依靠使用紧固螺母将螺旋桨压紧在艉轴锥体上产生的摩擦力和键来传递扭矩。

1. 一般安装法的操作步骤

(1)装配前，艉轴锥体必须擦干净，密封装置必须装好并经试压合格。

(2)螺旋桨锥孔必须清理干净，在锥孔内非配合面上抹上一层黄油(配合面上不能有黄油，否则影响螺旋桨与艉轴的紧密配合)，大端如设有密封圈，将密封圈套到轴上。

(3)将螺旋桨吊起，注意将艉轴及螺旋桨的键和键槽方向转向上方，以便于对正。螺旋桨的吊装一般使用行车和手动葫芦，葫芦的规格、数量、吊装眼板的位置以及吊装程序均需要与起重部门协商，使螺旋桨能够顺利地套入艉轴锥体。有些船厂在安装螺旋桨时，使用了专门的小车，在小车上设置可调基座，使螺旋桨和艉轴对准，然后送进。

(4)当艉轴穿过锥孔伸出螺旋桨后端面时，立即装上螺旋桨紧固螺母。注意艉轴螺母的旋向与螺旋桨的转向是相反的。

(5)旋上螺母后，即可拆除起吊钢索及其他工夹具。用枕木垫住螺旋桨的叶片，使螺旋桨不能转动，然后将专用扳手套到螺母上，用大锤或空气锤敲击扳手，将螺母打紧，直至达到在车间里刮配时所做的记号位置。

(6)安装导流罩，导流罩内充以黄油。

(7)最后用水泥将螺母或导流罩的凹处填平封好。至此，螺旋桨的安装工作结束。

2. 紧固螺母和导流罩

紧固螺母的作用是承受倒车推力,并且用它来确保螺旋桨与轴的紧密配合。为了防止螺旋桨的脱落,还需要设置防松装置。可在桨的端面(或轴)上钻孔攻丝,安装螺钉、穿钢丝或安装止动垫片等。如图 2.2.1 所示。

小型船舶经常将紧固螺母与导流罩制为一体,俗称将军帽,如图 2.2.2 所示。

3. 一般安装法螺旋桨的拆卸

(1)熟悉图纸资料,了解桨的结构形式和拆卸螺栓孔的尺寸及数量。

(2)根据拆卸螺栓孔的尺寸,制作拆卸丝杠或选择双头螺栓。

(3)根据拆卸丝杠的直径、材料及数量计算最大的拆卸拉力,如果是选用双头螺栓,直接查阅螺栓技术手册即可。

(4)测量并记录原始安装位置,即螺旋桨的后端面到艉轴锥体后端面的距离 H_2。

(5)将丝杠压板油顶、三通接头及油泵按图 2.2.3 所示连接起来,在桨的前端面垫上不少于 20 mm 厚的防撞木板,并且应保证木板与桨的后端面距离 $A = 30 \sim 40$ mm。

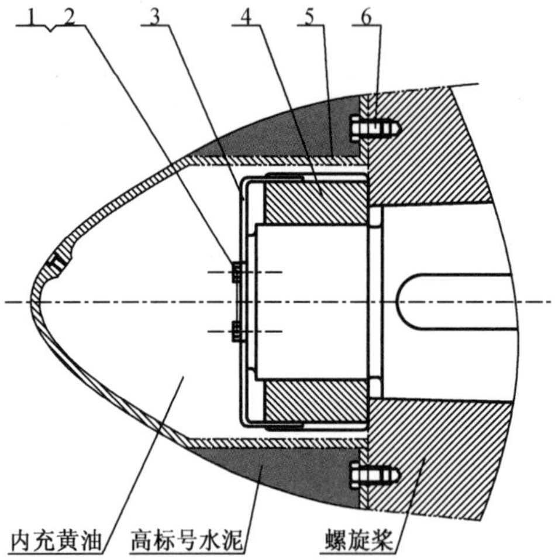

1—六角头部带孔螺栓;2—防松钢丝;3—止动垫片;4—紧固螺母;5—导流罩;6—导流罩紧固螺钉。

图 2.2.1 紧固螺母和导流罩

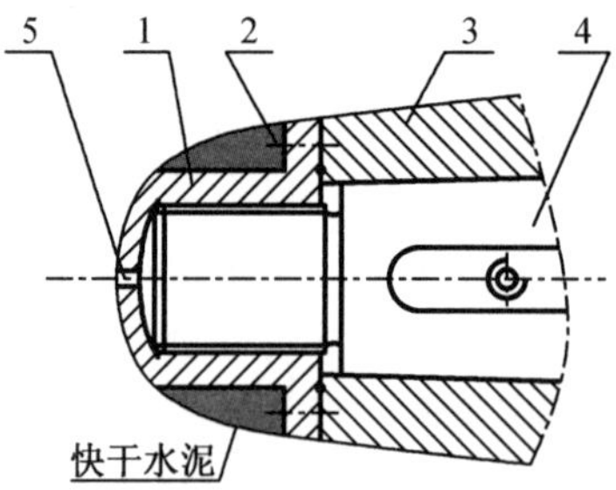

1—将军帽;2—将军帽紧固螺栓;3—螺旋桨;4—艉轴;5—闷头。

图 2.2.2 将军帽

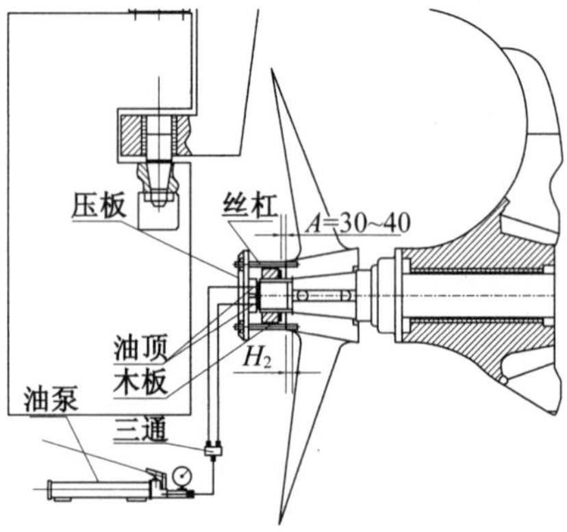

图 2.2.3 采用一般安装法安装的螺旋桨拆卸示意图

(6)如果达到 P 值仍然拆不下来,应通知船东,在船东允许后,可对桨毂进行加温补救,直到拆下。

【工作任务】2.2.2　液压安装法

近年来,国内外新造船舶的螺旋桨广泛采用液压安装方法,这种方法不但提高了螺旋桨的安装工作效率,而且安装质量更有保证。

液压安装是在液压螺母活塞的作用下,螺旋桨桨毂被压紧在艉轴锥体上,两者之间形成过盈配合并产生径向压力,使桨、轴抱紧,成为一个同步回转、传递扭矩的整体。按照螺旋桨桨毂锥孔与艉轴锥体之间有无用于扩孔的径向油压,液压安装可分为干式液压安装和湿式液压安装两种方式。干式液压安装只适用于中、小型船舶的有键连接螺旋桨,当螺旋桨轴直径超过 300 mm 时,即使有键连接,也多采用湿式安装。湿式液压安装时,桨毂锥孔与艉轴锥体配合面之间的径向油压使桨毂胀大,产生弹性变形,再用油泵、环状活塞将螺旋桨推到艉轴锥面上。径向油压的存在,减小了配合面之间的摩擦力,从而减小安装的轴向压力,这不仅可保证扭矩的传递,更重要的是预防了锥面的应力接触。

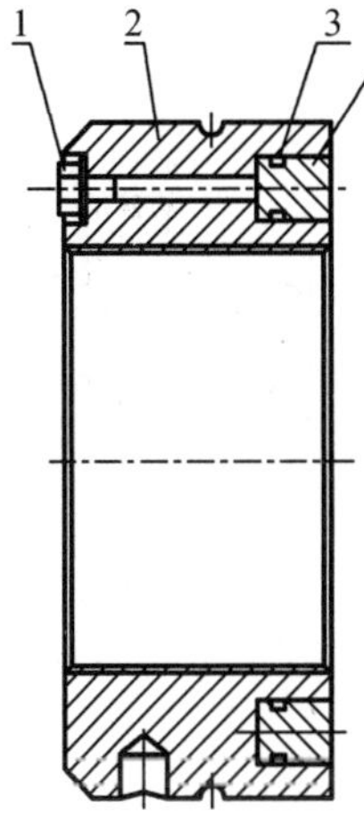

1—螺塞;2—螺母;3—密封圈;4—环形活塞。

图 2.2.4　液压螺母

图 2.2.4 所示为液压螺母。

1. 螺旋桨液压安装压入量计算

压入量意味着螺旋桨桨毂锥孔与艉轴锥体之间存在过盈量、径向压力和由此产生的用于传递扭矩的摩擦力。压入量需控制在一定范围之内,即:

(1)在海水温度达到35 ℃时(螺旋桨工作温度的上限),桨毂与轴接触面间的摩擦力应能满足额定工况下螺旋桨收到扭矩产生的切向力和推力的要求。

(2)在海水温度达到0 ℃时(螺旋桨工作温度的下限),桨毂内孔表面的压应力应小于桨材料的许用应力。该许用应力大多数船级社采用0.7 倍的桨材料屈服极限。《海规》规定:0 ℃,作用在桨毂上的最大等效单轴向应力应不大于螺旋桨屈服应力的 70% 或 0.2% 非比例伸长应力。对于铸铁,应不大于名义抗拉强度的 30% 。

螺旋桨的轴向压入量可通过船舶规范公式计算,也可以根据材料力学的厚壁圆筒过盈量与配合面间比压的关系及温度对过盈量的影响计算。目前一般多使用规范公式来计算。

中国船级社《海规》规定:用油压无键安装螺旋桨时,则螺旋桨套合到轴上的轴向压入量 S 应满足下列要求:

35 ℃时最小表面压力 P_{35}(单位:N/mm^2)按下式计算:

$$P_{35}=\frac{S_F T}{AB}\left[-\frac{S_F K}{2}+\sqrt{\mu_1+B\left(\frac{F_V}{T}\right)^2}\right]\quad(\mu_1=0.30)\tag{2.2.1}$$

式中　S_F——在35 ℃时防止滑移的摩擦安全系数,应不小于 2.8;

K——螺旋桨轴端锥度,$K \leqslant 1/15$;

T——自由航行时船舶发出的持续推力,N,$T=1\ 762\ \frac{N_e}{V}$(其中,V 为功率为 N_e(传递

到螺旋桨轴的额定功率,kW)时的船速,kn);

F_V——结合面上的切向力,N,$F_V=\frac{2\,000CM_e}{d_1}$(其中,$M_e$为对应于 N_e和 n_e(传递 N_e 时的转速,r/min)的额定扭矩,Nm;C 为常数,对于汽轮机、齿轮传动的柴油机、电力驱动装置以及用液压,或电磁,或高弹性联轴器直接驱动的柴油机,$C=1$,对于上述规定以外直接驱动的柴油机,$C=1.2$;d_1 为套合接触长度范围内轴的平均直径,mm);

A——螺旋桨毂与螺旋桨轴的理论接触面积,mm^2。

$$B=\mu^2-\frac{S_F^2K^2}{4}$$

其中,μ 为结合面的摩擦系数。对于用油压方法,桨毂用青铜、黄铜或钢制造时,摩擦系数为0.13。

35 ℃时的最小压入量 S_{35}(单位:mm)按下式计算:

$$S_{35}=P_{35}\frac{d_1}{K}\left(\frac{1}{E_2}\left(\frac{k_2^2+1}{k_2^2-1}+\mu_2\right)+\frac{1}{E_1}(1-\mu_1)\right) \tag{2.2.2}$$

式中 E_1——螺旋桨轴材料弹性模数,$E_1=20.6\times10^4\ N/mm^2$;

E_2——螺旋桨材料弹性模数,对铜质一般可取 $E_2=11.77\times10^4\ N/mm^2$;

μ_2——螺旋桨材料的泊松比,对铜质一般可取 $\mu_2=0.34$。

$$k_2=d_2/d_1$$

其中,d_2 为桨毂的平均外径,mm。

温度 t($t<35$ ℃)时的最小压入量 S_t(单位:mm)按下式计算:

$$S_t=S_{35}+\frac{d_1}{K}(\alpha_2-\alpha_1)(35-t) \tag{2.2.3}$$

式中 α_1——螺旋桨轴材料的线膨胀系数,$\alpha_1=11\times10^{-6}\ 1/℃$;

α_2——螺旋桨材料的线膨胀系数,对铜质一般可取 $\alpha_2=18\times10^{-6}\ 1/℃$;

t——螺旋桨套合时的温度,℃。

温度 t 时最小表面压力 P_t(单位:N/mm^2)按下式计算:

$$P_t=P_{35}\frac{S_t}{S_{35}} \tag{2.2.4}$$

温度 t 时最小压入负荷 W_t(单位:N)按下式计算:

$$W_t=AP_t\left(\mu+\frac{K}{2}\right) \tag{2.2.5}$$

温度 0 ℃时最大许用表面压力 P_{max}(单位:N/mm^2)按下式计算:

$$P_{max}=\frac{0.7\sigma_{eH}(k_2^2-1)}{\sqrt{3k_2^4+1}} \tag{2.2.6}$$

其中,σ_{eH}为螺旋桨材料的屈服点,N/mm^2。

温度 0 ℃时最大压入量 S_{max}(单位:mm)按下式计算:

$$S_{max}=\frac{P_{max}}{P_{35}}S_{35} \tag{2.2.7}$$

温度 35 ℃时最大压入量 S_{max}(单位:mm)按下式计算:

$$S_{max}=\frac{P_{max}}{P_{35}}S_{35}-\frac{35(\alpha_2-\alpha_1)d_1}{K} \tag{2.2.8}$$

如在0 ℃以下用油压无键安装螺旋桨时，螺旋桨套合到轴上的安装环境温度 $t_{\min}$（单位：℃）最低值按下式计算：

$$t_{\min}=\frac{KP_{\max}S_{35}-P_{35}KS_{35}-35P_{35}d_1(\alpha_2-\alpha_1)}{P_{35}d_1(\alpha_1-\alpha_2)} \tag{2.2.9}$$

中国船级社《钢质内河船舶建造规范(2019)》(简称《内规》)的计算方法与《海规》基本相同。另外，《内规》还推荐了另一种计算方法：对用油压无键安装螺旋桨，螺旋桨直接套合到轴上的轴向压入量 S 需满足下式要求：

$$\begin{cases} S_1\leqslant S\leqslant S_2 \\ S_1=\dfrac{1}{K}\left[47\ 750\times10^4\dfrac{N_e}{An_e}\left(\dfrac{C_1}{E_1}+\dfrac{C_2}{E_2}\right)+(\alpha_2-\alpha_1)(35-t)d_1+0.03\right] \\ S_2=\dfrac{1}{K}\left[0.7\sigma_{eH}d_1\dfrac{K_2^2-1}{\sqrt{3K_2^4+1}}\left(\dfrac{C_1}{E_1}+\dfrac{C_2}{E_2}\right)-(\alpha_2-\alpha_1)d_1t\right] \end{cases} \tag{2.2.10}$$

式中 S_1——最小轴向压入量，mm；

S_2——最大轴向压入量，mm；

K——螺旋桨轴端锥度，$K\leqslant1/15$；

N_e——传递到螺旋桨轴的额定功率，kW；

n_e——传递 N_e 时的转速，r/min；

A——螺旋桨毂与艉轴的理论接触面积，mm^2；

d_1——套合接触长度范围内轴的平均直径，mm；

E_1——艉轴材料弹性模数，对钢质轴取 $E_1=20.6\times10^4$ N/mm^2；

E_2——螺旋桨材料弹性模数，对铜质一般可取 $E_2=11.77\times10^4$ N/mm^2；

t——螺旋桨套合时的温度，℃；

α_1——艉轴材料弹性模数，对钢质一般取 $\alpha_1=11\times10^{-6}$ 1/℃；

α_2——螺旋桨材料的线膨胀系数，对铜质的一般可取 18×10^{-6} 1/℃；

σ_{eH}——螺旋桨材料的标定屈服强度，N/mm^2。

C_1、C_2、K_2 分别按下式进行计算：

$$C_1=\frac{1+K_1^2}{1-K_1^2}-\mu_1 \quad \left(K_1=\frac{d_0}{d_1}\right)$$

$$C_2=\frac{K_2^2+1}{K_2^2-1}-\mu_2$$

$$K_2=\frac{d_2}{d_1}$$

式中 d_0——轴中孔直径，mm；

d_2——桨毂的平均外径，mm；

μ_1——艉轴材料的泊松比，钢质取 $\mu_1=0.3$；

μ_2——螺旋桨材料的泊松比，对铜质一般可取 $\mu_2=0.34$。

按照规范，先分别算出0 ℃和35 ℃时的最大和最小压入量，分别取其平均值作为推荐压入量的最大和最小压入量，并据此绘出如图2.2.5所示的轴向压入量与温度关系曲线。

现场安装时的压入量根据当前温度(若桨、轴温度不一样，取平均值)直接在图上量取。

实船安装时，必须严格按照压入量进行施工，如果无键螺旋桨液压安装后实际的压入量较小,螺旋桨不能正常传递推力和扭矩,严重时螺旋桨的无键连接可能会突然失效,造成严重事故;如果无键螺旋桨液压安装后实际的压入量较大,桨毂的等效应力也随之增大,当等效应力超过桨毂材料的屈服极限时,桨毂可能会被撑裂而报废。

其他船级社也有类似的规定和计算方法。表 2.2.1 给出了某船的压入量计算方法,该船先依照美国船级社(ABS)有关公式分别算出 0 ℃和 35 ℃时的最大和最小压入量,然后按照表格中的公式计算出当下温度的最大和最小压入量。安装时,压入量在此范围内即可。

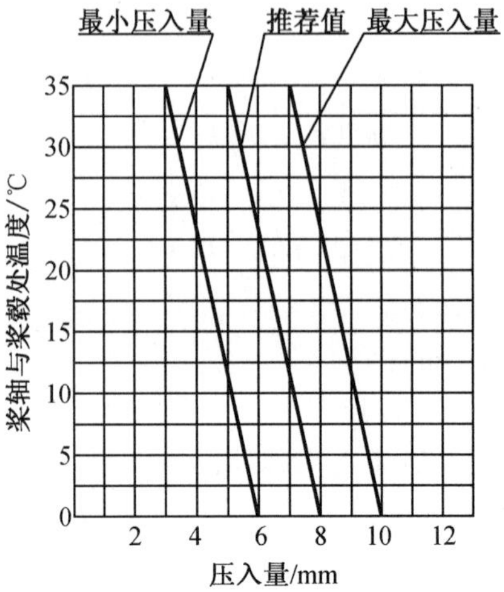

图 2.2.5　压入量曲线

表 2.2.1　某船的压入量计算

$X = X_0 - (X_0 - X_{35})t/35$	8.662 86	12.352 9
X:计算压入量,mm	Min	Max
X_0:0 ℃时的压入量,mm	9.92	13.61
X_{35}:35 ℃时的压入量,mm	8.16	11.85
t:压装时的环境温度,℃	假设为 25	

目前,有些有键连接的螺旋桨的安装也采用液压安装,也需要计算压入量,其计算方法可以参照《内规》和《海规》进行。另外《海规》规定:对用键安装螺旋桨,一般应符合下列要求:

(1)在海水温度为 35 ℃时,防止摩擦滑动的安全系数不小于 1.0;

(2)在海水温度为 15 ℃时,桨毂内表面压力不小于 20 MPa;

(3)在海水温度为 0 ℃时,桨毂内表面主应力不大于其材料最小屈服点的 35%。

2. 螺旋桨液压安装轴向油压和径向油压计算

(1)轴向油压估算

安装温度为 t 时最小压入负荷按下式计算:

$$W_t = A \times P_t \times \left(\mu_1 + \frac{K}{2}\right) \tag{2.2.11}$$

式中　A——桨与轴的接触面积;

P_t——实际安装温度 t 时相应最小表面压力,$P_t = P_{35} \times S_t / S_{35}$(其中,$P_{35}$ 为 35 ℃时的

螺旋桨与轴装配表面的最小接触应力；S_{35} 为液压安装时对应于 P_{35} 的最小轴向压入量；S_t 为实际安装温度 t 的最小轴向压入量）；

K ——桨孔的锥度；

μ_1——液压安装时接触面间的动摩擦系数，一般取 $\mu_1=0.03$。

（2）径向油压计算

当下温度对应的最小表面压力根据规范中公式计算。一般来说，实际操作时所选用的径向油压等于最小表面压力即可，或选择略大于最小表面压力 10% 左右。径向油压不得大于 0 ℃时最大许用表面压力，该值根据规范求得。

轴向油压和径向油压计算完成后，根据液压螺母的受力面积，将轴向推力换算成油压，即可绘出如表 2.2.2 所示的轴向、径向油压计算值表格，以及如图 2.2.6 所示的轴向油压－压入量曲线，用以指导液压安装时的油压操作，以及螺旋桨液压螺母、液压泵和压力表等附件的选型。

表 2.2.2　某船轴向、径向油压计算值

温度/℃	压入量/mm	轴向压入压力/MPa（取 $\mu=0.03$）	径向压入压力/MPa
0	10.71	48.6	66.10
5	10.47	47.6	64.63
10	10.23	46.4	63.16
15	10.00	45.4	61.69
20	9.76	44.3	60.22
25	9.52	43.2	58.75
30	9.28	42.1	57.28
35	9.04	41.1	55.80

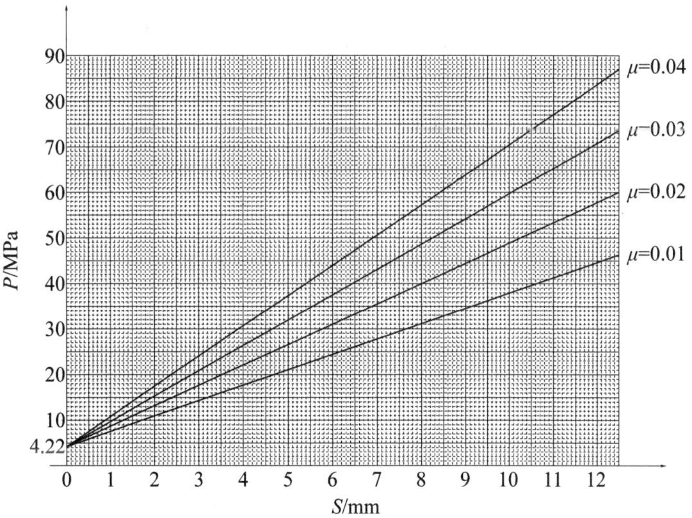

图 2.2.6　某船轴向油压－压入量曲线

3. 螺旋桨液压安装零位(初始点)确定

所谓螺旋桨液压安装的初始点,就是开始计算实际轴向压入量 S 值的位置。它确定得准确与否,将直接影响所选用的实际轴向压入量 S 之值,由此将影响螺旋桨能否安全运转。

理论上压入量的起始点应为螺旋桨壳内孔和桨轴的配合面既无间隙又无过盈时螺旋桨和桨轴的相对位置。

确定初始点的方法,各国验船部门的规范中有不同的规定。英国劳氏船级社(LR)规定,用计算方法求出;俄罗斯船舶登记局规定,桨毂与轴锥体间无间隙时,定为初始点;日本海事协会规定,用实测坐标方法确定初始点。中国对船主提出的技术要求均能满足,为方便起见,通常可采用液压推力达到某一值时定为初始点。下面介绍计算法和实测坐标(作图法)两种方法。

(1)计算法

LR 规定:在径向不供油条件下,轴向推力达到相关公式计算值要求时,即为压入时的压入量起点。实际轴向压入量初始点的负荷 W(单位:N)不得小于

$$W_1 = A_1\left(0.002 + \frac{\theta_1}{20}\right)\left(P_1 + \frac{18}{B_3}(\alpha_3 - \alpha_1)\right) \tag{2.2.12}$$

式中 A_1——螺旋桨轴的装配接触面积,mm^2;

θ_1——螺旋桨轴圆锥轴段的锥度;

α_1——螺旋桨轴材料的线膨胀系数;

α_3——螺旋桨材料的线膨胀系数。

$$B_3 = \frac{1}{E_3}\left(\frac{K_3^2 + 1}{K_3^2 - 1} + V_3\right) + \frac{1}{E_1}\left(\frac{1 + l^2}{1 - l^2} - V_1\right) \tag{2.2.13}$$

其中,$K_3 = d_3/d_1$(d_1 为在桨毂或衬套长度的中点处螺旋桨轴圆锥轴段的直径,mm;d_3 为桨毂长度中点处的外径,mm);$l = d_i/d_1$(d_i 为螺旋桨轴中心镗孔的直径,mm);E_1 为螺旋桨轴材料的弹性模量,N/mm^2;E_3 为螺旋桨材料的弹性模量,N/mm^2;V_3 为螺旋桨材料的泊松比。

$$P_1 = \frac{2m}{A_1\theta_1 V_1}\left(-1 + \sqrt{1 + V_1\left(\frac{F_1^2}{M^2} + 1\right)}\right) \tag{2.2.14}$$

其中,$F_1 = \frac{2Q}{d_1}(1 + C)$($C$ 为常数,对于汽轮机装置,$C = 0$,对于柴油机装置,C = 使用转速下的扭矩波动量/使用转速下的平均扭矩;Q 为额定扭矩,N · mm);M 为螺旋桨的推力,N;V_1 为螺旋桨轴材料的泊松比,$V_1 = 0.51\left(\frac{\mu_1}{\theta_1}\right)^2 - 1$($\mu_1$ 为桨毂部件装配到桨轴上时,两者之间的摩擦系数)。

(2)作图法

轴向加压至规定数值时,将百分表调零,然后缓慢加压,按单位压入量记录各点的油压,按顺序绘制在坐标纸上。取得足够点数(5 个左右)后,把这些点连接成一直线(近似)。将该直线延长至与横坐标轴(负荷为 0 时)相交,交点便是轴向压入量的零位,亦称初始点。如图 2.2.7 所示。

所谓的轴向加压至规定数值,一般是 2 ~ 6 MPa,大船多为 5 MPa,也有 2 ~ 3 MPa 的,《螺旋桨及艉轴安装质量要求》(CB/T 3607—1993)规定 3 000 t 以上船舶初始预紧力推荐值为 200 ~ 500 kN,小型船舶,有研究认为应尽量控制在低轴向推力阶段,干式压入距离控

制在计算压入距离的10%以内,这样得到的位移油压线较为线性,由此求得的零位较准确。

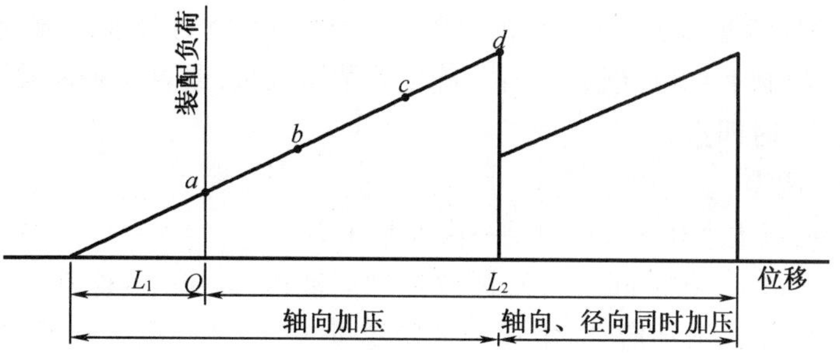

图2.2.7　作图法求螺旋桨液压安装零位

4.液压安装前的准备工作

安装前应准备的主要工具有液压螺母的专用扳手、点式温度计、百分表及磁性表座、高压液压泵组及高压软管等。

安装前应检验桨毂与轴锥部的实际接触情况,应满足图纸和文件要求。一般可着色进行检查,要求桨毂与轴锥部的实际接触面积应不小于理论接触面积的70%;色油接触应均匀,每25 mm×25 mm的面积上应不少于3~4个色点;不接触带不应环绕整个桨毂或延伸到整个桨毂全长。

在套合之前,应使螺旋桨与轴的温度相等,配合表面应清洁、无油脂。螺旋桨的配合情况应在车间内进行预装、验证。

5.螺旋桨干式液压安装

干式安装只适用于中、小型船舶的有键连接螺旋桨,当螺旋桨轴直径超过300 mm时,即使有键连接,也多采用湿式安装,这不仅可保证扭矩的传递,更重要的是预防了锥面的应力接触。螺旋桨干式液压安装如图2.2.8所示。当安装螺旋桨时,用高压油泵产生高、压油注入液压螺帽内,使环形加压环压向螺旋桨,于是螺旋桨产生了轴向位移。由于桨毂孔与艉轴为锥形配合,当螺旋桨产生轴向位移时,桨毂内孔因弹性变形而胀大,与艉轴锥形端产生了过盈配合。当螺旋桨压到所要求的轴向位置时,高压油泵便可卸压,接着液压螺帽拧紧后再顶压一次。

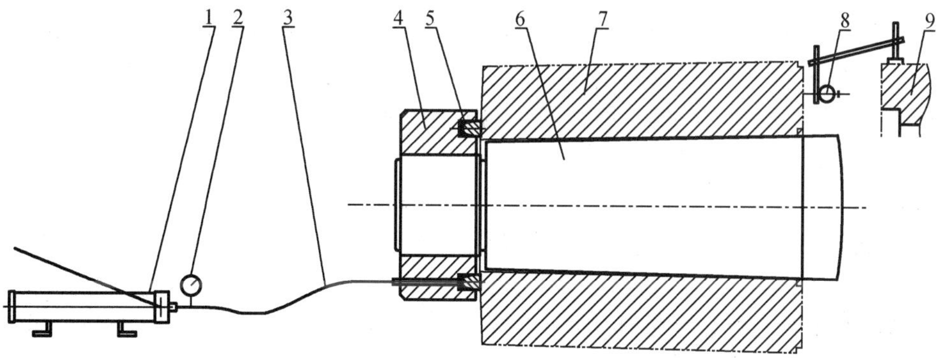

1—油泵;2—压力表;3—高压软管;4—液压螺帽;5—环形加压环;6—艉轴;7—螺旋桨;8—磁力座百分表;9—艉柱轴毂。

图2.2.8　干式液压安装螺旋桨示意图

其工艺过程如下：

(1)准备工作(略)。

(2)向液压螺母活塞加压，当压力表读数为 5 MPa 时，将百分表读数调至零点，继续推进并且记录油压，绘制 $P-S$ 曲线，求零位，确定后续压入量；或者用轴向油泵将螺旋桨轴向推入至规定压力 P_0 时即止。

(3)将百分表调零。

(4)继续推进，每推进 0.5 mm 记录一次油泵压力。

(5)到位后，保持 10 ~ 20 min，再慢慢放掉轴向油压，5 min 后检查测距百分表有无变化，在确认螺旋桨无轴向滑动后，即用扳手扳紧螺母，然后再将螺母旋紧 10° ~ 15°，拆卸液压管路装置。旋入液压螺母、螺旋桨毂处的螺塞，安装止动块。

(6)最后记录螺旋桨、螺旋桨轴轴向压入情况。

6. 干式液压安装螺旋桨的拆卸

拆卸时，将液压螺母反装，然后提供轴向油压，环形加压环左移，借助于压板，即可将螺旋桨拆下。为了缓冲螺旋桨的冲击力，还会在螺帽前端面垫上厚木板，并且木板与螺旋桨后端面留出一定的间隙，如图 2.2.9 所示。

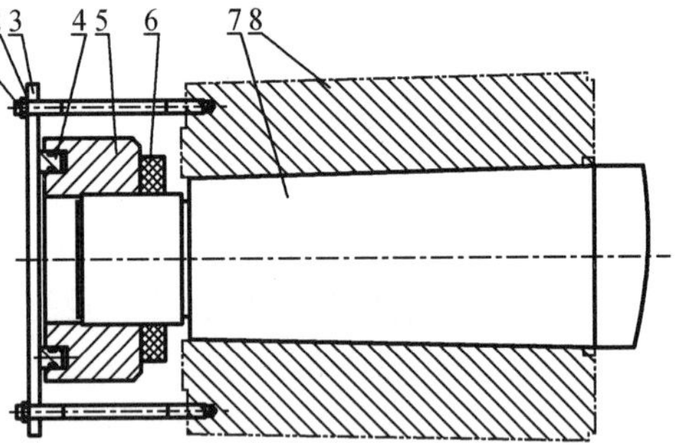

1—双头螺栓；2—螺母；3—压板；4—环形加压环；5—液压螺帽本体；6—木板；7—艉轴；8—螺旋桨。

图 2.2.9　干式液压安装螺旋桨拆卸示意图

7. 螺旋桨湿式液压安装

湿式液压安装是利用油泵将液压油打进桨毂锥孔与艉轴锥体配合面之间，使桨毂和轴产生弹性变形，锥孔胀大，艉轴收缩，二者之间的间隙增大。再利用油泵将高压油打入液压螺母，产生的轴向推力将螺旋桨推至艉轴上规定位置，放掉高压油后，桨毂锥孔与艉轴的弹性变形消失，形成过盈配合，螺旋桨固紧在艉轴上。如图 2.2.10 所示。

湿式液压安装螺旋桨具体步骤如下：

(1)准备工作

①对螺旋桨锥孔锥度、锥面配合及大端尺寸进行检测。湿式液压安装的桨毂孔锥度多为 1:20。

②螺旋桨锥孔与螺旋桨轴体需进行拂配以确保接触的均匀，用色油检查时，桨毂与轴锥部的实际接触面积应不小于理论接触面积的 70%。不接触带不应环绕整个桨毂或延伸

到整个桨毂全长。每平方英寸①内接触点不少于3点,锥面两端应插不进0.03 mm塞尺,并交验船东、船检。最后做好拂配线。

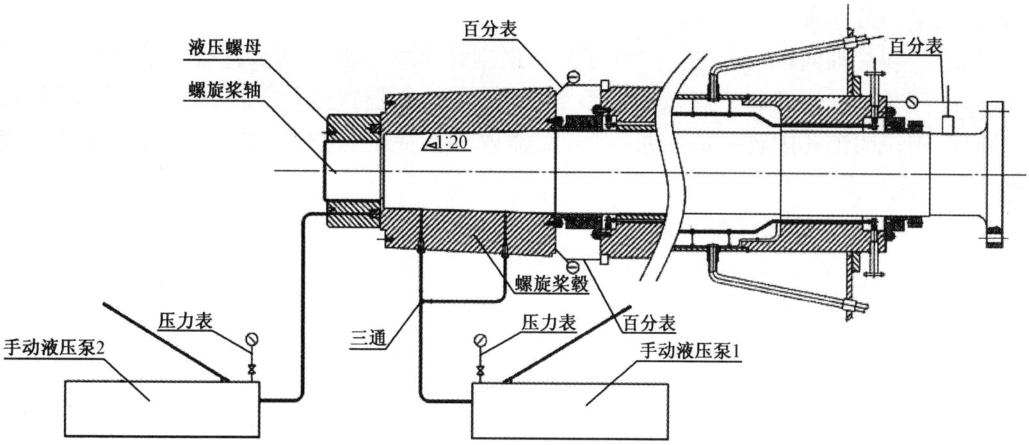

图2.2.10 湿式液压安装螺旋桨示意图

③安装前先用清洗剂清洗螺旋桨锥孔和螺旋桨轴锥部,使配合表面无油脂、杂物。

④将螺旋桨吊装到位,吊起并旋上液压螺母,拧紧到位。注意要对齐拂配线。

⑤在螺旋桨轴中心线上部靠近螺旋桨前端处安放百分表,使百分表触头与螺旋桨前端接触,并调零。

⑥安装油泵及其相应油路和压力表。

⑦测量螺旋桨桨毂和螺旋桨轴的温度。若两者有温度差时,必须对压入量进行修正,也可取平均温度。

(2)求零位和确定轴向压入量

干式压进螺旋桨,向液压螺母活塞加压,当压力表读数为 $P_0=5$ MPa时,将百分表读数调零,继续推进并且记录油压,绘制 $P-S$ 曲线,求零位,确定压入量。或者用轴向油泵将螺旋桨轴向干式推入至规定压力 P_0 时即止。

(3)湿式压进螺旋桨

①将检测螺旋桨轴向压入量用的百分表读数调零。

②轴向、径向油泵同时分别向油路注入压力油,使桨毂锥孔径向扩大的同时,轴向湿式推入螺旋桨。每推进单位长度(如0.5 mm)记录一次油泵压力。在操作时,轴向每移动2 mm就停止泵油2~3 min,使油压均匀分布。

③螺旋桨到位后,打开桨毂上的放气旋塞,放掉径向油压,保持15~20 min,再慢慢放掉轴向油压,5 min后检查测距百分表有无变化,在确认螺旋桨无轴向滑动后,即用扳手扳紧螺母,然后再将螺母旋紧10°~15°。

④拆卸液压管路装置。旋入液压螺母、螺旋桨毂处的螺塞,安装止动块。

⑤最后记录螺旋桨、螺旋桨轴轴向压入量。有些船级社还要求在桨毂、螺母和桨轴上打上起点负荷、0 ℃和35 ℃时的压入量等参数。

---

① 1平方英寸=6.451 6平方厘米(cm^2)。

必须注意:螺旋桨结合面的加工误差会使压入油压和压入量出现偏差。若压入量已达到规定值,而压紧力比规定值小得多时,应根据现场情况,由技术人员、船东、验船师共同商量,适当增加压入量;反之,若压入量未到而压紧力已达到要求,经商定可以适当增加压紧力,其压入量一般允许正误差 +0.3 mm。

实船安装时,轴向推力和径向膨胀压力需根据计算书的要求同步进行。径向油压应尽量符合计算曲线,这样有利于降低摩擦系数,使轴向油压值接近计算曲线,且呈线性,如果不呈线性,则说明锥孔配合面的质量有问题,需要分析原因、检查配锥孔合面,如有必要应重新研配锥面。

8. 湿式液压安装螺旋桨的拆卸

湿式液压安装螺旋桨的拆卸如图 2.2.11 所示。其工艺过程如下:

(1)拆除导流帽,做好螺旋桨与艉轴相对位置标记(径向);

(2)旋开桨帽后,量取螺旋桨后端面到艉轴后端面的距离 H_1,并做好记录(轴向);

(3)旋开螺帽,在螺帽前端面垫上大于 20 mm 厚木板,并与螺旋桨后端面留出大约40 mm 的距离间隙,以减轻冲击载荷;

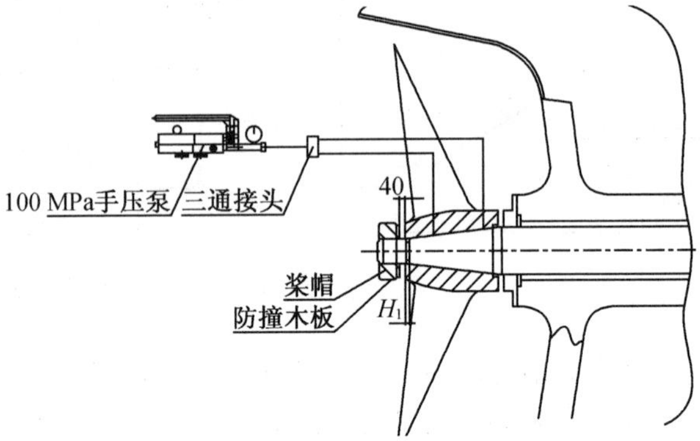

图 2.2.11　湿式液压安装螺旋桨拆卸示意图

(4)旋开桨毂上的两只进油塞,安装高压软管和高压油泵等;

(5)启动径向压力油泵,使压力油充满桨毂锥体配合面内的油槽,空气从另一个螺塞口排出,直至连续出油,关闭放气螺塞;

(6)再次启动径向压力油泵,逐渐增加油压至说明书中规定的最高径向油压值,此时螺旋桨即能自动退出,否则可将压力提高到安装压力的 110%,如果仍不能脱开,可将压力增加到 1.25 倍,应注意径向油压不要超过计算的桨毂最大压应力。

【案例介绍】　某船螺旋桨安装

本案例中,螺旋桨的安装方式为湿式液压安装。

1. 工具

主要工具包括手动液压泵组一台、高压软管及接头两套、高压压力表两只、点温计一支、千分表(带磁铁支架)三只。

2. 准备工作

本例取压入摩擦系数 $\mu=0.03$ 对应下的曲线作为设计安装压入轨迹。实船安装时,许多外部因素直接影响轴向推力,该数据有一定的波动区间,故轴向压入量与轴向推力的关系曲线图仅供参考。轴向推力按下式计算:

$$轴向推力=轴向压力\times液压螺母推进环面积$$

本船液压螺母推进环面积为 138 537.5 mm^2。

(1)螺旋桨轴上的尾密封装置应已装好,防蚀衬套按要求临时固定完毕。

(2)用清洗剂清洗螺旋桨锥孔和螺旋桨轴锥部以及油路和油孔,使配合表面无油脂、杂物,并涂上一层液压油(与油泵使用的液压油相同)。在螺旋桨轴上套上防蚀衬套O型密封圈。

(3)将螺旋桨吊装到位,并检查位置标记(其中桨毂后端面与螺旋桨轴小端后端面间距根据桨轴拂配数据)对齐,吊起并旋上液压螺母(旋入前应在螺纹段加牛油和白漆),拧紧到位。

(4)螺旋桨轴就位,使艉柱后端面与桨毂前端面间距为330 mm;按图纸要求将尾密封防蚀衬套及O型密封圈装在桨叶上;对螺旋桨轴采取合适的临时支承,防止螺旋桨轴旋转和前后移位。

(5)将1只千分表支架置于FR14隔舱壁前的螺旋桨轴上,千分表触头与艉轴管端面接触,以此来检查在压螺旋桨的过程中螺旋桨轴是否移动。

(6)在螺旋桨轴中心线上部靠近螺旋桨前端处安放固定带磁性底座的千分表(左右对称),使千分表触杆与螺旋桨前端部相接触,并调整好零位值。

(7)使用1台高压油泵和2套高压软管(包括压力表、阀和接头),使高压油泵分别向液压螺母和桨毂锥孔提供压力油,作轴向推进和径向扩胀用。

(8)准备好一张坐标纸,并画上以轴向压入量 S 为横轴、轴向压力 P 为纵轴的坐标系,在安装时用来确定安装起始点。

相关液压设备和管系的安装按照图2.2.12所示进行布置和安装。

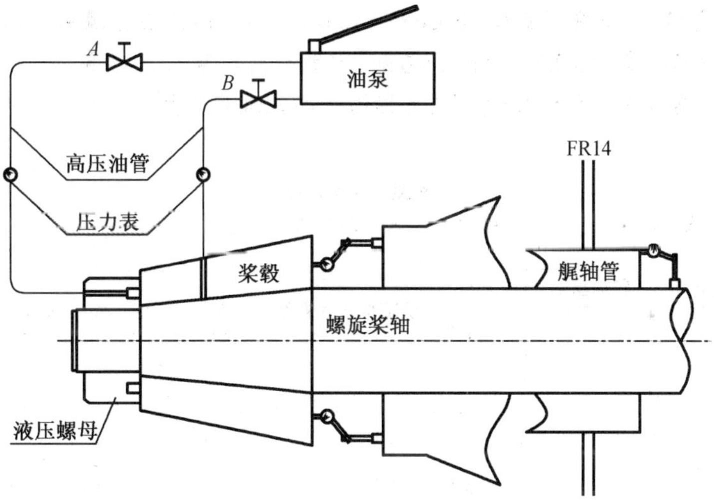

图2.2.12 螺旋桨安装布置图

3. 确定轴向压入量

(1)由于螺旋桨与螺旋桨轴所用的材料不同,其线性膨胀系数有差异,在安装时因环境温度不同,压入量亦相应变化。该船轴向压入量由厂家按CCS规范进行计算,供安装查用。

(2)使用点温计分别测出此时螺旋桨桨毂和螺旋桨轴处的温度,并取平均值。

(3)用插入法确定轴向压入量 S。35 ℃时的轴向压入量 $S_{35}=15.22$ mm;25 ℃时的轴向压入量 $S_{25}=16.10$ mm;15 ℃时的轴向压入量 $S_{15}=16.97$ mm;0 ℃时的轴向压入量 $S_0=18.28$ mm。

(4)螺旋桨液压安装时,桨、轴的温度应相差不大。若两者温度差大于2 ℃时,必须对轴向压入量 S 进行计算修整(修整方法:取温度平均值)。

4. 起始推入

使用轴向油泵将螺旋桨轴向干式推入。将 A 阀打开,并关闭 B 阀,用泵向液压螺母活塞加压。每推进 0.50 mm，记录一次当时轴向油泵的排出压力。一直推到轴向压入量 S 的 1/5 时停止。在坐标纸上标出各轴向压力点并作一条经过各点的直线，此直线与横轴相交的点记为 S_0，此即为螺旋桨液压安装时的起始零位。

5. 推入

(1)将 A 阀、B 阀同时打开，油泵向轴向和径向油路同时注入压力油，使桨毂锥孔径向扩大的同时，轴向湿式推入螺旋桨。推入过程中轴向、径向压力应趋于一致，且轴向压力可略高于径向压力。

(2)湿式推入时从 $S/5$ 位起，每推进 0.50 mm，分别记录下此时轴向、径向油泵的压力。

(3)当螺旋桨湿式推入到轴向压入量 $S'(S'=S+S_0)$ 处，即推入结束。记录下此时的最终轴向和径向压力。

(4)先关闭 B 阀，泄放螺旋桨桨毂处的径向压力油，使径向油泵压力表读数为零，此时需保持轴向油路处的油压不变。15 min 后观察千分表读数不变，螺旋桨没有轴向滑动位移方可关闭 A 阀并逐步泄掉液压螺母处的轴向压力油。到此，湿式压入结束。15 min 后再观察千分表读数是否变化。

6. 收尾

(1)确认螺旋桨无滑动后，用扳手棒或专用工装旋紧液压螺母，然后用锤使螺母再旋紧 10°~15°；拆卸轴向、径向油路装置，并用螺钉塞紧进油口；旋入液压螺母上的螺塞。

(2)记录螺旋桨、螺旋桨轴轴向匹配情况，记录图表如图 2.2.13 所示。

(3)完工后，将 0 ℃、35 ℃对应的压入量值钢印到螺旋桨上。

螺旋桨压入记录

压入量:____mm; 环境温度:____℃; 轴温度:____℃; 桨温度:____℃

压入量/mm	轴向压力/MPa	径向压力/MPa

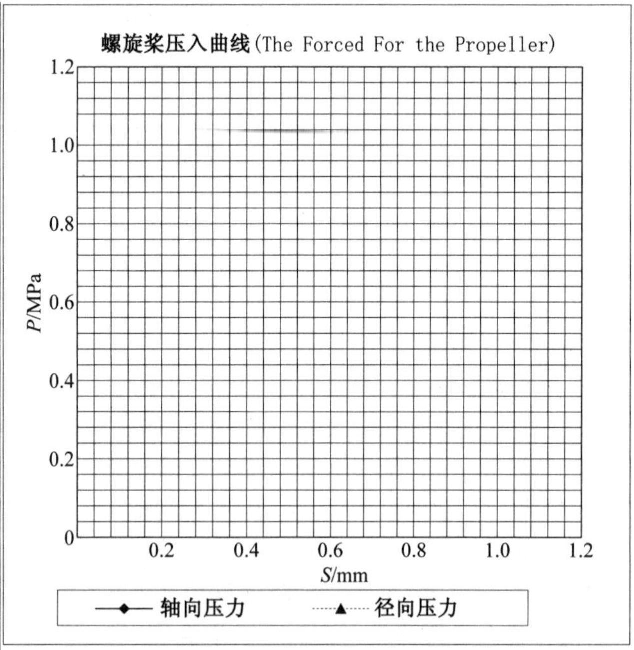

图 2.2.13　螺旋桨压入记录

【工作任务】2.2.3　环氧树脂胶合法

沿海及内河船舶的螺旋桨直径小于4.5 m时，允许采用有键环氧树脂胶黏剂安装，即同时采用键连接与环氧树脂胶合安装。小型船舶的螺旋桨直径小于1.5 m时，允许采用无键环氧树脂胶合安装。此种连接方式对桨毂锥孔与艉轴锥体之间、键和桨毂键槽之间的配合要求比较低，省去了大量的刮配工作。图2.2.14所示为螺旋桨环氧树脂胶合法示意图。

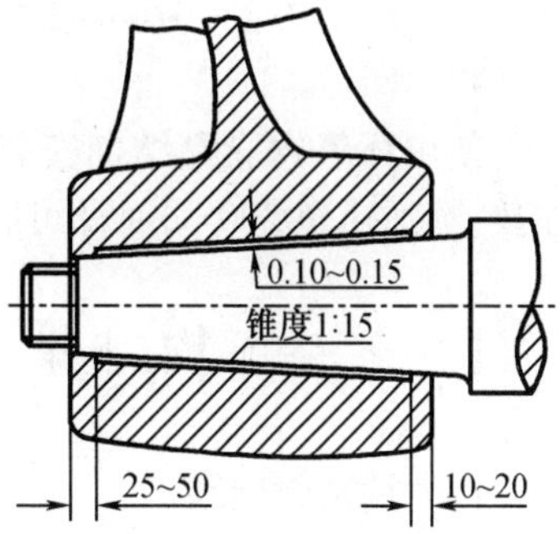

图2.2.14　螺旋桨环氧树脂胶合法示意图

1. 采用环氧树脂胶合安装的准备工作

（1）粗糙度在6.3 μm左右。

（2）轴孔锥度取用1:15，修船可按原锥度。

（3）螺旋桨锥孔两端大约各有一定长度的环面与艉轴锥体经刮配后均匀接触，0.05 mm塞尺塞不进，其余的中部空挡则低0.1 ~0.3 mm用于刷树脂。

（4）如果有键，或将键的侧面单边刨窄0.25 ~0.50 mm（根据轴颈大小选用），或在键的两侧用0.10 mm塞尺塞不进，并全部涂胶。对于修理船舶，如原艉轴锥体上有键槽，而现在新换螺旋桨进行无键胶接，则键槽可以用钢板镶嵌后锉圆。

（5）配合面应做清洁，去除油污、锈渍、毛刺和其他杂物。

2. 环氧树脂胶合安装过程

（1）涂胶前，轴封应装妥，桨和艉轴螺母应经过试装。

（2）清理胶接面，用丙酮、四氯化碳洗净油污，用砂纸擦去锈斑，若原来是用环氧树脂胶接的，当修理后进行第二次胶接时，需将残留黏结剂铲除干净。用氧－乙炔火焰或喷灯将胶接面缓慢加热至30 ~40 ℃，尤其冬季。

（3）按照树脂厂家建议的比例调配环氧树脂。环氧树脂的配方基本成分为环氧树脂加一定比例的固化剂、增塑剂，可采用表2.2.3所示的配方进行配比。

表2.2.3　环氧树脂黏结剂配方表（质量比）

成分	牌号	比例
环氧树脂	E－51或E－44环氧树脂	100份
固化剂	二乙烯三胺	5 ~8份
增塑剂	304聚酯树脂（50%苯乙烯溶液）	15份

（4）用清洁的刷子将黏结剂均匀地涂在艉轴锥体和桨毂锥孔的结合面上，厚度为0.20 ~0.30 mm，注意不得留有气泡、脱落的刷毛和灰砂。

（5）黏结剂涂好后，立即将螺旋桨套进艉轴，旋上螺旋桨紧固螺母，打紧。

（6）清理被挤出来的黏结剂，防止流到艉轴螺纹上去，以免今后拆卸时麻烦。

（7）黏结剂在常温下需要24 h才能固化，如果用氧－乙炔火焰或喷灯加热至80 ~100 ℃，则4 h后即可固化。

3. 环氧树脂胶合注意事项

(1)进行粘接工作时必须通风良好,使操作者尽量少吸入挥发性的有毒的化学物质。

(2)操作时应有劳动防护,严防化学物质溅入眼睛。

4. 拆卸

使用环氧树脂黏结剂安装的螺旋桨,当需拆卸时,可用氧－乙炔火焰或喷灯对胶接处加热,约加热至 200 ℃时即可脱开,再用专用工具拆下螺旋桨。

【工作任务】2.2.4　螺旋桨安装其他问题

1. 大端密封问题

为了防止海水渗入艉轴锥体与螺旋桨锥孔的配合面,在安装螺旋桨时,必须在螺旋桨毂前端面与防蚀套筒后端法兰面之间装上水密装置,一般是 O 型密封圈,常采用如图 2.2.15 所示的几种形式。

螺旋桨大端用于安装 O 型密封圈孔,其孔径和深度参数是按照所选择的 O 型密封圈的规格,参照相关书籍中密封件的相关章节进行设计,主要是保证 O 型密封圈的过盈量(为艉轴或轴套直径的 2% ~4%)和压缩量(为 0.15d ~0.20d),从而实现可靠密封。

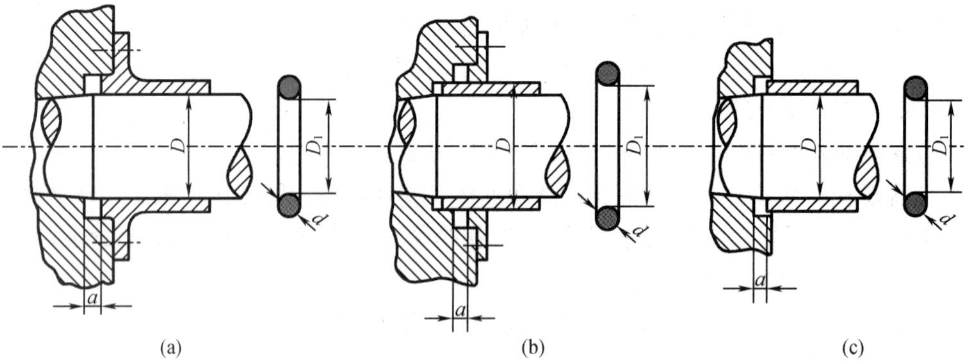

图 2.2.15　O 型密封圈的安装

图 2.2.15(a)(b)所示的两种形式使用压板来压 O 型密封圈,(c)图是用轴套来压 O 型密封圈,当艉轴锥体与螺旋桨锥孔刮配好以后,现场量取螺旋桨锥孔前端面与轴套后端面之间的距离 a,根据所选用 O 型密封圈规格及安装要求,为之配调整垫板(厚度)。

有时也会使用橡胶板、纸板进行密封。

2. 螺旋桨轴向位置

螺旋桨安装完毕后,测量桨毂前端面至人字架或艉柱轴毂后端面的距离,应在设计要求范围内,然后测量轴法兰至艉隔舱壁的距离,并按此距离制作样棒,作为检验艉轴轴向位置的标准。

思考与练习

一、选择题

1. 螺旋桨的湿式液压安装中，高压油的作用是________。

A. 提供径向力，使桨毂胀大　　B. 提供轴向推力

C. A 和 B 都是　　D. A 和 B 都不是

2. 螺旋桨静平衡试验是为了________。

A. 消除不平衡力矩　　B. 消除不平衡离心力

C. 消除尺寸偏差　　D. 模拟工作过程

3. 传统的螺旋桨有键安装，螺旋桨与桨轴需要进行刮配，刮配区域为________。

A. 螺旋桨桨毂锥孔　　B. 键与键槽

C. 螺旋桨桨毂端面　　D. 桨轴锥体

4. 螺旋桨采用液压安装，下列说法错误的是________。

A. 螺旋桨毂锥孔和艉轴锥体的配合面要求贴合紧密

B. 液压安装时，应该根据螺旋桨液压连接计算书要求的压入量来压入螺旋桨

C. 可以用作图法来确定液压安装初始点

D. 现场确定螺旋桨压入量时，不用测量螺旋桨和艉轴的温度

5. 螺旋桨液压安装有干式和湿式两种，下面说法中正确的是________。

A. 干式只提供轴向油压

B. 干式只提供径向油压

C. 湿式只提供径向油压

D. 湿式不仅提供轴向油压也提供径向油压

6. 下列关于螺旋桨使用环氧树脂安装时的说法错误的是________。

A. 整个桨毂锥孔都需要拂配以确保锥孔和锥体紧密配合

B. 桨毂锥孔完全不需要拂配，因为锥孔与锥体之间留有刷涂树脂的间隙

C. 安装时，需要严格保证配合部位清洁，去除油污、锈渍、毛刺和其他杂物

D. 螺旋桨锥孔两端各有一段环面需要与艉轴锥体经拂配后均匀接触

7. 螺旋桨液压安装时需要测量温度，这个温度是指________。

A. 环境温度　　B. 螺旋桨温度

C. 螺旋桨轴温度　　D. 螺旋桨和螺旋桨轴温度

8. 下面关于螺旋桨液压安装的说法错误的是________。

A. 若压入量已达到规定值，而其压紧力比规定值小很多时，应根据现场情况，由技术人员、船东、验船师共同商量，适当增加压入量

B. 湿式安装时，桨压到位后，先放掉径向油压，保持 15 min，再慢慢放掉轴向油压

C. 湿式安装时，桨压到位后，即可同时放掉径向和轴向油压

D. 压入量一般允许负误差

二、论述题

1. 螺旋桨的常用材料有哪些？

2. 简述桨距的简易测量方法。

3. 螺旋桨静平衡试验的目的是什么,如何进行螺旋桨静平衡试验?
4. 如何消除螺旋桨叶片质量的不平衡?
5. 螺旋桨安装方法有哪些,各有何特点?
6. 螺旋桨锥孔与艉轴锥体的拂配有哪些方法?
7. 简述用油压安装螺旋桨的工作过程。

项目3　船舶主机安装

【学习目标】

1. 知识点

(1)掌握基座准备的内容、方法和工艺要求;

(2)掌握主机吊装的方法;

(3)掌握主机定位的方法;

(4)掌握主机固定的方法;

(5)了解大型低速柴油机的安装方法。

2. 技能点

(1)正确识读船舶主机安装工艺图;

(2)正确按照船舶主机工艺文件规程安装船舶主机及传动设备。

【相关知识】

作为船舶推进装置的核心,主机安装质量的优劣将直接关系到船舶动力装置的正常运行和航行性能。

1. 主机类型

主机的类型主要有柴油机、汽轮机和燃气轮机等。

柴油机因其功率大、效率高、运营成本低等优点,应用最为广泛。柴油机功率、转速、质量和尺寸差异较大。大型低速柴油机主要用于大型远洋油船和货轮,中速柴油机主要用于内河船主机和部分海船主机,高速内燃机则大部分用于小型船舶和高速船舶。对于质量较轻、体积较小的主机或主机与减速箱构成的主机组,一般都采用整机安装工艺;对于大型柴油机,整机质量较大,一般采用解体安装工艺。

汽轮机功率和质量、尺寸都很大,一般用于大型远洋船舶和军用船舶。汽轮机动力装置通常由减速器、汽轮机、锅炉和冷凝器等组件构成。

燃气轮机一般用于军船,民船很少使用。小型燃气轮机一般都采用整机吊装工艺,大功率燃气轮机可以采用解体安装工艺。

主机类型不同,其结构、组成和工作方式也不同,安装工艺也有各自的特点,但总的来说,共性的成分更多。本章主要以柴油机为例来介绍船舶主机的安装工艺。

2. 主机安装与轴系安装的关系

主机安装与轴系安装的顺序有以下两种:

(1)先轴后机。这种方法是先安装轴系,船舶下水后,以传动轴为依据来确定主机的位置。这种方法容易使主机的输出轴回转中心与轴系回转中心同轴,而且避免了下水后船体变形对安装质量的影响,因而这种方法长期以来被船厂广泛采用。

(2)先机后轴。这种方法是主机与轴系平行或者先于轴系安装,扩大了安装工作面,使主机定位后可以进行与主机相接的各管系、附属设备等的安装工作,缩短了生产周期。但是此工艺难以避免船舶下水后船体变形带来的影响,而在轴系安装时因为主机和艉轴均已固定,相对偏差必须由轴系来消化,从而使约束条件增加,安装难度要大一些。如果是批量较大的船舶,且掌握了变形情况,可以预先施以反变形,那么采用这种工艺是有益的。

在工程实践中,究竟采用何种安装顺序,要视主机情况、造船工艺、工厂的实际条件和工期而定。

3. 主机与传动设备的关系

间接传动的船舶,主机通过传动设备与轴系相连,这些传动设备主要包括减速箱和高弹性联轴节。主机安装和传动设备的安装通常是一体考虑的。事实上,主机和齿轮箱的船体基座通常设计制造成一个整体。先轴后机时,一般是先确定减速箱位置而后以减速箱为基准来确定主机的位置,先机后轴则相反。高弹性联轴节一般设置在主机与齿轮箱之间,其安装是在主机和齿轮箱安装完成之后进行。

4. 主机安装前必须完成的工作

主机安装,必须保证主机与轴系的相对位置正确,并且在工作时保持这种相对关系。因此,必须保证主机及轴系通过区域内船舶结构、上层建筑等质量较大的设备吊运安装等工作基本完成,以便形成一个稳定的基础。主要包括以下内容:

(1)轴系主机工作区域内船体结构和主机基座的装配、焊接以及火工校正等工作应全部结束。

(2)机舱及邻近的部位双层底、艉尖舱、油舱、水舱等密性试验全部结束,并经稳定 24 h 后方可施工。

(3)轴系区域主要的辅机座装配焊接完毕,并且机舱内较大的设备已吊装完毕。

(4)如果主机安装在船台上或船坞内进行,船体垫墩、侧支撑合理并牢固可靠,船体基线符合规定的技术要求,并提供船体基线测量数据,而且还要在工作中定期检查基线变化;如果主机安装在水下进行,则应避免船舶有横倾和纵倾。

(5)主机安装过程中应避免引起船体较大冲击和振动的其他工作的进行。

5. 主机安装的工作内容

虽然主机不同,安装工艺也不同,但工作内容大同小异,主要有以下几个项目:

(1)主机基座的检验与加工:包括面板平面度的加工,固定垫片的定位、焊接和加工,主机螺栓孔的定位和加工。

(2)主机或者部件吊装后的校中、定位。

(3)主机的固定:包括垫片的配置、螺栓孔和螺栓的加工、安装。

(4)安装质量的检查。

6. 主机或减速器在船上的安装方式

(1)整体安装。整体安装适用于中高速柴油机的安装,其流程是:主机组整体吊入舱内,在基座上就位,然后依据轴系理论中心线(或者轴系的实际中心线)调整主机的位置,当主机的回转中心与轴系理论中心线(或者轴系的实际中心线)相对位置关系达到要求后,即可配调整垫片,然后加工底脚螺栓孔,配置底脚螺栓,最后固紧螺母,将主机紧固在船体基座上。

(2)解体安装。大型低速柴油机因其质量和尺寸较大,整体吊运上船比较困难,因此多采取将柴油机根据船厂吊运能力分解成若干部件后,吊运上船安装的工艺。柴油机的解体安装工艺包含按吊运能力将柴油机分解成若干部件、机座在船上定位安装、部件的总装等几个步骤。

【子项目】3.1 船舶主机基座的准备

【学习目标】

1. 知识点

(1)掌握主机基座的结构;

(2)掌握主机基座准备的工作内容、流程。

2. 技能点

(1)正确按照图纸、文件实施主机基座准备工作;

(2)正确按照图纸、文件进行主机基座准备质量检验。

【相关知识】 主机基座构成

主机基座结构形式很多,一般由基座纵桁、面板、肘板和横隔板等构件构成。单层底结构的船舶,基座直接装焊在船体底板上,成为船舶机舱底部结构的一部分,如图 3.1.1 所示。双层底的船舶,基座装焊在双层底的结构上,如图 3.1.2 所示。有些大型船舶,直接将加厚的双层底内底板作为主机基座的面板,如图 3.1.3 所示。有些基座本身就是双层底结构的一部分。

主机、减速箱、中间轴承和推力轴承基座的结构形式基本相同。

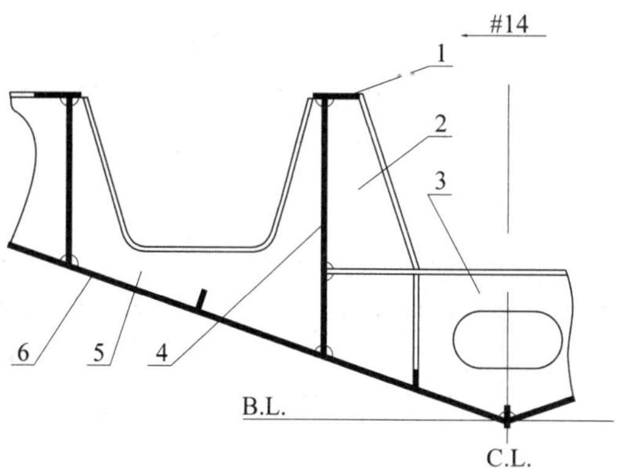

1—基座面板;2—基座肘板;3—实肋板;4—基座纵桁;5—横隔板;6—船体底板。

图 3.1.1 单层底船舶主机基座结构

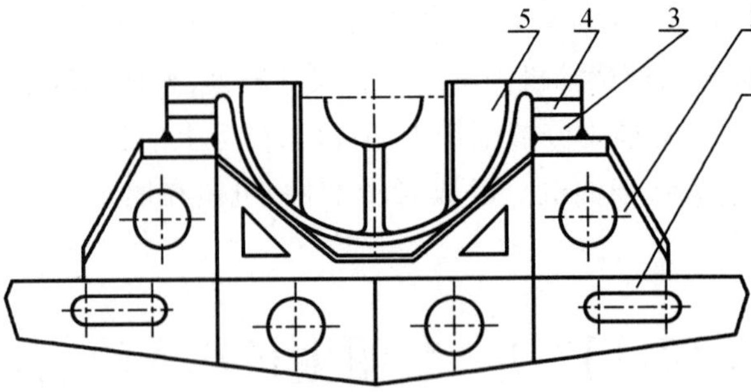

1—双层底；2—基座；3—焊接垫片；4—活动垫片；5—机座。

图 3.1.2 中、小型船舶主机基座结构

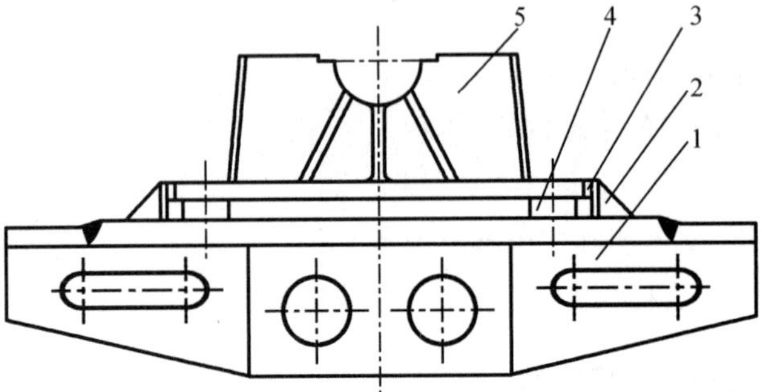

1—具有加强板的双层底；2—侧向定位活动垫片支座；3—侧向定位活动垫片；4—活动垫片；5—机座。

图 3.1.3 大型船舶主机基座结构

【工作任务】3.1.1 主机基座检验项目

主机基座的定位安装或者在总段建造时根据船体基线进行，或者在船舶整体（或艉部与机舱部）合龙后根据轴毂进行。施工完成之后，需要对基座的制造及安装精度进行检验，主要检验项目包括基座外形和定位尺寸、面板的平面度和水平度（或倾斜度）、面板与理论轴线之间的决定调整垫片厚度尺寸的距离、主机螺栓孔是否与基座结构发生冲突等。

基座外形、定位尺寸检验项目如图 3.1.4 所示。

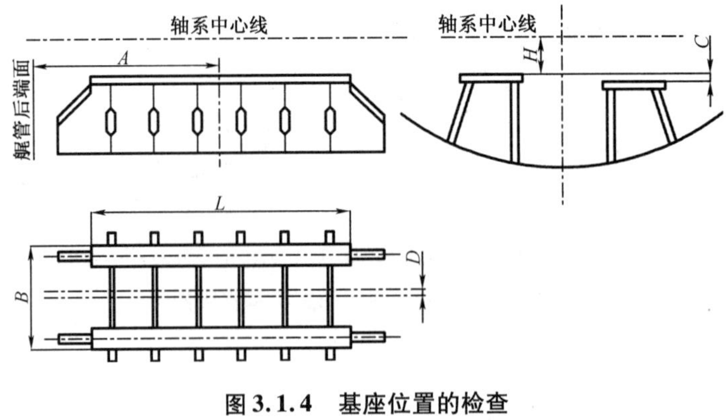

图 3.1.4 基座位置的检查

需要说明的是,基座的检验与轴系中心线的测定往往是结合在一起进行的。这样做是因为船体装配时有误差,而这些误差是依靠改变轴系中心线位置,用轴毂孔留有余量来调整的,所以当检查基座时把轴毂孔的加工余量考虑进去后,再观察柴油机能否正确落在基座上。因为艉管加工余量有限,主机机座与基座之间的空隙有限,必须控制基座位置的公差。

主机基座允许偏差见表3.1.1。

表3.1.1 主机基座允许偏差 单位:mm

项目	位置精度及尺寸精度					
	前后 A	左右 D	上下 C	长 L	宽 B	高 H
数据	±10	±5	两边高度差 <3	−5 ~ +10	−2 ~ +4	−6 ~ +3

1. 左右位置的测量

如果使用拉线法,可在一根样棒或直尺的零位上系吊线锤,锤尖对准基线,即可从直尺上直接读出面板内外挡和基座纵桁距离轴系理论中心线的数据。如果使用激光经纬仪,可将直尺(或丁字尺)横于基座面板上,定出直尺零位,然后就可以进行测量了,如图3.1.5所示。丁字尺如图3.1.6所示。

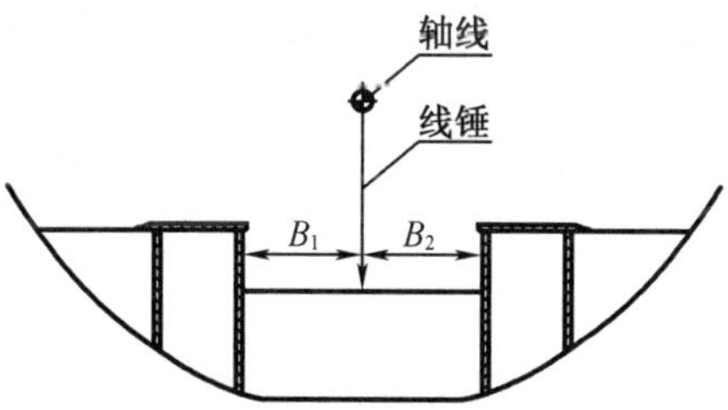

图3.1.5 主机基座腹板距轴线水平距离测量示意图

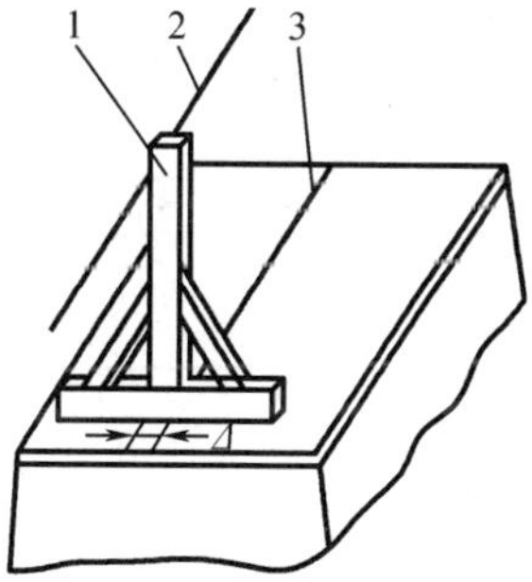

1—丁字尺;2—钢丝;3—中分线。

图3.1.6 使用丁字尺测量基座示意图

2. 高度的测量

如果使用拉线法,可将水平尺横于基座面板上,或者拉粉线,调整水平,然后使用直尺或丁字尺测量钢丝到水平尺的距离,同时考虑水平尺的厚度以及水平尺调整水平时所使用垫片的厚度,如图3.1.7所示。

如果使用激光经纬仪,可将直尺垂直立在主机机座上相关位置,从目镜或者通过光斑直接读出数值。

面板到轴系理论中心线高度数据出来后,参考主机机脚下平面到轴线的距离,垫片厚度尺寸即可得出。

3. 基座面板上平面的平面度、水平度和倾斜度的测量

平面度的测量使用直尺即可,水平度和倾斜度的测量使用水平尺,如图3.1.8所示。

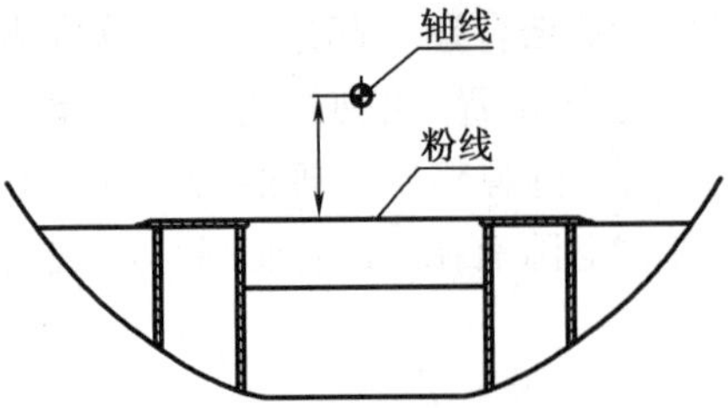

图 3.1.7　主机基座面板距轴线垂直高度测量示意图

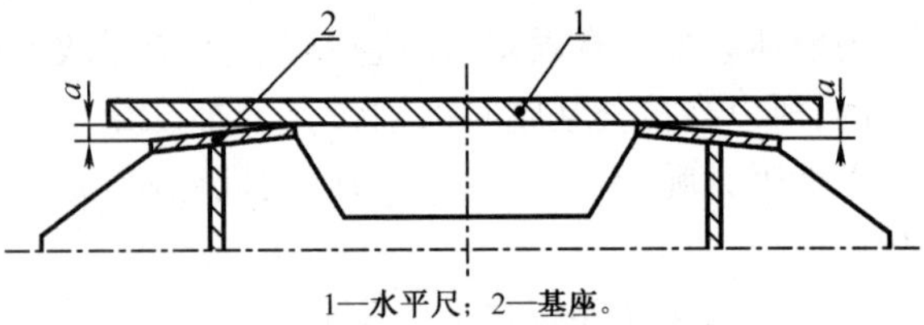

1—水平尺；2—基座。

图 3.1.8　基座面板上平面的平面度、水平度和倾斜度的测量示意图

需要注意：

(1)如果使用矩形垫片，则固定垫片上平面需成 1:100 的向外倾斜的斜度，以方便研配；

(2)如果主机使用弹性支承，那么在确定各固定垫片的厚度时，应该做到在垫片安装好后，各固定垫片上平面尽量在一个平面内，以保证弹性元件受力均匀，当然这也可以借助于调整垫片来实现。

4. 主机螺栓孔与基座结构的冲突

主机底脚螺栓数量较大，不可避免地会有个别螺栓（图 3.1.9 中从左向右数的第 4 和第 11）与基座肘板距离过近，再加上基座制作和安装误差，螺栓孔很可能会与肘板，甚至与基座纵桁发生冲突，需要在主机进舱之前加以确认并采取必要的措施，将隐患消除。

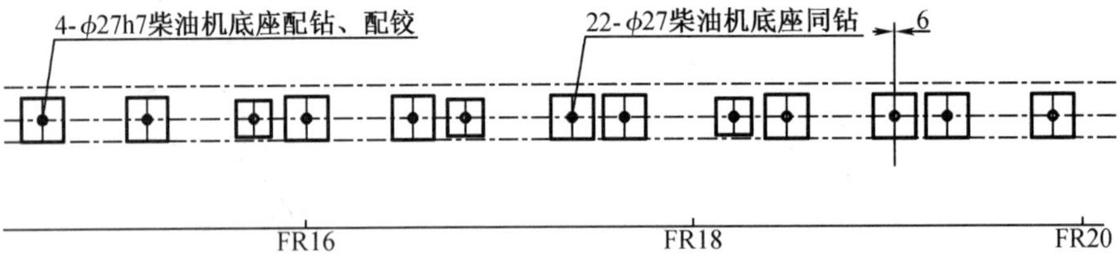

图 3.1.9　基座螺栓孔的纵向位置

【拓展知识】理论线的概念

①沿高度方向定位的构件，以靠近基线一边为理论线。

②沿船长方向定位的构件，以靠近船中一边为理论线。

③沿船宽方向定位的构件，以靠近船体中线一边为理论线。

④位于船体中线的构件，取其厚度中线为理论线。

⑤不对称型材和折边板材以其背面为理论线。

⑥封闭型对称型材、有回转中心的设备基座、舱口围板等以其对称轴线为理论线。

⑦外板、烟囱、轴隧以板的内缘为理论线。

⑧基座纵桁腹板以靠近轴中心线一边为理论线，纵桁面板以面板下缘为理论线。与基座纵桁连接的旁桁材或旁内龙骨以及基座纵桁下的旁桁材的理论线同基座纵桁一致。

⑨舱口围板以靠近舱口中心线一边为理论线。舱口纵桁以及舱口端围板所在肋位的横梁、肋骨、肋板的理论线与舱口围板一致。

⑩边水舱的纵舱壁以布置扶强材一边为理论线。

【工作任务】3.1.2 船舶主机基座加工

船舶主机基座加工工作主要包括面板的加工、固定垫片的焊接和平面的加工，以及螺栓孔的加工等。

1. 船舶主机基座面板上平面的加工

船舶主机基座面板上平面的加工主要是加工面板上平面的平面度、水平度或倾斜度。

(1)平面度

主机基座面板上平面的平面度要求与所选用垫片的类型有关。如果选用环氧树脂垫片，主机基座面板的上平面只需要基本平整，在垫片接触的表面没有飞溅、焊瘤和凹坑等应力集中点即可。如果选用矩形垫片，则要求对上平面进行加工，保证其与活动垫片的紧密贴合，要求色油检查，25 mm×25 mm 面积内不少于3 点，接触面大于75%，0.05 mm 塞尺不应插入，局部允许插入，深度不大于10 mm。

为满足此要求，大型船舶，如果条件许可，面板的加工可以使用专用机床加工。图 3.1.10 所示为某便携式平面铣床。中、小船舶则常采用焊接固定垫片的方法，如图 3.1.11 所示。

图 3.1.10 某便携式平面铣床

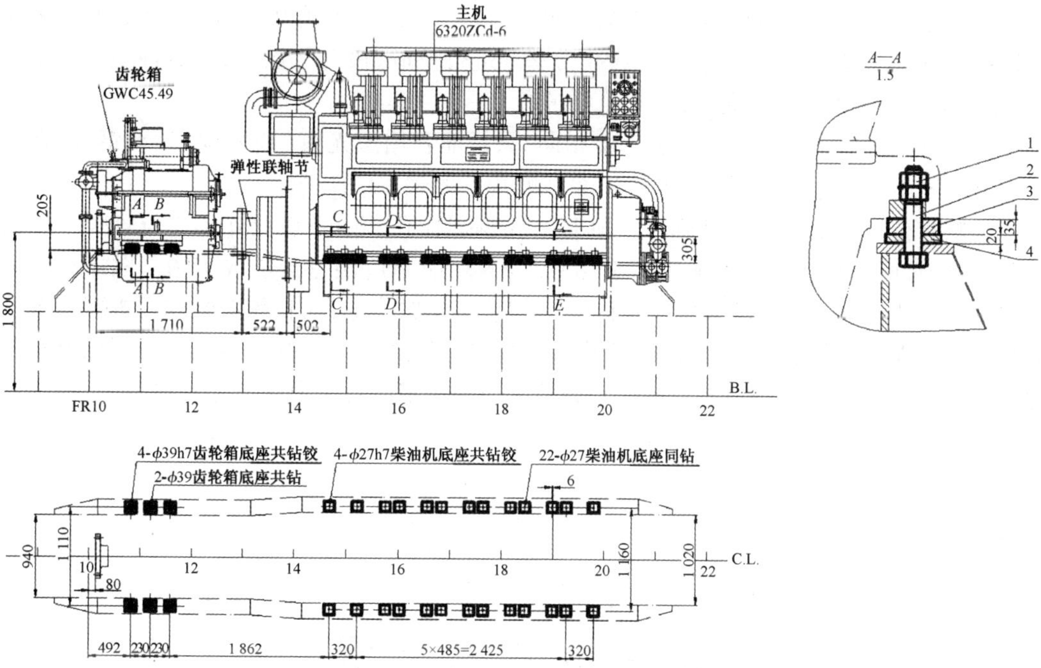

1—螺母；2—铰制孔螺栓；3—活动垫片；4—固定垫片。

图 3.1.11 某船主机安装图局部

固定垫片材料一般为 Q235A，其厚度为 15～20 mm，垫片面积的大小可按垫片上的压力来确定,由机器质量和固定螺栓而引起的总载荷≤2 000 N/cm^2。固定垫片的位置依据螺栓孔位置确定,一般一块垫片配一个固定螺栓,大型低速柴油机可一块垫片配两个螺栓。螺栓孔到固定垫片边缘的距离一般应当均匀分配。

固定垫片在安装前,需对基座面板上放置固定垫片处予以修平,要求基座面板与固定垫片贴合紧密,间隙≤0.1 mm。固定垫片一般在四周焊牢即可。垫片尺寸较大时,可采用开孔塞焊的办法增加焊接面。

固定垫片焊妥后,需对其上平面进行拂磨以保证平面度,用平板和色油检查,要求每25 mm×25 mm 面积内有 2~3 个油点,接合面大于75%,0.05 mm 塞尺不得插入。

(2)水平度或倾斜度

如果使用矩形垫片,为方便拂配,固定垫片上平面需加工成 1:100 的向外倾斜的斜度。

如果主机使用弹性支撑,那么在确定各固定垫片的厚度时,应该做到在垫片安装好后,各固定垫片上平面尽量在一个水平面内,以保证弹性元件受力均匀,当然这也可以借助于调整垫片来实现。

当在主机基座的准备工作中,在采用钢质垫片支承的安装形式时,为了减少基座上表面加工工作量,一般在基座面板上焊固定垫片。

2. 画螺栓孔中心线

基座位置检查合格后,就可以在基座面板画螺栓孔的中心线。主机螺栓孔的定位可以使用拉线法、光学仪器法和样板。

采用拉线法时,根据轴系理论中心线拉钢丝,在基座左、右面板的上平面上横向放置一根直尺或样棒(最好先打水平),用吊线锤将零位对准钢丝,按主机安装图在基座面板上分别画出左、右两排螺孔纵向中心线,然后定出主机第一底脚螺栓孔的位置,其他螺栓孔按照主机安装图上的尺寸,以第一底脚螺栓孔为基准进行量取,核对无误后,画出各螺孔的中心位置线,同时画出各孔初钻孔圆线,打上样冲孔。

光学仪器法与拉线法画线方法基本相同,只是前者用激光束(或光轴)替代钢丝,在扫船中线时定出样棒的零位,然后向左、右量取螺栓孔距轴线的距离。

画螺栓孔中心线的核心是确定主机第一底脚螺栓孔。第一螺栓孔轴向位置尺寸来自轴系布置图,但有时不能直接采用图纸尺寸,因为船舶制造误差会造成实物与图纸尺寸间的差异,且此时艉柱(人字架)可能尚未加工,螺旋桨位置未定,而且螺旋桨和可拆联轴节在艉轴上的装配也存在变数,这就使得艉轴前法兰在船长方向的位置不能确定。所以有时需要以加工后的艉柱(人字架)轴毂或艉轴管后端面为测量起点来测量轴系长度,而且还要在车间测量螺旋桨和可拆联轴节装配到艉轴上之后的总长度,以及中间轴成品长度。如图 3.1.12 所示。

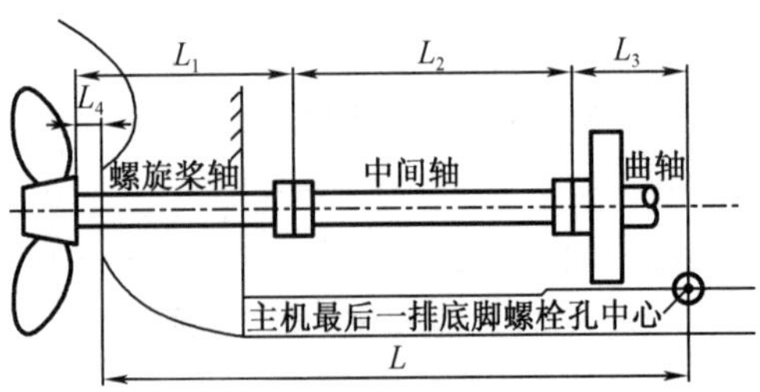

图 3.1.12　第一螺栓孔定位示意图

以艉轴后端面为基准，向前量取主机最后一排底脚螺栓孔的定位尺寸 L，L 按下式计算：

$$L = L_1 + L_2 + L_3 - L_4 \tag{3.1.1}$$

式中 L_1——螺旋桨车间预装到位后桨毂前端面至螺旋桨轴法兰前端面实测尺寸；

L_2——中间轴成品长度实测尺寸；

L_3——曲轴法兰后端面至最后一排底脚螺栓孔中心的距离；

L_4——螺旋桨船上压装后轴向定位理论尺寸。

如果此时轴尚未加工，应根据该尺寸核对轴系长度、确定轴的长度，甚至可以调整轴的长度，如调整某根放在最后加工的短轴的长度。如果此时轴已加工完毕，轴长已定，就需要调整第一螺栓孔的位置来迁就轴。

螺栓孔位置的准确性可以用等距法检查，如图 3.1.13 所示。

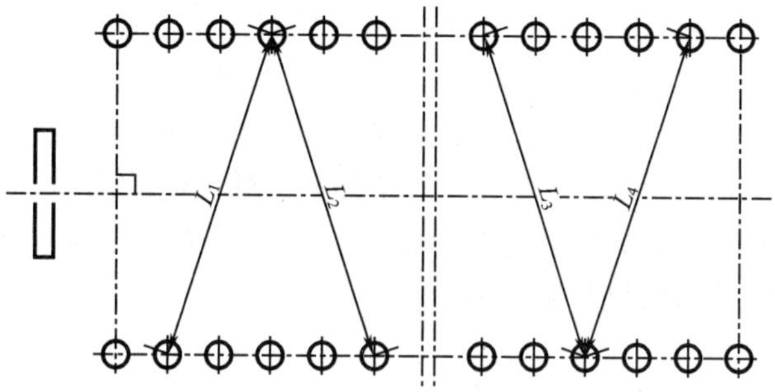

图 3.1.13 等距法检查螺栓孔准确性

一般要求螺栓孔纵向相邻孔中心距偏差不大于 0.5 mm，累计偏差不大于 2 mm。螺栓孔中心相对于轴系中心线应对称分布，其位置偏差不大于 1 mm。

也可以使用样板来确定螺栓孔位置。主机紧固螺栓孔的位置可以按机座图纸尺寸制作的样板来确定，样板用木板或金属板制作，一般用于批量制造的船舶。具体操作法如下。

以主机曲轴输出端法兰为基准，将主机机座各螺栓孔位置、机座边框线、轴线及飞轮端法兰端面的延长线复制在样板上，并打上标记。画线前，先在基座面板平面上画出轴系理论中线的投影线和垂直于中线的横向线以及机座边框线。然后把样板放在基座面板上，使样板上的飞轮端法兰平面刻线到机舱后隔舱壁的尺寸符合图纸要求，而且样板的左、右位置与主机机座边框线吻合，之后用夹具固定样板，画出各螺栓孔位置线。如图 3.1.14 所示。

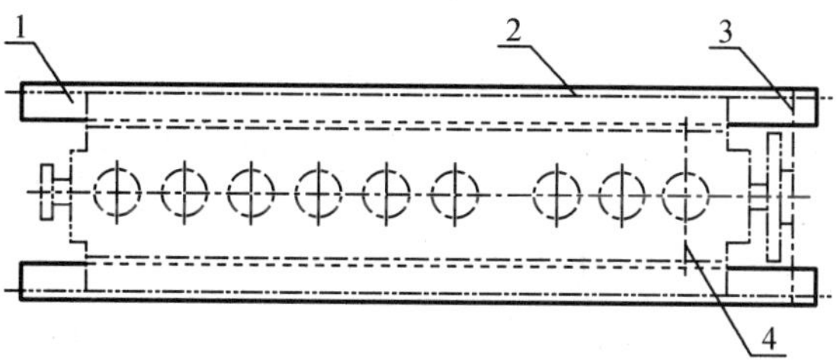

1—样板；2—机座边框线；3—主机飞轮法兰端面线；4—气缸中心线。

图 3.1.14 用样板在基座上画螺孔位置

【子项目】3.2 船舶主机的吊装

【学习目标】

1. 知识点

(1)掌握主机整机吊装和解体吊装的特点、适用场合;

(2)了解主机吊装的装备、计算及拖移和吊运工作。

2. 技能点

能够按照相关图纸、文件实施主机吊装准备工作。

【相关知识】

船舶主机的吊装有整机吊装和解体吊装两种形式。中高速柴油机或柴油机与减速箱构成的主机组,一般采用整机吊装工艺。大型低速柴油机,整机质量和尺寸都很大,运输和吊装不便,一般采用解体吊装工艺,柴油机生产厂家根据吊运能力将柴油机拆成部件运输到船厂,再将部件分别吊装上船进行安装和装配,工艺过程比较烦琐。近些年来,随着吊装能力的不断提高,有些船厂对大型低速机也采用了整体吊装工艺,或者在散件运到船厂后,在舾装码头进行组装,然后整机吊装到船上。

【工作任务】3.2.1 吊装前的准备

由于低速大型柴油机机体的尺寸和质量都非常大,为确保吊运过程中的安全,使柴油机受力均匀而不产生变形,事先必须作好周密细致的准备工作,对柴油机的外形尺寸、重心位置、吊运设备能力等进行仔细核算。

1. 质量核算

算出主机起吊时的净重,核算吊臂在所要求的幅度下的起重量(吊臂在不同的幅度下,起重机具有相应的起重量、跨距以及吊钩的超升高度)是否足够大于主机的质量。

2. 外形尺寸核算

机舱口的长度与宽度必须大于柴油机实际尺寸,其余不得小于0.3 m(每边0.15 m),若舱口尺寸不够大时,必须扩大到需要尺寸。

3. 吊运能力的核算

根据柴油机实际净重合理选择吊运设备,拖运设备必须具有一定的过载能力。核算时还需要考虑浮吊吊臂角度以及跨距大小对起吊能力带来的影响。在柴油机质量及外形尺寸过大的情况下,允许拆除增压器、柴油机两侧的走台以及部分动力管路。

4. 高度核算

为了使主机吊装受力均匀且平稳地就位于基座上,应将船体临时压载,使主机基座尽量处于水平位置。根据临时压载水线至机舱口的高度和主机实际高度,核算浮吊的起吊高度,应满足在不影响起吊的情况下,还需有1 m的活动余量,以便于选用相应的挂钩形式和起吊工具。

5. 幅度核算

当主机从船侧(或船尾)吊入机舱时,应根据主机半宽(或半长)以及机舱开口中心至船侧(或船尾)的距离,核算起重机的幅度是否足够。

6. 主机重心核算

精确计算主机重心位置,便于在主机拖运过程中控制其最大允许倾斜角,也便于正确选择钢丝套环的受力部位,使吊钩垂直通过主机重心,从而达到吊装时钢丝绳受力均匀、吊装平稳的目的。

7. 钢丝绳的负荷核算

钢丝绳总的安全系数不得小于5.5 ~7 倍起吊质量,其长度是根据浮吊最大钩头高度、主机高度、吊装工具高度和机舱高度等因素来考虑,在有充分高度余量的情况下,钢丝绳越长越好,角度越小越安全。

8. 起吊工具的准备

起吊工具的设置以使主机在吊运时受力均匀,平稳为原则,一般多数采用箱式横梁结构,它是利用主机的贯穿螺栓作为负荷支撑点的,将横梁用特制螺栓与贯穿螺栓头部的剩余螺纹相连接,钢丝绳套挂在横梁的四个销轴上,四个销轴的位置必须根据主机重心位置来选择,使主机贯穿螺栓只受垂直拉力,吊运时的弯曲及扭曲力矩全由吊梁承受,以防止主机变形。

【工作任务】3.2.2 吊装

柴油机的吊装工具装妥后,用浮吊缓慢提升,离地面约 100 mm,需稳定 10 min,检查吊装工具和钢索等均无异常现象,再继续吊起。主机吊至机舱口上空时,为便于对准入口,在主机四角系以麻绳,用人工帮助转动使其对准舱口,然后将主机徐徐下落,为使主机准确落位,利用机座上的螺栓孔,用导滑杆作引导对准基座螺栓孔,使主机平稳又准确地就位于基座的临时木垫上,为方便之后的主机定位调整,木垫板的厚度与主机调整垫片厚度大致相等。另外,主机吊装之前,调位工装最好已经准备妥当。

大型低速柴油机的解体吊运需要注意以下事项:

(1)大型低速柴油机生产的批量较小,大件的互换性较差,多为单配,在解体前必须检查柴油机在制造厂试验台上的总装时记录的各重要部位安装测量数据、试验合格证等有关出厂的证件,确认合格,船厂验收后方可着手进行柴油机的分解工作。

(2)柴油机解体时,根据厂方吊运能力,部件应尽量大,以减少复装时的工作量。一般解体成扫气箱、增压器、气缸盖、气缸体、机架、曲轴及活塞连杆、机座等几个部件。

(3)解体时应先将柴油机附属设备以及仪表盘等拆下,并分系统挂好标签集中放置,各部件连接处必须打上标记,供复装时对正就位。拆卸时,必须选择适当的工具,以免损坏零件。曲轴和凸轮轴等必须放置好,以免变形。对于部件间的接触面,拆下后应加以保护,落下时应垫上木质垫。

(4)吊运时,需对零部件采取可靠的保护措施。如曲轴在吊运时,必须正确捆扎钢丝绳,以防止挠曲而产生变形,钢丝绳与轴颈捆扎处,用硬木条围住后用帆布扎紧,以保证吊运过程中不致碰伤。

【子项目】3.3　船舶主机的校中

【学习目标】

1. 知识点

(1)了解主机固定主要工作项目的工艺过程和技术要求；

(2)了解矩形垫片拂刮、铰制孔螺栓加工等单配工艺的工艺方法和技术标准。

2. 技能点

(1)掌握主机矩形垫片的拂刮工艺；

(2)正确按照图纸、文件进行主机的固定和固定质量检验。

【相关知识】

主机校中又称主机定位或主机找正，其工作内容就是按轴系中心线调整主机的位置，使主机曲轴中心线与轴系中心线同轴或平行（主机通过输入、输出轴异心的齿轮箱与轴系连接）。主机校中与轴系安装工作密切相关，前者甚至可以说是轴系校中的一个不可分割的部分。主机校中与齿轮箱的校中安装也有密切联系，先安装轴系后安装主机时，主机的校中是以齿轮箱的输入法兰为基准的。

主机调位所使用的调位工装主要有以下几种类型。

(1)调位螺钉

调位螺钉又称顶丝，如图3.3.1所示。

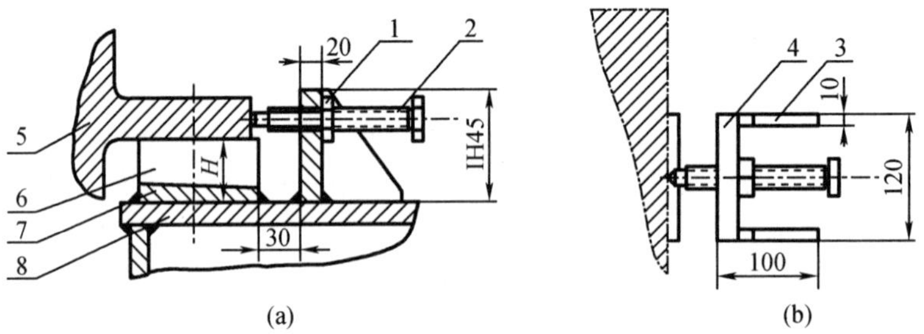

1—螺母；2—螺钉；3—衬板；4—竖板；5—设备机脚；6—活动垫片；7—固定垫片；8—基座。

图3.3.1　调位螺钉

螺钉一般使用细牙，头部加工成半球状。此螺钉应用比较广泛，可以安装在不同的位置和方向，用于调整主机的前后、左右和高低位置，常用于中、小型主机。

(2)液压千斤顶

液压千斤顶适用于调节重型机的高低、左右位置。

(3)楔形调位器

拧动螺栓，楔形块前后移动，使移动支撑块向下移动，来达到调位的作用。其用于高低调整，如图3.3.2所示。MAN B&W 公司推荐的某几款机型安装环氧树脂垫片时所使用的楔铁与之相

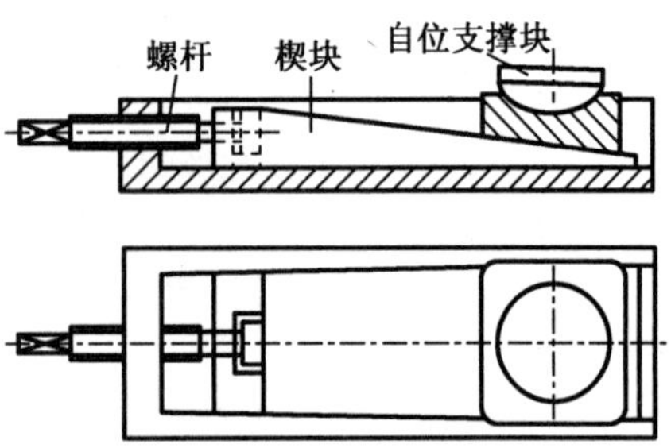

图3.3.2　楔形调位器

似,MAN B&W 公司还规定了楔铁尺寸以及楔铁安放位置。

2. 船舶主机调位工具的布置

调位工具在基座上的布置需保证主机调位的可操作性和安全性。调位装置在主机基座上的焊接和安装需牢固可靠,顶丝、楔铁的支撑点应为主机强结构,如加强筋等。调位装置在主机基座上的布置如图 3.3.3 所示。

除了常规布置之外,有些大型低速柴油机的生产厂家对调位工装的布置有一定的要求,施工时应按照厂家要求执行。

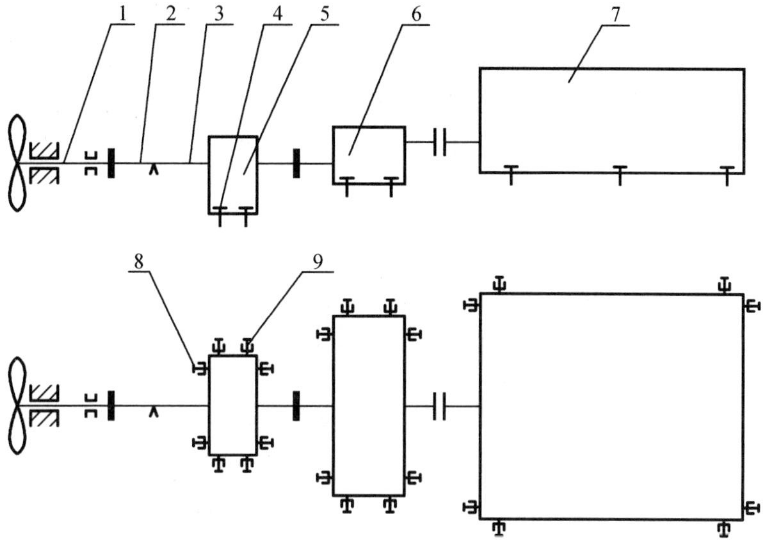

1—艉轴;2—临时支撑;3—中间轴;4—顶螺丝;5—中间轴承;6—齿轮箱;7—主机;8—纵向调整装置;9—横向调整装置。

图 3.3.3 主机和轴系调位装置布置示意图

船舶主机对中有按照轴系法兰对中和按照理论轴线对中两种方法。

【工作任务】3.3.1 按照轴线法兰对中

在轴系已安装的前提下,通过调整主机位置使曲轴输出端法兰与最前面一根轴的前法兰之间的偏移值与曲折值均在规定要求的范围之内,主机位置即可认为已准确定位。

法兰偏移值、曲折值的测量和计算方法详见轴系安装相关章节。

【工作任务】3.3.2 按照理论轴线对中

在中间轴未安装的情况下,可按照理论轴线校中主机。中、高速柴油机整体安装一般用光学仪器法;大型低速柴油机解体安装时,机座的校中可以用拉线法。

1. 用光学仪器法校中主机

首先,调节仪器在柴油机前后法兰上的位置,使仪器光束与曲轴轴线同轴。然后,调整柴油机位置,使投射仪的光束与两规定截面上(或光靶)代表轴系理论中心线的十字线中心重合,或不重合数值在规定范围内。两个规定截面一般指机舱前、后隔舱壁或根据船体放样图可供校中用的柴油机前、后处所设置的光靶。

(1)使用两台投射仪校中主机

首先,如图3.3.4所示将两台投射仪分别装在主机前、后端法兰上;然后,分别调整各投射仪中心与曲轴中心线同轴。具体方法如图3.3.5所示:在前、后舱壁上各贴一张带有十字线的白纸,将投射仪投射到白纸的十字线1上,将中心A画下来,而后将曲轴旋转180°,再将投射仪投射到白纸的十字线2上,将中心B画下来,然后将不重合的A、B两点平分得到C点。用夹具上的调节螺钉调节仪器位置,使所投射的十字线中心与C点重合。再将曲轴旋转180°,如这时仪器投射的十字线中心离开了C点,用上述方法再进行调节,直至仪器投射的十字线中心重合在一点上,则该点必定在曲轴轴线延长线上,也就是说投射仪的光束与曲轴同轴。用夹具上的固定螺钉将仪器位置固定下来,再转动曲轴,检查仪器位置有无走动。检查无误后,即可利用主机调位工装调整主机位置,使前、后两台投射仪的光束分别与代表理论轴线的前、后光靶中心(或画在机舱壁上的十字线中心)重合,主机校中完成。

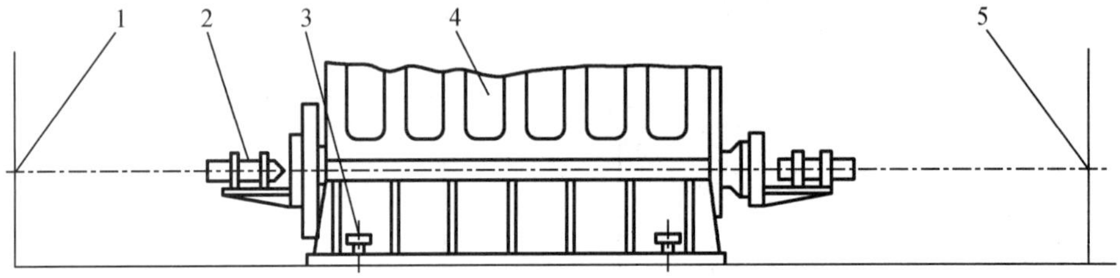

1—后基准点;2—投影仪;3—调节螺钉;4—主机;5—前基准点。

图3.3.4 主机用两台投射仪定位示意图

为了调整投射仪的光束与主机曲轴同轴,除了上述方法之外,还可以采用工艺轴的办法。在投射仪支架套筒中安装工艺轴,然后盘车,用两只百分表测量工艺轴的跳动,并用支架上的顶丝调整轴套使工艺轴与主机曲轴同心,工艺轴上的两组百分表最大的跳动量不得超过0.015 mm。然后将假轴从套管中抽出,换上投射仪,再一次盘车,校验投射仪的外圆的跳动量,不得超过0.015 mm,如图3.3.6所示。

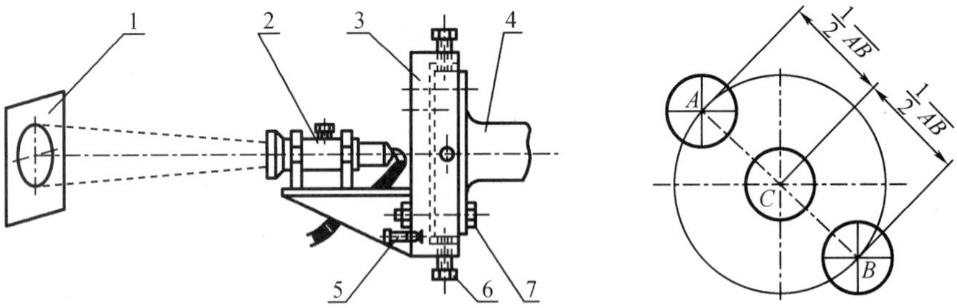

1—白纸;2—投射仪;3—夹具;4—曲轴法兰;5,6—调节螺钉;7—固定螺钉。

图3.3.5 投射仪的安装调试示意图

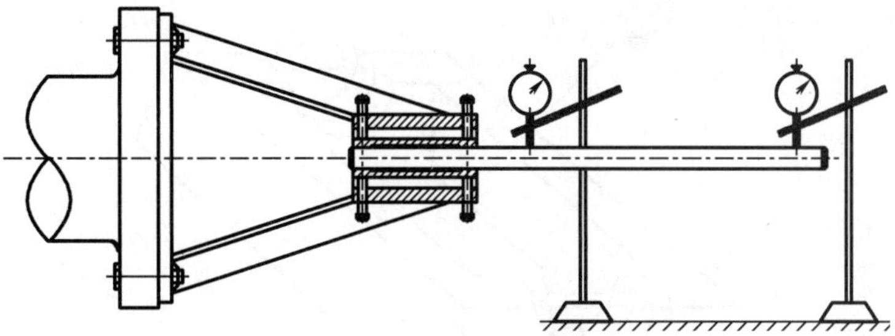

图 3.3.6 用工艺轴找正投射仪示意图

②使用一台投射仪校中主机

使用一台投射仪校中主机的方法与使用两台投射仪校中主机相似，区别在于前者只在主机的输出端法兰上安装一台投射仪，用来调整光束与曲轴同轴的纸靶以及代表理论轴线的基准光靶设置在主机后面不同距离处，即图 3.3.7 中的 A 和 B 处，基准光靶的形式如图 1.1.9 和图 1.1.10 所示。首先调整光学仪器与曲轴同轴，再调整主机，使代表主机轴线的激光束与代表理论轴线的两个基准光靶的十字线中心同轴，主机校中即告完成。

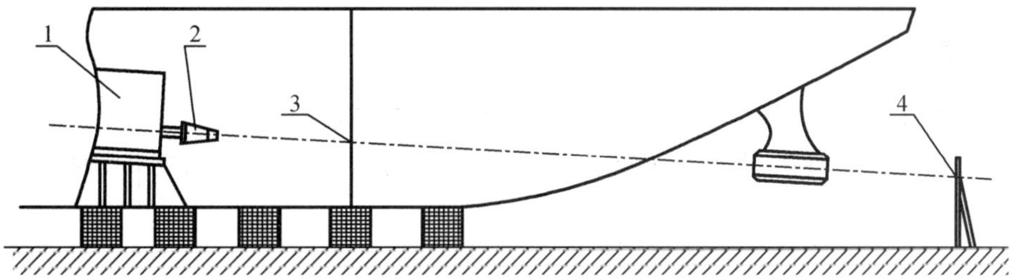

1—主机；2—投射仪及其支架；3—前基准点光靶；4—后基准点光靶。

图 3.3.7 用一台投射仪校中主机示意图

光学仪器测量的允许偏差见表 3.3.1。

表 3.3.1 光学仪器测量的允许偏差

仪器与光靶距离/m	<7.5	10	15	20	25	30	40	60
允许偏差/mm	不大于光靶刻线粗度	0.5	0.6	0.8	1.0	1.2	1.6	2.2

(2)拉线法校中主机

拉线法适用于大型低速柴油机机座的校中。如图 3.3.8 所示，在机座前、后适当位置分别设置拉线架，拉钢丝，使之与理论轴线(也代表即将安装的柴油机曲轴轴线)重合，以此作为机座校中的基准。之后沿垂直和水平方向测量前、后两端的轴承座孔与钢丝间的距离，并且计算出钢丝线在机座前、后轴承座孔处的下垂量 f_1、f_2。利用调位工具调整机座位置，使 $a_1=b_1$，$a_2=b_2$，$c_1+f_1=a_1$，$c_2+f_2=a_2$，机座校中即告完成。

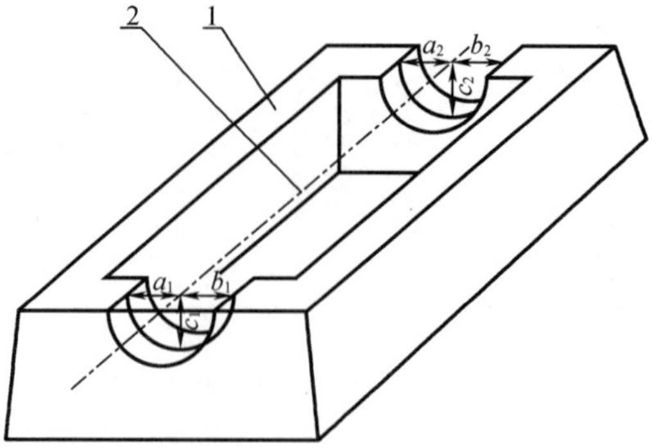

1—机座;2—钢丝线。

图 3.3.8 拉线法校中柴油机机座示意图

【子项目】3.4 船舶主机的固定

【学习目标】

1. 知识点

(1)了解主机固定主要工作项目的工艺过程和技术要求;

(2)了解矩形垫片拂刮、铰制孔螺栓加工等单配工艺的工艺方法和技术标准。

2. 技能点

(1)掌握主机矩形垫片的拂刮工艺;

(2)正确按照图纸、文件进行主机的固定和固定质量检验。

【相关知识】

船舶主机定位完成之后,即可进行主机的固定工作,主要包括垫片的配置、螺栓孔和螺栓的加工及安装、限位器的配置和安装等几个项目。

主机找正定位时,主机底脚与船体基座面板之间需留有调整间隙。定位完成之后,用螺栓将主机固定在船体主机基座上,主机底脚下平面与船体基座面板之间的间隙一般会采用垫片作为补偿件来将其填满。也就是说,配置垫片的目的是为了调整主机位置。配置好的垫片要求其上、下平面能与机座和基座(或加强板)固定垫板紧密贴合。船舶主机垫片主要有矩形垫片、可调节球面垫片、双联圆形斜面垫片、环氧树脂垫片等几种类型。

主机固定工作除了垫片的配置,还有一项重要工作就是螺栓孔的加工以及螺栓的配置。主机紧固螺栓主要有松配合的普通穿螺栓、液压拉伸螺栓和紧配合的铰制孔螺栓。铰制孔螺栓需要对螺栓孔进行铰孔,而后按照铰孔尺寸加工铰制孔螺栓,松配合的螺栓孔不需要铰孔。

主机安装采用环氧树脂和隔震器方案时,均需要设置限位器,不过两者形式不同,环氧树脂的限位器一般采用楔铁形式,隔震器的限位器一般采用弹性材料。

本节按照主机选用的不同类型的垫片分项目进行介绍。

【工作任务】3.4.1 矩形垫片

矩形垫片在主机安装工程中广泛使用，它不仅用于支承主机质量，还用于主机的止推。另外，在一些重要的辅机，如推舵油缸、锚机等设备的安装中也经常见到。如图3.1.11所示为配备矩形垫片的某船主机安装图的局部。

1. 矩形垫片的配置

矩形垫片的材料一般为低碳钢或铸铁，厚度一般在20～50 mm之间，其最小厚度铸铁不小于15～20 mm，低碳钢不小于10 mm。垫片面积的大小可按垫片上的压力来确定，由机器质量和固定螺栓而引起的总载荷应不大于19.6 N/mm^{2}为宜。

活动垫片的厚度尺寸一般在现场使用取样模板进行测量，如图3.4.1所示。

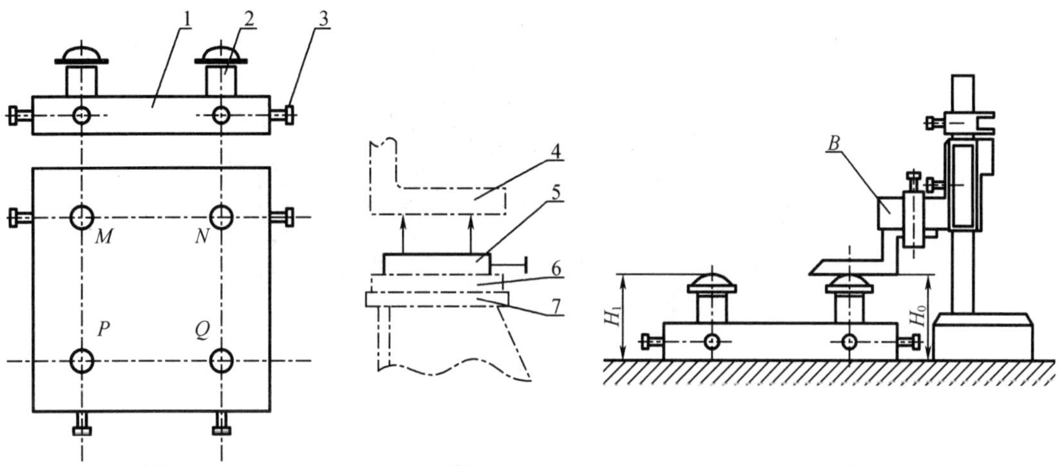

1—取样模板底板；2—测量螺钉；3—紧定螺钉；4—主机底脚；5—取样模板总成；6—固定垫片；7—主机基座面板；8—高度游标尺。

图3.4.1 用取样模板测量垫片厚度示意图

使用取样模板测量活动垫片的厚度尺寸的工艺过程如下。

将取样模板放入规定的位置，调整测量螺栓的高度，使螺栓球头与机脚下平面紧密接触，0.03 mm塞尺塞不进，然后用紧定螺钉或薄螺母锁紧测量螺栓，锁紧时注意测量螺钉不得发生转动，测量位做记号，取出螺钉。螺钉向下倒置于平板上，对角摇动以检查接触情况，如有脱空，说明四点不在一个平面上，需重新取样。然后在平板上使用高度游标尺测量四个测量螺钉的高度，对角高度相加，数值应基本相等，偏差不得大于0.05 mm，否则说明测量有误差，应重新测量。确认后取对角高度相加所得数值与拂配加工余量（拂配加工余量一般取0.20 mm左右）之和作为垫片厚度的加工尺寸。垫片尺寸测量精确与否，将直接影响到垫片拂配工作量和拂配质量。

垫片尺寸确定之后即可上铣床加工其上平面，也可在车床、磨床上加工。在铣床上的装夹如图3.4.2所示。

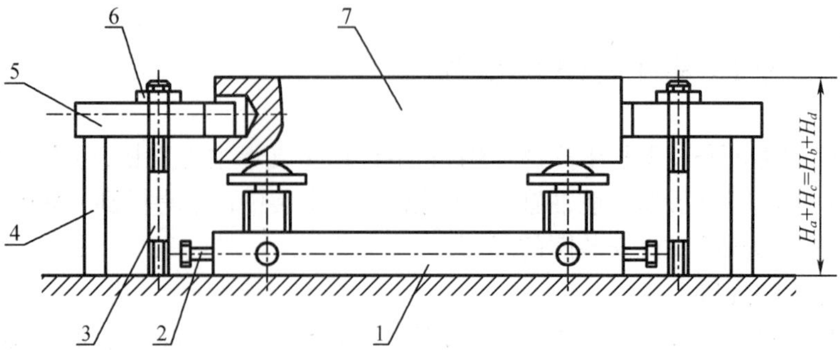

1—取样模板;2—取样模板紧定螺钉;3—螺栓;4—支撑;5—压板;6—螺母;7—垫片。

图 3.4.2　垫片在铣床上的装夹示意图

图 3.4.3 所示为在铣床上加工垫片。

图 3.4.3　在铣床上加工垫片

铣削加工时应选择合适的进给量和转速。首先对刀,确定基本上平面,使用高度尺测量毛坯高度。粗铣的进给量可以稍大,不得超过 2.5 mm,以免引起工件的振动,影响加工尺寸。最后一刀精铣的切削量应控制在 0.50 mm 以内,以保证加工精度。加工过程中,每铣完一刀,都要测量工件尺寸。

铣削加工完成之后,即可对铣削加工面进行拂磨,使其与主机机脚下平面紧密贴合。垫片下平面与固定垫片上平面在铣削加工之前已先期拂磨合格,故这两个平面一般无须再拂磨。拂磨前,需将垫片四边的毛刺修光,按加工编号逐个拂磨就位。拂磨时,将垫片薄侧朝里推入机脚下平面与固定垫板之间,并用色油检查。由于垫片有刮磨余量,所以将其推入机座与固定垫板之间时,开始几次试放肯定是不能到位的。拂磨到位后,每 25 mm × 25 mm 面积内应有 2 ~ 3 个色斑,并且接触面四周用 0.05 mm 塞尺插不进,局部允许插进,但插进深度不得超过 30 mm,宽度不得超过 30 mm,拂磨才算合格。

拂磨的劳动强度大,工时消耗多,因此有船厂已取消刮磨工序,根据精确测量的数据将垫片磨削或精车加工,然后直接拿去安装,不进行接触点分布检查,只用塞尺在四周检查。

2. 螺栓孔和螺栓的加工

矩形垫片全部配置完成之后,即可按机座上的螺栓孔在垫片及基座面板上钻孔,并用螺栓将主机紧固在基座上。为了使紧固好的主机在运转时不致变动位置,船舶规范要求部分螺栓采用紧配合的铰制孔螺栓,如 CCS 规定如仅采用螺栓固定时,其紧配螺栓的数量一般不少于总数的 15%。为此,在其他普通螺栓固紧后,安装定位螺栓的螺栓孔需要进行铰(镗)孔加工,然后用量缸表测量铰(镗)孔后的孔径,编号,做好记录,根据此尺寸,按 H7/k8 配合加工铰制孔螺栓的白位,最后按编号,用手锤轻轻将加工好的螺栓敲入孔中,固紧螺母。

(1)钻孔

中、小尺寸的孔一般都使用带磁力座的电钻,大、中尺寸的孔大都用风钻。使用风钻时,一般会在基座上焊装一个龙门支架。另外,为避免钻孔时垫片产生移动,钻孔前应用 C 形夹或采取其他有效措施将垫片和主机可靠固定。

(2)铰孔

铰孔工作一般安排在矩形垫片配置完成并报检通过之后进行。

图 3.4.4 所示为使用呆铰刀进行手工铰孔。

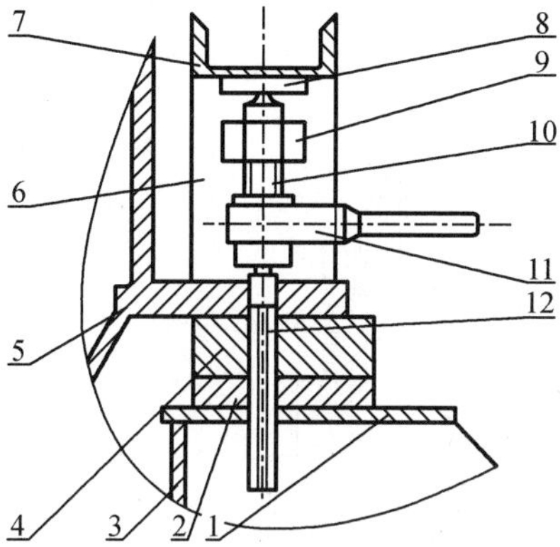

1—基座面板;2—固定垫片;3—基座纵桁;4—调整垫片;5—主机机座;6—钻孔架垂向槽钢;7—钻孔架纵向槽钢;8—垫块;9—升降螺母;10—螺杆;11—棘轮扳手;12—铰刀。

图 3.4.4 铰孔示意图

工程上还经常使用拉刀进行铰孔。使用拉刀进行铰孔时,由主机基座下方或双层底内用液压千斤顶向上顶压拉刀,即可达到所需孔径,如图 3.4.5 所示。使用拉刀进行铰孔生产效率高,加工精度高而且稳定,精度可达 IT9 ~ IT7 级,表面粗糙度一般可控制到 $Ra1.6\ \mu m \sim Ra0.8\ \mu m$。

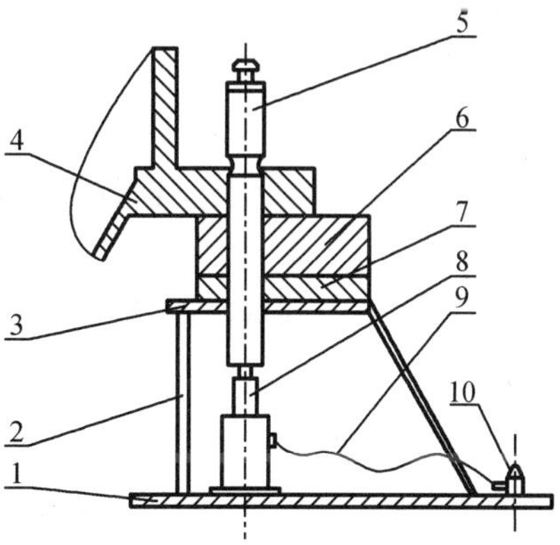

1—底板;2—基座纵桁;3—基座面板;4—主机机座;5—拉刀;6—活动垫片;7—固定垫片;8—油顶杆;9—液压软管;10—液压泵。

图 3.4.5 拉孔示意图

图 3.4.6 所示为圆拉刀。

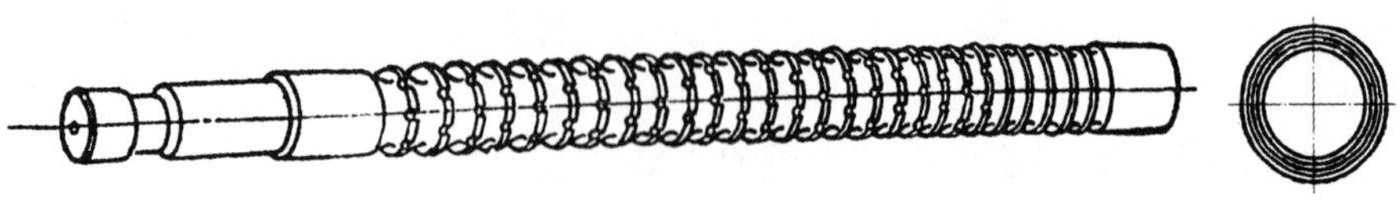

图 3.4.6　圆拉刀

(3)螺栓孔锪孔加工

为了保证紧配螺栓的受力均匀,紧固可靠,必须使螺栓孔中心与上、下端面垂直,为此螺孔加工后,对其下端平面必须铣(锪)沉眼坑。如图 3.4.7 所示。

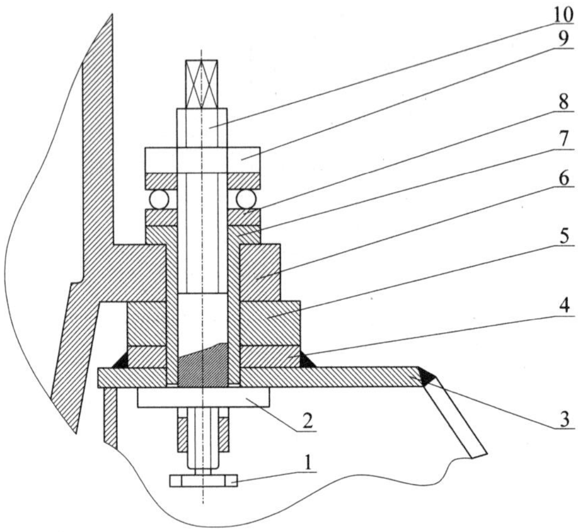

1—螺钉;2—白钢刀;3—基座面板;4—固定垫片;5—调整垫片;6—主机机座;7—钢套;8—平面推力球轴承;9—螺母;10—刀杆。

图 3.4.7　锪螺孔端面示意图

锪孔时,白钢刀装好后,旋紧螺母,使刀刃轻贴在基座面板底部,然后用棘轮扳手套在刀杆顶部的方榫上,旋转刀杆,刀杆下部的白钢刀就对基座面板底面进行锪平加工。锪完一圈后,稍拧紧刀杆上部的螺母,再使刀刃贴紧基座面板底部,重复以上动作,直至基座面板底部锪平无黑疤,工序结束。

也可以将方榫改为锥体,然后将风钻套到锥体上,使用压缩空气驱动。

(4)铰制螺栓孔加工技术要求

①螺栓白位和螺孔的表面粗糙度为 $Ra1.6\ \mu m$。

②螺孔与螺栓的配合精度为 H7/k6,装配时用铜锤轻轻敲入;接触面积不小于 60%,并分布均匀;表面光洁度应达 $Ra1.6\ \mu m$。

③螺栓紧固后,用塞尺检查螺栓头部和螺母接触平面的贴合度,0.05 mm 塞尺应插不进。

(5)铰制孔螺栓加工和安装

铰孔工作完成后,用量缸表测量孔径(整个长度范围内)及白位长度,编号,做好记录,根据此尺寸加工铰制孔螺栓的白位。铰制孔螺栓加工技术要求如下:

①螺栓光位表面粗糙度不大于 $Ra1.6\ \mu m$;

②光位长度现配,一般要求伸进螺栓孔 1 ~2 牙;

③螺栓白位的圆度和圆柱度可参考表 3.4.1。

表 3.4.1 螺栓白位的圆度和圆柱度 单位:mm

螺栓直径		<30	30 ~50	50 ~70
螺孔	圆柱度	0.02	0.02	0.03
	圆度	0.01	0.01	0.02
螺孔	圆柱度	0.02	0.02	0.03
	圆度	0.01	0.01	0.02
螺栓	圆柱度	0.015	0.015	0.02
	圆度	0.01	0.01	0.015

④圆柱形铰制孔螺栓与孔的配合一般为 H7/k6,或参考表 3.4.2。要求轴、孔贴合紧密,接触面积达到 75% 以上,并且油点分布均匀,每平方英寸不得少于 3 点。

表 3.4.2 铰制孔螺栓光位与螺孔的配合 单位:mm

螺栓直径	≤30	30 ~50	50 ~70	70 ~100
配合值	0 ~0.01	-0.005 ~ +0.005	-0.015 ~0	-0.02 ~ +0.005

⑤螺栓孔加工后,两端面应锪平并与螺栓孔中心线垂直,螺栓装配后,螺栓头、螺母与接触面之间用 0.05 mm 塞尺不能塞入。

铰制孔螺栓结构以及技术要求如图 3.4.8 所示。

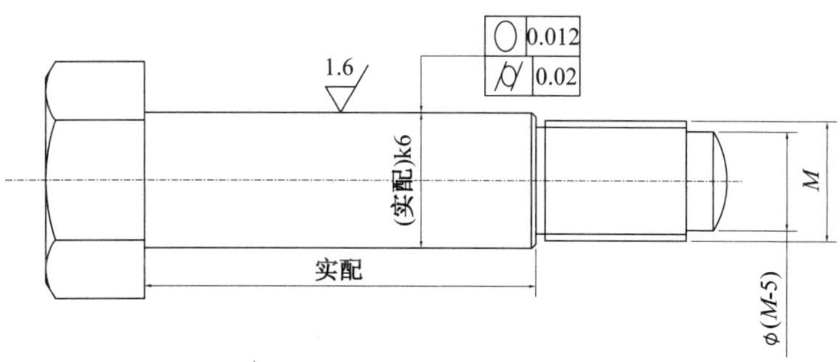

图 3.4.8 铰制孔螺栓示意图

3. 螺栓的安装

主机铰制孔螺栓的安装一般采用打入法。螺栓加工完成后，按编号用手锤轻轻打入螺孔，然后固紧，并采取可靠的防松措施，防松一般采用双螺母的形式。打入之前，螺栓和螺孔均需做好清洁，并涂上清洁的机油。

松配合螺栓如果有扭矩要求，则按设计要求的拧紧力矩，采用扭力扳手或拉伸器予以紧固。

固定螺栓安装时应从中间开始向前后方向扩展，且应依对角线方向逐渐扳紧，以防止机座变形。

【工作任务】3.4.2　环氧树脂垫片

环氧树脂垫片由环氧树脂浇注料、固化剂和脱模剂等制成。其主要特点为：室温下黏度低、流动性好、能填平安装面上的不平之处，浇注过程中物料不沉淀，固化后不分层，外观均一，性能稳定，耐油，耐海水，机械性能好，对金属无腐蚀性等。近些年来，环氧树脂垫片在主机安装中已经广为采用，与金属垫片相比，除可省去费时费力的机械加工和拂磨工作外，还有减少船体振动和吸收噪声的作用。需要说明一点，在同一台主机上，钢质垫片与环氧树脂垫片不允许混合使用。

环氧树脂垫片的厚度一般在 15 ~ 50 mm 之间，较适宜的厚度应选择为 25 ~ 35 mm。环氧垫片的面积一般应大于 130 cm^2，而其边长一般应为 10 ~ 60 cm。环氧树脂垫片如图 3.4.9 所示。

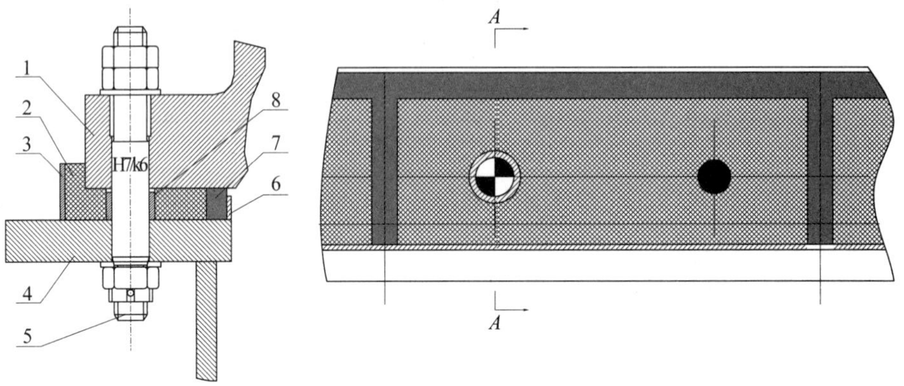

(a)　　(b)

1—主机机座；2—环氧树脂垫块；3—前挡板；4—船体基座；
5—紧固螺栓和螺母等；6—后挡板；7—泡沫塑料条；8—套圈。

图 3.4.9　主机环氧树脂垫片示意图

图 3.4.10 所示为某船环氧树脂垫片布置示意图。

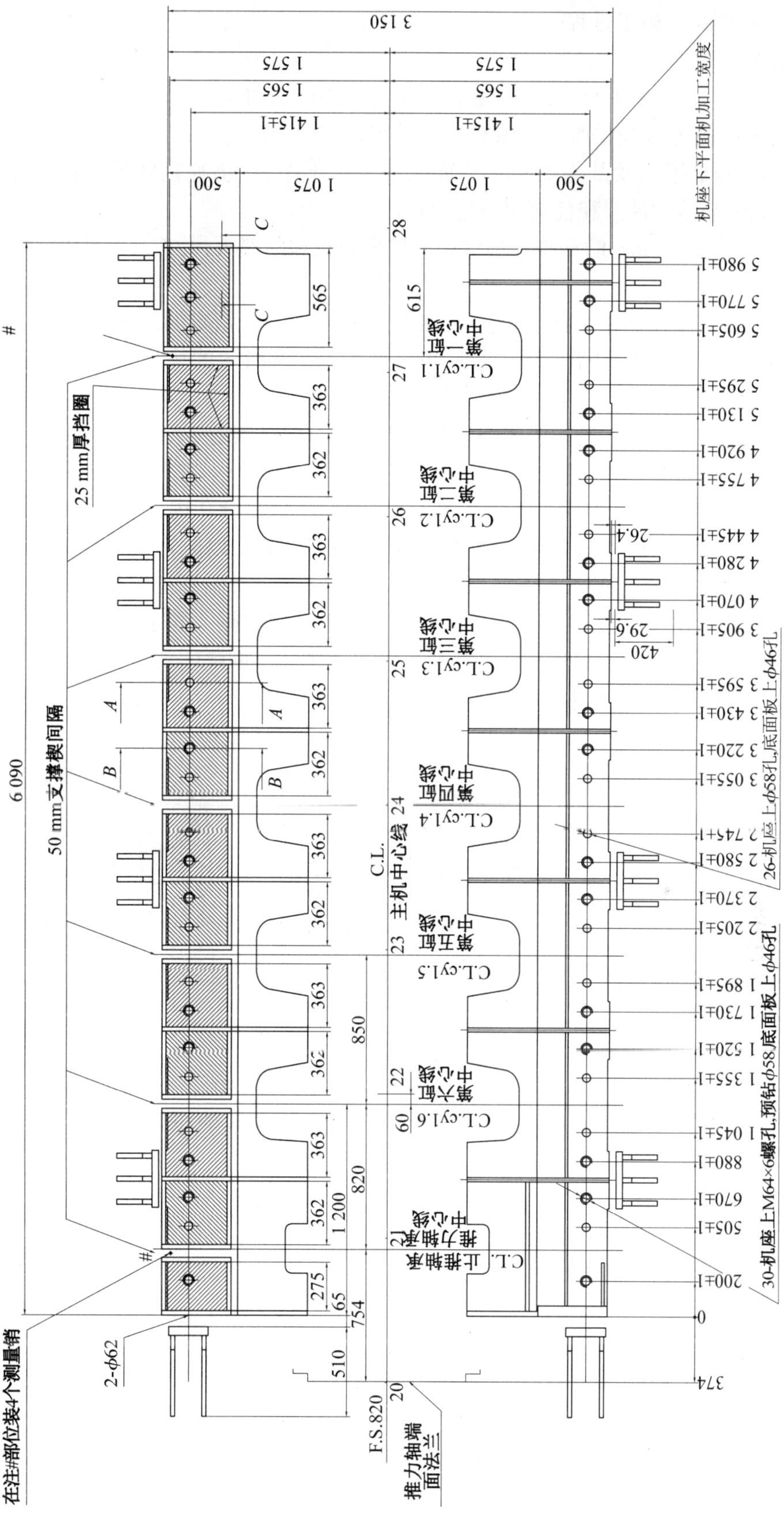

图 3.4.10 某船主机环氧树脂垫片布置示意图

1. 环氧树脂垫片施工过程

(1)准备工作

①轴系对中及曲轴的挠曲度测量数据应符合有关标准和要求。

②机器两侧止动块座的焊接及其他主要的焊接工作应该完成。

③机器座板底平面及基座面板上平面全部清洁干净,在垫片接触的表面应无任何油脂、油迹、锈斑、剥落的油漆和任何应力集中点。

④用厚度为2~3 mm的铁皮或扁铁制成槽形挡板和前挡板,并按环氧垫片的位置点焊在基座上。

⑤将柔性的泡沫切割成比环氧垫块的厚度高出5~6 mm相应的泡沫条,然后塞入机器座与基座平面之间,并紧密贴合上下平面,形成如图3.4.9所示的垫片模框,浇注模框的四周缝隙处用密封胶泥堵塞,以免浇注时泄漏。如图3.4.10所示。

⑥浇注环氧树脂之前,还需要考虑底脚螺栓和调位螺钉问题。图3.4.11所示为普通底脚螺栓和定位螺栓的解决方案。

如图3.4.12(a)所示,将泡沫管条(或木塞)插入底脚螺栓孔内,完全插入后检查泡沫管条是否有凹陷不平处(在机器座及基座之间),若有需纠正,以防环氧树脂泄漏。当树脂固化后,螺孔内光顺整齐,便于塞入底脚螺栓。如有调位螺栓,应先把定位螺栓孔及螺栓预配好,然后将螺栓装入到位,在环氧树脂未浇注前不可上紧螺帽。在定位螺栓的表面(在机座与基座之间)包覆一层薄的泡沫条或者喷专用脱膜剂,以便在环氧树脂垫片固化后能将定位螺栓取出和防止应力集中。如图3.4.12(b)所示。

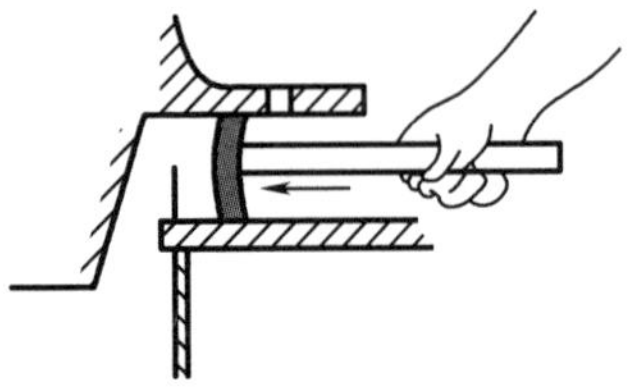

图3.4.11　塞入泡沫条

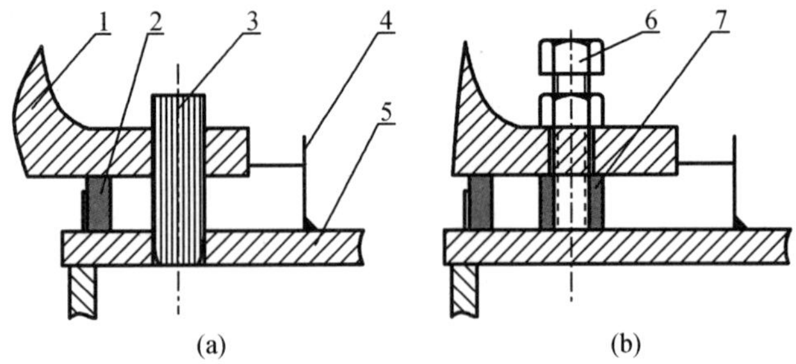

1—机脚;2—泡沫围板;3—木棒;4—坝板;
5—基座面板;6—定位螺栓;7—薄泡沫条。

图3.4.12　普通底脚螺栓和定位螺栓

紧配合的底脚螺栓,其铰制孔可在浇注之前预先铰好,并将与螺栓头及螺母接触的基座面板相关区域锪平,以免底脚螺栓受额外的弯应力,而加工好的铰制孔螺栓可以在浇注之前直接装入螺栓孔内,并外涂油脂防粘,如图3.4.13(a)所示。如果在浇注后拂配,应在拂配孔位置装拂配螺栓导管并用木塞固定,如图3.4.13(b)所示。

⑦两块垫块之间,机座边缘处设置测量销,销顶为半球状,顶点距机座下平面0.5~1 mm,每边设置3~5个,视具体情况而定。测沉螺钉如图3.4.14所示。

⑧模框内所有与环氧树脂垫片接触的表面喷涂脱模剂。便于环氧树脂固化后移去挡板,防止黏结。另外,近年来某些环氧树脂制造厂推荐在主机就位前,向主机底座及船体基座平面上喷涂较厚的无机富锌底漆,以保证将环氧树脂垫片与主机、船体隔离。

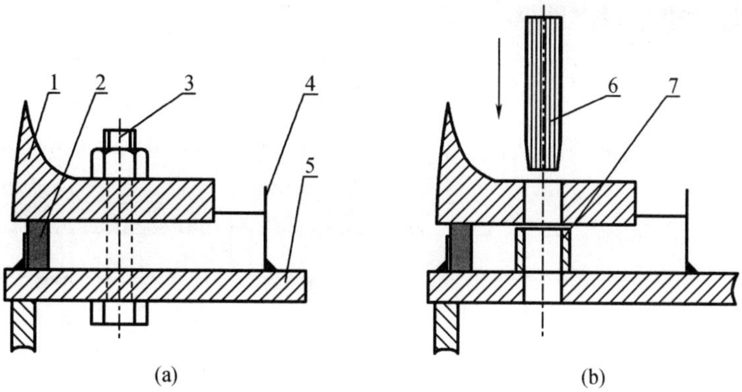

1—机脚;2—泡沫围板;3—紧配合螺栓;4—坝板;5—基座面板;6—木棒;7—拂配螺栓导管。

图 3.4.13 紧配合螺栓

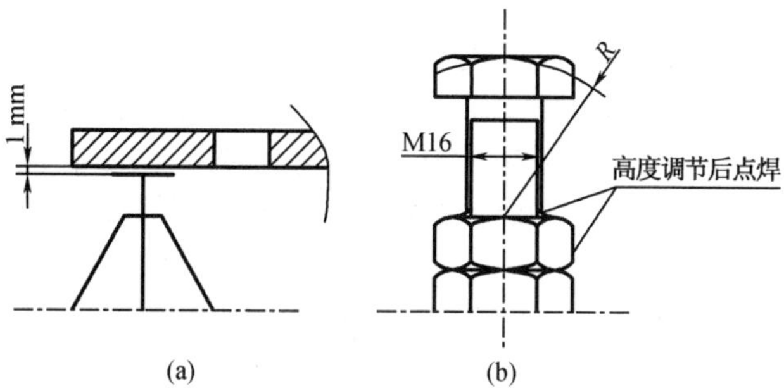

图 3.4.14 测沉螺钉示意图

⑨将最后的对中、曲轴挠度及下沉间隙测量结果记录在案,便于对照和查证。

(2)浇注

①浇注前应备有足量的环氧树脂在机舱里,在清洁机座、围海绵、混合及浇注过程中,应保持周围环境无打磨、电焊气割等工作的进行。

②根据技术样本上的温度/厚度关系曲线图所显示的相应固化剂用量,将固化剂倒入桶内,注意:必须按要求准确倒入固化剂的用量(切记不可将剩余固化剂累积在一起使用,这样将会引起混合比例的错误,导致质量事故)。当垫片厚度和环境温度达到曲线图所示分层浇注处,需在现场服务工程师的指导下进行分层浇注。

③使用安装有搅拌桨叶的低速电钻(200 ~ 500 r/min)进行搅拌,搅拌时桨叶必须全部埋入树脂中,不得露出液面,以防空气混入,搅拌 2 ~ 3 min,直到桶内的环氧树脂全部混合均匀,然后静置 2 min 以排出空气,之后即可开始浇注。

④混合均匀后的浇注料应尽快进行浇注,浇注时准备一块淌板,淌板与模框平面成 45°角。应从垫块较低的一端开始浇注,以便将模框中的空气排出。倒入时应选择在浇注槽口的最低点缓缓倒入,直到液面升至浇口高度为止。浇口高度一般比垫块厚度高 25 ~ 30 mm。如图 3.5.15 所示。

⑤同时,做两只 50 mm × 50 mm × 50 mm 的试样。

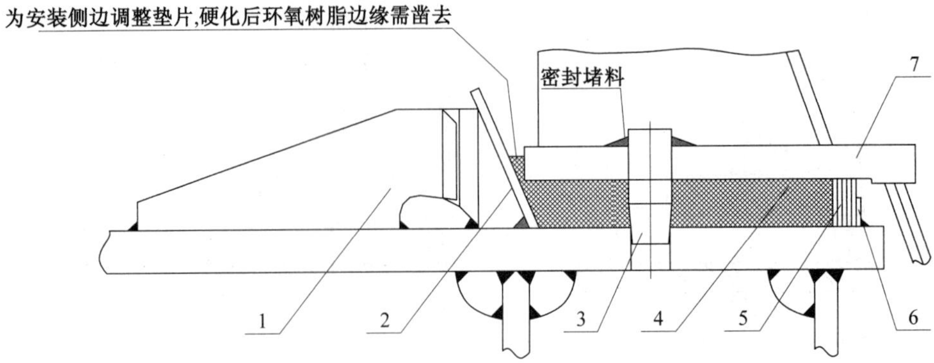

1—限位器支座;2—淌板;3—木塞;4—环氧树脂垫块;5—泡沫条;6—槽形挡板;7—主机底脚。

图 3.4.15　环氧树脂垫片的浇注

(3)固化

①完全固化的时间为 24 ~48 h,取决于当时的环境温度。当环境温度低于 13 ℃时,为了加速固化时间,需要使用热风机或红外灯加热,使环境温度升到 13 ℃以上,保持6 h,再在环境温度下固化 48 h;若环境温度在 13 ~20 ℃,固化时间为 48 h;若环境温度为 20 ~30 ℃,固化时间为 24 h(此温度为最适宜于浇注的环境温度);若环境温度较高,在 30 ℃以上,浇注工作应在晚间或清晨进行。

②完成固化前,在船上应停止一切能引起较大振动的工作。

(4)后续工作

①将泡沫管条(或木塞)从螺孔中取出,以便放入底脚螺栓。

②将定位螺栓放松并取出,机器质量完全由环氧树脂垫片所承受,将底脚螺栓塞入螺孔并准备上紧。

③将所有的底脚螺栓采取用扭力扳手或液压拉伸器上紧,具体方法和技术要求参考主机生产厂家提供的计算书,也可以按照下面的公式计算紧固螺栓的张紧力 P 和紧固扭矩 M:

$$\begin{cases} P = \dfrac{350A - W}{n} \\ M = \dfrac{0.2Pd}{1\ 000} \end{cases} \tag{3.4.1}$$

式中　P——紧固螺栓张紧力,N;

W——主机所受重力,N;

A——环氧树脂垫片的总面积,cm^2;

n——机座紧固螺栓数量;

M——紧固螺栓扭矩,N·m;

d——螺栓直径,mm。

④测量并记录机器的对中情况,及从测量销用塞尺测量垫片的压缩量。

⑤移去前挡板,磨去浇注口的上端尖角,并清除整理垫片四周。如果在机器垫块周围有烧焊工作,应用防火布覆盖环氧树脂垫片表面,以防环氧树脂烧熔。

⑥用试样进行硬度试验并向船东、船检报验。巴氏硬度 >35、抗压强度 >93 N/mm² 即合格。

2. 环氧树脂垫片浇注注意事项

(1)由主机质量引起的载荷和螺栓安装时引起的张紧力载荷均会使环氧垫片压缩，压缩量一般可考虑为垫片厚度的千分之一，机器对中时需加以考虑。

(2)在环氧树脂浇注期间，柴油机所有缸的下面的支撑必须全部受力。

(3)浇注前应准确测量基座各点的温度及机舱温度，然后严格按生产厂的规定加固化剂。各生产厂均提供固化剂投入量曲线或表格，它与垫片厚度、钢板温度有关，实际还应根据环境温度、机舱及浇注部位有否冷(热)风供应、垫片的散热条件等作小量调整，一旦确定，不应在浇注过程中改变。

(4)冬天浇注时，为保证一定的流动性及固化速率，必须加热。加热应缓慢进行，至少12 h。故应要求在前一天开始加热，加热时可将铁罐放置于专用的保温箱中，通以热风，但热风温度不应过高，且要不断变换铁罐位置，务使加热均匀，不过热。如罐受热过高，会使环氧树脂变质、硬化。由于轻度的变质不易觉察，故在加温时必须十分谨慎。

(5)罐内环氧树脂只能倒出，桶边及底部的残余物料应弃之不用，以免成分不均匀。

(6)最好一次完成全机浇注。若有数小时间断，则应至少浇完一侧才停止。

(7)环氧树脂的搅拌和浇注速度控制应由受过培训的专业人员进行。

3. 螺栓孔和螺栓的加工

如果使用环氧树脂垫片，其松配合螺栓孔可在主机基座拉线时钻出，紧配螺栓孔在主机定位之后配钻、配铰。

4. 止推装置的设置

由于环氧树脂垫片与主机和船体的接触状态不同，摩擦系数以及内应力等有较大的不确定性，另外环氧树脂的弹性模量比较小，不到铸铁的1/10，会对主机形成一种弹性的支撑。因此，在进行主机安装设计时，必须考虑轴向和侧向止推问题。目前常规做法是：在主机后端采用拉紧螺栓及铁楔块解决轴向止推问题，用两侧的铁楔块解决侧向止推定位问题。止推的布置设计一般根据柴油机厂家的要求进行。图3.4.16所示为某船止推布置图。

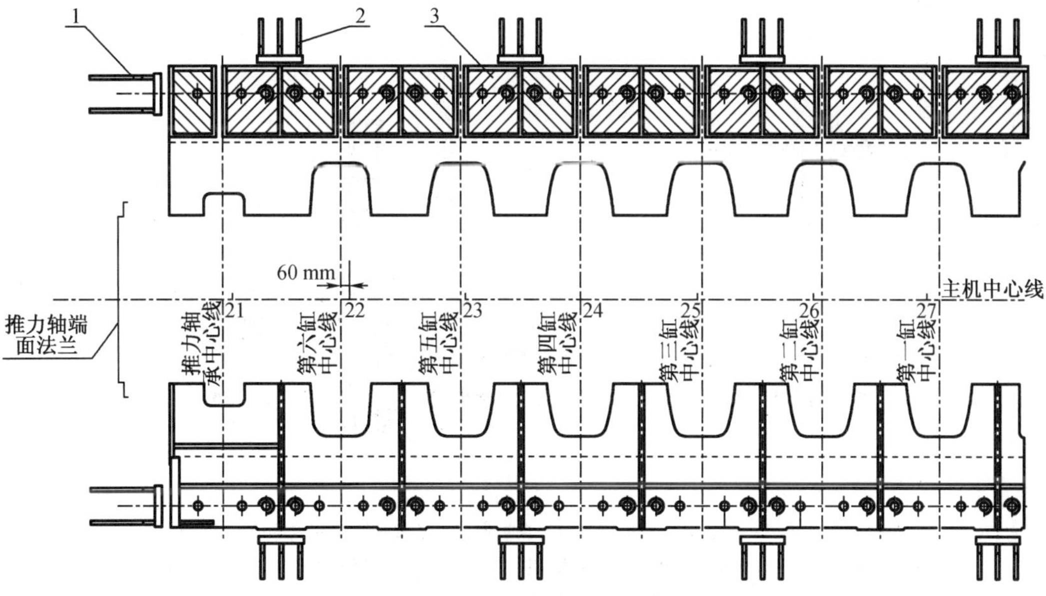

1—轴向止推；2—侧向止推；3—环氧树脂垫片。

图3.4.16　某船止推布置图

图 3.4.16 所示的主机配备有 2 只轴向止推(零件 1)和 8 只侧向止推(零件 2)。

轴向止推如图 3.4.17 所示。

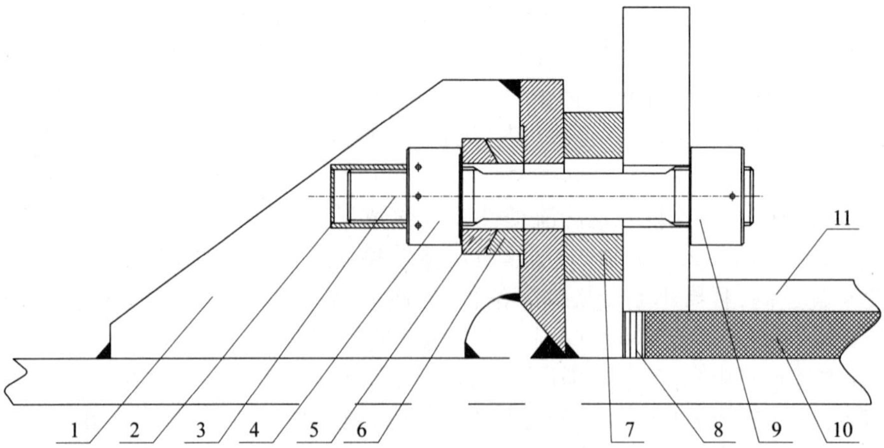

1—轴向支撑;2—保护帽;3—端部支撑螺栓;4—圆螺母;5—球面螺母;6—球面垫圈;7—楔铁;8—泡沫挡圈;9—圆螺母;10—环氧树脂垫片;11—主机机座。

图 3.4.17　轴向止推示意图

地脚螺栓紧固完成后,进行端部支撑垫块与主机机座端部加工面的拂配,其接触点每 25 mm × 25 mm 应不少于 3 点,接触面用 0.05 mm 的塞尺插入深度不大于 10 mm,局部不大于 15 mm。然后用主机厂提供的专用液压拉伸器均匀地紧固支撑螺栓,紧固前应保持各接触面清洁,并涂上一层油脂。垫块插入时要对准,左右同时推入。

侧向止推如图 3.4.18 所示。

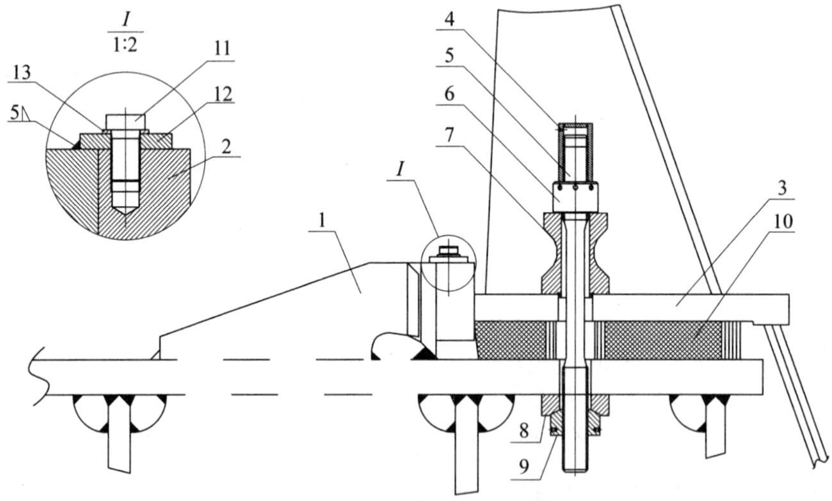

1—侧向支撑;2—楔铁;3—主机机座;4—保护帽;5—地脚螺柱;6—螺母;7—定距管;8—球面垫圈;9—球面螺母;10—主机基座面板;11—螺钉;12—侧向支撑锁紧块;13—垫圈。

图 3.4.18　侧向止推及底脚螺柱总成

轴向止推安装完成后进行左、右侧支撑垫片与主机机座侧加工面的拂配，用色油检查，要求每25 mm×25 mm应不少于3个触点，拂配后接触面用0.05 mm的塞尺插入深度不大于10 mm，局部不大于15 mm。安装支撑垫块时应左右对称从艉向艏同时推入，然后予以固定。为便于拂配，止推座和楔铁结合面有1:100的斜度。

应该注意的是，在楔块位置处，应确认楔块不接触环氧树脂，否则楔块不能起到侧向止推作用，并挤压环氧树脂垫片，十分有害。

侧向楔形垫片需可靠固定，其固定方法有两种：

(1)加装定位螺钉(图3.4.18局部放大图*I*)。

(2)将楔形垫片直接与压板点焊，然后再将压板与侧推架的顶面点焊。

另外也有船厂在中小柴油机安装中采用了紧配螺栓方案，为安全起见，所采用的紧配螺栓的数量比规范规定的多了一倍，即总数的30%左右。Sulzer机在用金属垫片时，传统设计是用金属边楔块解决侧向定位，用后部的若干紧配地脚螺栓解决轴向止推。在主机用环氧树脂支撑垫片时轴向止推改由推力架承受。如图3.4.19所示。

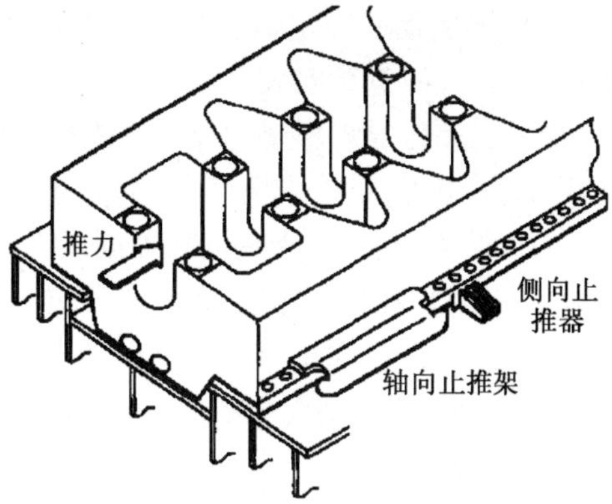

图3.4.19 RTA52U轴向和侧向止推

【工作任务】3.4.3 主机在隔震器上的安装

传统的船舶主机安装多采用刚性安装，如矩形垫片，劳动强度大，工期长。现在，在一些中、小型船舶上，各种隔震器也开始使用。船舶主机在隔震器上安装属于弹性安装，可以有效隔离柴油机的振动传递，降低船体的振动和噪声，又能防止外界的冲击、振动影响到船舶主机，而且施工难度和工期也有所降低和缩短。

1.隔震器的安装工艺

目前，用于船舶主机安装的隔震器主要有钢丝绳隔震器、金属弹簧隔震器和橡胶隔震器等。其安装工艺过程大致如下：

(1)为了满足各隔震器受力均匀的要求，安装之前必须测定隔震器的刚度，以得到各轴在额定负荷时的实际变形值，安装时按变形值的大小顺序将隔震器沿轴线布置，使相邻及相对的隔震器在工作时的变形值尽量接近，并且刚性大的隔震器应当安装在主机质量较大处。

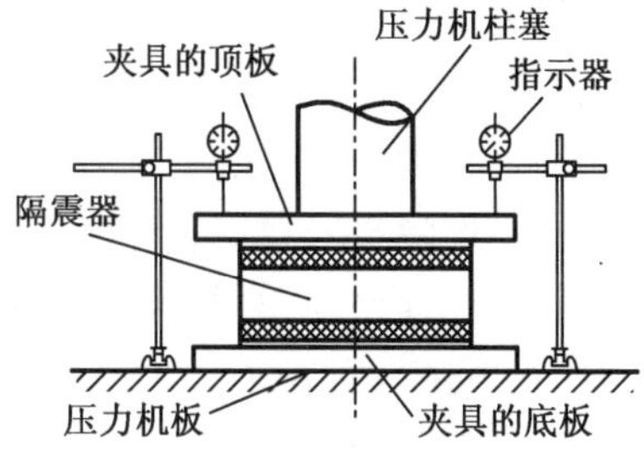

图3.4.20 隔震器压缩试验

图3.4.20所示为测量隔震器的刚度试验。

(2)安装前还应检查各隔震器的质量证书是否齐全，外观有无损伤，尤其是要关注橡胶隔震器的橡胶与金属件之间的粘接是否牢靠，是否有剥离现象。

(3)安装隔震器的基座面板表面必须进行加工,其平面度偏差不大于0.1 mm,水平,不允许有倾斜度(安装特殊隔震器时除外),这与使用矩形垫片时需要一定的倾斜度完全不同。面板平面度和水平度的加工可以采用焊接固定垫片之后拂磨其上平面的方式,以降低成本和工作量,固定垫片一般使用Q235A,厚度为10~20 mm。

(4)将隔震器按安装图放在基座上后,检查隔震器与基座支撑面的贴合情况,要求0.1 mm的塞尺插不进,个别地方允许插入小于0.2 mm的塞尺,但插入范围不得超过隔震器底面周长的35%,其深度不得超过20 mm。

(5)隔震器的固定螺栓采用普通穿螺栓,无须铰孔,其螺栓孔的画线和钻孔可以在轴线确定之后、主机进舱安装之前进行。因为很多隔震器的底板螺栓孔可能会落在主机机身下方,如果仍如普通矩形垫片那样在主机定位之后钻孔,则钻孔时,钻头和钻机会受到主机的妨碍,无法施工,需将主机移开,费工费时。

(6)设备安装时,先将隔震器固定在主机底脚上,并在基座上设置调位工装,再将主机吊装于调位工装上,调整主机至规定的位置,此时隔震器是自由状态,测量出隔震器下平面与主机基座面板平面之间的距离,加上事先测得或计算所得的压缩量,所得数值即为所需调整垫片的厚度值,然后交机加工车间加工,最后将加工好的调整垫片垫入。此垫片一般不需要拂磨。

使用取样模板测量调整垫片厚度时,取四角高度的平均值即可。

调整垫片材料一般可采用Q235A。

(7)当隔震器安装完毕,螺栓紧固以后,尚需检查隔震器底板下平面与基座面板、调整垫圈的上、下平面和与之接触平面之间的接触情况,要求0.05 mm的塞尺插不进,局部地方允许插入0.05 mm,但插入范围总和不得超过接触面周长的2/3。

(8)最后在主机周边安装限位器。安装限位器的目的是避免主机出现过大的晃动,从而保护主机,也防止主机管路、电缆的接头松脱或损坏。限位器的刚度应比主隔震器的刚度大一个数量级。安装限位器时,其与主机之间的间隙要保证在正常工况下不与机器发生接触。

限位器通常是用螺栓将橡胶板固定在一块焊接在船体结构上的钢质支撑板上制成的,或者在主机地脚上安装过渡机座,然后在过渡机座下设置支撑隔震器单元,在过渡机座侧面设置横向和纵向限位隔震器单元,用于限制主机在横向和纵向上的较大位移。

需要注意的是,安装分布在各个不同方向上的隔震器时,应先安装承受被隔振设备质量的支撑隔震器,待支撑隔震器安装两昼夜后,才能安装配置在其他各方向的止推(限位)隔震器。止推隔震器的安装工作也可以在被隔振设备安装在支撑隔震器上之后立即进行,前提是支撑隔震器在安装前已承受不少于两昼夜的额定静载荷,周围环境与被隔振设备之间的非支撑连接件(如挠性接管等)须待该设备在支撑隔震器上定好位,并待止推隔震器安装好后,再进行安装。

2. 安装隔震器应注意的问题

(1)主机与周围物体间应有一定的距离,以免设备振动时发生不必要的接触,在启动和停车时,主机振幅尤其大。

(2)隔震器的全部紧固螺栓都应有可靠的防松措施。

(3)使用橡胶隔震器时,机身应接地,一般采用在机脚螺栓处安装接地铜片的方式,接地铜片按照规范进行选取。

(4)与主机相连接的管路和电缆应采用挠性连接,以免接头松脱甚至损坏,带来不必要的损失。

(5)使用橡胶隔震器时,要注意防止油质、易燃物等物质污染及损伤隔震器的橡胶件。

(6)主机安装在隔震器上,机器本身的振动会有所提高,尤其是在启动和停车时,为避免安装在主机仪表盘上的仪表的接头松脱,也为了观测方便,最好是将仪表盘从主机机身上拆下,重新安装在刚性的船体结构上,如机舱顶棚和支柱等。

(7)另外,根据经验,新的橡胶隔震器在使用一段时间之后,压缩量会有一定程度的加大,主机会发生沉降,因此在系泊试验和航行试验之后,均应复查主机的对中和沉降情况,这可以通过在主机船体基座上安装测沉螺钉来实现。需要注意的是,测沉螺钉与主机之间的距离应保证在任何情况下螺钉均不与主机发生接触。

当主机发生沉降需要抬高时,如果是高度不可调的钢丝绳隔震器和一般的平板隔震器,可以采取增加相应厚度的钢质垫片,加垫片时,需要顶起主机,拆除主机地脚螺栓或隔震器底板螺栓,比较麻烦,劳动强度也比较大;如果是高度可调的隔震器,如图 3.4.21 所示的 VULKAN 公司生产的 WVIS – MD 型隔震器,当需要调整主机高度时,只需将六角螺母向上拧出即可,不需要增加调整垫片或更换调整垫片,调整起来非常方便,而且精确。此款隔震器可调高度为 ±5 mm,足以满足需求。其他隔震器厂家也有类似产品。

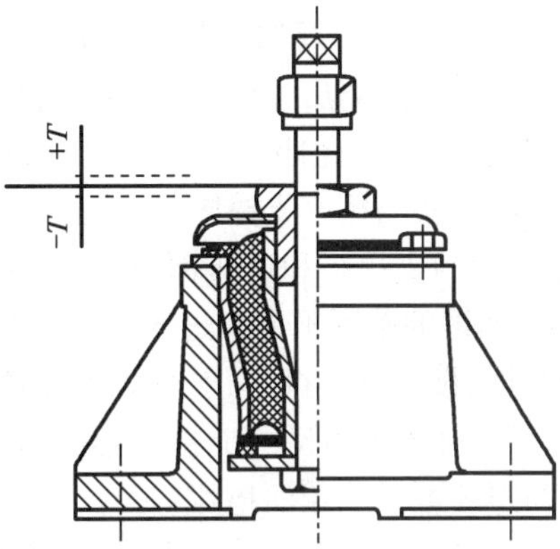

图 3.4.21　高度可调的隔震器

3. 螺栓孔和螺栓的加工

如果使用弹性支撑,主机紧固螺丝一般为穿螺栓,不需要铰孔,钻孔工作可在轴系拉线时,根据轴系理论中心线在基座面板上画出螺孔线,然后将孔钻妥,此时主机尚未进舱。当然也可以将钻孔工作安排在主机定位之后,但这样做有可能需要将主机移开,因为部分螺栓孔可能会被主机遮挡。

钻孔的具体工艺与矩形垫片相同。

【工作任务】3.4.4　其他类型的垫片

1. 双联圆形斜面垫片

双联圆形斜面垫片由上、下两块组成,如图 3.4.22 所示。

其结合面为斜面,斜度一般做成 1:20。垫片直径一般为 80 ~ 150 mm,上块直径比下块小 10 ~ 20 mm。安装时相对转动上块与下块,可调整垫片下平面的斜度,以适应机座支撑脚下平面对基座上平面的倾斜。将上、下块轴心线进行适当的相对移动(以上、下块的边缘重合为限),可少量调整垫片的总厚度。

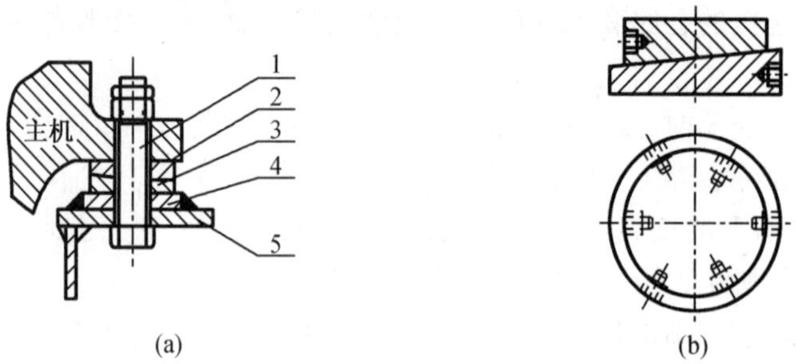

1—紧固螺栓和螺母;2—上斜面垫片;3—下斜面垫片;4—固定垫片;5—基座。

图 3.4.22　双联圆形斜面垫片结构

垫片是预先做好的,仅上块的上平面留加工余量,待测出螺孔处机座支撑脚下平面与基座上平面的距离后,准确加工上块厚度,即可进行安装。

安装垫片时,凭摇动上块时手的感觉来确定上块与机座支撑脚下平面的空隙位置,或用塞尺测上块与机座支撑脚的空隙位置确定上、下块相对转动的方向,最后要求达到垫片上、下平面与支撑脚和基座面贴合,用 0.05 mm 塞尺沿圆周接合面插不进,局部允许插进 30 mm,插进的范围不能超过 30 mm。垫片安装前,上、下块平面应用锉将毛刺锉去。安装、检验合格后,用点焊将上、下块固定在基座上,防止移动。振动大的柴油机建议不采用这种垫片,因为强烈的振动可能将点焊撕裂,进而使垫片移动、失效。

2. 螺纹可调节球面垫片

螺纹可调节球面垫片由上、下块和座圈组成。上、下块的结合面是球面,安装时利用球面调节主机底与船体主机基座面板之间的不平行度;下块与座圈用螺纹连接,可在一定范围内调节垫片的厚度;座圈上有止动螺钉,用于将调好的垫片高度定下来。安装后用 0.05 mm 塞尺在上块平面和座圈下平面四周进行检查,插入宽度不得超过 30 mm。这种垫片一般是预制或者市购,按底脚螺栓直径、高度范围及承重能力进行选用,可减少垫片的拂配工作量。但是因为球面及螺纹配合要求较高,制作成本较高,主要应用于小型船舶主机以及辅机的安装。

图 3.4.23 所示为 SKF Vibracon 可调心垫片。该垫片具备自水平结合高度调节功能,可填平机器和安装底座之间的不平角度,而无须对底座进行机加工或额外安装调整垫块。

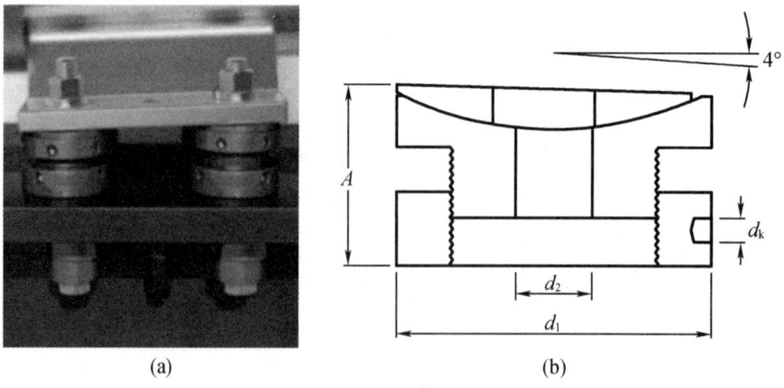

图 3.4.23　SKF Vibracon 可调心垫片

【子项目】3.5 大型低速柴油机的安装

【学习目标】

1. 知识点

(1)了解大型低速柴油机的解体安装工艺过程和技术要求;

(2)掌握机座定位方法和技术要求。

2. 技能点

(1)掌握主机机座上平面检查方法;

(2)具备测量曲轴臂距差和主轴颈下沉量的能力,并能对测量结果进行分析、处理。

【相关知识】

大型低速柴油机在船上安装时,工艺上除了考虑一般柴油机的安装方法和要求以外,还需考虑柴油机的尺寸、质量以及船厂的起重能力。根据起重能力的大小,大型低速主机在船上的安装可以采用部件在舾装码头组装,然后整机吊装上船安装;或者部件分别吊装上船,然后在船上组装。整机吊装和中高速柴油机的整体安装工艺基本相同,这里着重介绍部件船上组装(即解体安装)这种方式。

大型低速柴油机的解体安装工艺包括:按吊运能力将柴油机分解成若干部件,并吊运上船;机座在船上找正定位;部件的总装。其中,解体工作一般在柴油机生产厂家完成,需要在船厂完成的主要任务是机座的找正、固定以及部件的总装。

【工作任务】3.5.1 机座在船上的安装

机座的定位安装十分重要,它是主机其他零部件安装的基础。机座的安装工作主要包括主机基座准备、机座吊装、机座定位以及机座固定。另外,大型低速主机机座定位时,除了满足与轴系的校中要求以外,还必须对机座上平面的平面度和曲轴后的臂距差进行测量和调整,使之满足相关图纸文件的技术要求。

1. 主机基座准备

大型低速柴油机的基座形式如图所示。大型低速柴油机船体基座的准备工作以及技术要求主要有以下内容:

(1)基座在机舱中的位置

基座在机舱中的位置需符合技术图纸和文件的要求,基座在船长方向上以肋位为基准,在造船放样时就已标出主机曲轴输出端法兰端面在船体艉纵剖面线上的位置,左右方向以轴系理论中心线为基准(单机单桨即以船舶艉纵剖面线为基准),高度方向以船舶基线为基准。

(2)基座上平面的技术要求

对基座上平面的技术要求视垫片材质而定。

大型低速机的垫片常采用钢质或铸铁的矩形垫片和环氧树脂垫片。

如果采用矩形垫片,基座面板上平面需要加工以保证其平面度和表面粗糙度。为达到此目的,可以使用专用铣床对基座面板进行铣削加工,或者采用焊接固定垫片的方式。固定垫片在安装前，需对基座面板上放置固定垫片处进行修平，要求固定垫片与基座面板贴合紧密，间隙≤0.1 mm。固定垫片焊妥后，需对其上平面进行拂磨以保证其平面度，用平板和色油检查，要求每25 mm×25 mm内有2～3个油点，接合面≥75%，0.05 mm塞尺不得塞入。为方便活动垫片的拂磨，固定垫片的上平面加工成具有1:100向外的斜度。另外，固定垫片安装之前，螺孔可以先钻好。

如果采用环氧树脂垫片，基座面板上平面无须加工，一般只做喷砂处理，将与垫片接触的面板上平面上的油脂、油迹、锈斑、油漆全部清除干净，另外，焊瘤等应力集中点也需修平。扁铁制成的挡板也应在机座进舱前装焊到位。

(3)螺栓孔位置的确定及加工

大型低速机一般选用松配合螺栓。螺栓孔位置在轴系拉线时根据轴系理论中心线确定，工艺与整体安装相同。螺孔位置确定，并经核对准确无误，纵向尺寸累积误差不大于2 mm之后，即可使用风钻进行钻孔，也有采用气割方式的。

螺栓孔尺寸精度要达到图纸要求，内孔表面粗糙度 *Ra* 25 μm，圆度和圆柱度误差不大于0.5 mm，内孔及端面需去除毛刺。采用气割方式时，切割后，孔的内壁和上、下平面应进行打磨并去除熔渣。

(4)其他工作

调整主机横向、纵向位置的调位螺钉是有支座的，机座吊装之前，支座应按照之前根据相关图纸和实船测量数据得出的柴油机机座在基座上的位置予以定位并焊妥。

另外主机止推装置支座也应按照规定的位置焊妥。

2. 机座吊装

吊装准备工作非常烦琐，也非常重要，主要有以下几项工作：

(1)机座的下平面需做清洁并涂防锈油。

(2)吊装前检查机座吊装吊具的安装是否正确、可靠。

(3)木垫块、端部木垫块和侧向木垫块按要求摆放到位。侧向木垫块摆放在单面，前后各一块，机座落地前尽量靠拢侧向木垫块。

(4)楔铁块、千斤顶等调位工装和工具按照规定位置摆放妥当。

(5)吊机座前机舱所有可能影响机座吊装的管子、风管等全部拆除。

(6)吊装及配合人员按照预先安排好的位置就位。

解体安装时，机座的供货状态有两种，一种是机座，另一种是机座和曲轴组件。图3.5.1所示为机座曲轴组件的吊装。

在吊运机座时，必须保持机座与基座面板倾斜方向一致。机座吊入机舱后在机座四角螺孔穿入引导杆，对准基座螺栓孔就位于木垫上。利用之前放置在各个角上的找中螺钉或楔形垫块部分加载，调节其余的找中螺钉至柴油机机座，或调节楔形垫块使其接触到主机底脚。抽出木垫块。然后即可通过调位工具调整机座的左右、前后和高低位置。

吊运过程中，必须注意变形问题，而且要避免碰伤。

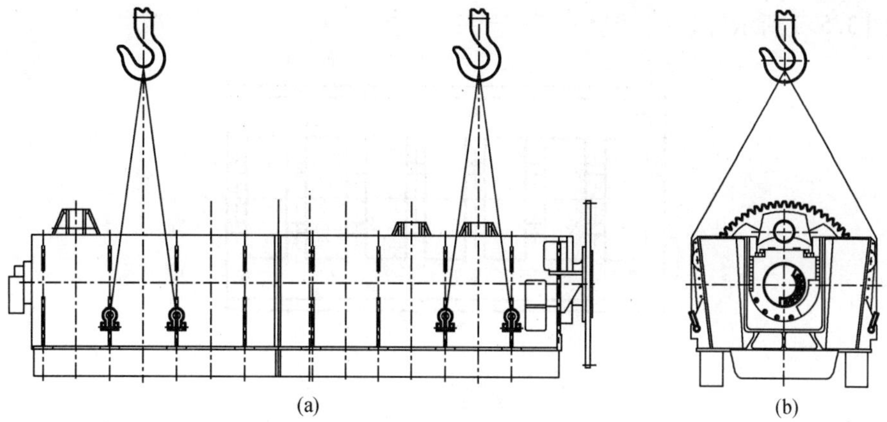

图 3.5.1 机座曲轴组件的吊装

3. 机座定位

主机机座的定位安装十分重要，它是随后主机其他零部件安装的基础。解体安装时，机座的供货状态有两种，一种是机座，另一种是机座曲轴组件。

如果是后者，机座曲轴组件整体吊装上船落在基座上之后，利用曲轴输出端飞轮进行校中。如果此时中间轴已经到位，可以按照法兰偏移值、曲折值进行校中，偏移值和曲折值的测量、计算详见轴系安装有关章节。偏移、曲折具体数值根据相关图纸文件，要么按照直线校中，要么按照合理校中；如果中间轴未到位，可在曲轴的输出端法兰上安装光学仪器，按照轴系的理论中心线进行定位。

如果是前者，可以在主机机座落位后，将曲轴吊装，装在机座上，然后利用飞轮进行校中，方法如前所述；也可以在曲轴未装入机座时，利用机座上的轴承孔按轴系理论中心线来定位机座，例如用拉线法。

校中方法详见主机校中有关章节。

4. 机座上平面的平面度测量

机座定位安装必须保证机座上平面的平面度，以保证机架、气缸体安装的正确。主机机座定位时、主机校中完成之后准备机浇注环氧树脂垫片之前均需要测量主机机座上平面的平面度。测量平面度的方法很多，有连通水槽法、光学仪器法和拉线法等。另外，很多厂家借助于测量机座上平面的扭曲度和直线度来检查平面度。

(1)连通水槽法

在机座平面上放置两个水槽，用连通管将两边连通，用千分尺测量平面度偏差。如图 3.5.2 所示。

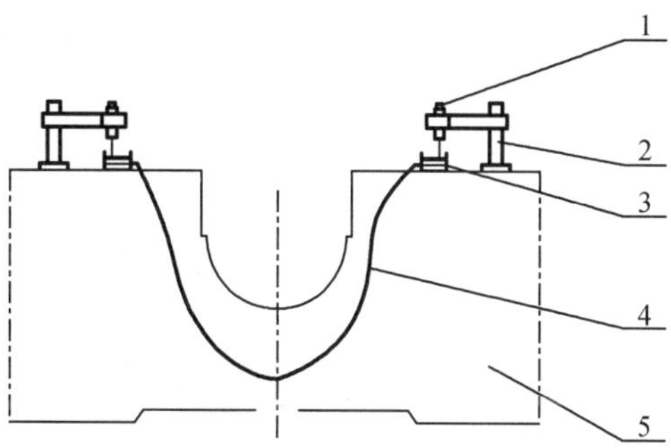

1—千分尺及测针；2—测量支架；
3—水槽；4—连通管；5—机座。

图 3.5.2 连通水槽法示意图

(2)光学仪器法

机座平面的平面度测量通常采用光学直角扫描仪。测量时，首先用三个基准光靶作目标，以确定基准平面，然后将其余的光靶放到被测量的检验点上进行测量，对各个被测量点上所测得的数值与基准平面的值进行比较，即可得出机座整个平面的平面度。如图 3.5.3 所示。

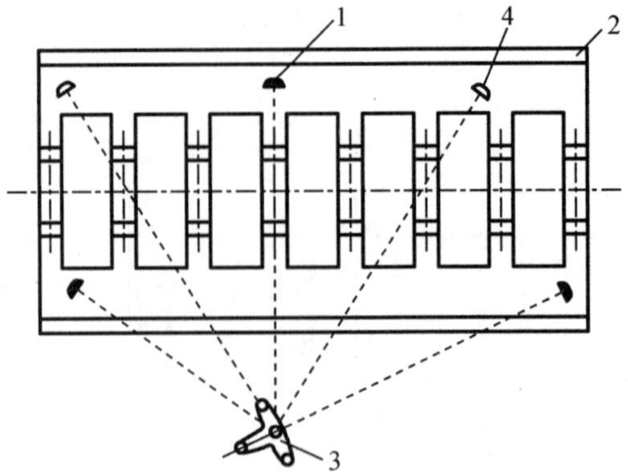

1—基准光靶;2—机座上平面;3—光学直角扫描仪;4—其他测量点。

图 3.5.3 用光学仪器测量机座上平面的平面度示意图

具体操作过程如下:

将光学直角扫描仪放置在机座外合适的位置,并分别在机座的三个角上设立三个等标高的基准光靶,而后调整仪器使它旋转扫描时,仪器的十字基准中心与三个光靶上的十字相重合(三个基准光靶的中心为机座上平面的基准面),这时仪器上的十字中心点已调整到三个基准光靶十字中心所组成的平面上,如此时望远镜的十字中心不能与光靶的中心等高,则表明该被测处与基准平面有偏差。旋转五棱镜的调节器,使望远镜上十字线中心与光靶中心等高,这时调解器上的读数便是与被测处平面的偏差值。如为正值时,表示被测点一侧高于基准平面;为负值时,表示被测点一侧低于基准平面。要求测量值应与台架测量值接近。当测量值大于偏差要求时,应将五棱镜调节器调到原值,对准光靶观察机座调整的量值变化,并调整该机座处的高度,直至测量偏差值小于要求。

(3)拉线法

在机座上平面四个角上的适当高度处假设有带滑轮的拉线架,然后拉四根琴钢丝,其中两根平行于机座主轴承座孔轴心线,另外两根是对角线。如图 3.5.4 所示。

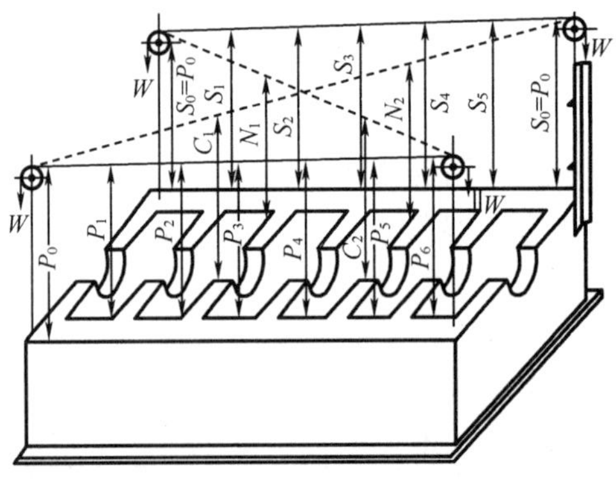

图 3.5.4 拉线法测量机座上平面的平面度示意图

在检测时先将图 3.5.4 中的 P_0 与 S_0 进行校准,使其相等,其偏差值控制在 0.02 mm 之内,并与出厂时记录值相符。然后以此两线为基准,测定机座左、右两边上平面的平面度。

检测 P_1 至 P_i 及 S_1 至 S_i 的值，将各值与记录值对照校核，如有不符，可通过调整机座下的垫片厚度予以修正。

(4) 主机机座上平面扭曲度测量

调平仪器推荐使用可调节的酒精水准仪或电子水平仪，其精度和分辨率必须高于 0.1 mm/m。测量程序如下：

①清洁水平仪放置处。水平仪放置位置一般是在凸轮轴侧最前和最后一个气缸单元的机座上接合面（加工面）或十字头导轨面上，或机架顶前后上平面上。某些机器，如 MC-C 或 ME 型柴油机，在第一个和倒数第二个轴承盖上平面进行了机加工，以便放置水准仪。如图 3.5.5 所示。

②在与前后方向垂直的横向位置上测量最前面气缸的倾斜度。

③与上相同，测量最后面气缸的倾斜度。

④两次测量结果相减。

如果是在下水之后测量，多次测量，然后取平均值。

也可以使用两台水平仪进行测量，将两台水平仪放在主机的前、后端的位置上，两个人同时读数，然后计算出扭曲值。测量前，两台水平仪需校准。

(5) 主机机座上平面直线度测量

主轴承的高低会直接影响到曲轴拐挡值，而主轴承的高低可以用机座上平面的直线度来反映。机座上平面直线度的测量可以使用拉线法、激光仪器法和连通水槽法。前两种方法介绍如下。

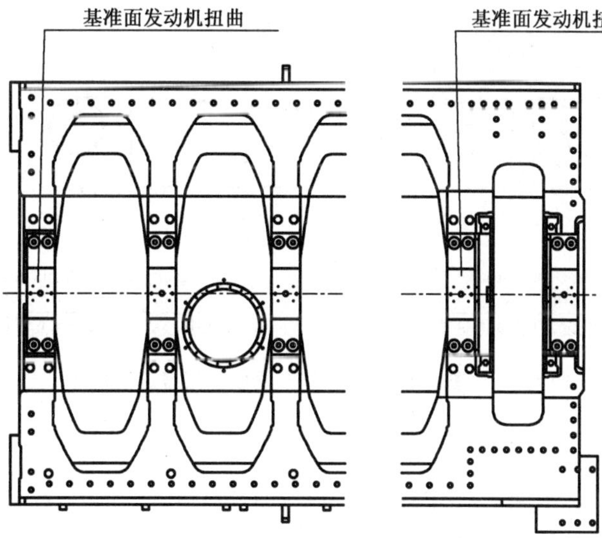

图 3.5.5 轴承盖上平面放置水准仪

①拉线法

图 3.5.6 所示为 MAN B&W 推荐的拉线法测量机座上平面直线度的示意图。

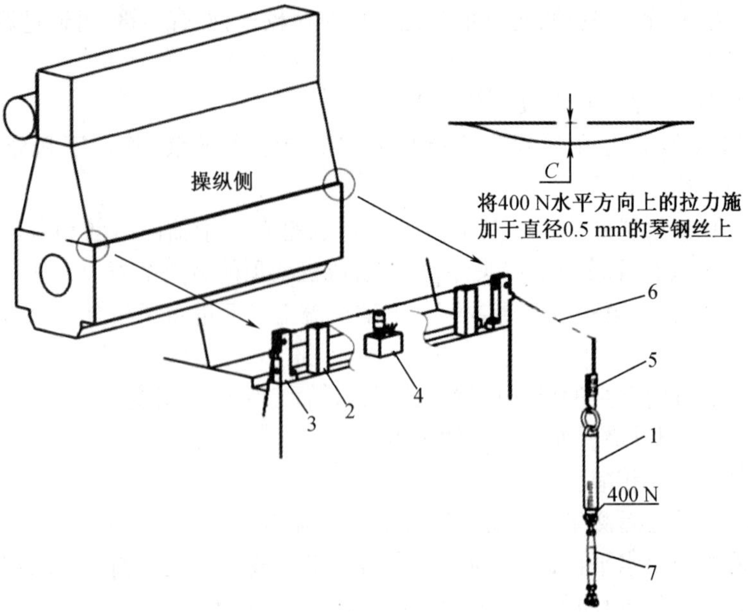

1—弹簧拉力计;2—参照量规;3—琴钢丝支撑立柱;4—螺纹千分尺;

5—琴钢丝系紧工具; 6—0.5 mm 琴钢丝;7—调节螺杆。

图 3.5.6　MAN B&W 推荐的拉线法测量机座上平面直线度示意图

拉线法原理如图 3.5.7 所示。

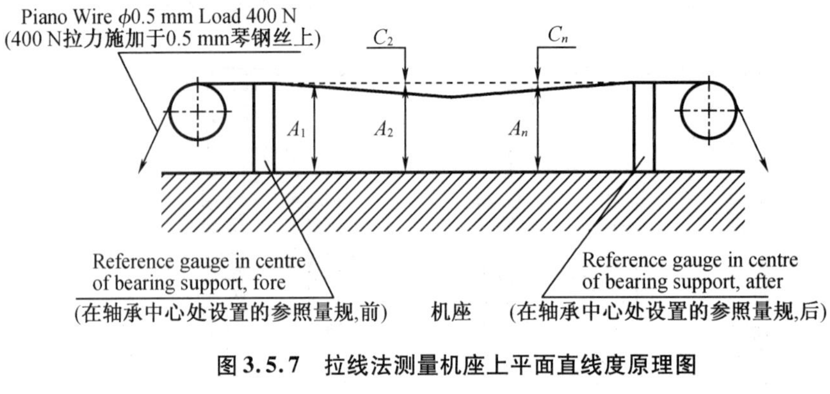

图 3.5.7　拉线法测量机座上平面直线度原理图

其工艺流程如下:

a. 用锉刀锉掉机座上平面的所有毛刺。

b. 在机座上平面前后端轴承支撑中心的位置,安装支撑立柱。

c. 在机座上平面前后端轴承支撑中心的位置,安装参照量规。

d. 用琴钢丝系紧工具将琴钢丝两端系紧,并分别将琴钢丝系到弹簧拉力计和支撑立柱的凹槽上。检查琴钢丝在滚轮上摆放的位置是否正确。拉伸琴钢丝并调整弹簧拉力计,使 400 N 的拉力施加于琴钢丝上。

e. 用螺纹千分尺测量“排气侧”和“操纵侧”的数值,首先尽可能靠近两端的参考量规,使下一步的测量工作有一个正确的参考标准。然后用螺纹千分尺对应检查每一个轴承支撑。如果机座在校中的程序之后被调整了,琴钢丝的测量工作必须重新检查。另外,也可以使用百分表进行测量,原理是一样的。

本程序要求在操纵侧(Man.)和排气侧(Exh.)均测量,而且两次在对应每一个轴承支撑中心的测量尽可能一致。

f. 将测量数据填入表格(表3.5.1),并进行计算。

表3.5.1 琴钢丝读数 单位:mm

轴承号	前端—后端							
	1	2	3	4	5	6	7	8
最大值	0.10	-0.11	-0.23	-0.29	-0.29	-0.23	-0.11	0.10
名义值	0.00	-0.19	-0.32	-0.39	-0.39	-0.33	-0.21	0.00
最小值	-0.10	-0.31	-0.43	-0.49	-0.49	-0.43	-0.31	-0.10
测量值	0.00	-0.20	-0.38	-0.34	-0.36	-0.31	-0.20	0.00

g. 将表3.5.1中的最大值、名义值、最小值、测量值按图3.5.8建立坐标,将各点标出、连线,所得曲线必须在最大值和最小值两条标准线内。

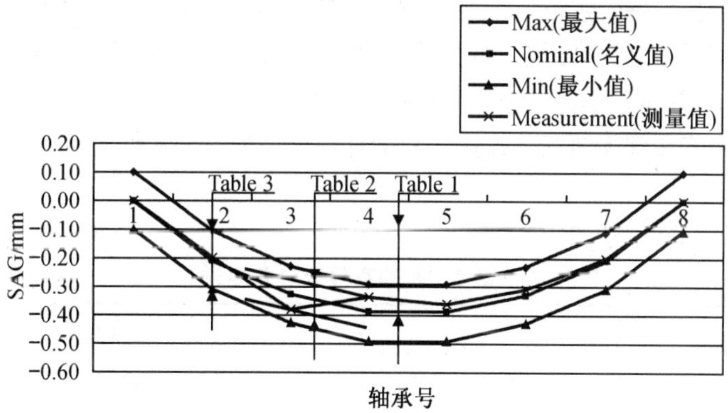

图3.5.8 下垂值(SAG)曲线图

图中Table 1是指名义值,Table 2是指相邻轴承之间相对于SAG曲线的最大偏差值,Table 3是指SAG曲线的最大偏差值,均由主机生产厂家提供。

上述测量结果是可以接受的(Table 2在界限内)。

在航海试验中,柴油机发热及船舶装载(最少是压载状态)通常使机座SAG低于上述数值,当船舶满载时,SAG通常有明显的降低,并且在某些情况下转变为上拱(HOG)。请注意,作为校中的SAG在航海试验时可能会超差,在船舶运行时HOG和SAG都可能超差。

②激光仪器法

图3.5.9是MAN B&W推荐的用激光测量机座上平面直线度的示意图。

其基本原理是使用激光测量各点相对于基准的高度差。

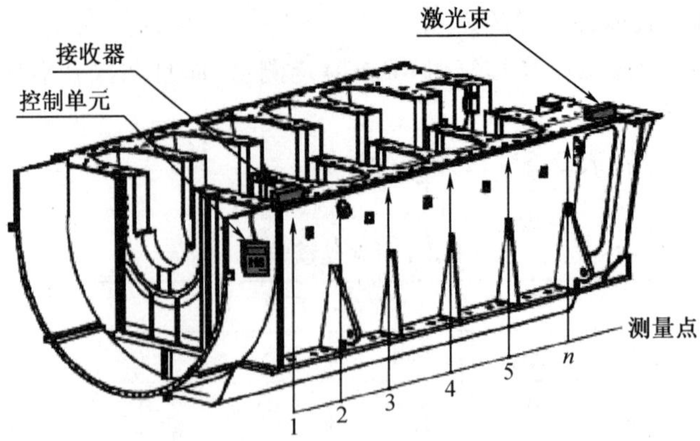

图 3.5.9　MAN B&W 推荐的激光测量机座上平面直线度示意图

(6)主机机座上平面的平面度检验要求

机座上平面的平面度在主机机座定位和底脚螺栓安装完成时均应进行检验，其测量结果应与机座在制造厂台架安装时基本符合，具体要求如下：

①图样和技术文件有要求的，按规定要求进行检验。

②柴油机制造厂有规定的，则应按制造厂规定的要求执行。例如，MAN - B&W5L70MC/MCE 主机制造厂规定的要求为机座平面纵向偏差不大于 0.15 mm，横向不大于 0.05 mm，相邻两点偏差不大于 0.03 mm。

③若图纸和工艺文件无规定，制造厂也没有要求，则可参照表 3.5.2 所列的公差要求进行检验。

表 3.5.2　机座直线度公差要求　单位：mm

在 1 m 长度内		机座全长	
纵向	横向	<8 m	≥8 m
0.05	0.04	0.10	0.14

如果测量结果不能满足要求，可以用设置在机座下面的调位工具予以调整。

(7)主机机座上平面的平面度检查补充说明

①因下水后船舶处于漂浮状态，不容易控制水平，因而平面度的测量和调整一般建议在船台上进行，调整完成之后，在基座上主机的四个角处点焊四个基准螺钉，调整并记录螺钉与主机底脚之间的间隙。以后如需要对平面度进行调整，即可以这四个螺钉为基准，使机座平行升降。螺钉具体类型与图 3.4.14 所示的测沉螺钉相同。如果机器是在下水后吊装上船，这四个基准螺钉(或其他类似工装)也可以在主机进舱之前就安装在主机机座上，用经纬仪将螺钉头部调整在一个水平面上，作为调整主机机座水平度的基准。

②主机在运行状态时会出现主机机座热变形而导致轴承负荷的转移和部分轴承负荷过大。如果在主机安装时，把主机人为地调整成适当的下挠度，在热态或船舶处于满载状态时适当平衡主机机座的变形，就可以减轻热态时主机第一道轴承的负荷，改善轴承的磨损状况，见表 3.5.3。

表 3.5.3 琴钢丝测量数据

测量点	1	2	3	4	5	6	7
最大值	0.10	0.01	-0.05	-0.06	-0.05	0.01	0.10
名义值	0.00	-0.09	-0.15	-0.16	-0.15	-0.09	0.00
最小值	-0.10	-0.19	-0.25	-0.26	-0.25	-0.19	-0.10
排气侧测量值	+0.01	-0.10	-0.12	-0.18	-0.11	-0.08	0.00
凸轮轴侧测量值	0.00	-0.09	-0.13	-0.16	-0.13	-0.09	0.00
OK = 范围内, OUT = 超差	OK	OK	OK	OK	OK	OK	OK
琴钢丝挠度	0.00	-0.15	-0.23	-0.26	-0.23	-0.15	0.00

根据表 3.5.3 数据绘制测量曲线图，如图 3.5.10 所示。

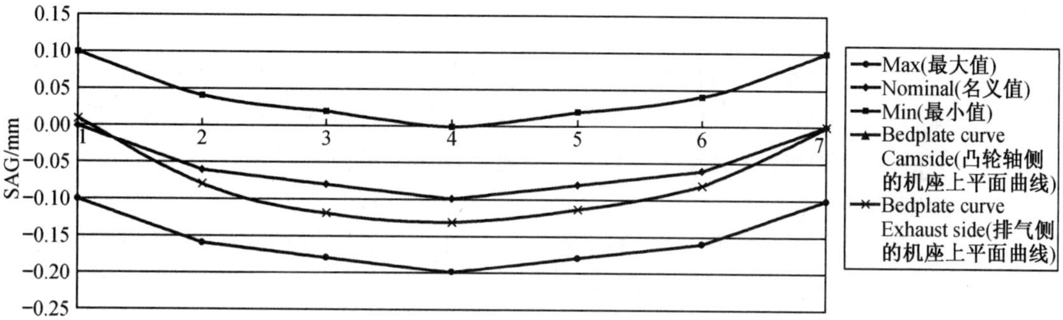

图 3.5.10 测量曲线图

5. 主轴承座孔同轴度检查

机座上平面校正合格后，还应检查主轴承孔的同轴度情况。拉线法操作简易，工具简单，如图 3.5.11 所示。

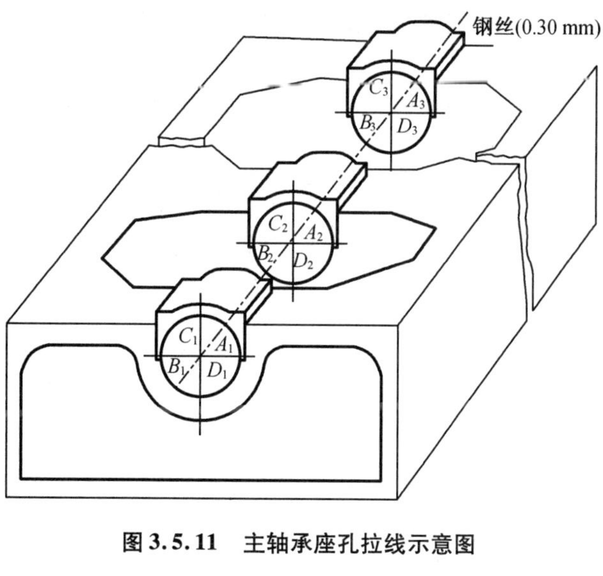

图 3.5.11 主轴承座孔拉线示意图

所拉的钢丝长度应超过机座总长度，钢丝直径以 0.30 mm 为宜，拉线时应以第一道和最末道的座孔中心为基准，使钢丝与它们的中心重合，然后将钢丝固定好。钢丝被固定后，就可按座孔顺序测量每个孔的 A_1、B_1、C_1、D_1、A_2、B_2、C_2、D_2 尺寸，按其结果便可求出座孔中心的同心度偏差，但必须注意到垂直平面内的测量结果应减去钢丝的向下挠度值，才能获得正确的偏差值。

除拉线法外，主轴承座孔的同轴度还可用光学法、假轴法等进行测量，例如 Hamar Laser 的 TL 系列激光孔对中系统和大连某公司生产的 JZZ－B 激光同轴度检测仪。

主轴承座孔中心的同轴度允许偏差在机座全长内一般不应超过 0.15 mm；三道相邻座孔之间不应超过 0.04 mm。

6. 机座固定

机座的固定工作主要包括垫片的配置、地脚螺栓的安装以及限位器的配置和安装。

(1) 垫片的配置

大型低速机的垫片或者选择矩形垫片，或者选择环氧树脂垫片。

矩形垫片配置工艺详见 3.4.1 相关内容。另外，大型低速机垫片数量较大，应分批进行，首先拂配对曲轴臂距差影响大的主轴承附近的垫片并固紧，然后按顺序拂配其他垫片。

环氧树脂垫片配置工艺详见 3.4.2 相关内容。在环氧树脂浇注过程中柴油机必须由每一个气缸下的校中螺栓或楔块支撑。必须注意避免机座下平面的变形。

(2) 地脚螺栓的安装

目前，大型低速机的地脚螺栓普遍采用液压拉伸螺栓，液压拉伸螺栓安装时需使用液压拉伸器按照规定顺序对称地由中间向两端分批紧固，以避免因螺栓紧固不均匀而使机座产生变形。过程如下：

①拆除顶升螺栓。

②将底脚螺栓涂上二硫化钼，并用液压拉伸器将底脚螺栓按规定顺序予以紧固。紧固分两次进行，第一次 20 MPa；第二次紧固时，将底脚螺栓预紧拉到额定工作油压 90 MPa。

a. 上螺母必须按照"主机安装图"进行调整。

b. 确保上、下螺母用圆螺母扳手扳紧。

c. 安装液压拉伸工具，应确保液压缸紧贴定距环并确保零部件要一起正确导向。

d. 分两步紧固：

——施加压力(液压拉紧压力:20 MPa)→用圆形螺母扳手紧固螺母→释放压力→在进行第二步前等待约 2 min。

——施加压力(液压拉紧压力:90 MPa)→将螺母紧固牢并释放系统压力。

e. 按照图 3.5.12 所示的编号和箭头方向、顺序拧紧螺栓。

如采用矩形垫片加铰制孔紧配螺栓的配置，应分两次紧固，先紧固紧配螺栓，后紧固松配螺栓。

螺栓紧固后，对机座平面的平面度、曲轴的臂距差值以及曲轴与轴系中心线的对中情况进行复测，如符合规定范围，则机座的固定工作结束。

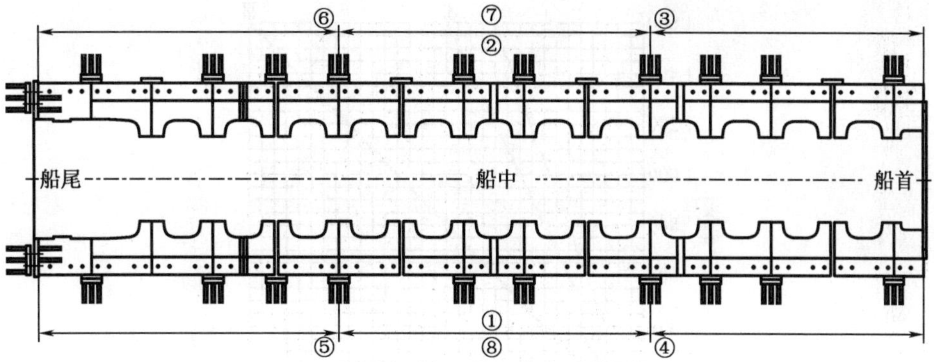

图 3.5.12 底脚螺栓拧紧顺序示意图

(3)止推装置的配置和安装

CCS 规定,主机的机座应有足够的刚性,并用螺栓、螺栓和止推板、螺栓和推力衬套等方法,将其可靠地固定在具有足够刚性的船舶基座上。如仅采用螺栓固定时,其紧配螺栓的数量一般不少于总数的 15%。大型低速柴油机安装时,为了承受轴向推力,通常会在主机后端安装轴向止推,其结构由止推座、拉紧螺栓和铁楔块组成;为了承受主机水平方向的惯性力和撞击力,在主机两侧安装侧向止推,其结构由止推座及铁楔块组成。止推装置的详细情况见 3.4.2。

【拓展知识】主机曲轴臂距差的测量

曲柄销在上、下止点(或左、右水平位置)时,两个曲柄臂之间距离的差值称为臂距差。曲轴臂距差的变化主要反映了曲轴主轴颈的同轴度和各主轴承位置的高低情况。

臂距差如果超差,会降低曲轴的可靠性,严重的会引起曲轴的疲劳损坏。为了确保曲轴的安全运行,各主机厂以及船级社都对主机甩档有严格的规定,如《船用低速柴油机安装技术要求》(GB 9192—1988)规定:曲轴安装结束后,其臂距差的公差为每米活塞行程 0.06 mm;台架安装结束后,其公差为每米活塞行程 0.08 mm。船厂需严格按照相关规定来调整主机。

大型低速机在机座与曲轴在船上安装后、贯穿螺栓安装完成后、主机与轴系连接后、垫片配置完成后、底脚螺栓紧固后以及航行试验结束后,均需测量臂距差。

1. 臂距差允许值的确定

(1)计算法:曲轴臂距差的允许值 Δ 可以按下式计算:

$$\Delta \leqslant \frac{S}{10\ 000}$$

式中 S——活塞行程,mm。

(2)图表法:图表由主机厂家提供,如图 3.5.13 所示。其检验要求可做如下划分:

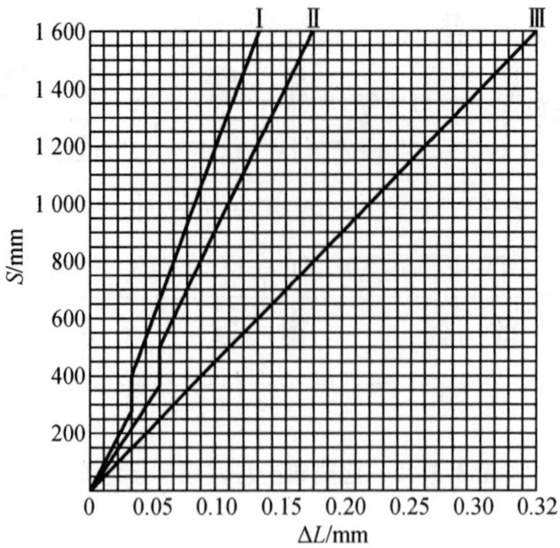

图 3.5.13　曲轴臂距差

①Ⅰ线左面数值表示车间平台上最佳值;

②Ⅰ与Ⅱ线之间数值表示船上安装优良值;

③Ⅱ与Ⅲ线之间数值表示营运中合格值;

④Ⅲ线右面数值表示最大允许极限值。

2. 曲轴臂距差的测量

(1)测量工具:拐挡表。

(2)测量点的位置:一般均设在距曲柄销中心线$(S+D)/2$处(S为活塞行程,D为主轴直径,mm),如图 3.5.14 所示。

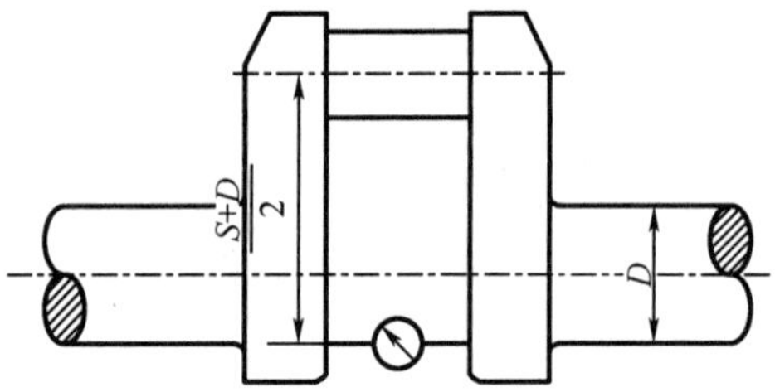

图 3.5.14　拐挡表安放位置

(3)测量时曲柄转角。

a. 活塞连杆未装时:0°、90°、180°、270°四个位置。

b. 活塞连杆已安装时:当曲柄在下死点时,连杆要碰拐挡表。为此可将曲拐先后转至0°、90°、下死点前 15°及下死点后 15°、270°五个位置进行测量。如图 3.5.15 所示,下死点数据取前 15°及后 15°(即 165°和 195°,具体数据以不碰表为原则)所测数据之平均值。测量时,从 195°开始装表,应注意正确的盘车方向。

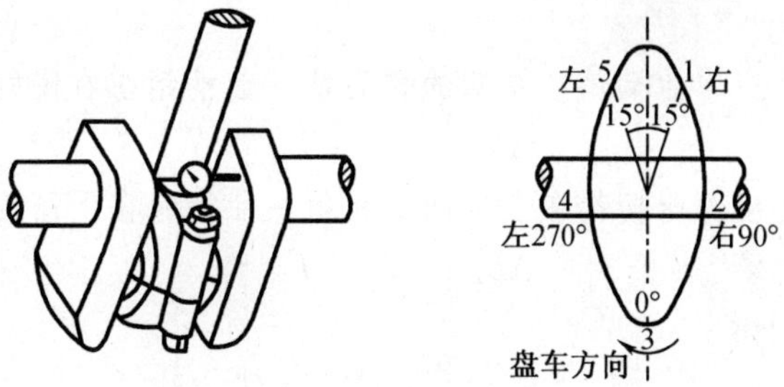

图 3.5.15　主机曲轴臂距差测量示意图

(4)测量主机曲轴臂距差表格形式见表 3.5.4。

表 3.5.4　曲轴臂距差测量记录

单位:mm

测量位置	缸号					
	1	2	3	4	5	6
1. 下死点右						
2. 右侧						
3. 上死点						
4. 左侧						
5. 下死点左						

(5)记录时应注意以下几点:

①以曲柄销位置为准记录形式,即销位法,如图 3.5.16(a)所示。

②以拐挡表位置为准记录形式,即表位法,如图 3.5.16(b)所示。

③测量臂距专用百分表读数,曲臂张开为正,闭合为负。注意:测量臂距差专用百分表读数与一般百分表读数恰好相反。

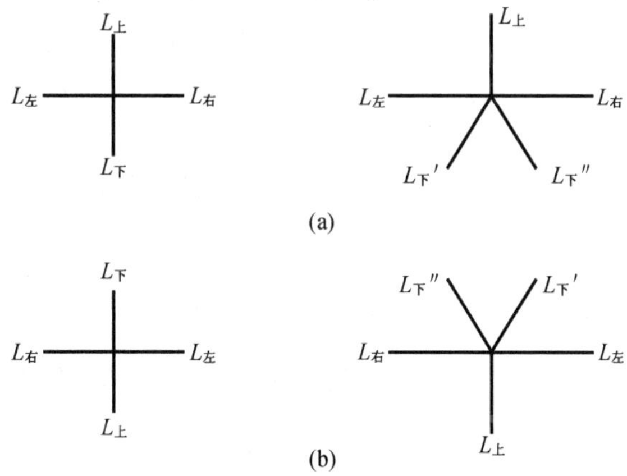

图 3.5.16　销位法和表位法

(6)曲轴臂距差的计算。

左右方向的臂距差应为曲柄销在左侧的臂距值－曲柄销在右侧的臂距值,即

$$\Delta L_{水平}=L_{左}-L_{右}$$

垂直方向的臂距差应为曲柄销在上侧的臂距值－曲柄销在下侧的臂距值,即

$$\Delta L_{垂直}=L_{上}-L_{下}$$

5 点法时,按下式计算:

$$\Delta L_{垂直}=L_{上}-\frac{L'_{下}+L''_{下}}{2}$$

(7)测量条件和测量要求。

为了提高测量精度,对测量条件有以下几点要求:

①柴油机冷态测量。如果主机停车后立即测量,此时机器温度呈不断下降的状态,所测得的臂距差数值不稳定,所以一定要待机器温度降到机舱环境温度以后才能进行测量。

②夜间、清晨或阴雨天气测量。这主要是为了避免阳光曝晒造成的船体变形对臂距差测量的不利影响。

③船舶装载条件相同时测量。这是因为随着船舶装载情况的变化,船体变形情况也会随着变化,导致机座变形情况也不同。

(8)测量时还需要注意以下几点:

①一次装表完成全部测量,测量过程中不得改动拐挡表位置。

②在测量甩挡过程中务必一次测完所有缸,以免船舶吃水和机舱内环境温度的变化给测量带来误差。

③柴油机正车回转进行测量。

3. 曲轴臂距差的分析

对曲轴臂距差的测量值进行分析,利用测量值可以绘出曲轴轴线状态图(图 3.5.17)。

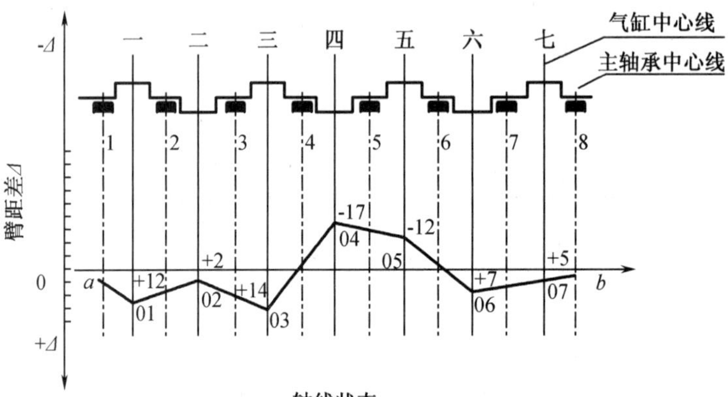

图 3.5.17 利用臂距差测量值绘出的曲轴轴线状态图

图中的“－17”和“－12”分别是四号和五号气缸所测得的垂直方向臂距差值。臂距差与曲柄变形、轴承高低间的关系见表 3.5.5 和图 3.5.18。由此可以初步推断此两处轴承偏高。

表 3.5.5　臂距差、曲柄变形、轴承高低间的关系

臂距差	曲柄变形方向	主轴承位置
$\Delta_{\perp}=L_{上}-L_{下}>0$　$\Delta_{\perp}$为+	塌腰形(∪)	低
$\Delta_{\perp}=L_{上}-L_{下}<0$　$\Delta_{\perp}$为-	拱腰形(∩)	高
$\Delta_{-}=L_{左}-L_{右}>0$　Δ_{-}为+	右拱形())	偏右
$\Delta_{-}=L_{左}-L_{右}<0$　Δ_{-}为-	左拱形(()	偏左

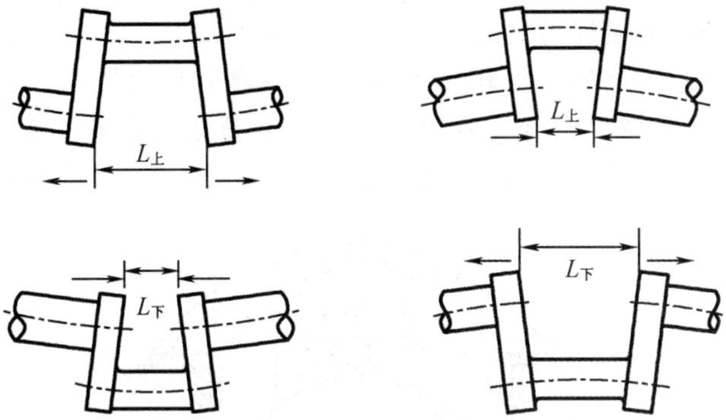

(a)塌腰形　(b)拱腰形

图 3.5.18　曲轴挠曲与臂距差

4. 曲轴臂距差产生的原因

曲轴臂距差产生的原因很复杂，需要具体情况具体分析，主要有以下几点：

(1)主轴承不均匀磨损造成的各主轴承不同轴。曲轴运行中，由于各缸功率不一、润滑不良、安装质量不尽完善等原因造成各主轴承磨损不均匀，使主轴承中心线偏移，曲轴发生挠曲，臂距差也随之变化，这也是常见的主要因素之一。主轴承的不均匀磨损，一般是中间几道和靠近飞轮端主轴承磨损较快而致。

(2)机座的变形。船舶在各种装载情况下，船体会发生相应的变形，机座也会随之变形，造成臂距差也随之相应地发生一些变化。船舶在重载时整个船体呈上弯曲(上拱)，柴油机机座也相应地产生类似的变形，这种变形使曲轴中部出现较大的负臂距差，或正值减少而负值增加的趋势。空载到满载时的臂距差变化较大，因此在分析和调整其臂距差时，必须与船舶装载情况对照考虑。机座垫片厚度的误差、底脚螺栓和机架贯穿螺栓预紧力不均匀也会使机座发生变形。因此，对于新造船，在测量臂距差之前，需要检查机座上平面的平面度情况。

(3)轴系校中误差。主机校中时，若主机输出法兰与轴系前法兰端面间的偏移值、曲折值超差，连接后即对曲轴臂距差产生直接影响。当轴系高于曲轴，下开口，使曲轴往塌腰型变化，呈正值；当轴系低于曲轴，上开口，曲轴往拱腰型变化，呈负值。如图 3.5.19 所示。

(4)飞轮使曲轴的后部呈拱腰形。

(5)主机运行时最大燃烧压力的差异。对于新造船，造成曲轴臂距差的主要原因是轴系校中和主机垫片的高度误差，因此在主机安装过程中，要反复测量，反复调整，保证曲轴臂距差在允许的范围内。

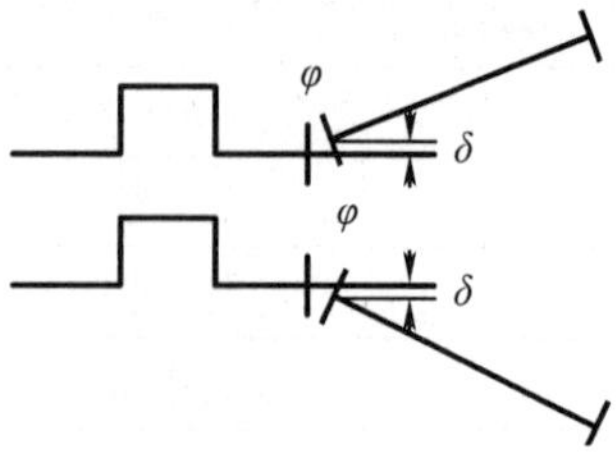

图 3.5.19　轴系校中误差对臂距差的影响

5. 臂距差值与桥规差值间的关系

在分析曲轴臂距差产生的原因时,还需要参考桥规测量的情况。如图 3.5.20 所示,以机座上平面为基准,使用桥规测量主轴颈与桥规基准面之间的最小距离,并将其与厂方出厂记录对照,如果一致,说明主轴承没有下沉,如果不一致,说明该主轴承有下沉。

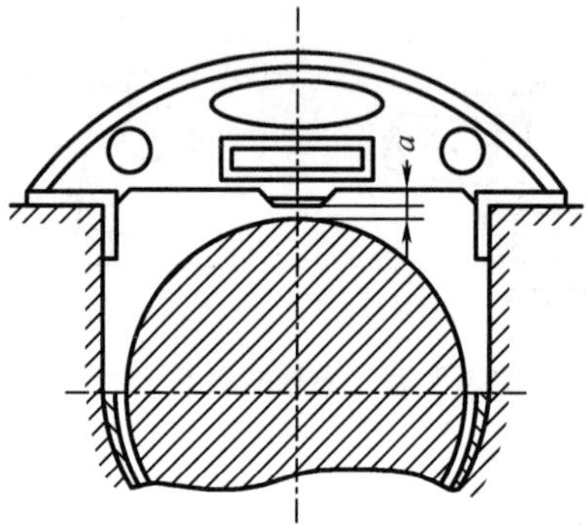

图 3.5.20　桥规测量主轴颈下沉量

另外,用桥规测量出曲轴各道主轴承的下沉量还要与测得臂距差值进行对比分析,如测出的下沉量与测得臂距差值变化趋势一致,则说明曲轴的轴线的挠曲是由于主轴承本身中心线不在同一直线上(各主轴承磨损量不同)所致。若两者有矛盾,则说明机座有变形。

如果是新造船出现臂距差超差,而桥规测量出的曲轴各道主轴承下沉量正常,那么臂距差的原因很可能就是主机底脚垫片加工误差,使得机座变形,应加以调整。

【二维码】在实训室进行曲轴臂距差测量和计算

【工作任务】3.5.2　主机机座固定的后续工作

主机机座固定完成之后,即可在机座上进行机架、气缸体等柴油机部件的装配工作,装配工作完成之后,有些大型低速机还需要安装顶部支撑。

1. 大型低速柴油机的装配

当机座校中和固定工作完成后,即可安装其他部件,这项工作实际上是柴油机的总装,装配时应当严格按照柴油机制造厂制订的方案以及装配技术要求进行安装和调整,也可参照《船用低速柴油机安装技术要求》(GB 9192—1988)进行。

【二维码】大型低速柴油机总装

2. 顶部支撑安装

一些大型低速机还要求安装顶部支撑装置以防止主机的过大左右摇动。主机顶部支撑有两种方式:机械方式和液压方式。机械方式相对成本比较低,直观,调节比较方便,船东和船厂普遍采用。顶部支撑的安装位置、数量按照主机厂家的推荐选取。图 3.5.21 所示为某船主机顶部支撑装置布置示意图,图 3.5.22 所示为顶部支撑装置细节图。

顶部支撑装置安装工艺过程和要求如下:

(1)主机定位后,按顶部支撑布置图实测顶部支撑的长度,以实测长度为准。

(2)支撑板应位于顶部支撑的中心位置上。

(3)在装配期间,装配销子按主机顶部支撑布置图安装在顶部支撑的船体侧,在装配完成后,这些销子必须拆除。

(4)主机上顶部侧向支撑的摩擦片工作区域、船体侧的固定板上的油漆需清除干净,必要时打磨光滑。

(5)各顶部支撑组装结束以及主机安装结束后,分别按布置图装配固定,安装后的顶部支撑应基本水平。

顶部支撑连接螺栓的紧固力矩按设备说明书进行。

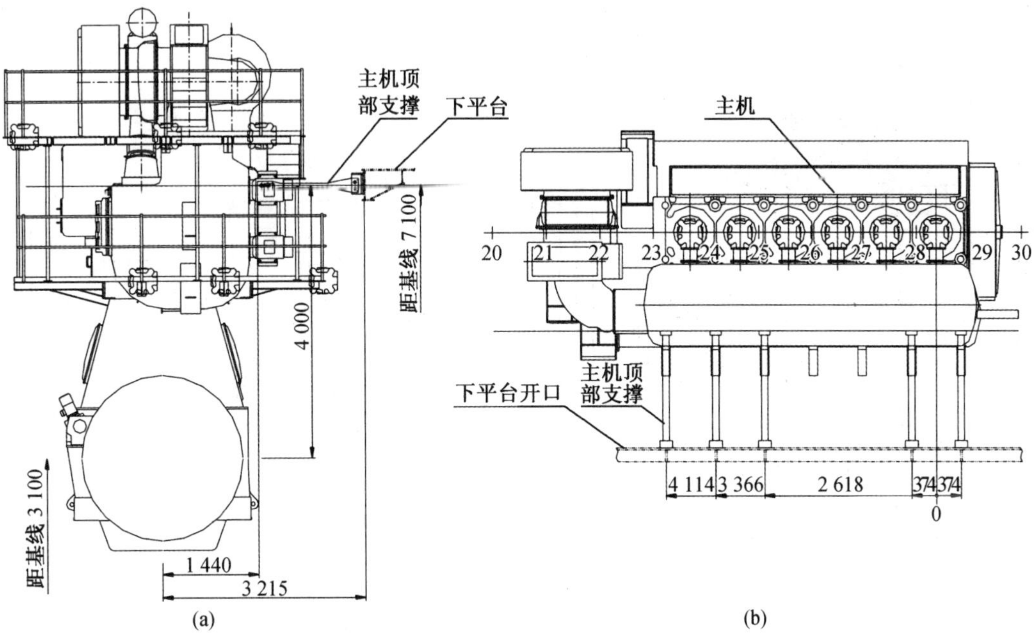

图 3.5.21 某船主机顶部支撑装置布置示意图

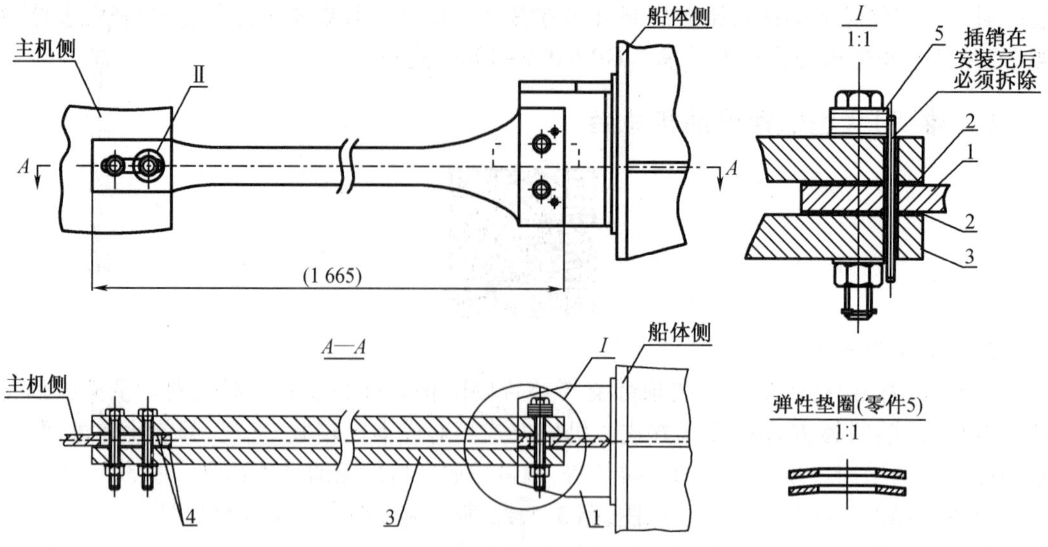

1—船体侧顶部支撑支座;2—船体侧摩擦片;3—支撑板;4—主机侧摩擦片;5—弹性垫圈。

图 3.5.22　顶部支撑装置细节图

另外,还有厂家在顶部支撑系统中使用液压设备。如图 3.5.23 所示为某厂生产的独立式主机液压顶推支撑。该设备安装在主机和船体的结构强梁之间,安装位置和数量取决于主机的尺寸和缸数,主要适用于 MAN B&W 主机。独立式主机液压顶推支撑主要由蓄能器、液压控制单元、液压缸单元、电气控制箱以及配对安装法兰等组成。

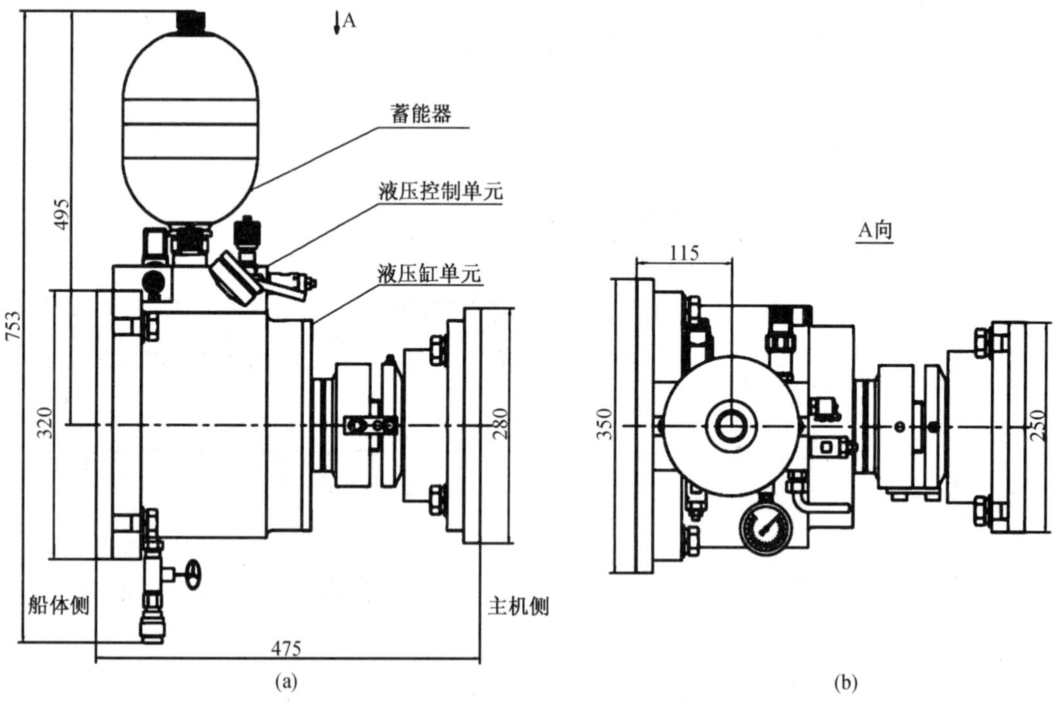

图 3.5.23　独立式主机液压顶推支撑

【子项目】3.6　传动设备的安装

【学习目标】

1. 知识点

(1)了解传动设备安装与主机安装的关系;

(2)掌握传动设备安装方法和工艺要求。

2. 技能点

(1)能够识读船舶主机安装工艺文件和图纸;

(2)能够按照船舶主机工艺文件规程安装传动设备。

【相关知识】

间接传动的船舶,主机通过传动设备与轴系相连。这些传动设备主要包括齿轮减速箱和高弹性联轴节。主机安装和传动设备的安装通常是一体考虑的,事实上,主机和齿轮箱的船体基座通常设计制造成一个整体。先轴后机时,一般是先确定减速箱位置而后以减速箱为基准来确定主机的位置,先机后轴则相反。

【工作任务】3.6.1　齿轮箱的安装

齿轮箱的安装工作主要包括校中和固定等。

1. 齿轮箱的校中

先轴后机时,齿轮箱以最前面一根中间轴的前法兰为基准进行校中;先机后轴时,则以主机飞轮为基准。偏移值和曲折值按照工艺文件的规定执行。校中工具可以使用刀口尺和塞尺,或带磁力座的百分表。

2. 齿轮箱的固定

齿轮箱的固定方法与中高速柴油机整体安装相似。轴系校中完成后即可开始进行垫片和地脚螺栓的配置及安装工作。垫片一般选择矩形垫片或环氧树脂垫片。齿轮箱的底脚螺栓的配置和安装工艺也与整体安装的中高速主机相同。

【工作任务】3.6.2　高弹性联轴节的安装

高弹性联轴节一般设置在主机与齿轮箱之间,主要作用是调整轴系的自振频率,减弱振动传递,降低扭振的振幅,使船舶在使用转速内不出现危险的共振转速。

高弹性联轴节允许轴线有较大的轴向偏差和径向偏差 ,轴系对中容易,安装简单。其安装是在主机和齿轮箱安装完成之后进行。

弹性联轴器的种类很多,可分为两大类:橡胶弹性联轴器和金属弹簧弹性联轴器。

橡胶弹性联轴器具有结构简单、造价低廉等优点,不仅在中小功率装置上使用,也能在大功率的推进装置上应用,是应用较多的弹性联轴器。图3.7.1所示为一种橡胶弹性联轴器。

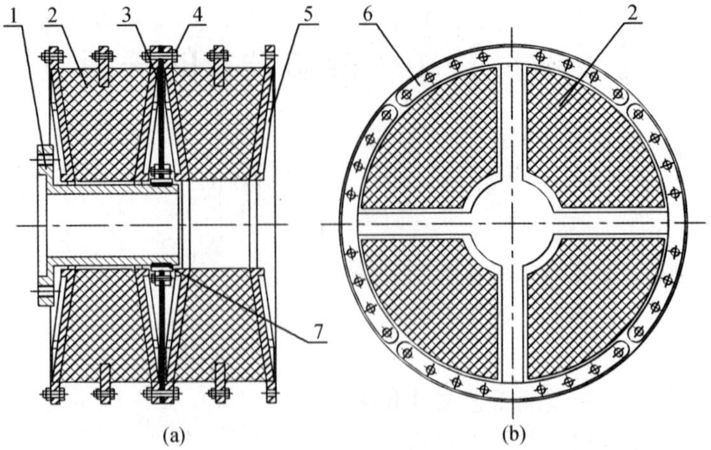

1—输出法兰;2—橡胶弹性块;3—支承钢膜片;4—连接螺栓; 5—输入法兰;6—连接片;7—轴承衬套。

图 3.6.1　橡胶弹性联轴器

其安装方法及步骤如下:

(1)将高弹的输出法兰与齿轮箱(或轴系)连接安装好。

(2)将轴承衬套和支撑钢膜片按要求装妥,并检查其轴向移动的可能性。

(3)用起重葫芦先后分别吊装第一排高弹扇形块,先从主机飞轮侧的标有记号“1”的扇形块开始,依次安装其余 3 块;扇形块用六角头螺钉和平面垫圈连接到主机的飞轮上。

(4)用起重葫芦将齿轮箱侧的膜片支撑沿轴向齿轮箱方向拉紧。

(5)用起重葫芦先后分别吊装第二排高弹扇形块(齿轮箱侧),吊装时应注意其装配标记,并使第二排与第一排的安装角度错开 45°。

(6)连接第一排与第二排间有关的螺钉、螺帽、垫圈并按规定扭矩一一均匀对称拧紧。

(7)卸除膜片支撑的牵拉葫芦,使之恢复自由状态。

(8)连接第二排扇形块、膜片支撑及夹持环,并按图示规定力矩一一均匀对称拧紧。

(9)连接扇形块之间的连接片。

(10)按照力矩要求拧紧螺栓,再次逐个检查螺钉、螺帽的拧紧。

这样,主机飞轮处的高弹联轴节安装即告结束。检查主机曲柄臂差并记录,检查时要按主机的工作向盘动主机。

金属弹簧弹性联轴器在中、小型船舶中应用较多。它的结构主要由内轮和外轮两部分组成。通常内轮和输出轴(齿轮箱或轴系)连接,外轮和输入轴(主机)连接。

图 3.6.2 所示为盖斯林格弹性联轴器。

金属弹簧弹性联轴器的安装方法较为简单,其安装方法及步骤如下:待主机与齿轮箱定位并安装底脚螺栓后,将内轮往外轮方向缩进约 10 mm,使联轴器外轮与主机飞轮配合到位并安装好联轴器与主机飞轮的连接螺栓,然后安装与齿轮箱连接法兰端的密封圈,之后将联轴器内轮往齿轮箱方向拉出,最后安装齿轮箱与联轴器的连接螺栓后,安装工作即告完成。

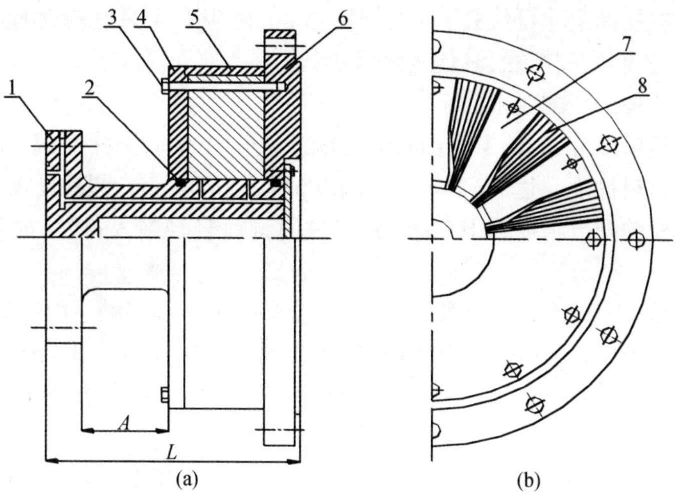

1—花键轴(内轮);2—密封圈;3—中间块压紧螺栓;4—压板;5—外套圈;6—带法兰侧板;7—限位块;8—弹簧片。

图3.6.2 盖斯林格弹性联轴器

【案例介绍】 某船主机和齿轮箱安装工艺

1. 主机及齿轮箱上船前的准备工作

(1)主机及齿轮箱部件到厂上船前,没有包装箱的大型部件如果露天存放,则需要进行有效的防风雨、防尘等措施。

(2)主机及齿轮箱在上船前用防雨罩进行保护。

(3)主机及齿轮箱在上船前,应先对主机及齿轮箱机座槽和其两边(大约50 cm)进行喷砂或拉毛处理,然后给主机及齿轮箱机座槽喷一层油漆。

(4)主机及齿轮箱机座两边扁铁应焊接到位,然后对主机及齿轮箱槽两边拉毛的地方进行涂油防锈。

2. 主机及齿轮箱吊装上船

根据主机及齿轮箱厂提供起吊说明书和起吊工具进行吊装。

3. 主机及齿轮箱安装

(1)拆除起吊工具,复装主机缸头和排气管、空冷器等相关大型部件(根据主机到厂的拆卸程度决定),如时间不允许其他的管系连接,待下水后复装。

(2)下水后根据轴系校中工艺将主机及齿轮箱定位。

(3)钻主机及齿轮箱地脚螺栓孔。

(4)根据主机及齿轮箱安装图,焊接侧面支撑。

(5)测量主机及齿轮箱拐挡。

(6)仔细清洁主机及齿轮箱机座下平面及船体机座上平面的油污和其他杂物,最后用丙酮清洁。

(7)准备浇环氧树脂。浇注环氧树脂后,主机及齿轮箱上48 h内应停止一切有振动的工作。

(8)在机座与基座之间浇注好垫片后,用螺栓将柴油机(减速器齿轮箱)紧固在机座上,为了使紧固好的主柴油机在运转时不至变动位置,装定位螺栓孔应进行绞镗孔(应注意在其他螺栓孔中用螺栓固定才可绞孔)。根据图纸,主机应有 4 只底脚螺栓采用铰制紧配螺栓,齿轮箱有 8 只铰制紧配螺栓,其他为地脚螺栓。

铰制螺栓孔的加工装配要求如下:

①螺栓表面粗糙度应达 *Ra* 1.6 μm,圆度偏差 <0.01 mm,圆柱度偏差 < 0.02 mm。

②螺孔的表面粗糙度应达 *Ra* 1.6 μm,圆度偏差 <0.01 mm,圆柱度偏差 <0.02 mm。

③螺孔与螺栓的配合精度为 H7/k6,装配时用铜锤轻轻敲入;接触面积不小于 6%,并分布均匀。

④螺栓紧固后,用 0.05 mm 的塞尺检查,螺栓头部和螺母接触平面应插不进。

(9)安装主机及齿轮箱地脚螺栓(装地脚螺栓前环氧树脂的硬度经检测合格后方可安装)时在螺纹与球型螺母球面、球形垫片与船体基座接触面之间都要涂上润滑脂,安装结束后,螺栓上部要装保护帽。

(10)拂配主机及齿轮箱侧面支撑,交检合格后,垫块上部要安装锁紧板。

(11)所有螺栓拧紧后要复校曲轴轴心线的校中,曲轴臂距差的数值不许超差。

思考与练习

一、选择题

1. 先安轴系再安主机,这种主机安装顺序的特点是________。

A. 避免了船舶下水后船体变形的影响

B. 生产周期较长

C. 容易使主机的输出轴回转中心与轴系的回转中心同轴

D. 以上都是

2. 先机后轴这种安装顺序的特点是________。

A. 扩大了安装工作面

B. 缩短了工期

C. 拖长了工期

D. 可能会受船舶下水后船体变形的影响

3. 主机基座的准备工作包括以下________几个方面。

A. 基座位置及外形的检验

B. 主机紧固螺栓孔位置的确定

C. 主机固定垫片位置的确定、焊接和加工

D. 基座的除锈油漆

4. 主机基座的检验通常是在________后紧接着进行的。

A. 轴系安装完成　　B. 主机安装完成

C. 确定轴系理论中心线　　D. 主机吊运完成

5. 基座位置的检验项目有________。

A. 基座位置尺寸　　B. 基座形状尺寸

C. 基座面板到轴系中心线高度　　D. 以上都是

6. 测量主机基座面板到轴系中心线高度的主要目的是为了________。

A. 计算基座材料用量

B. 确定主机的高度位置

C. 确定主机垫片的厚度是否在规定范围之内

D. 检测基座制造精度是否超差

7. 基座面板上焊接固定垫片主要是为了________。

A. 美观

B. 弥补基座高度的不足

C. 减少基座面板上平面加工工作量

D. 焊接固定垫片是多此一举

8. 下面关于主机安装螺栓孔的说法中,错误的是________。

A. 螺栓孔划线时首先要确定最靠近主机输出端的第一螺栓孔的位置,其他螺钉的位置以此孔为基准量出

B. 第一螺栓孔轴向位置任何时候都可以直接从轴系布置图或主机安装图中得到

C. 第一螺栓孔轴向位置的具体尺寸从轴系布置图或主机安装图中得到,但是不能直接用该尺寸作为画线的依据

D. 螺孔位置的准确性可以用等距法进行检查

9. 矩形垫片的材料一般选用________或低碳钢。

A. 黄铜

B. 灰口铸铁

C. 不锈钢

D. 铝合金

10. 在先安装主机(减速器)后安装轴系时,主机校中的方法为________。

A. 按轴系理论中心线校中

B. 按连接法兰上的偏移值和曲折值进行校中

C. 按舵系理论中线校中

D. 按基座位置校中

11. 在先安装轴系后安装主机(减速器)时,主机校中的方法为________。

A. 按轴系理论中线校中

B. 按连接法兰上的偏移值和曲折值进行校中

C. 按舵系理论中线校中

D. 按基座位置校中

12. 安装________时,其固定垫片一般加工成1:100的斜度向外倾斜。

A. 矩形垫片

B. 橡胶减震器

C. 环氧树脂垫片

D. 钢丝绳减震器

13. 一些使用高速柴油机的船舶,为减少船体的振动和吸收主机发出的噪声,主机安装中使用垫片的类型是________。

A. 矩形垫片

B. 双联圆形斜面垫片

C. 螺纹可调节球面垫片

D. 橡胶减震器

14. 关于环氧树脂垫片,说法错误的是________。

A. 省工省时

B. 在同一台主机上,钢质垫片与环氧树脂垫片可以混用

C. 具有减振降噪的作用

D. 在浇注环氧树脂垫片的同时,还需浇注试样以检测其硬度

15. 关于环氧树脂垫片,说法正确的是________。

A. 机器座板底平面及基座面板上平面全部清洁干净,在垫片接触的表面应无任何油

脂、油迹、锈斑、脱落的油漆和任何应力集中点

B. 由主机质量引起的载荷和螺栓安装时引起的张紧力载荷均会使环氧树脂垫片压缩

C. 垫片模框内所有与环氧树脂垫片接触的表面均需喷涂脱模剂

D. 环氧树脂搅拌混合和浇注时需避免气泡的产生

二、思考题

1. 主机与轴系的安装顺序有哪几种,各有何特点?

2. 主机安装的主要工作内容包括哪些?

3. 主机安装前,基座的准备包括哪些内容?

4. 主机校中有哪些方法?

5. 主机垫片有哪几种,都有哪些特点?

6. 简述主机环氧树脂垫片配置的工艺过程。

7. 柴油机吊装需要注意哪些问题?

项目4　船舶舵系安装

【学习目标】

1. 知识点

(1)掌握船舶舵系基础知识;

(2)掌握舵系主要零部件的加工装配;

(3)掌握确定舵系理论中心线方法;

(4)掌握舵系安装方法和技术要求;

(5)掌握舵机安装方法和技术要求。

2. 技能点

(1)正确识读舵系安装工艺图;

(2)正确按照舵系安装工艺文件规程安装舵系;

(3)能够解决在船舶舵系安装过程中出现的一些工艺技术问题。

【相关知识】

舵设备是用来保持或改变船舶运动方向的专用设备,主要由指令控制系统、舵机、转舵机构以及舵系等几个组成部分。舵设备的安装主要包括舵机、转舵机构和舵系等的安装,其中舵系安装工作是整个船舶建造工程当中非常重要的一个项目。舵系主要由舵叶、舵杆及舵轴、舵柄、舵销、舵承及座、止跳装置、舵角限位器、舵角指示器等零部件组成。不同形式的舵由于其同船体连接方式或舵叶与舵杆的连接方式的不同,舵系的组成也会有所不同。舵系的结构形式很多,大致有以下几种分类方法:

(1)按舵的固定方式分为舵踵支承舵、半悬挂舵和悬挂舵;

(2)按照舵杆轴线在舵叶宽度上的位置分为不平衡舵和平衡舵;

(3)按照舵叶剖面的形状分为流线型舵和平板舵。

图4.0.1所示为几种常见的舵系。

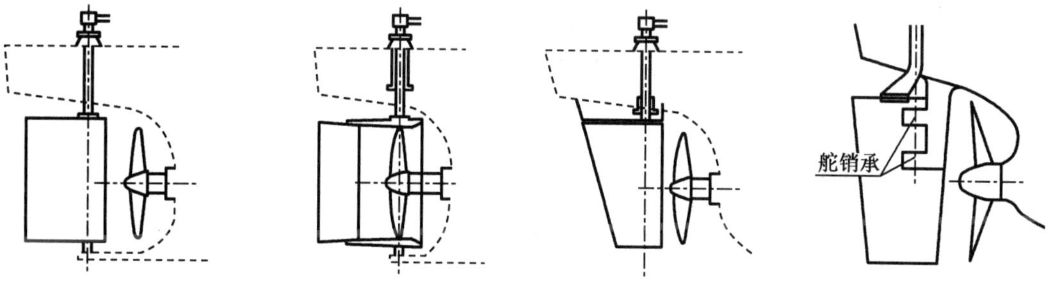

(a)带舵托轴承的平衡舵　(b)导流管舵　(c)悬挂舵　(d)半悬挂舵

图4.0.1　几种常见舵

目前,比较常用的有悬挂舵和半悬挂舵。悬挂舵在中、小型船舶中经常使用。悬挂舵的舵杆和舵叶采用锥体或直接焊接连接。使用流线型舵叶时,通常在同舵杆连接部位设置铸钢件,舵杆锥体插入其中,用螺母固定;小型船舶使用单板舵时,舵杆和舵叶直接焊接连接。在悬挂舵中,舵叶及舵杆所受的重力均由上舵承承受。半悬挂舵通常设置一个或两个舵销,多固定于挂舵臂上,其与舵钮的连接采用锥体形式,其舵叶和舵杆所受的重力均由上舵承承受。在一些机动性要求比较高的船舶上,导流管舵经常见到。

本章以半悬挂舵为主进行介绍。

【子项目】4.1　舵系主要零部件的加工装配

【学习目标】

1. 知识点

(1)掌握舵系主要零部件的结构、作用;加工技术要求;

(2)掌握舵系主要零部件的加工装配技术要求。

2. 技能点

(1)能够按照工艺规程及图纸实施舵杆和舵叶连接工作;

(2)能够按照工艺规程及图纸实施对舵叶的镗孔和刮配工作。

【工作任务】4.1.1　舵杆

舵杆的类型主要取决于舵系种类、与舵叶和与舵柄的连接方式。舵杆上部常用带键、紧配或无键连接等方法同舵柄连接,并支承在上舵承处。舵杆下部常用水平法兰、锥体带键或无键连接等方法与舵叶连接。如图 4.1.1 所示。

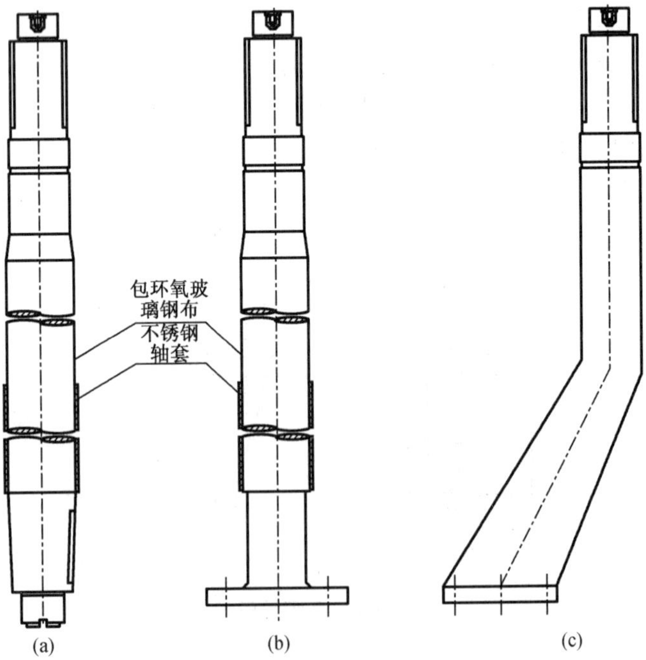

图 4.1.1　舵杆常见类型

舵杆的材料多采用30、35或40号优质碳素钢。一般内河船舶，舵杆直径小于120 mm时，允许采用20、25号优质碳素钢。舵杆材料的机械性能和化学成分需符合CCS《材料与焊接规范(2018)》的有关规定。如舵杆与法兰分别锻制而以焊接连接时，则应在整个接合面内焊透，并应符合CCS《材料与焊接规范(2018)》的有关要求。另外，关于舵杆与法兰分别制造然后焊接的工艺要求，各船级社均有若干具体的规定，使用时需查阅相关规定，参照执行。

1. 舵杆材料的技术要求

(1)舵杆锻件原材料不应有缩孔、疏松、气泡、分层、裂缝等缺陷。锻打以后不应有分层、裂缝、折叠、结疤、砂眼、密集开裂以及其他缺陷，也不得有过烧现象。但如在以后加工中能去除且不影响表面质量时，其毛坯的表面缺陷允许存在。锻件的锻造比以及试样的割取部位与方法，均应遵照钢船建造规范中有关材料部分的规定。

(2)舵杆锻件在经过锻打后应经退火或正火，以消除内应力。

(3)新制舵杆，热处理和成品后应探伤，不得有裂纹存在。

2. 舵杆的加工技术要求

(1)舵杆工作轴颈的圆度、圆柱度、同轴度公差值应符合相关规定，见表4.1.1。

表4.1.1 舵杆工作轴颈的圆度、圆柱度、同轴度要求 单位:mm

舵杆直径	轴颈圆度和圆柱度公差值				轴颈同轴度公差值	
	过盈配合轴颈		间隙配合轴颈			
	新制	修理	新制	修理	新制	修理
50~80	0.02	0.04	0.05	0.10	0.04	0.06
>80~120	0.02	0.04	0.06	0.12	0.05	0.08
>120~180	0.03	0.05	0.07	0.14	0.07	0.10
>180~260	0.03	0.05	0.08	0.16	0.10	0.15
>260~360	0.04	0.06	0.09	0.18	0.14	0.20
>360~500	0.05	0.07	0.10	0.20	0.18	0.25

(2)转轴舵舵轴法兰平面与舵轴中心线平行度公差≤0.10 mm/m。允许按艉柱法兰平面为基准配对加工。

(3)上舵杆水平法兰平面经修理加工的端面跳动量≤0.20 mm/m。

(4)舵杆上镶配剖分卡环的凹槽，轴向宽度按产品说明书要求的配合加工，其根部圆角半径2~5 mm，视轴颈大小而定。

(5)舵杆法兰键槽加工要求：键槽宽度一致，偏差≤0.02 mm；键槽高度一致，偏差≤0.02 mm；键槽两侧面应与舵杆轴心线平行，其不平行度≤0.02 mm/100 mm。

3. 舵杆轴套

舵杆轴套的材料多采用青铜ZcuSn10Zn2、ZcuAl9Mn2或不锈钢1Cr18Ni9Ti、0Cr18Ni9Ti等，轴套长度应大于舵承实际工作长度，且上下至少留有50 mm的余量。

粗加工后需做密性试验，压力0.2 MPa，5 min内不得渗漏。

轴套的壁厚及过盈量可参考表4.1.2。

表4.1.2 轴套的壁厚及过盈量参考值

单位:mm

舵杆直径	铜质护套		不锈钢护套		铜质护套过盈量	不锈钢套过盈量
	最小壁厚	极限壁厚	最小壁厚	极限壁厚		
>80~120	5.0~8.0	3.5	5.0	2.5	0.08~0.14	0.06~0.10
>120~180	8.0~12.0	5.0	6.0~8.0	3.5	0.12~0.18	0.10~0.13
>180~260	12.0~16.0	6.0	8.0~12.0	5.0	0.18~0.24	0.13~0.17
>260~360	16.0~19.0	7.5	12.0~16.0	6.5	0.24~0.30	0.17~0.20
>360~500	19.0~24.0	9.5	16.0~20.0	8.0	0.30~0.34	0.20~0.25
>500~600	24.0~30.0	12.0	20.0~24.0	9.0	0.34~0.38	0.25~0.27
>600~800	30.0~35.0	14.0	24.0~28.0	10.0	0.38~0.42	0.27~0.30

舵杆轴套安装多采用加热安装。以不锈钢轴套为例:

①首先确定合适的支撑位置,然后将舵杆摆放好,调水平,并在舵杆上确定轴套位置线。

②在不锈钢轴套表面布置好加热片(焊缝朝下),注意使加热片布满整个轴套表面,确保每个加热片接线良好,加热至280~320 ℃,使其内径膨胀到1.5~2 mm。

③满足上述要求后,将轴套移至之前做的记号处。

④自然冷却。

4. 舵杆包覆玻璃钢

与海水接触的非工作轴颈部位应包覆玻璃钢或橡皮等保护层。具体工艺与艉轴相同,工艺过程和技术要求大致如下:

(1)舵杆防蚀层包覆可在车间内场施工,将舵杆水平放置,工作合适高度离地面800~1 000 mm,亦可在车床上进行。

(2)舵杆的包覆部位要求用丙酮、汽油、香蕉水或四氯化碳进行清洁,包覆表面应无油污、锈迹和水迹。

(3)包覆时空气相对湿度不超过80%,在下雨天允许将舵杆预热到40~50 ℃。

(4)环氧黏合剂的配方如下所示:

	质量比
①树脂:618、634、6101 环氧树脂	100
②增塑剂:304 聚酯树脂、亚磷酸三苯酯、苯二甲酸二丁酯	5~20
③稀释剂:662 甘油环氧树脂、亚磷酸三苯酯	<10
④硬化剂:乙二胺	4.5~6
二乙烯三胺、四乙烯五胺	8~10
118 硬化剂	15~20
⑤玻璃布:宽度 30 mm、60 mm、80 mm、100 mm、120 mm	δ=0.1~0.2 mm

(5)环氧黏合剂的调制方法如下:

①将容器和搅棒擦干净。

②按比例质量称出增塑剂和稀释剂,然后将环氧树脂倒在一起,大致调匀。

③按比例称出固化剂倒入容器,立即搅匀。

(6)胶接工艺如下:

①用清洁的刷子,将黏合剂均匀涂刷一层于包覆部位表面,每次刷的厚度为0.2~0.3 mm,且不得留有气泡。

②将浸有黏合剂的玻璃布从容器中抽出,缠绕在舵杆上,每条玻璃布起头,从需绕玻璃钢处两头往里300 mm处开始,每圈重叠量为15%~30%,防蚀层包覆的层数及厚度应符合图纸要求。

③玻璃钢包覆过程中,舵杆应始终慢速均匀转动,直至黏合剂不流动或自然固化。

④施工24 h后,黏合剂固化才能移动舵杆。

(7)安全事项:

①进行玻璃钢包覆必须保持通风良好,使操作者尽量少吸入挥发性有毒的化学物质。

②操作时应有劳动保护,严防化学物质溅入眼睛。

【工作任务】4.1.2 舵杆与舵叶的装配

舵叶与舵杆之间的连接必须可靠,而且舵杆中心线与舵叶回转中心线的同轴度必须在规定范围之内。舵叶与舵轴之间的连接方式主要有法兰连接、锥体连接和焊接等三种形式。法兰连接和锥体连接适用于大、中型船舶的流线型舵,焊接法常用于小型船舶的单板舵。

1. 舵叶与舵杆的法兰连接

常用的是水平法兰连接。法兰通常同舵杆本体一起锻造,也可以直杆部分采用锻造,弯曲部分同法兰一体铸造,经热处理后与直杆焊接为整体,焊后再进行热处理及探伤检查,之后作为整体上机床进行后续的机加工。连接法兰的形状和尺寸取决于连接的强度要求、法兰所在处的舵剖面的形状及螺栓布置的要求等因素。

(1)舵叶法兰平面的修刮

舵叶法兰平面需要修刮。修刮的主要目的是保证舵杆和舵叶连接之后二者的同轴度。修刮之前,可预先将上舵杆法兰端面用平板拂磨,要求每25 mm×25 mm内有1~2点。

校正工作可以在平台上进行,用拉线法或光学仪器法进行。

图4.1.2所示为拉线法检查舵杆和舵叶连接之后二者的同轴度,其平面修刮的工艺过程如下:

①舵叶平置于平台上,用垫墩调整其高度和水平。

②顺着舵叶拉两根钢丝,一根在舵叶中心线正上方,一根与舵叶在一个水平面上,用画在舵叶上的中心线找正钢丝,使其与舵线平行。

③以钢丝为基准找正舵杆。在舵杆上和舵销上两处测得至钢丝线的尺寸差(千分尺读数差)应小于0.05 mm,测量时应考虑钢丝挠度。

④以舵叶法兰为基准,用塞尺测量舵杆与舵叶法兰之间的间隙以确定舵杆法兰面的修刮位置和刮磨量。

⑤修刮舵杆法兰。舵杆与舵叶法兰面修刮的质量要求为每25 mm×25 mm区域内接触斑点不少于2个,接触面积不少于60%,沿法兰周长90%处0.05 mm塞尺不得插进,其余处插入深度不大于15 mm。舵杆与舵叶连接后的中心线偏差应不大于0.30 mm,极限不大于

0.50 mm。

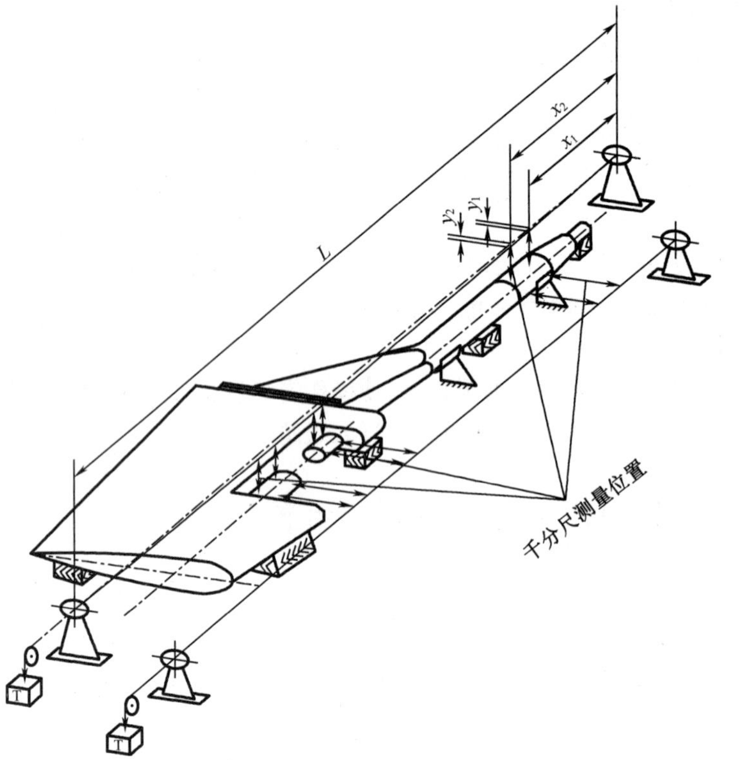

图 4.1.2　舵叶法兰修刮时拉线校正舵叶与舵杆的同轴度

图 4.1.3 所示为光学仪器法检查舵杆和舵叶连接之后二者的同轴度。

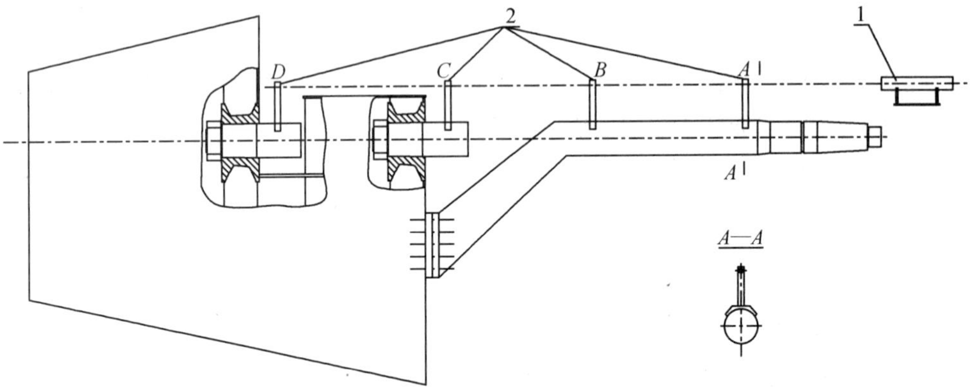

1—照光设备;2—光靶及其支架。

图 4.1.3　舵叶法兰修刮时光学仪器法校正舵叶与舵杆的同轴度

其平面修刮的工艺过程如下:

①将舵叶放成水平状态,水平仪置于舵销上,要求舵销水平偏差不大于 0.06 mm/m。在舵销 C、D 位置上放置光靶架及光靶,靶架上平面用水平仪校准水平,然后在舵杆顶部放一台光学准直仪,按 C、D 光靶中心调整光学准直仪,使其光轴在 C、D 中心延长线上。

②将舵叶和舵杆临时连接。

③将 C、D 处光靶架及光靶移至舵杆 A、B 处。

④用光学准直仪检查 A、B 两点处中心，要求同轴度偏差≤0.30 mm，若超差则进行修刮。

(2)舵叶与舵杆的法兰连接螺栓

舵叶与舵杆的法兰连接螺栓全部为铰制孔紧配螺栓，如设有键时，紧配螺栓数量可以减少。螺栓的规格、数量和布置均需满足船舶规范的有关规定。舵叶法兰连接平面修刮完成之后，即可进行螺栓孔的铰孔以及铰制孔螺栓的配置工作，工艺与轴系配对相似。舵叶与舵杆的法兰连接螺栓和螺栓孔的加工技术要求见表4.1.3。

表4.1.3 舵叶与舵杆的法兰连接螺栓和螺栓孔的技术要求　　单位：mm

项目		标准范围	允许极限	备注
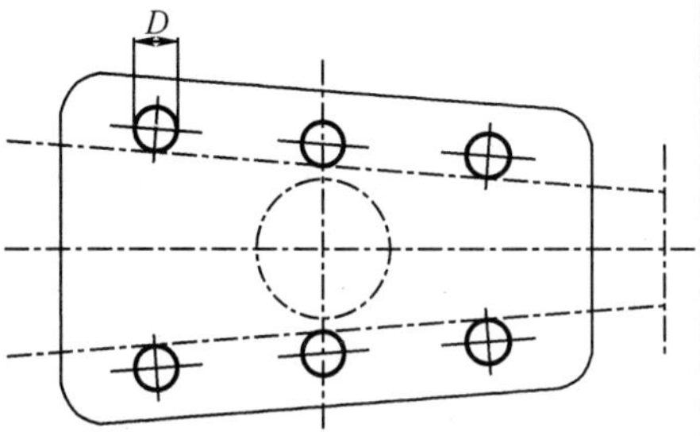	螺栓孔圆度	<0.01	<0.01	
	螺栓孔圆柱度	<0.02	<0.02	
	螺栓圆度	<0.01	<0.01	
	螺栓圆柱度	<0.02	<0.02	
	螺栓过盈量 $d-D$	0.005~0.015	>0	d 为螺栓直径 D 为螺栓孔直径

(3)紧配键

法兰安装紧配键是为了减轻螺栓的载荷。对于装有键的法兰，在组装前，先加工出来的舵叶上的键槽，在宽度方向留0.10 mm左右的刮配余量。舵叶与舵杆轴线同轴度解决后，根据舵叶上键槽的实际位置，在舵杆法兰端面画键槽的加工线。待紧配螺栓铰孔完成后，加工舵杆上的键槽。

键与键槽侧面80%以上部位用0.05 mm塞尺插入深度应小于1/5键槽深，键与键槽顶面间隙在0.20~0.40 mm之间。

2. 舵叶与舵杆的锥体连接

与螺旋桨安装相似，舵叶与舵杆的锥体连接也分为有键连接和无键连接，而且其工艺和技术要求也相似。有键连接相当于螺旋桨的常规安装，无键连接则是液压安装。液压安装时，各船级社对推入长度(即舵杆与舵叶上铸钢件间相对运动的长度)、推入压力和推入时的起始点都有明确的要求。CCS对推入长度和压入力有如下要求：

(1)推入长度 S 应满足下式要求

$$S_1 \leqslant S \leqslant S_2 \tag{4.1.1}$$

最小推入长度 S_1(mm)为

$$S_1 = \frac{1}{k_1}\left(\frac{2pD_{\mathrm{m}}k_2^2}{E(k_2^2-1)} + 0.02\right) \tag{4.1.2}$$

最大推入长度 S_2(mm)为

$$S_2 = \frac{1}{k_1}\left(\frac{1.4R_{\mathrm{eH}}D_{\mathrm{m}}k_2^2}{E\sqrt{3k_2^4+1}} + 0.02\right) \tag{4.1.3}$$

式中 D_m——锥体的平均直径,mm;

k_1——锥体的直径锥度;

R_{eH}——承座材料的屈服应力,取值应不大于 $0.7R_m$ 或 450 N/mm^2,取其小者(R_m 是材料的抗拉强度),N/mm^2;

E——弹性模量,取 2.06×10^5,N/mm^2。

对于非悬挂舵

$$p=\frac{8.5D_t^3}{D_m^2 lfK_s}\quad (N/mm^2)$$

对于悬挂舵

$$p=\frac{6M_b}{D_m l^2}\times10^3\quad (N/mm^2)$$

式中 l——锥体长度,mm;

D_t——舵柄处的舵杆直径,mm;

M_b——下舵承至舵叶顶部间舵杆的大弯矩,N·m;

K_s——舵杆材料系数,当 $R_{eH}>235\ N/mm^2$ 时,$K_s=(235/R_{eH})^{0.75}$;当 $R_{eH}\leqslant 235\ N/mm^2$ 时,$K_s=235/R_{eH}$;

f——摩擦系数,对于液压连接取 0.15,对于干式锥形连接取 0.18。

$$k_2=(D_m+2t_a)/D_m$$

式中 t_a——承座的平均厚度,mm。

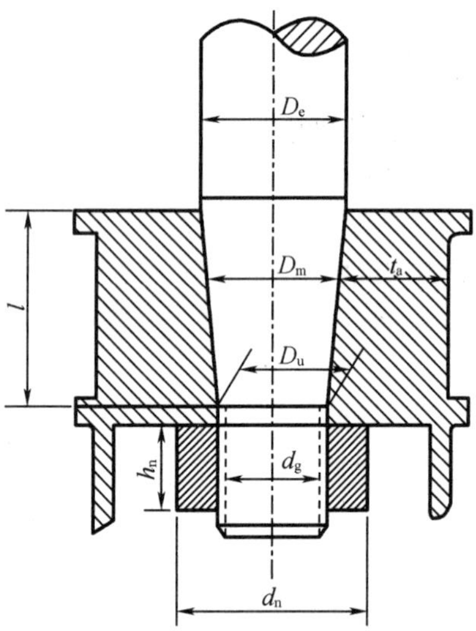

图 4.1.4 舵叶与舵杆的锥体连接结构示意图

(2)推入压力 $P(N/mm^2)$ 应按下式计算

$$P=\frac{SE(k_2^2-1)k_1}{2D_m k_2^2}\tag{4.1.4}$$

其中,k_1、k_2、D_m 及 E 含义同前文,S 按(1)确定的推入长度计算。

(3)推入力 P_e(N)可按下式计算

$$P_e = 3.14PD_m l\left(\frac{k_1}{2}+0.02\right) \tag{4.1.5}$$

其中,P 按(2)确定的推入压力计算,D_m、k_1、l 含义同前文。

(4)舵叶内承座加工

与舵杆发生装配关系的舵叶内承座的加工主要是镗孔和拂配,其工艺和技术要求分别与轴系镗孔和螺旋桨拂配相似。

①舵叶内承座镗孔

a. 舵叶制造完工后,冲砂油漆,把舵叶放在平台上,四边用墩子垫好调水平,然后调整四周及两孔的中心数据,按平均值定中心线,交质量检验科。

b. 待加工区参照上道工序提供的舵叶中心线,画好两端铸件大头的校正圆,再按两孔的校正圆,用光靶在舵杆大头和舵销小头中心调中,用0.5 mm 钢丝拉好,调到校正圆中心再划舵杆、舵销小头的校正圆,报质量检验科确认后,打好样冲。

c. 塞入镗杆,按照加工圆的位置,定位支撑轴承铜套,四个支撑轴承铜套应尽量靠近孔边,以减少让刀。

d. 镗排支好后,在镗排上放画针,按照校正圆上的样冲进行镗杆校中。

e. 镗杆校正好后进行镗孔,粗镗时单边切削 5 mm 左右(粗镗至精镗留 3 mm 左右余量);待两孔粗镗结束后,再进行复线,看看镗杆在镗孔时是否走动,重新调整支撑铜套,然后进行精镗,精镗时单边切削为0.5 mm 左右,最终整个孔内留 0.6 mm 左右拂配余量。

f. 精镗结束,检验校正圆与镗排是否同心,认可后,装上平面刀架对平面进行切削,要求平面与轴孔中心线垂直。平面加工好后,根据设计图纸的位置要求,拉孔内油槽,钻油孔。

g. 用卡尺或直尺校正锥孔母线及平面的直线度。

h. 镗孔结束后,拆去镗排,割去马脚,打磨,拂磨油孔平面,将镗孔尺寸报质量检验科,复检镗孔同心度,并做好记录,填好报检表,进行铸钢件探伤,孔内涂黄油,防止生锈。

②舵叶内承座锥孔拂配

无论有键连接还是无键连接,舵杆锥体与舵叶内承座锥孔均需要拂配以达到紧密贴合的目的。舵叶内承座锥孔拂配工艺与螺旋桨拂配工艺相似,多采用立式。将舵叶竖在两边有地笼的位置,按舵叶上的两条十字线用激光校正,使舵叶锥孔垂直水平,再用角钢予以焊接固定,之后可以开始拂配。拂配要求达到 25 mm×25 mm 范围内有 3~4 个接触点,接触面积不少于 70%,0.03 mm 厚度塞尺在锥度两端不得塞入。锥孔下端部位未接触到的位置用砂轮机进行扩大,以避免压入时被下口顶住,用刀口尺校检。检验合格后做好标记,锥孔涂油防锈。

③舵杆与舵叶的液压安装

舵杆与舵叶采用湿式液压安装方式,如图 4.1.5 所示。压入力计算得出,压入量 L 按图纸要求。舵杆与舵叶的液压安装工艺过程如下:

a. 装配前将配合面用汽油或煤油清洗,后用液压油涂抹,确认舵杆、舵叶上铸钢件温度大致相同,再将舵杆插入舵叶上铸钢件中。

b. 安装液压螺母,使环型活塞尽量向内收缩,活塞伸出不超过 5 mm。进油口应位于螺母最低位置。

c. 接好所有油管和附件,将管线中的空气排净。

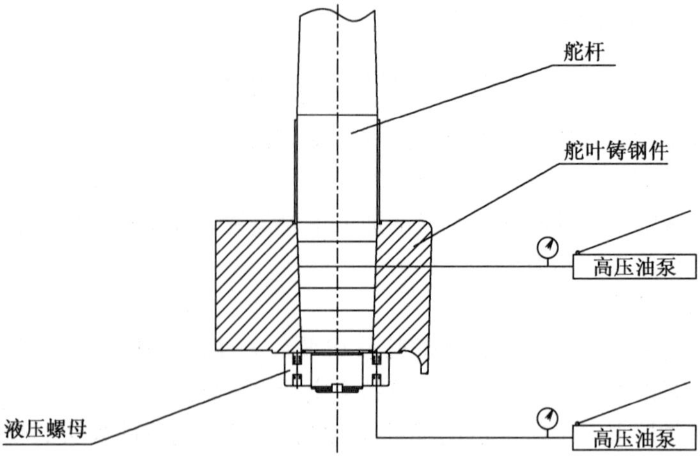

图 4.1.5　舵杆与舵叶的液压安装示意图

d. 求起始点，仅向液压螺母轴向加压，使油压达到 5 MPa，将千分表刻度盘调至零点，继续加压至 10 MPa、15 MPa，分别得到千分表读数 X_0、X_1、X_2，用坐标纸作图，X 轴为压入量，Y 轴为油压，将 X_0、X_1、X_2 三点连成直线交 X 轴得 A 点，则 A 即为零点，如图 4.1.6 所示。后续压入量应为 $L-a$。

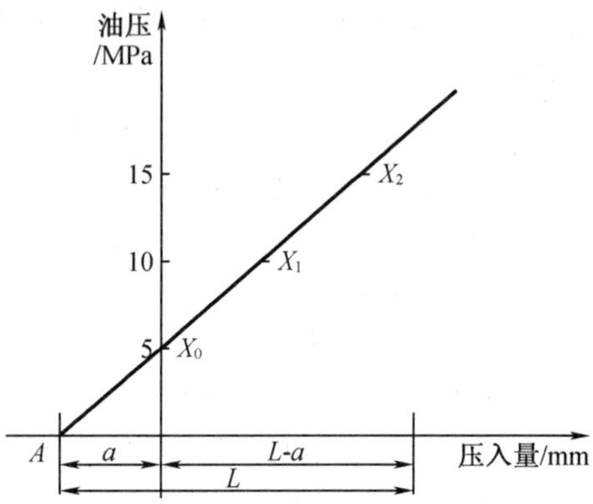

图 4.1.6　压入量起始点示意图

关于起始点的确定，有船级社规定：舵杆的锥体与舵叶上铸钢件锥孔应在车间进行着色试验，以检验其接触度，当接触面积达到要求（一般为 70%）时，此点即为推入起始点，然后在舵杆上做出相应的记号，舵杆在船台上压入时即以此标记点作为压入起始点。

e. 向配合面泵油径向加压，直到上铸钢体端头出现气泡，渗出油滴为止，然后两台泵（一台轴向，一台径向）压力交替上升不断推动舵叶前移，当千分表上的读数为 $L-a$ 时，可认为推进距离达到设计要求，压装完毕。

f. 安装完毕后，必须先卸掉径向油泵的油压，轴向油压保持原位 20 ~ 30 min 后，再卸压，凭人力将液压螺母拧到位置为止，然后以此为起点，再将螺母拧紧 15° ~ 20°，则舵叶装妥。安装完毕后，加装密封盖板，舵承油孔处加装丝堵并用聚硫橡胶填平。

舵杆与舵叶制作完成后需在车间预压装，检验加工精度，保证实船安装质量。预压装过程中，每压入 0.5 mm 记录一次油压，绘制出压入量 - 油压曲线和表格（表 4.1.4），供上船安装参考。预压装完毕后，应在舵杆及上铸钢件上做标记。

表 4.1.4　压入油压和压入量记录表

轴向油压/MPa								
径向油压/MPa								
压入量/mm								

3. 舵叶与舵杆的焊接连接

焊接法常用于小型船舶的单板舵。单板舵的舵叶一般由钢板切割而成，校平后，在平台上将其与加工好的舵杆按图纸要求进行拼装，拼装的定位基准是钳工在舵杆上画出的舵杆中心线，拼装报检合格后即可将舵杆和舵叶焊接成整体。焊接前需按图纸要求开焊接坡口。施焊时需采取必要的措施以控制焊接变形。

图 4.1.7 所示为某船单板舵与舵杆的焊接连接示意图。

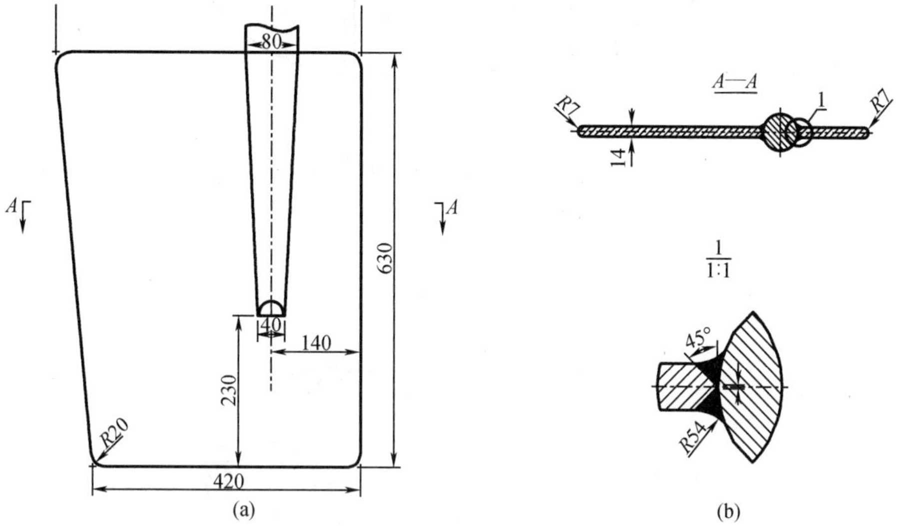

图 4.1.7　单板舵与舵杆的焊接连接

【工作任务】4.1.3　舵轴承

舵轴承分类方法很多，按其受力状态可分为支承舵承及支承推力舵承；按其安装位置可分为上舵承、中间舵承和下舵承；按其密性可分为水密舵承及非水密舵承；按其舵承的摩擦副类型可分为滑动轴承或滚动轴承。

1. 上舵承

上舵承通常为支承推力舵承，它不仅承受由作用在舵上的水动力引起的径向负荷，还承受由舵杆和舵叶所受重力引起的轴向负荷。上舵承一般安装在舵机舱专门的上舵承基座上，如果基座所在位置有可能低于满载水线，则一般会选用带密封圈的有水密功能的上舵承。

转叶式舵机内置了推力轴承，所以选用转叶式舵机的舵系不用设上舵承。

上舵承类型很多。图 4.1.8 所示为主要适用于我国长江等内河各类船舶的上舵承（CB* 3145—1983），轴向负荷由平面推力球轴承承受，径向负荷则由滑动轴承承受。

图 4.1.9 所示为滚子上舵承（CB＊789—1987）的 C 型，轴向负荷由双列向心球面滚子轴承承受。

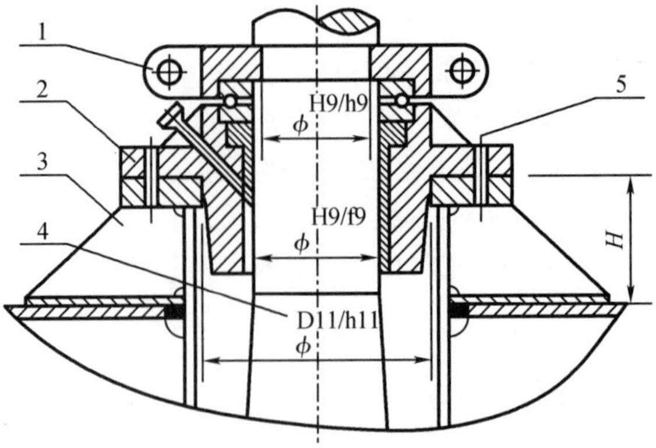

1—上舵承;2—上舵承本体;3—上舵承基座;4—舵杆;5—螺纹连接件。

图 4.1.8 上舵承(CB* 3145—1983)

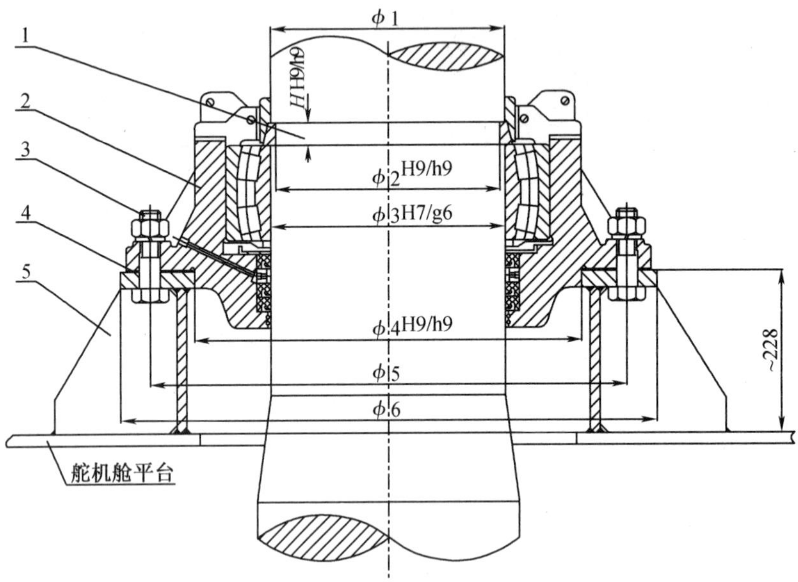

1—舵杆;2—上舵承;3—螺纹连接件;4—密封垫;5—上舵承座。

图 4.1.9 上舵承(CB* 789—1987)的 C 型

图 4.1.10 所示的上舵承为平面摩擦水密舵承(CB/T 3282—2001),适用于轴径 200 mm 以上的大、中型船舶。轴向负荷由摩擦片承受,摩擦片平面需要进行修刮,要求用色油检查接触情况,在 25 mm×25 mm 面积上应大于 3 点,接触均匀,接触面应大于 50%,0.05 mm 塞尺塞不进。检查时,在上舵承平面涂以薄薄一层色油,然后放下,使之与摩擦面相接触,转动舵杆,然后观察着色情况。

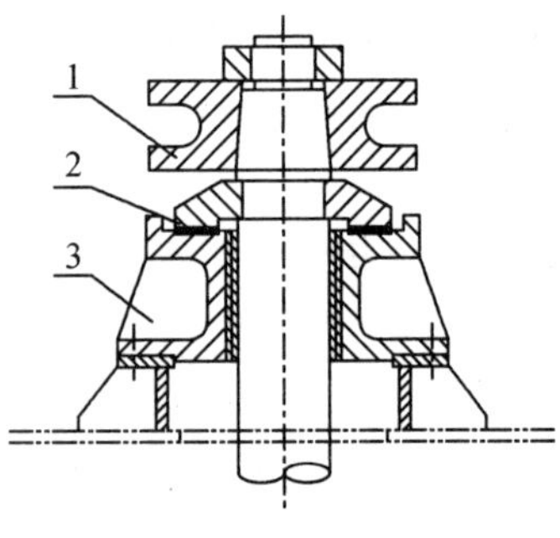

1—舵柄;2—摩擦片;3—舵承。

图 4.1.10 舵承结构示意图

上舵承与舵杆轴承位的配合应按照舵承厂家的技术要求执行,如滚子舵承(CB* 789—1997)推荐的轴承内孔与舵杆的配合是 H7/g6,或按照表 4.1.5 所示的规定。

上舵承与上舵承基座的配合也应按照舵承厂家的技术要求执行,如滚子舵承(CB* 789—1997)推荐的配合是 H9/h9,或按照表 4.1.5 所示的规定。

表 4.1.5 滚动轴承内外径配合公差

单位:mm

内外圆直径	<80	80~120	120~180	180~260	260~360	360~500
舵杆配合内孔	-0.02~0	-0.03~-0.01	-0.04~-0.02	-0.05~-0.03	-0.06~-0.04	-0.08~-0.05
舵承座孔配合外圆	-0.01~+0.015	-0.02~+0.01	-0.03~0	-0.04~-0.01	-0.05~-0.02	-0.06~-0.025

2. 中间舵承和下舵承

中间舵承和下舵承均为支承舵承,仅承受径向负荷。中间舵承很少使用,设有两个以上舵销的舵有时不设下舵承。下舵承的本体多为铸钢件,同船体结构焊接固定。舵承下端设有密封圈和压盖。图 4.1.11 所示为下舵承(CB* 3146—1983),主要适用于我国长江等内河各类船舶。

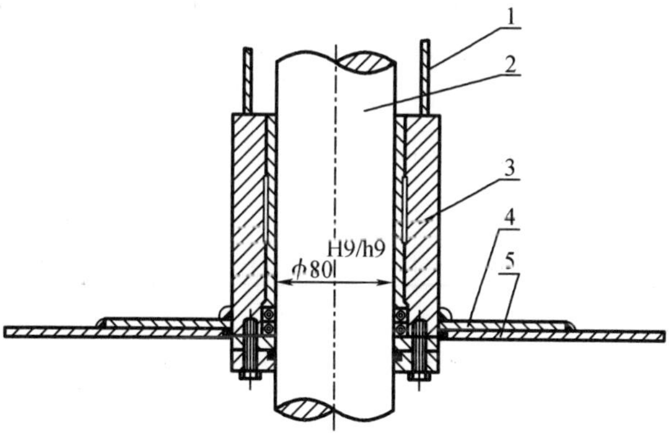

1—舵套筒;2—舵杆;3—下舵承;4—复板;5—船底板。

图 4.1.11 水密下舵承(CB* 3146—1983)在船上的安装示意图

图 4.1.12 所示的下舵承,其舵承本体为铸钢件,轴承为复合材料,二者分别制造,待本体镗孔完成之后,根据镗孔尺寸加工轴承外圆,然后将轴承装入。舵承下部装有密封圈,用压板固定。

下舵承与舵杆之间的间隙一般可参考舵承厂家提供的技术要求,如滑动水密下舵承(CB* 790—1987)推荐的配合是 H11/f9;或者参考相关表格,悬挂舵下舵承装配间隙参见表 4.1.6 所示规定,多支承普通舵各道舵承的装配间隙参见表 4.1.7 所示规定。如果选用了表格中未包括的高分子复合材料轴承,需参考轴承生产厂家的技术要求。

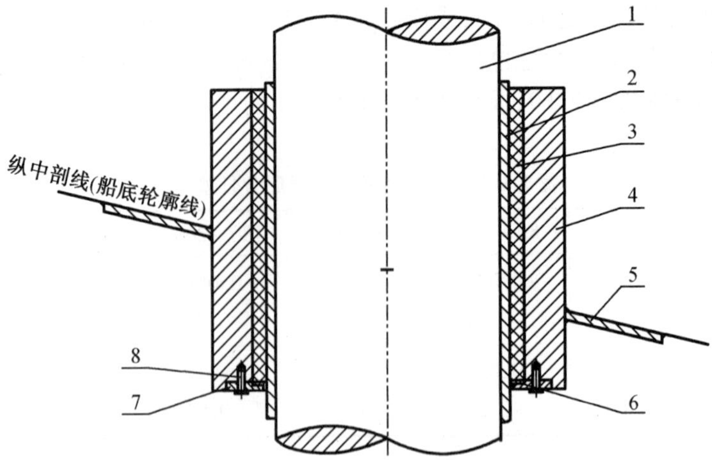

1—舵杆;2—轴套;3—衬套;4—舵承本体;5—复板;6—密封圈;7—压板;8—螺钉。

图 4.1.12　下舵承

表 4.1.6　悬挂舵下舵承的装配间隙　　单位:mm

舵销直径	铜及白合金舵承装配间隙	铁梨木及层压板舵承装配间隙
<80	0.30	0.60
80~120	0.30~0.40	0.60~0.70
120~180	0.40~0.50	0.70~0.85
180~260	0.50~0.60	0.85~1.05
260~360	0.60~0.75	1.05~1.25
360~500	0.75~0.90	1.25~1.50

表 4.1.7　多支承普通舵各道舵承的装配间隙　　单位:mm

舵销直径	舵杆承	舵销承	
	(铜及白合金舵承)	铜及白合金舵承	铁梨木及层压板舵承
<50	0.25~0.33	0.50~0.60	0.55~0.65
50~70	0.32~0.40	0.60~0.80	0.65~0.85
75~100	0.36~0.44	0.80~1.00	0.85~1.10
100~130	0.42~0.50	1.00~1.20	1.10~1.30
130~180	0.50~0.60	1.20~1.40	1.30~1.50
180~260	0.60~0.70	1.40~1.60	1.50~1.75
260~360	0.70~0.80	1.60~1.80	1.75~2.00

【工作任务】4.1.4　舵销和舵销轴承

舵叶与挂舵臂上舵钮的连接采用舵销的形式,如图 4.2.13 所示。舵销的圆柱部分插入舵钮孔中,锥体部分插入舵叶内承座孔中,用螺母拉紧,使舵叶与挂舵臂可靠连接。结构形式如同锥体连接的舵叶与舵杆，但很少用键。

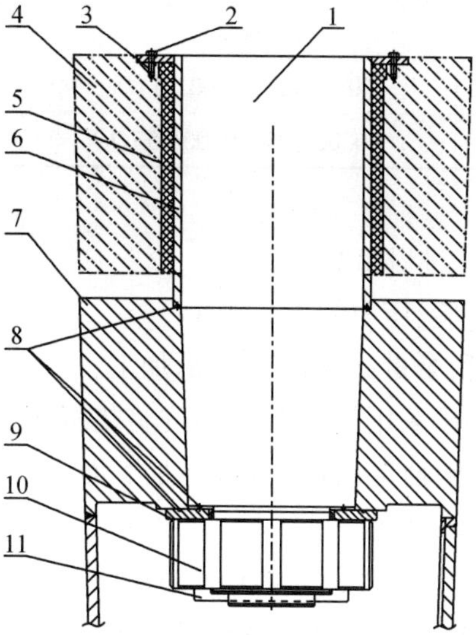

1—舵销；2—螺栓；3—压板；4—挂舵臂上的舵钮；5—舵销轴承；6—轴套；
7—舵叶内承座；8—O 型圈；9—垫片；10—螺母；11—止动片。

图 4.1.13 舵销与舵销承

1. 舵销

船舶规范对舵销及舵钮连接的锥形配合、锥体长度、舵销直径、螺母尺寸、销座厚度、舵销轴承长度等，都有一定的要求。舵销锥体部分应无阶梯地过渡到圆柱部分，锥体端部有螺纹，用来安装螺母，舵销的工作部位安装有由耐磨和耐腐蚀的材料（青铜、不锈钢）制成的轴套，如图 4.1.14 所示。

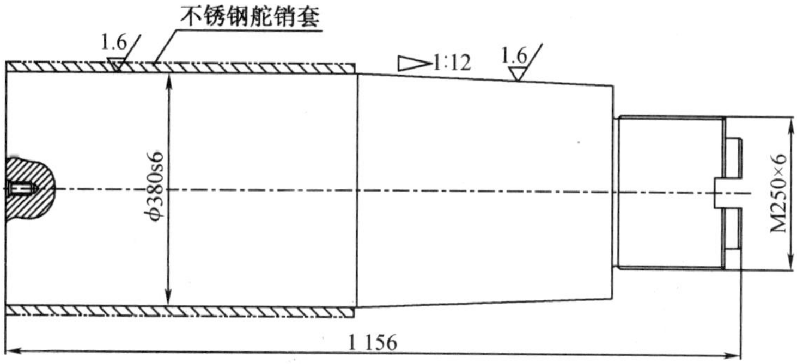

图 4.1.14 舵销结构图

舵销与轴套采用过盈配合，过盈量见表 4.1.8。

表 4.1.8 舵销与轴套、舵叶的配合

项目	标准范围	备注
舵销与舵叶的锥面接触面积	>60%	
舵销与不锈钢轴套过盈量	(0.000 5 ~ 0.001 0)D	D 为舵销直径,单位:mm
舵销与青铜轴套过盈量	(0.000 75 ~ 0.001 5)D	

舵销不锈钢轴套烘装工艺过程如下:

(1)烘装之前进行密性试验,压力为 0.1 MPa。

(2)内孔加工到位,外圆留余量,待轴套装好后加工。

(3)舵销不锈钢轴套烘装多采用竖直摆放,首先将垫板找好水平并垫实,然后将不锈钢轴套竖直放置在垫板上,不锈钢轴套有标记处为不加工面,将没标记处朝上,同时根据图纸要求使用垫片调整不锈钢轴套的位置。

(4)在轴套表面布置好加热片,注意使加热片布满整个不锈钢轴套表面,确保每个加热片接线良好。均匀加热至 280 ~ 320 ℃,内径膨胀 1.5 ~ 2 mm。内径的测量使用专门制作的量棒。

(5)满足上述要求后,将舵销放入不锈钢轴套内。

(6)自然冷却。

2. 舵销与舵叶销孔的拂配

舵销与舵叶销孔之间要求紧密贴合,这要通过研配来完成。其工艺过程如下:

(1)舵叶水平放置,下面支以千斤顶及木墩,按舵叶纵剖面线找好水平,要求使各支撑点尽量受力均匀。

(2)在舵销孔侧面及上面分别设置水平及垂直支架和拉线盘,通过调整 $L1$、$L2$、$L3$、$L4$ 来找正水平和垂直钢线,然后根据钢线检测 $L5$、$L6$、$L7$、$L8$ 的偏差情况以进行舵销和舵销孔的研配。挂重选取、钢线下垂量计算与轴系拉线相同。如图 4.1.15 所示。

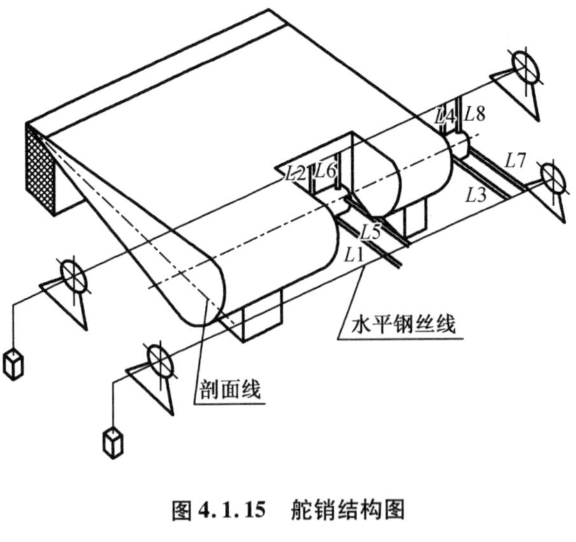

图 4.1.15 舵销结构图

(3)销孔的拂配。拂配工艺与螺旋桨拂配相同,要求用着色检查销轴与孔的接触情况,在25 mm×25 mm 范围内,沾色不少于3 点,且分布均匀,着色面积不少于总面积的70%;另外,两销轴研磨后的同轴度<0.10 mm。

3. 舵销与舵叶销孔的装配

舵销与舵叶内承座的连接采用常规方法时,螺母的旋紧一般采用锤敲击扳手的方法,大螺母则用撞锤撞击。

舵销与舵叶内承座的连接采用液压方法时,推入长度按式(4.1.1)~式(4.1.3)确定,式中 P 以舵销的推入压力 P_{req}(N/mm^2)代入,P_{req} 按下式计算:

$$P_{req}=0.4\frac{PD_c}{D_m^2 l}$$

式中 P——舵销轴承的支持力,N,由舵力计算提供,详见 CCS《钢质海船入级规范(2018)》第二篇第三章之3.1.4.6;

D_c——舵销直径,mm;

D_m——锥体的平均直径,mm,$D_m=(D_c+D_u)/2$,D_m、D_c、D_u 如图4.1.4 所示;

l——锥体长度,mm。

液压安装一般使用液压螺母,按技术部门提供的推入压力和推入长度要求进行。在实际施工时,可根据液压螺母活塞面积计算出油压,安装时,压入力及压入量两项要求到位时即可认为已达到要求,然后旋紧螺母,并且使螺母再往旋紧方向转过10°~15°,最后在螺母处安装防松装置。舵销与舵叶的连接一般要求在车间预装,预装合格后,舵销不用拆下,做好防护,装船时与舵叶一体吊装。

4. 舵销轴承

与舵销轴套配合的舵销轴承材料有铁梨木、白合金、不锈钢、合成材料以及青铜合金等。常用的搭配有铁梨木对青(黄)铜、青铜对不锈钢、合成材料对青铜或不锈钢等,现在用得比较多的是合成材料对青铜或不锈钢。

舵销轴承的加工主要是加工轴承的内孔和外圆。

舵销轴承的安装一般采用压入法、低温法和环氧树脂法。当使用前两种方法时,舵销轴承与舵销承座孔采用紧配合。轴承端部设止动垫圈固定或制成凸肩。轴承的外径和高度均以在现场测量挂舵臂(和舵托)上的舵销承座孔镗孔加工后的实际尺寸为准,并将测量结果填入表格,然后将其提供给机加工车间,由机加工车间综合材料的性质、水膨胀系数、热膨胀因素、过盈量的要求、规范要求以及内孔收缩等因素确定最终的加工尺寸,并按此尺寸进行加工。

舵销轴承内孔加工尺寸按舵销外圆确定,按图样及工艺要求加放轴承间隙。由于衬套内孔镶配的轴承材料(铁梨木、层压板、铜或白合金)以及舵系结构形式的不同,其轴承间隙也不同。舵销与舵销承、与舵底销承的间隙可由表4.1.9 中的经验公式求得。

表 4.1.9　舵销与舵销承的配合

项目	销承材料	间隙	极限间隙	备注
舵销与舵销承	铜合金	$\Delta=0.008d+0.2$	$\Delta_j=0.045d$	①Δ 为新制时间隙
	木质	$\Delta=0.008d+0.4$	$\Delta_j=0.05d$	②Δ_j 为极限间隙
舵销与舵底销承	铜合金	$\Delta=0.002d+0.4$	$\Delta_j=0.025d$	③d 为舵杆直径
	木质	$\Delta=0.003d+0.4$	$\Delta_j=0.03d$	④单位:mm

舵销与舵销承的间隙也可以查阅相关表格。半悬挂舵的舵销与销承装配间隙见表4.1.10。

表 4.1.10　半悬挂舵的舵销与舵销承的装配间隙　　单位:mm

舵销直径	铜及白合金销承装配间隙	铁梨木及层压板销承装配间隙
<50	0.30 ~ 0.45	0.35 ~ 0.50
50 ~ 70	0.45 ~ 0.60	0.50 ~ 0.70
75 ~ 100	0.60 ~ 0.75	0.70 ~ 0.90
100 ~ 130	0.75 ~ 0.90	0.90 ~ 1.10
130 ~ 180	0.90 ~ 1.05	1.10 ~ 1.30
180 ~ 260	1.05 ~ 1.20	1.30 ~ 1.50

高分子复合材料(如赛龙轴承)舵销承在确定内孔直径时,除了考虑轴承间隙,还需要考虑过盈配合的膛缩量、水膨胀系数、热膨胀等因素。

【工作任务】4.1.5　舵柄

舵柄又称鱼尾,由柄毂和柄臂构成。除了传动方式不同而形状各异外,舵柄还分为整体式舵柄和剖分式舵柄两种形式。

图 4.1.16 所示为一种整体焊接式舵柄。图 4.1.17 所示为拨叉式舵柄,该舵柄为单拨叉,也有双拨叉的。

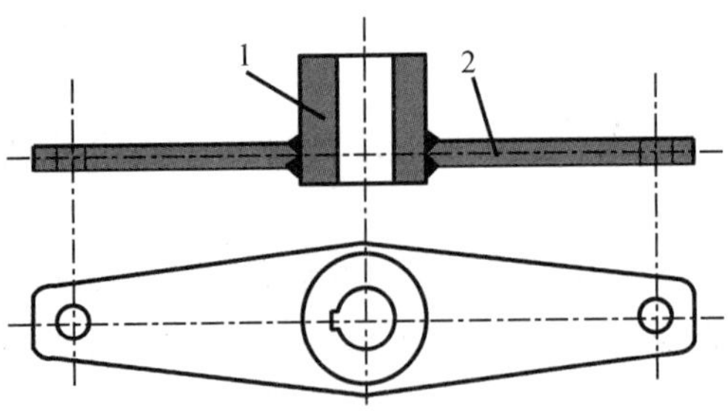

图 4.1.16　整体式单臂舵柄示意图

图 4.1.17　拨叉式舵柄

舵柄的材料强度应与舵杆材料强度相当,常用35号钢。舵柄一般是整体铸(或锻)造,如图4.1.17所示的拨叉式舵柄多是用铸钢浇铸而成的。对于铸(锻)造件,其质量需满足《材料与焊接规范(2018)》以及相关规范的要求,对于一些小缺陷,在不影响强度的前提下,可以进行适当修补。也可将舵柄分成柄臂和柄毂两个部分,分别进行锻(铸)造和粗加工,之后将其焊接成整体,热处理后再进行精加工。如图4.1.18所示。

舵柄的加工技术要求如下:

(1)若舵柄与舵杆为圆锥型配合,舵柄锥孔需以舵杆锥体为基准进行修刮。锥孔修刮后,要求色油接触均匀,在25 mm×25 mm面积上接触点大于3点,接触面积大于70%。锥体小端用游标深度尺测量,与平面有6~9 mm间隙,作为旋紧螺母及以后修理用的余量。

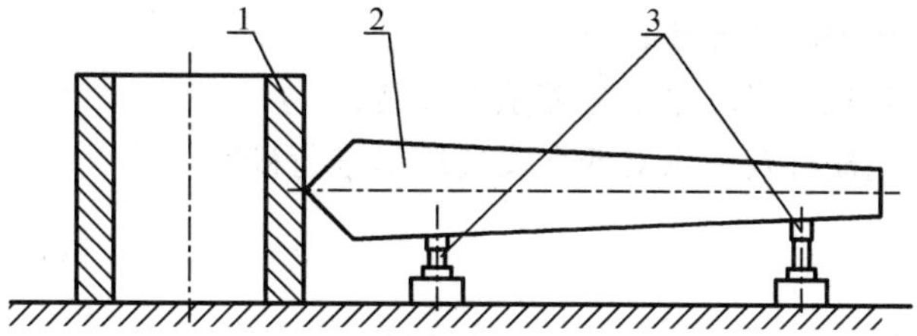

1—柄毂;2—柄臂;3—调位工装。

图4.1.18 柄毂与柄臂焊接

(2)若舵柄与舵杆为圆柱型过盈配合,其过盈量可参见表4.1.11。

表4.1.11 舵柄与舵杆配合公差

单位:mm

舵杆直径	<80	80~120	120~180	180~260	260~360	360~500
配合过盈量	0.04~0.06	0.05~0.08	0.06~0.09	0.08~0.11	0.10~0.14	0.12~0.16

(3)当舵柄柄毂为剖分式时,配合应为D/gc,而且至少安装一个键,且在每一端至少配置两个螺栓进行栓固。螺栓应进行预紧,每个螺栓的预紧力应对应螺栓材料许用应力的70%,如使用双键,预紧力可适当降低。全部螺栓的总剖面积应满足规范要求。

(4)对于有键连接,键安装后,用0.05 mm塞尺检查键的两侧,应插不进,如插入,则深度应不大于20 mm,键顶部间隙为0.5~0.8 mm或取键高的2%。

图4.1.16所示的舵柄的柄臂上设有销孔,目的是连接舵柄拉杆。舵柄拉杆如图4.1.19所示。

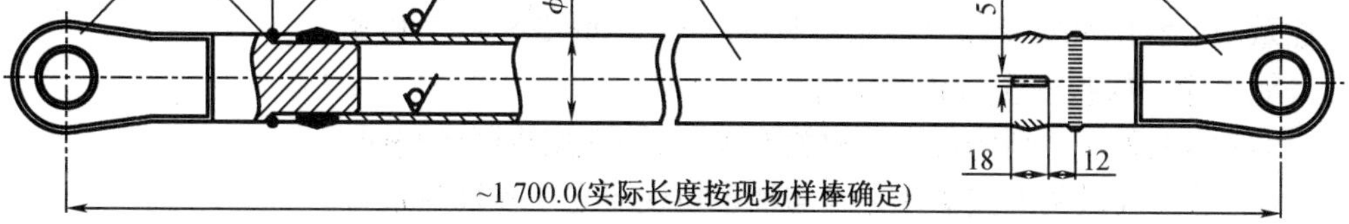

1—拉杆接头;2—无缝钢管。

图4.1.19 某船舵柄拉杆

【子项目】4.2 舵系安装

【学习目标】

1. 知识点

(1)掌握舵系安装的工艺流程;

(2)掌握舵系安装的技术要求。

2. 技能点

(1)掌握舵系拉线的工艺方法;

(2)能够按照工艺规程及图纸进行舵系的安装;

(3)能够按照工艺规程及图纸对舵系安装质量进行检验。

【相关知识】

舵系安装工作是船舶建造过程中的关键项目之一,一般会在船台上或船坞中进行,在下水之前完成。舵系安装与轴系安装有着密切联系,事实上,舵系安装与轴系安装在工艺上也有着很多的相似之处,例如舵线的确定与轴系的拉线照光,其工艺过程和技术要求基本相同。

舵系类型很多,结构和安装方法各有不同,但是基本的工艺思路是相通的。这里,我们以最典型的半悬挂舵(图4.2.1)为例来介绍舵系安装工艺。

舵系安装工艺过程大致如下:

(1)舵系拉线;

(2)按照舵系中心线对舵承座、舵销轴承座进行镗孔;

(3)舵系复线合格后安装舵承和舵销轴承;

(4)舵系各部件的吊装;

(5)确定舵叶零位;

(6)舵柄吊装;

(7)舵机安装。

本节介绍也按这个顺序进行。

【工作任务】4.2.1 舵系中心线的确定

舵系中心线的确定是整个舵系安装的基础,其重要性不言而喻。

1. 舵系中心线找中应具备的条件

(1)船体工程应达到的程度及相关要求,与轴系拉线照光相同。

(2)舵系拉线做基准点工作必须与轴系拉线照光工作同时进行。

(3)舵系找中及安装期间,应停止一切振动性作业。

2. 舵系基准点的设置

上基准点一般设置在舵机舱顶部或舵机平台甲板上方,装焊可调节的拉线架或照光仪支架。单舵设在船艄纵剖面线上的0#肋骨,双舵则按图纸要求的距艄距离对称布置。

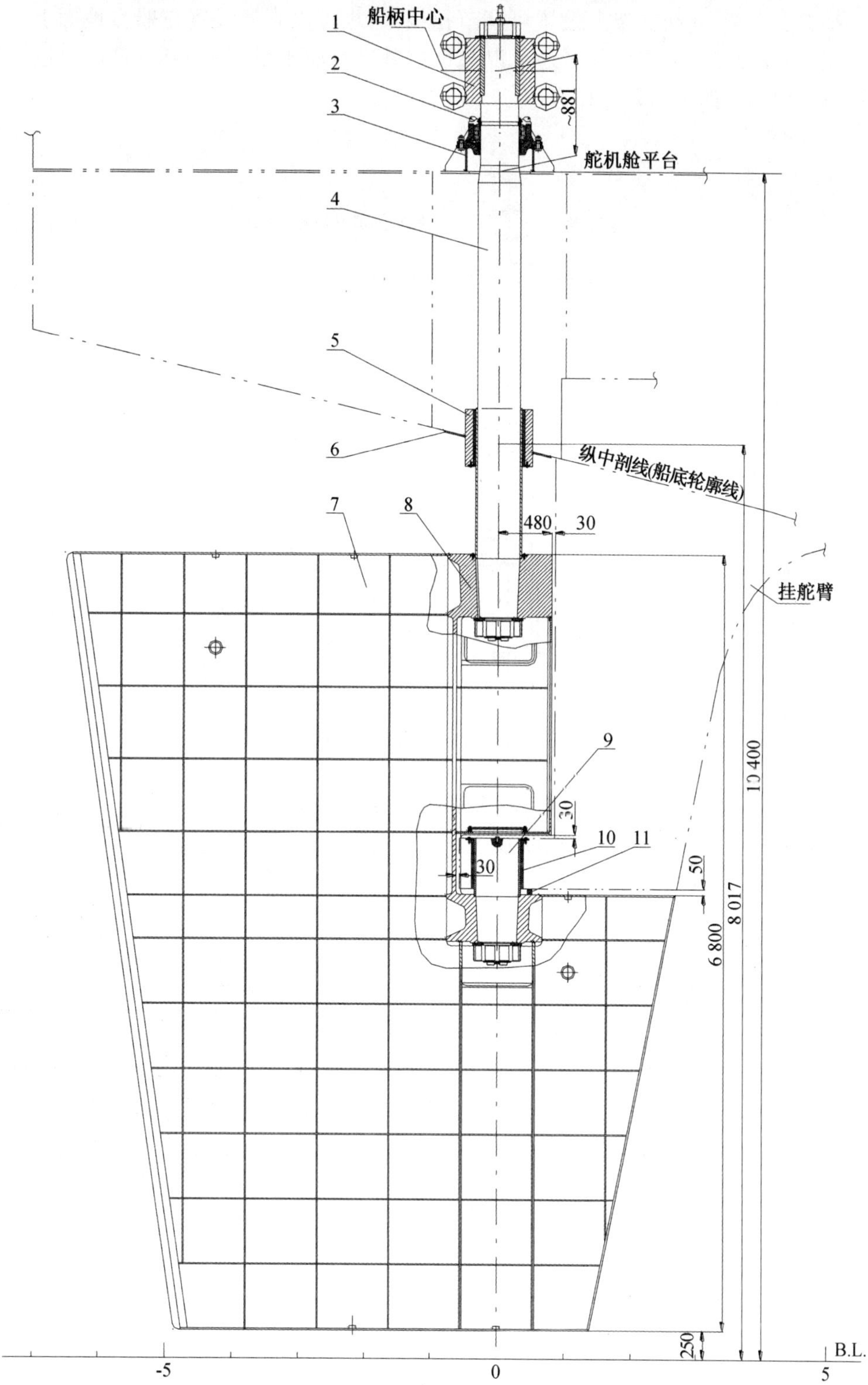

1—舵柄;2—上舵承;3—上舵承座;4—舵杆;5—下舵承;6—腹板;7—舵叶;

8—舵叶内承座;9—舵销;10—舵销承;11—止跳块。

图 4.2.1 半悬挂舵系结构图

下基准点的设置视具体情况而定。一般是在最下方的舵销承座下方一个合适的位置上焊装基准点支架，并在支架上设置可调节拉线架；也可以直接设置在船台地面上。水平船台使用拉线法确定舵线时，甚至还可以只设上基准点而不设下基准点，直接通过上基准点吊铅垂线即可。如图 4.2.2 所示。

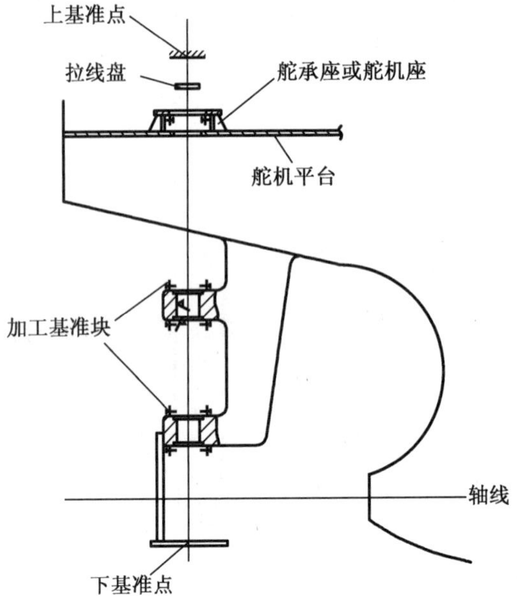

图 4.2.2　舵系基准点以及镗孔基准点设置示意图

如果是倾斜船台，需将铅锤点沿轴系中心线的投影线向前移一定距离 l，下基准点就在 B 点和上基准点的连线上，如图 4.2.3 所示。l 可由船台斜角 θ 和垂线 H 求得，即

$$l = H \cdot \sin\theta \qquad (4.2.1)$$

式中　θ ——船台斜角；

H ——如图 4.2.3 所示，mm。

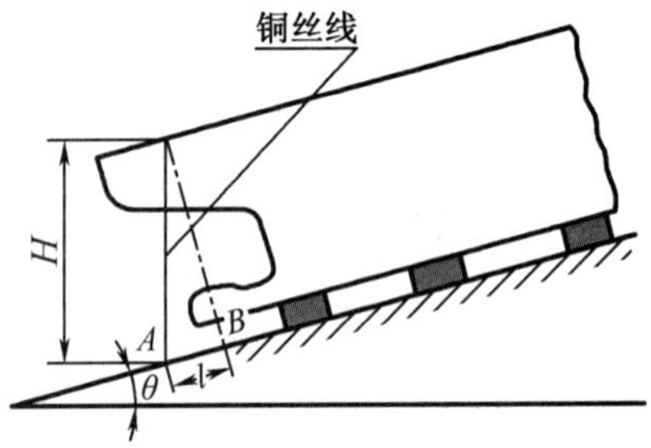

图 4.2.3　在斜船台上确定舵系基准点

3. 拉线法确定舵系中心线

很多船厂都采用简单方便的拉线法来进行舵系中心线的确定。这是因为舵系中心线是铅垂方向的，不存在因钢丝自重而产生的挠度问题，精度容易保证，而且舵系比轴系短，支承的数量少，本身精度要求也比轴系低。另外，为了提高建造精度，很多船厂在舵系施工时也引入了光学设备，将拉线法和光学仪器法结合起来使用。

(1) 开孔

在舵线要通过的舵舱的上、下甲板和船壳板相应的位置预先开孔，孔的直径为设计孔径的 1/3 ~ 1/2 即可。另外，拉舵线之前还需将上舵承座大致放到位。

(2) 拉线

钢丝选用 ϕ0.8 mm 的琴钢丝，钢丝应平直，清洁并无扭曲，挂重 50 kg。按照上、下基准点调节拉线架拖板，使钢丝与上、下基准点对正，或者说与船舯纵剖面线 0#肋骨线重合。

(3)根据所拉舵线进行如下项目的检查:

①舵系中心线与轴系中心线的垂直度偏差不得大于1 mm/m。

②舵系中心线与轴系中心线的相对位置偏差不得超过下式计算数值

$$\delta = \sqrt[3]{L} \tag{4.2.2}$$

式中 δ——舵系中心线与轴系中心线的相对位置偏差,mm,如图4.2.4所示;

L——船长,m。

③设置转动导流管的舵系,对舵系中心线与轴系中心线相交度要求更高一些,具体数据按照相关图纸要求执行。

④对于多舵船舶,各舵系中心线前后定位差、相互位置偏差均不应大于5~10 mm,一般不允许同侧偏移。

⑤测量各舵(销)承座孔相对于舵线的中心偏差以及艉柱(或人字架)后端面相对于舵线的距离偏差情况,并确认其镗孔余量是否足够。

⑥检查舵系中心线是否符合图纸要求并留有足够的镗削余量。

(4)舵系中心线确定后的工作

如果以上检查均能满足要求,则可将钢丝确认为舵系中心线;如果不满足,则需要对舵线进行适当的调整。舵系中心线确定后进行以下工作:

①确定上舵承基座定位、安装及舵机基座高度。

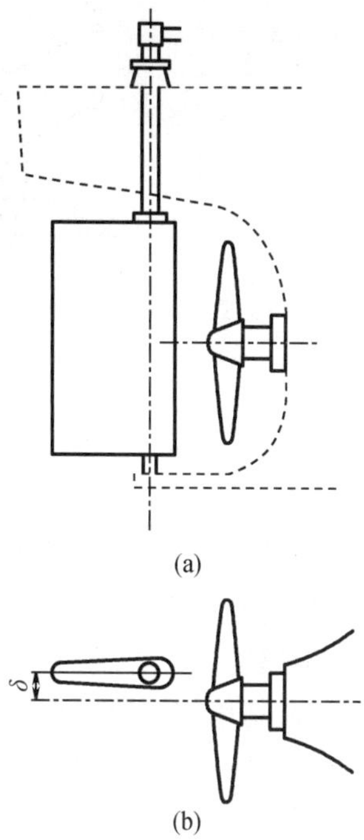

图4.2.4 舵系中心线与轴系中心线的相对位置偏差

拉舵线时,先将上舵承基座大致放置到位,舵线从其中穿过。待舵线位置确定后,用内卡钳测量上舵承基座内孔壁在前、后、左、右四个方向上与舵线的距离,并借助角尺、水平尺和楔铁调整上舵承基座的位置,使其法兰内孔与舵线同轴,同时法兰上平面与舵线垂直,注意应是前后、左右两个方向,如是倾斜船台,还需预制一块与船台斜度相同的垫铁,放到水平仪和直尺之间来检查前后方向的垂直度(左右方向不需要)。垂直度调整好后,复验法兰内孔与舵线同轴度情况,当这两项要求都合格以后,测量上舵承基座法兰上平面到基线的距离。一般在制作上舵承基座时,下口均会留有修割的余量,因此此数据会大于图纸规定值。考虑了上平面的加工余量后,在舵承基座下部画切割线(又称捆身线),然后按照切割线进行切割,如图4.2.5所示。然后将修割好的上舵承基座重新找正位置,确认法兰内孔与舵线同轴,并且法兰上平面与舵线垂直,点焊固定,再次复验位置无误后,即将上舵承基座焊牢在舵机平台甲板(船体结构)上。焊接时需采取有效措施以防止和减少焊接变形。焊缝冷却之后,在上舵承基座法兰上平面上根据舵线划出镗孔加工圆线和检验圆线。此法针对的是采用镗孔工艺的上舵承基座。

如果是双舵系,舵叶通过液压缸、舵柄和舵柄拉杆实现联动,一般会要求各上舵承基座法兰上平面在一个水平面上。那么在确定了一只基座之后,其他的需以之为基准进行高度方向上的定位,可以通过拉粉线或者使用经纬仪来实现。

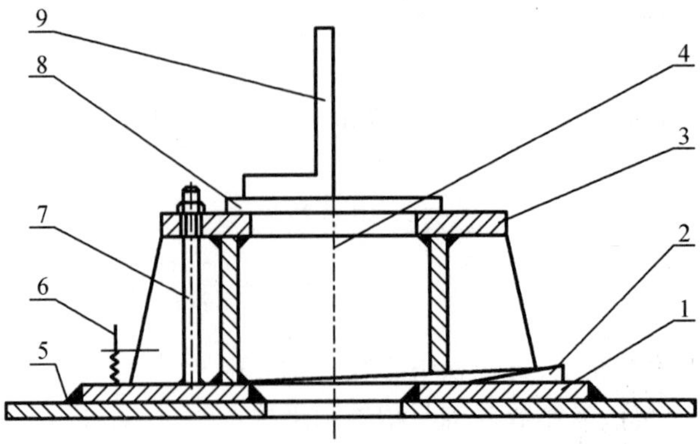

1—复板;2—楔铁;3—上舵承基座;4—舵线;5—舵机平台;6—画针;7—螺杆;8—水平尺;9—角尺。

图 4.2.5　上舵承座定位示意图

②测量上舵承座、下舵承座、舵销承座镗削平面至基线距离,确定镗削定位尺寸,并打上样冲眼。

③测量记录舵销承座镗削平面及下舵承座端面至上舵承座镗削平面的实际距离,与图纸相应位置的理论尺寸一同来确定舵杆加工的实际长度,供机加车间加工。

④根据舵系中心线,画出上舵承座、下舵承本体、舵销轴承座等待镗孔的加工圆线及检查圆线,或制作校中镗杆基准点。

加工圆线及检查圆线的画法与轴系镗孔相同,检查圆线的直径必须比镗孔圆直径大 20 mm 左右,并打上样冲标记,作为镗孔和检验镗孔中心的依据。

镗杆校中基准点制作过程与轴系相似。首先,在以钢丝为中心的适当位置将基准点分别焊于待镗孔的两个端面上,一个端面一组,一组四个;然后精确测量基准点至钢丝的距离,并用细锉刀和油石逐步加工基准点,直至各点偏差不超过 0.02 mm 为止,也可以选用细牙螺钉来制作基准点。

另外,确定舵线时,也可以将拉线法和光学仪器法结合起来使用,如图 4.2.6 所示。

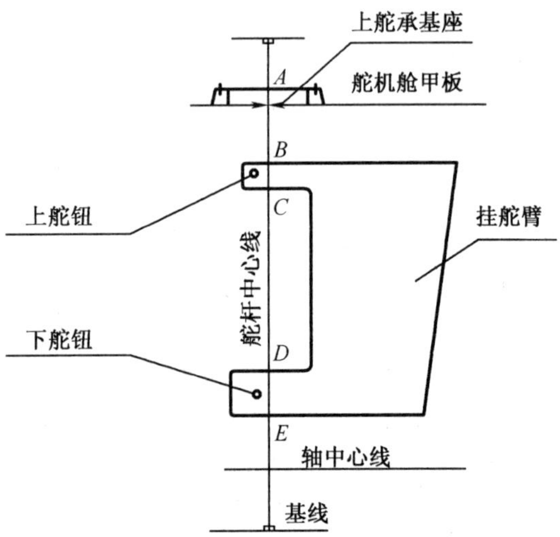

图 4.2.6　照光示意图

拉线前,在上舵承及下舵销轴承座处各安装一个带画线套筒的光靶,拉线时钢丝穿在套筒孔内。舵线确定后,按照钢丝线中心,用内径千分尺测量钢丝至光靶套筒前、后、左、右四个方向的尺寸,如有偏差,调整光靶套筒,使之相等。此时,光靶中心与钢丝同轴。

在上舵承基座上方安装照光仪架,装入准直照光仪,调整照光仪位置,使照光仪中心与上舵承座和下舵销两个基准光靶(图 4.2.6 中 A、E 处)所确定的中心一致。

按上述已调整好的照光仪中心,将光投到各道舵轴承两端的光靶上(B、C、D 处),并调整各道光靶中心至目测无明显偏差为止。

上述过程确认合格后，拆去钢丝，安装画线靶心，按图样尺寸，在端面上画加工圆线及检查圆线，并打样冲眼标记。

【工作任务】4.2.2 按照舵系中心线对舵承座和舵销承座进行镗孔

舵线以及镗杆校中基准点(或加工圆线及检查圆线)确定之后，即可安装镗排。按工艺布置图安装镗排的轴承支架，根据交验后的两组基准点找正镗杆，要求偏差不超过0.02 mm，然后即可进行镗孔。镗杆的找正以及镗孔工艺均与轴系镗孔相似。图4.2.7所示为某船舵系镗孔示意图。

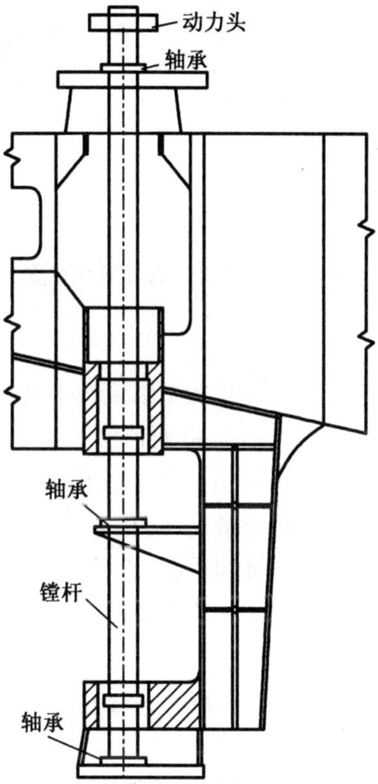

图4.2.7 某船舵系镗孔示意图

如果跨距太大，可以分段镗孔，先加工舵销承孔，后加工上、下舵承孔，如图4.2.8所示。

1. 舵系分段镗孔工艺

(1)舵销承孔的镗孔

①按舵销承座上平面和下调节拖板上的镗孔加工圆或检查圆校正镗杆。

②粗镗，直径留1 mm余量，以便精加工。

③精镗最后一刀($t=0.2\sim0.5$ mm)前，应校正镗排中心，并经检验合格，方可进行精加工，以达到镗孔的技术要求。精镗最后一刀，镗刀的走向应与衬套压入的方向相同。

④镗削舵销承孔止口，应符合图纸要求。

⑤镗削舵销承座的上平面，且留半个样冲眼，并按图倒角，拆除镗排。

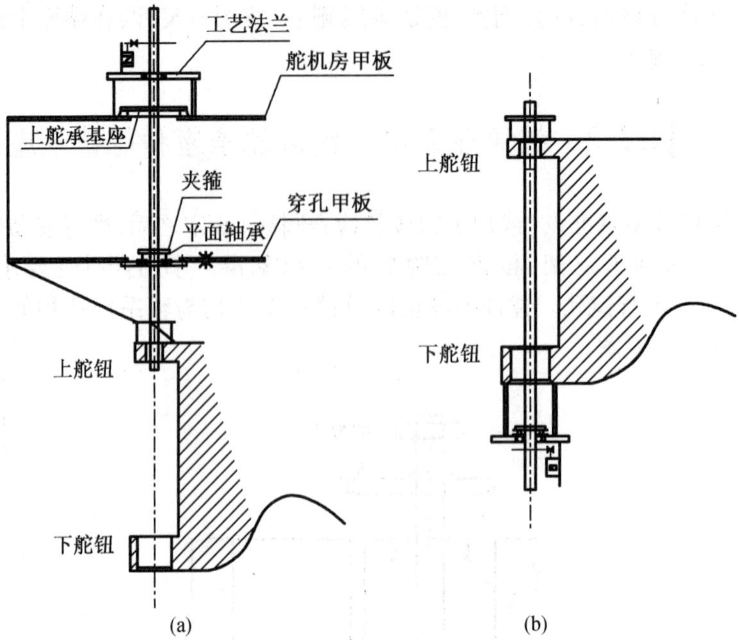

图 4.2.8　舵系分段镗孔示意图

(2)上、下舵承座的镗削

①按上、下舵承座或工艺法兰上的镗孔加工圆或检查圆校正镗杆。

②下舵承本体粗镗,直径留 1 mm 余量,以便精加工。

③精镗最后一刀($t=0.2\sim0.5$ mm)前,应校正镗排中心,并经检查员检验合格,方可进行精加工,以达到镗孔的技术要求。精镗最后一刀,镗刀的走向应与衬套压入的方向相同。

④上舵承座面板的内孔镗圆,应保证同轴,孔直径应保证上舵承本体的安装。

⑤按上、下舵承座的样冲眼,镗削上、下舵承座的平面。留半个样冲眼,并按图倒角。

⑥镗孔结束,拆除镗排,报检。

测量镗孔尺寸,做好记录,供内场加工下舵承衬套和舵销衬套用。表格形式见表 4.2.1。

表 4.2.1　挂舵臂上、下舵钮实测尺寸表

测量位置	a	b	c	d	平均值	理论值	测量位置按示意图
1							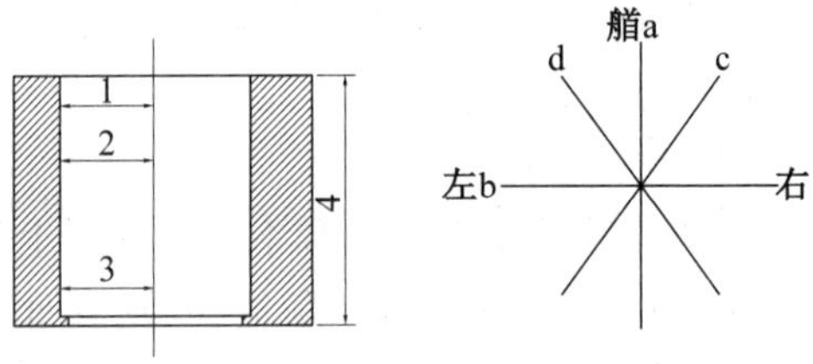
2							
3							
4							

2. 舵系镗孔的技术要求

(1)镗孔后的成品圆孔径尺寸应控制在图纸理论尺寸 ±1 mm 以内。

(2)镗孔后的各档内径应同轴,其同轴度偏差 ΔL 应小于其装配间隙的 1/2,一般要求不大于0.30 mm。检查方法：在每道轴承孔两端安装照光靶架，并用百分表校准照光靶中心，使之与轴承孔同心。根据上舵承及下舵销两端的光靶中心，调整准直照光仪中心，然后检查各道轴承端面光靶十字线的偏差是否符合要求（左、右、前、后四个方向）。如图4.2.9所示。

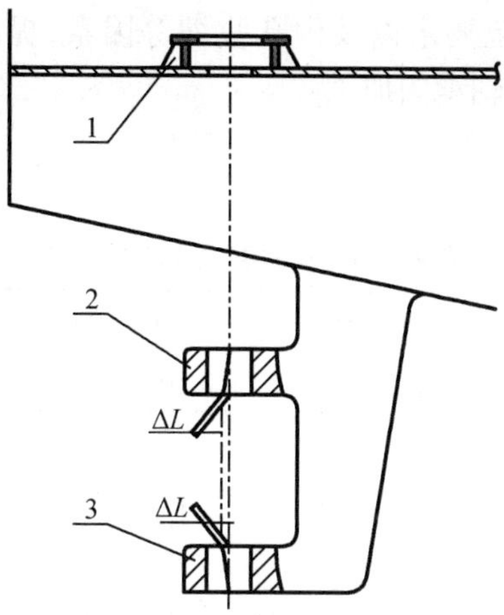

1—上舵承座或舵机座；2—上舵钮；3—下舵钮。

图4.2.9 舵系各孔加工后径向偏差示意图

（3）镗孔各端平面与舵系中心线应垂直，垂直度偏差均控制在0.15 mm/m以内，平面度允差为0.15 mm。

（4）孔的圆度和圆柱度公差值见表4.2.2。

表4.2.2 镗孔圆度、圆柱度公差值

单位：mm

孔径	≤120	>120~180	>180~260	>260~360	>360~500	>500~700	>700~900
允差	0.015	0.020	0.025	0.030	0.035	0.040	0.050

（5）舵承座内孔表面粗糙度为 *Ra* 3.2 μm，舵承座端平面表面粗糙度为 *Ra* 6.3 μm。

【工作任务】4.2.3 舵销承和舵承的加工及安装

上舵承的安装比较特殊，它一般是在舵系吊装时安放在上舵承基座上的，通过止口（如图4.1.9中的ϕ4H9/h9）定位，然后借助于铰制孔螺栓固定在基座上。本节主要介绍舵销承和下舵承的加工及安装，二者比较接近。

下舵承一般由本体和轴承组合而成，本体一般是铸钢件，焊接在船体底板上，轴承为复合材料。镗孔完成之后，根据镗孔尺寸加工轴承外圆，然后将轴承装入，或冷装，或环氧树脂粘接。

舵销轴承一般采用压入法、低温冷装法和环氧树脂法。

1. 舵销承和舵承的加工

无论采用哪种方法，舵销承和舵承的内孔均在安装之前就已经按照图纸要求加工完成。外圆稍有不同：当使用环氧树脂粘接方法时，轴承的外圆同样按照图纸要求加工完成；当使用压入法和低温冷装法时，轴承的内孔按照图纸加工，外径（销承还包括高度尺寸）则需要根据现场测量所得的镗孔加工后的实际尺寸，并且综合材料的性质、水膨胀系数、温度膨胀因素、过盈量的要求、规范要求以及内孔收缩等因素，提出轴承的最终尺寸和相关技术，机加工车间按此尺寸进行轴承的加工。

轴承与孔的配合见表4.2.3。

表4.2.3　舵系衬套与孔的配合　　单位：mm

配合处直径	<120	120 ~ 180	180 ~ 260	260 ~ 360	360 ~ 500
配合值	+0.01 ~ −0.01	0 ~ −0.02	−0.01 ~ −0.04	−0.02 ~ −0.05	−0.03 ~ −0.06

非金属（如赛龙轴承）轴承按照轴承制造厂家的要求进行加工和安装。

2. 舵销轴承和下舵承轴承的安装

舵销轴承和下舵承轴承的安装一般采用压入法、低温法、环氧树脂法、偏心衬套法和工艺轴法。

（1）压入法安装

具体工艺与艉轴承压入方法相似。压装时最好不要直接压轴承，而是做一块安装法兰放在轴承上，以便压装使用，法兰做出台肩，以限制轴承压装过位。如图4.2.10所示。

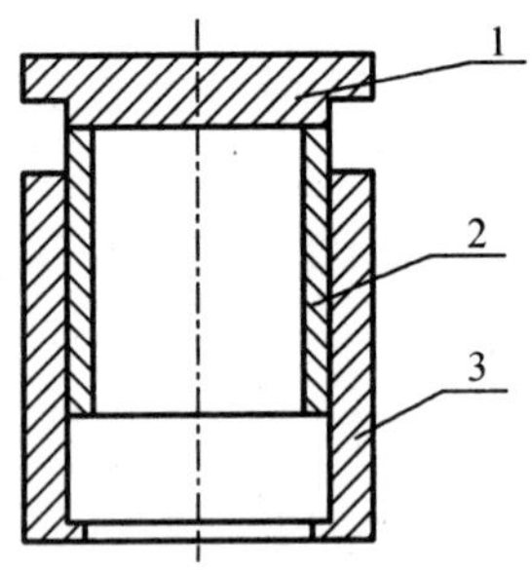

1—法兰；2—轴承；3—本体。

图4.2.10　舵销承压入安装示意图

压装前应去除轴承及轴承座孔的毛刺，并且用丙酮去除轴承和轴承座孔的油污及其他杂物，然后利用千斤顶或丝杠将轴承压入，注意轴承不能倾斜。压装完成后完善后续工作，如配钻下舵承本体压板螺栓孔，在下舵承本体与衬套结合部安装骑缝螺钉等。

铜合金舵销轴承压入力参照艉轴承执行，铸钢或不锈钢衬套，装配过盈量压入力20 ~ 500 kN，极限值800 kN。高分子材料（如赛龙轴承）轴承参照轴承厂家技术文件，下面的公式是赛龙轴承推荐的压装力计算公式：

$$F = \frac{\Delta \times \delta \times 211}{D} \times L \tag{4.2.3}$$

式中　F ——压装质量，kg；

Δ ——过盈量，mm；

δ ——赛龙轴承壁厚，mm；

L ——赛龙轴承长度，mm；

D ——轴承座孔径，mm。

赛龙轴承压装时不允许使用任何润滑剂，铜合金衬套压装时外圆涂上润滑油。

(2)低温法安装

近年来,舵销轴承和下舵承衬套经常采用高分子复合材料制作,如赛龙轴承等,除了可以压装,高分子复合材料轴承更多地选择使用液氮或干冰进行低温安装。其加工和安装要求如下:

按施工图给出的过盈量要求,以镗孔后的交验尺寸为基准,给出轴承外径的加工尺寸并进行加工,然后将轴承用丙酮清洁后放入密闭容器,注入液氮,最好使轴承完全浸没在液氮中,时间约为 10 ~ 15 min,将轴承取出,装入之前已经清洁过的挂舵臂轴承孔中。如果使用干冰,注意要使赛龙轴承的内、外壁与干冰充分接触,干冰最好破成小碎块。冷冻时间一般不小于 3 h。待轴承恢复常温后,检查确认轴承的安装状态,并完善后续工作。赛龙轴承低温安装时不允许使用任何润滑剂。

(3)环氧树脂法安装

此法工艺与螺旋桨、艉轴管的环氧树脂安装相似。

施工前需要做以下准备工作:

①用喷砂、切削、打磨等机械方法将舵承座孔内表面处理到露出新鲜的金属表面。为提高黏结强度,对被黏结的舵承座孔内表面和舵承外表面要进行适当的粗化。

②将舵承按舵系中心线校中,并使用装夹工具临时定位。为保证注胶效果,舵承与舵承座孔之间的胶接缝不得小于 5 mm。如图 4.2.11 所示。

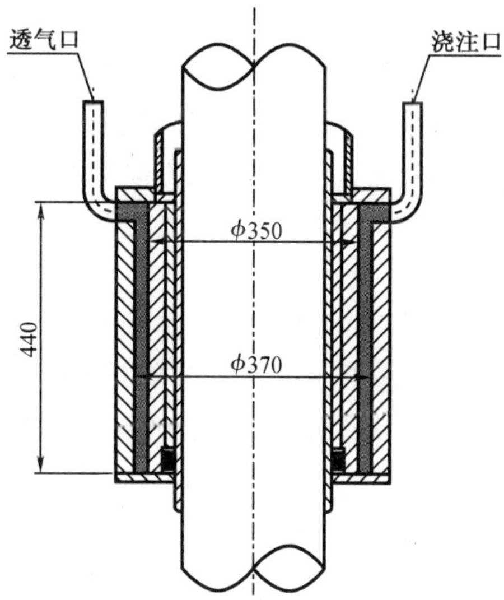

图 4.2.11　某船下舵承轴承使用环氧树脂法安装示意图

③为防止注胶后胶由底部缝隙渗出,应采用毛毡等密封材料对底部环形缝隙进行密封。

④注胶时,舵承座孔处的温度不得低于 15 ℃(最低温度的具体数据由树脂厂家提供),如低于 15 ℃,可采用火焰烘烤周围钢板的方法使温度升高至规定要求。

准备工作完成之后，即可开始浇注，施工过程如下：

①将环氧树脂与固化剂按照厂家规定的比例调配均匀。

②使用注射器将调配好的胶注入胶接缝隙中，直至将缝隙填满。灌注过程中，要随时测量舵承座孔处的温度，保证其温度不低于15 ℃。

③灌注结束后，采用加温固化工艺，将被黏结处的温度缓慢加热至45～50 ℃，并需保持10 h，以防止裂开或产生应力。

④完全固化后，撤掉装夹工具，清理周边。固化完成之后，用目视法观察胶层周围有无翘起剥离现象，胶层是否均匀，颜色是否光亮一致；用金属棒轻击舵承内表面，如果发出的声音一致并且清脆，说明黏结良好，如果有些地方声音不均匀而且空洞，说明有气泡存在。

(4)偏心衬套法安装

舵系镗孔的主要目的，除了保证舵承座孔和舵销承座孔的尺寸之外，还要保证舵承座孔和舵销承座孔相对于舵系中心线的同轴度，为达到这个目的，船厂有时也使用偏心衬套。偏心衬套的工艺概况如下：

①按照舵线测量舵线与轴承孔的偏心数据；

②根据偏心数据加工轴承或者另外增加的衬套的外圆，如果是加工轴承，最小厚度需在规定范围之内，一般规定不得小于原来厚度的75%；

③将加工好的轴承或者另外增加的衬套安装到位。轴承如果采用偏心套的形式，在挂舵臂（或舵托）和轴承套的端部应做好醒目的位置标记，以免安装时搞错方向。

(5)工艺轴法安装

悬挂舵（图4.2.12）不设挂舵臂轴承（舵销承），只设上、下舵承，上、下舵承的同轴度的保证，除了之前所述的焊接之后镗孔的方法之外，还经常使用工艺轴法。

安装时，首先按4.2.1节和图4.2.5所述方法定位安装上舵承基座，上舵承基座法兰上平面及内孔之前已经加工到位；然后上舵承落位；之后将工艺轴吊装到位，挂在上舵承上；借助工艺轴对下舵承本体进行定位；最后将下舵承本体焊接在船体底板或结构上。

小型悬挂舵，可将上舵承座法兰、舵套管和下舵承本体预先在车间拼装、焊接成整体，按理论尺寸加工好，然后上船定位安装。定位时，以舵系中心线为基准，按照图纸规定的位置进行定位，定位完成之后点焊固定；然后将工艺轴（或直接用真舵杆）从船底部吊装灌入舵套管，安装上舵承和卡环，将工艺轴落在上舵承上，转动工艺轴，无阻碍，即可开始焊接；焊接时应采取适当的措施以控制焊接变形，而且边焊边测量间隙（无工艺轴则测量舵线与舵承孔前、后、左、右的距离），不使舵承的同轴度超差。焊完后，若假轴在筒体内可以自由转动，没有明显的卡滞现象，就可认为舵轴承的同轴度基本满足要求。舵承轴承位的圆度如有变形，可人工拂磨予以修正。

工艺轴直径按照所取代的舵杆的尺寸再放大间隙的一半来加工，以保证定位的准确。

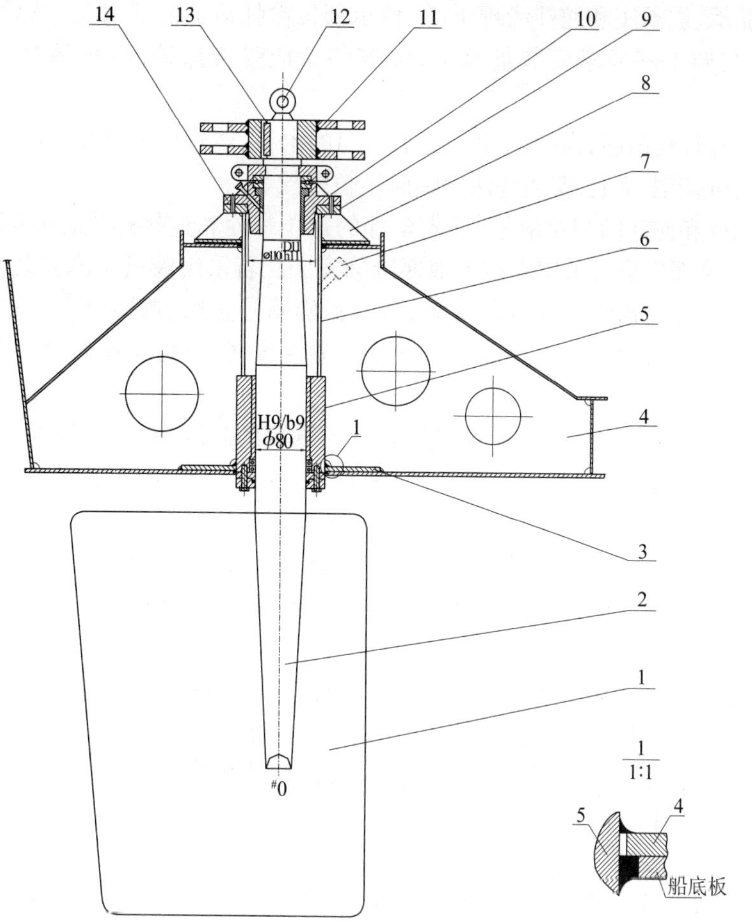

1—舵叶;2—舵杆;3—复板;4—舵机平台;5—下舵承;6—舵套管;7—油杯;8—上舵承基座肘板;9—上舵承基座法兰;10—螺纹连接件;11—舵柄; 12—吊环螺钉;13—键;14—上舵承。

图 4.2.12 中、小型船舶悬挂舵示意图

【工作任务】4.2.4 舵系部件吊装

1. 舵杆吊装

(1)清洁舵杆,检查舵杆与滚珠轴承的配合尺寸是否符合图纸要求。

(2)在舵杆下舵承位和上舵承内孔涂上润滑油。

(3)将舵杆自船外缓慢穿过下舵承,从上舵承本体拉出,避免碰撞,按艏艉方向摆正,高度比其安装高度略高,临时固定。

2. 舵叶吊装

(1)将舵叶(含两舵销)吊运于挂舵臂的底部,仔细调整舵叶位置,使两个舵销准确地对准挂舵臂的轴承孔;将轴承孔和舵销表面清理干净并均匀涂抹润滑脂;将舵叶慢慢升起,直至达到其所能达到的最高位置,然后在舵叶底部用垫墩将其稳妥地支撑好。

(2)在舵叶法兰平面上摆放几块等厚的(约 50 mm)木板,慢慢地降下舵杆(使其法兰与舵叶法兰对正),使其轻轻地落于木板上,同时用葫芦将舵杆扶正。

(3)将舵承、舵承座和舵杆清理干净,轴承部位涂抹清洁的润滑脂,然后将舵承吊装于舵承座上。按施工图要求安装舵承卡环,安装后应妥善保护,防止污物、杂质落入舵承表面。

(4)将舵杆轻轻吊起,撤掉舵叶法兰平面间的木板,清理干净两法兰平面,然后对准螺栓孔慢慢落于舵叶法兰上,安装好法兰临时定位螺栓。

(5)按舵杆和舵叶的配对记号,打入全部的定位螺栓和连接螺栓,用螺母固紧,并做好防松保险。定位螺栓也可采用干冰或液氮冷冻安装。若采用液氮冷冻安装,先将法兰连接螺栓按顺序放入液氮箱内进行冷却降温,待液氮沸腾停止后,按顺序逐个将法兰螺栓放入螺栓孔内,螺母随手旋紧,待螺栓温度恢复到外界温度时,方可用锤敲紧螺母,并装上防松装置。

(6)在舵叶底部使用液压千斤顶慢慢降低舵装置的高度,并最终使舵承卡环落于舵承平面上,撤掉液压千斤顶。人力推动舵叶,在左、右各35°范围内应转动灵活,无卡滞现象。检查舵叶下端与舵销承座上平面之间的距离,应符合图纸设计要求。

如果是悬挂舵,一般会在车间将舵叶与舵杆连成一体,然后整体吊装。

如果是转动导流管舵,还应检查导流管内壁与螺旋桨之间上、下、左、右的间隙,应满足图纸要求。

如果是锥形配合的无键连接,舵叶到位后,舵叶锥孔对准舵杆,舵杆和舵叶拂配标记对齐,检查密封,将舵杆轻轻放入舵叶锥孔中(舵杆表面和舵叶锥孔表面要涂液压油润滑),装上液压螺母,拧紧,然后进行压装。压装过程与预压装相同,也需要记录压入量和油压数据、绘制压入量-油压曲线。

3. 上舵承基础安装

按图纸要求进行上舵承的基础安装工作。上舵承找正之后,用夹具将上舵承临时固紧在上舵承座上,通过上舵承本体螺栓孔在上舵承座法兰上配钻螺栓孔、铰孔,配铰制孔螺栓。螺栓孔及螺栓加工要求见表4.2.4,螺栓与螺孔不允许有倒锥,上舵承摩擦接触面应大于60%,用0.03 mm塞尺检验,在90%以上周长的范围内应插不进。螺栓的安装采用打入法或低温法。

表4.2.4 螺栓孔及螺栓加工及配合要求　　单位:mm

直径		<30	30~50	50~70
配合值		0~0.01	-0.005~+0.005	-0.01~0
螺孔	圆柱度	0.02	0.02	0.03
	圆度	0.01	0.01	0.02
螺栓	圆柱度	0.015	0.015	0.02
	圆度	0.01	0.01	0.015

4. 舵柄安装

对于孔为圆柱体的舵柄,安装前应用外径千分尺复测舵杆轴径,用内径千分尺复测舵柄内孔,测得结果应满足过盈配合要求。此种结构一般采用热套法安装,也可采用油泵压入法。

对于孔为锥体的舵柄，一般采用液压安装，如图 4.2.13 所示。压入量与压入力需满足图纸要求。压入时应做好液压压力、压入量记录，并按记录绘制压入力 - 压入量曲线。具体工艺过程与螺旋桨液压安装方法相似。

5. 舵叶零位确定

装上舵柄之后，即校正舵叶的零位。对于大型船舶的舵叶零位，可按螺旋桨中心来校正，如图 4.2.14 所示。将螺旋桨叶中心线盘车置于左右水平位置，扳动舵叶并测量舵叶中心线与桨叶中心线与桨叶尖距离，使 $L_1 = L_1'$，$L_2 = L_2'$，该位置即为舵叶的零位。

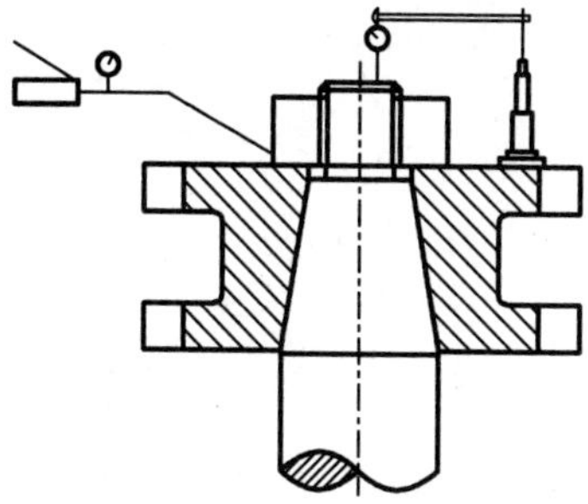

图 4.2.13 舵柄压入示意图

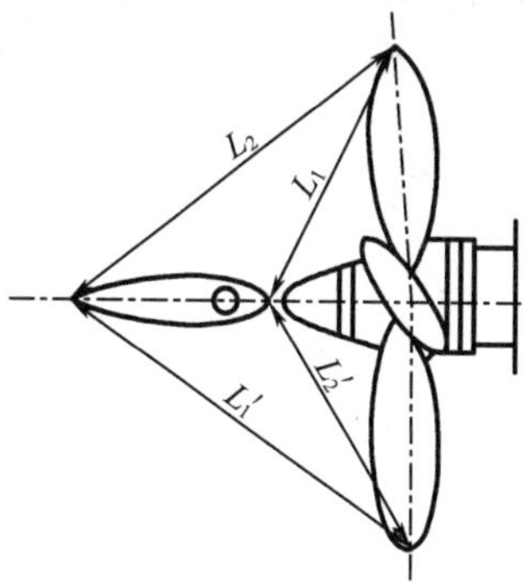

图 4.2.14 大型船舶舵叶零位确定示意图

对于中、小型船舶，可将船体中心线引到船台或船坞的地面上，并向后延长适当距离。然后在舵叶上端面中心线的尾端向下吊线锤，或者从船尾中部向下吊线锤至舵叶上平面约 2 mm 处，然后调整舵叶的角度位置，使线锤的尖部正好与船台（坞）上的船体中心线或者与舵叶上平面上画的中心线重合，允许偏差不超过 ±1.5 mm，该位置即为舵叶的零位。如图 4.2.15 所示。

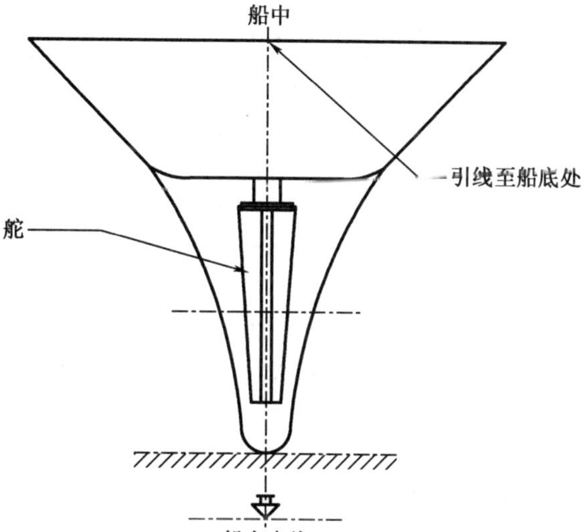

图 4.2.15 中、小型船舶舵叶零位确定示意图

零位确定后，在舵柄轴毂上安装舵角指针，在舵机平台上安装舵角指示器，在上舵承和

舵柄轴毂的适当位置做出零位标记，作为舵机调整定位的依据。

船下水前，应将舵叶连接法兰上、下的螺栓头和螺母处用水泥敷设，并应用钢丝绳或花篮螺丝将舵柄从两边拉紧后固定之，或在舵柄上的十字处装设临时固定支架，防止下水时转动。

6. 舵系间隙的检测

舵系安装完成之后、船下水之前，还需要检查舵系间隙。检测工作应在舵叶处于零位（也有要求位于左满舵、右满舵和零位 3 个位置）时进行。由于船体尾部区域受温度影响变形较大，一般应在每天气温变化比较稳定的时间进行检测。检测部位包括：舵承轴承、挂舵臂轴承（舵销轴承），如图 4.2.16 所示。

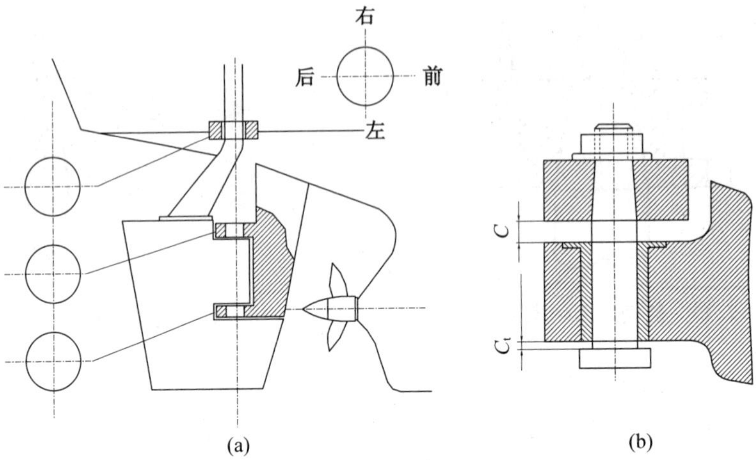

图 4.2.16　舵系间隙测量示意图

舵装置的各部位间隙应符合施工图的设计要求，或参照表 4.2.5。

表 4.2.5　舵装置各部位间隙要求　　单位：mm

舵杆直径 d	闭锁舵销安装间隙 C_t	舵叶与舵钮、舵叶与舵托平面间隙 C
180 ~ 260	22 ~ 27	22 ~ 27
260 ~ 360	24 ~ 29	26 ~ 31
360 ~ 500	26 ~ 31	30 ~ 35

【工作任务】4.2.5　舵系其他附件的安装

1. 止跳装置

设置止跳装置是为了防止船舶在航行时，舵叶因受到波浪冲击和其他因素的影响而发生垂向移动，导致舵被抬升，进而造成推舵油缸的损坏。

图 4.2.1 中的零件 11 就是止跳装置的一种常见形式。该止跳块安装在舵叶的内承座上平面上。止跳块的厚度应该在舵系安装完成后，现场量取舵叶到挂舵臂的距离，按照图纸要求留出一点间隙，然后将止跳块加工到位，上船装焊。

止跳装置也可以制成哈呋式,如图 4.2.17 所示。舵系吊装完成之后,将其卡在下舵承下方的舵杆的环槽上,用螺栓固定。环槽在舵杆上的位置是在舵系镗孔完成,上、下舵承轴向位置确定之后,现场使用样棒测量并确定的。

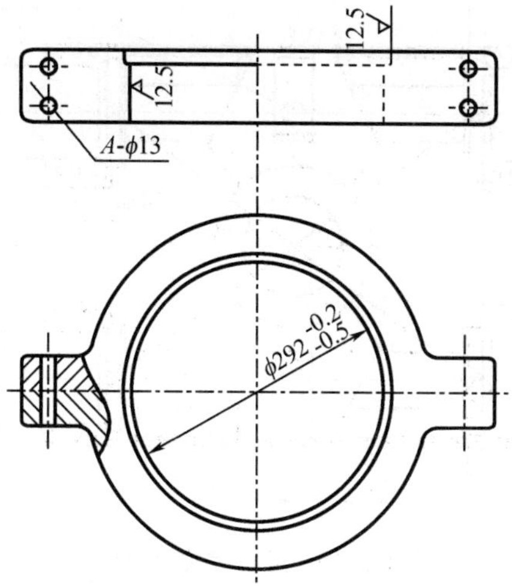

图 4.2.17 哈呋式止跳装置

2. 舵角限位装置

动力转舵的操舵装置,除装设限位开关或类似设备以限制最大的操舵角外,还应设置机械止动装置,以便限位开关失效时,能限制转舵角度,该角度应比最大操舵角大 1.5° ~2.0°。舵角机械止动装置设于舵柄两侧,止动装置应有坚固的结构,并同船体结构牢固地连接。

3. 舵柄拉杆

舵柄拉杆的安装在舵柄安装和舵系零位确定工作完成之后进行。首先将钢管套入拉杆接头的头部,然后将拉杆接头装入舵柄并插入销轴,调整好姿态,点焊固定,检查销轴是否拆装自如,不得有卡滞现象,最后拆下拉杆,按照图纸要求施焊。焊接完成之后,连同销轴一并安装到位。

【工作任务】4.2.6 舵机安装

舵机类型很多,目前使用最多的是液压舵机。常用的液压舵机有往复柱塞式、摆缸式、转叶式等。液压舵机通过液压缸将液体的压力转变为机械能,或通过舵柄传动,或直接驱动,使舵轴和舵叶转动,从而实现船舶转向。

1. 舵机安装定位的前提条件

(1)舵柄安装交验结束;

(2)舵装置间隙交验结束;

(3)舵叶角度处于0°。

2. 舵机的找正

(1)在确认了舵机基座制作和安装质量合格,活动垫片厚度在规定范围之内,而且固定垫片上平面拂磨报验合格之后,将舵机吊装于舵机基座上,用调整顶丝支撑好,并进行初步调整。

(2)确认舵叶零位准确性。

(3)按下列要求找正舵机,找正过程中各有关参数的检测应交叉兼顾,确保各参数的准确,如图 4.2.19 所示。

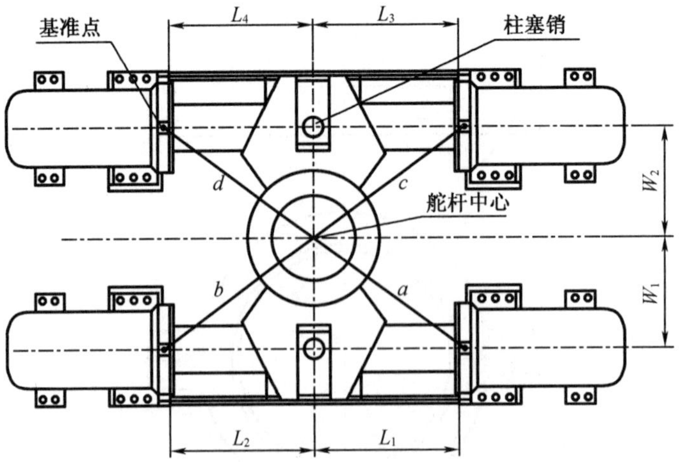

图 4.2.19　舵机定位示意图

①用长臂圆规分别检查 a、b、c、d 四个交叉尺寸的正确性,并用调整顶丝进行精确调整。要求 $a=b=c=d$,允差不大于 0.5 mm。

②用长臂圆规分别检查 L_1、L_2、L_3、L_4 四个尺寸的正确性,并用调整顶丝进行精确调整。要求 $L_1=L_2=L_3=L_4$,允差不大于 0.5 mm。

③用长臂圆规分别检查舵杆中心至柱塞销中心的距离 W_1 和 W_2,要求 $W_1=W_2$,允差不大于 0.5 mm。

④如图 4.2.20 所示,用平尺交叉检查舵机柱塞中心线所在的平面与舵柄上平面之间的平行度。具体方法是:首先检查舵柄上平面有无高点等缺陷,如有高点存在,应使用油石将其研平,然后将平尺分别交叉平置于舵柄上平面上,再用百分表分别在前、后两个柱塞的左、右共四个位置测量平尺下平面至舵机柱塞上母线的高度 h,要求 $h_1=h_2=h_3=h_4$,允差不大于 0.05 mm。

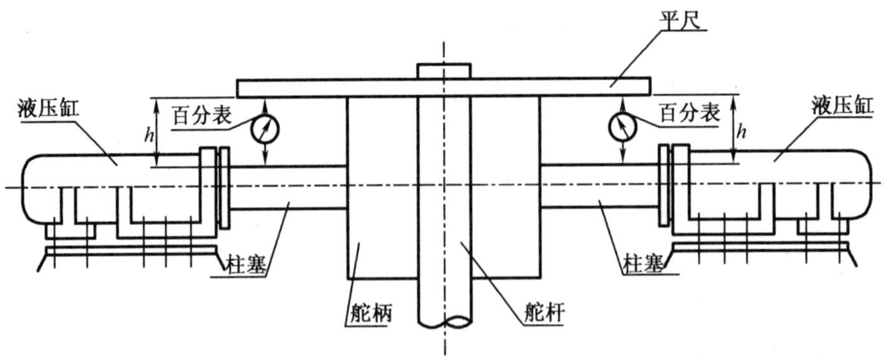

图 4.2.20　舵机定位时舵机柱塞中心线与舵柄上平面平行度测量示意图

在确定 h 时,应首先确保舵机柱塞位于舵柄拨叉的中心高度 $X_1=X_2=X_3=X_4$,允差不

大于 ±2 mm，如图 4.2.21 所示。

⑤如图 4.2.22 所示，用塞尺检查油缸套与柱塞的间隙，要求 C_1、C_2、C_3、C_4 相等，允差为 ±0.03 mm。

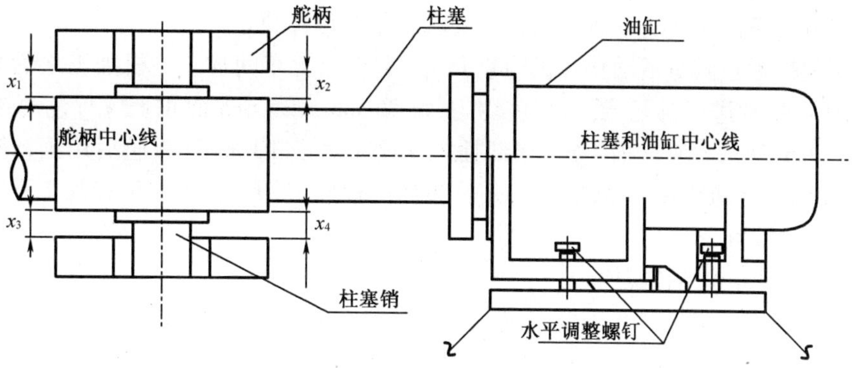

图 4.2.21 舵机柱塞位于舵柄拔叉的中心示意图

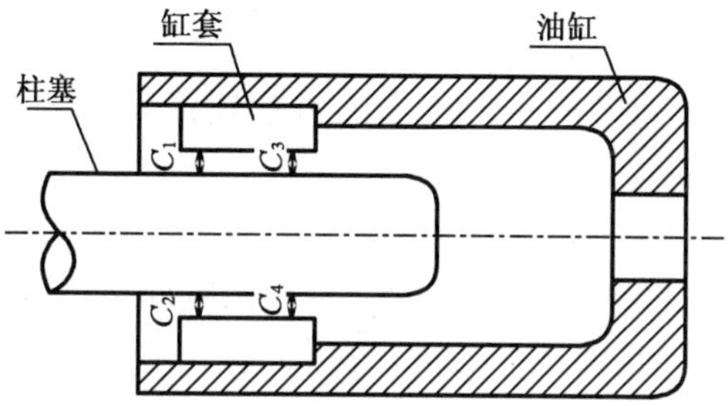

图 4.2.22 测量油缸套与柱塞的间隙示意图

3. 舵机基础安装

舵机定位完成之后，即可进行舵机的固定工作。主要包括矩形垫片的配置、螺栓孔的配钻和铰孔、铰制孔螺栓的配置以及止推的安装。具体的工艺过程与主机安装相似。

螺栓孔和铰制孔螺栓技术要求见表 4.2.6。

表 4.2.6 螺栓孔和铰制孔螺栓技术要求

单位：mm

直径		<30	30~50	50~70
配合值		0~0.01	-0.005~+0.005	-0.01~0
螺孔	圆柱度	0.02	0.02	0.03
	圆度	0.01	0.01	0.02
螺栓	圆柱度	0.015	0.015	0.02
	圆度	0.01	0.01	0.015

需要说明的是，舵机推舵油缸的螺栓孔一般都是在定位之后配钻，如果舵机结构紧凑，空间狭小，无法安装钻机，则可以按下面工艺过程进行垫片和螺栓的施工：

(1)用画针顺着舵机的地脚螺栓孔在舵机基座面板上画螺孔线，并打样冲。

(2)吊开舵机，空间许可时也可以采用旋转角度的方法。

(3)按预定位置将焊接垫片按图纸要求焊接于舵机基座面板上,然后对焊接垫片上平面进行拂磨。要求着色均匀,每 25 mm×25 mm 面积上应有色油接触 2~3 点。也可以在舵线确定之后、舵机定位之前,将焊接垫片焊接安装到位,此时垫片未钻孔。

(4)将舵机按照第 4.2.6 所述的各项要求重新落位并找正。

(5)用取样模板测量活动垫片的厚度尺寸,交机加工车间加工。机加工之后采用着色的方法对活动垫片进行拂配,要求着色均匀,每 25 mm×25 mm 面积上应有色油接触 2~3 点,用 0.05 mm 塞尺检查应插不进,局部插入深度不大于 10 mm。报验后用画针顺着舵机的地脚螺栓孔在活动垫片上画螺孔线,并做垫片位置标记,取出,按照标记加工孔。然后将垫片复位,着色检查。

(6)铰孔、配置铰制孔螺栓。

矩形垫片工艺比较麻烦,因此目前很多船厂在舵机安装时经常使用环氧树脂垫片,其工艺过程、技术要求与主机环氧树脂垫片配置相同。

另外,舵机基座处四个侧面应安装侧向止推,此塞铁应有一定的斜度,其垫片的检验要求与基座的矩形垫片相同,检验合格后,用电焊焊牢。

4. 后续施工

按施工图要求进行液压泵站的安装以及管、线的连接等后续施工。

5. 摆缸式液压舵机的安装

摆缸式液压舵机用于中、小型船舶,安装比较简单,要求也比较低。一般不需要定位螺栓和拂磨垫片,只需要普通的穿螺栓和钢垫片,可靠固定即可。也没有校中过程,油缸在船宽和船长方向的定位尺寸按照图纸上的尺寸进行施工,高度尺寸在舵柄安装完成之后确定,油缸中心线与舵柄高度中心等高。

图 4.2.24 所示为摆缸式液压舵机安装示意图。

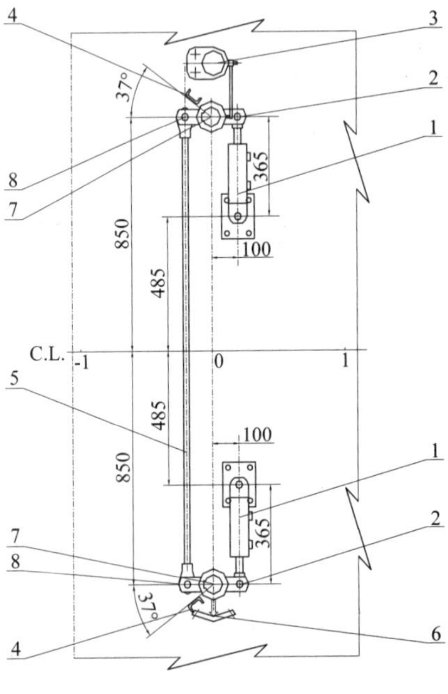

1—油缸;2—油缸销轴;3—舵角发讯器;4—限位装置;5—舵柄拉杆;6—舵角指示器;7—舵柄;8—舵柄销。

图 4.2.24 摆缸式液压舵机安装示意图

6. 转叶式舵机的安装

转叶式舵机内置推力轴承，结构紧凑，一般采用整体安装工艺。工艺概况如下：

(1)舵系镗孔完成后，安装舵(销)承，吊装舵杆、舵叶并将二者连接成整体。

(2)清洁舵机转子内孔与舵杆表面，然后将舵机转子套入舵杆，按要求压配到位。

转叶式舵机与舵杆的装配：转子与舵轴的连接多采用套装式，与螺旋桨液压安装工艺相似；采用可拆法兰连接时，则需要按照图纸和舵机技术文件要求的法兰偏移值和曲折值进行找正，找正工艺与轴系直线校中相似。如图 4.2.25 所示。

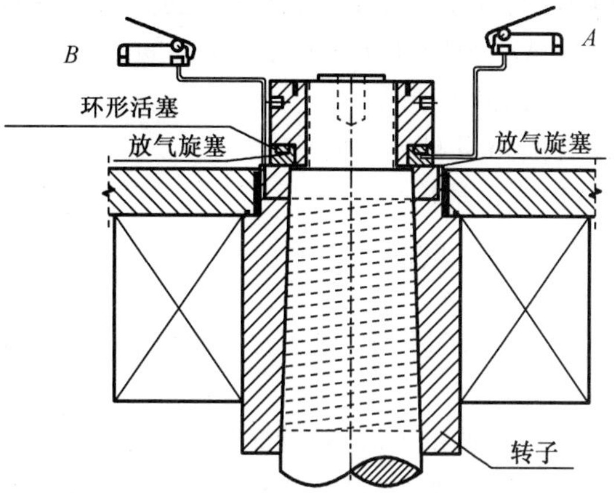

图 4.2.25　转叶式舵机与舵杆的液压装配示意图

(3)按照舵系布置图确定舵叶的轴向位置，调整轴承间隙，确定舵的零位以及舵机的水平。

(4)用取样模板测量舵机机脚与舵机基座之间活动垫片(图 4.2.26 中的零件 2)的厚度尺寸并送机加工车间加工，拂配活动垫片，配钻螺栓孔，配置铰制孔螺栓，固紧，固紧时应交叉进行，确保受力均匀，最后按照图纸要求配置止推。

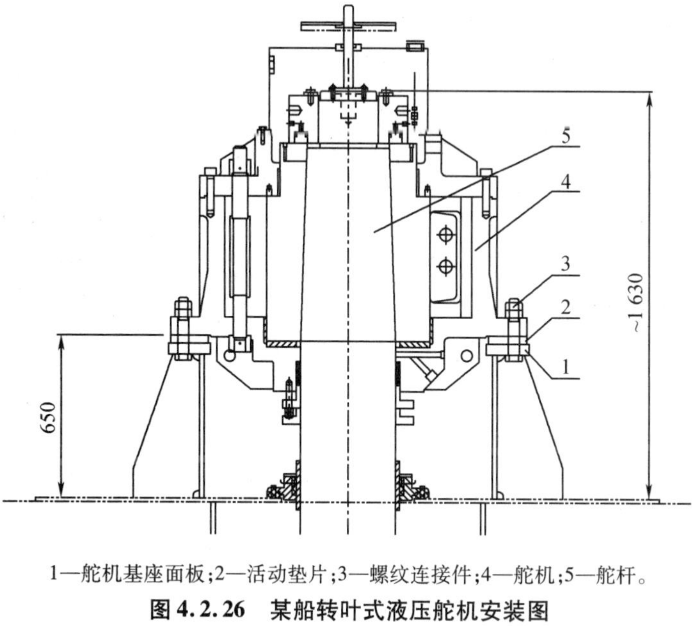

1—舵机基座面板；2—活动垫片；3—螺纹连接件；4—舵机；5—舵杆。

图 4.2.26　某船转叶式液压舵机安装图

舵机基座面板(图 4.2.26 中的零件 1)上平面的平面度可以通过铣削加工来保证,也可以采用焊接垫片工艺,与主机基座加工相似。

止推的配置工艺过程和技术要求与主机侧向止推相同。

【案例介绍】 某船舵系安装工艺

本船为 12 000 t 散货船,其舵系安装工艺过程如下。

1. 舵管的定位

(1)A1 分段倒放在船台上,打水平,在 A1 分段 0#肋立靶架吊垂线,报厂检。

(2)按舵管外形尺寸在 A1 分段 0#肋开孔,放 8 mm 间隙。

(3)进舵管,调节舵管达到以下要求:

①舵管上平面与 A1 分段 0#肋处上平面平齐。

②舵管上下端内孔按钢丝 0 对 0。

③舵中线距艉柱后端面 3 870 mm。

④舵管下平面距轴线 2 610 mm。

(4)点焊,报厂检,满焊。满焊过程中,钳工要及时测量,以便控制焊接变形。

2. 舵系安装

(1)物料及工具:柴油 5 kg、破布 3 kg、黄油 2 kg、液压油 10 kg、700 bar① 手摇泵 1 台、1 600 bar 液压泵 1 台、10 t 葫芦 2 件、5 t 葫芦 3 件、百分表(带磁座)1 块、润滑油 2 kg。

(2)舵杆,上下舵承做清洁,报 GL 检验。

(3)舵杆下轴承位和上舵承内孔用润滑油润滑,将舵杆从下向上吊入上舵承处,舵杆锥体部分不要露出上舵承。

(4)将舵叶置于零位固定在小车上,上舵承座锥孔做清洁,报 GL 检验。

(5)将舵叶小车缓慢推入至上舵承处,用葫芦将舵叶吊起,舵叶锥孔对准舵杆,将舵杆和舵叶拂配标记对齐,检查密封,将舵杆轻轻放入舵叶锥孔中(注意:舵杆表面和舵叶锥孔表面要涂液压油润滑)。

(6)装上液压螺母,尽可能拧紧。

(7)将 700 bar 手摇泵连接在液压螺母上,将 1 600 bar 液压泵装在舵叶上,检查油泵的液压油。

(8)增加液压螺母的压入力,直到压入力为安装所给出的最小压力的 10% 。

(9)将百分表座装在舵叶上,百分表打在舵杆下端面上,调零,该点为压入的起始点。

(10)启动径向油泵,直到压力为最小径向压力的 10% ,然后同时增加两个泵的压力,当百分表显示移动距离为 1 mm 时停下来,记录径向压力值和轴向压力值;再增加两个泵的压力,当百分表显示移动距离为 2 mm 时停下来,记录径向压力值和轴向压力值。依此类推,直到舵叶达到最终位置,并确保不超过设计所给最大压力值。记录此时的压力值和实际压入值,报 GL 认可。

(11)松掉径向压力,拆掉径向油泵,维持此时的液压螺母的压力约 60 min,然后拆掉轴向油泵,记录此时百分表的实际读数,拆掉液压螺母,安装舵杆锁紧螺母。用扳手上紧,舵叶的油孔用螺塞上紧。

---

① 1 bar = 0.1 MPa。

(12)装舵杆上端密封,装舵柄,舵机落位。

(13)检查上、下舵承处间隙,报 GL 认可。

(14)调整舵叶位置,固定,装止跳块;装舵杆、舵销止动块,装舵叶封板及可拆舵叶封板。

(15)拂磨舵机活动垫片,钻舵机座孔,用毛螺栓将舵机锁紧。

(16)检查舵叶灵活性,用葫芦拉舵叶左右偏转到最大设计角度,报 GL 认可。

(17)水线工程完工,船舶下水。

思考与练习

一、选择题

1. 舵系各舵销轴承在固定件(挂舵臂等)上的安装可采用________的方法。

A. 压装　　B. 冷装

C. 焊接　　D. 环氧树脂固定

2. 舵销与销座应为________配合。

A. 圆柱形　　B. 鼓形

C. 锥形　　D. 阶梯轴形

3. 推舵油缸安装定位的前提条件有________。

A. 舵柄安装交验结束　　B. 液压管系安装交验结束

C. 舵装置安装交验结束　　D. 舵叶处于零位

4. 舵销的工作部位用耐磨和耐腐蚀的材料制成的轴套包覆,轴套材料多选用________。

A. 青铜　　B. 黄铜

C. 高分子复合材料　　D. 不锈钢

5. 舵钮轴承一般采用________材料。

A. 不锈钢　　B. 青铜

C. 合成材料　　D. 铝合金

6. 舵杆与舵叶的连接方式有________。

A. 热套法　　B. 法兰连接

C. 锥体连接　　D. 焊接

7. 下面哪些属于舵杆加工交验项目________。

A. 船级社钢印标记拓印　　B. 舵杆螺纹加工

C. 舵杆轴向各挡长度尺寸测量　　D. 轴套加工检验

8. 下列关于推舵油缸的定位要求中,错误的是________。

A. 推舵油缸轴线与舵柄拨叉中心等高

B. 舵柄拨叉上平面与舵杆垂直,安装时要保证油缸柱塞轴线与舵柄拨叉上平面平行

C. 为了保证左右转舵角度相等,当舵叶在零位时,转叶式舵机动叶片或往复式舵机的柱塞应居行程的中点,齿轮舵扇式舵机的主动小齿轮应与舵扇齿轮的扇形中点啮合

D. 除了矩形垫片和环氧树脂垫片,拨叉式推舵油缸的安装还可以选用橡胶减震器

9. 下面哪些属于舵销/舵叶内场验配交验项目________。

A. 两舵销轴的同轴度　B. 舵销与舵叶铸件垂直度偏差

C. 液压螺母安装　D. 舵叶锥孔与舵销接触面积

10. 按工序控制点要求,下面哪项属于舵机安装交验项目________。

A. 舵机水平检查　B. 液压缸基准点到舵杆中心距离检查

C. 舵叶调整至零位　D. 舵机地脚螺栓探伤检查

11. 舵系中心线与轴系中心线应该________。

A. 垂直　B. 相交

C. 平行　D. 重合

12. 舵系校中检测的项目中,不包括________。

A. 舵系固定件(各轴承位)的同轴度检验

B. 舵系运动件(舵杆舵叶)的同轴度检验

C. 舵系中心线与轴系中心线位置度检验

D. 舵系中心线与轴系中心线的同轴度检验

13. 舵系轴承间隙的检测工作应在舵叶角度为________的状态下进行。

A. 左满舵　B. 零位

C. 右满舵　D. 以上都可以,无特殊要求

二、思考题

1. 简述舵系镗孔的工艺过程。

2. 采用何种方法确定舵系中心线,为什么?

3. 如何确定舵系零位?

4. 舵杆与舵叶有哪几种连接方法?

5. 舵系安装的精度控制都有哪些方面?

6. 舵钮轴承有哪几种安装方法? 述单其工艺概况。

7. 简述推舵油缸的安装工艺过程。

项目5 船舶辅机安装

【学习目标】

1. 知识点

(1)掌握辅机安装的工艺方法;

(2)掌握辅机常用安装形式的特点。

2. 技能点

(1)能够正确识读船舶辅机安装工艺图;

(2)能够正确按照船舶辅机安装工艺文件规程安装辅机。

【相关知识】

随着船舶动力装置的发展,船舶动力装置中辅助机械和设备的数量在不断增加。在商用船舶中的辅助机械和设备主要有舱室辅机、甲板机械、各种泵和风机、滤器、热交换器和压力容器等,在军用船舶中还应包括各种武器装备。

1. 船舶辅机的分类

根据辅机结构、工作条件和安装要求,船舶辅机可分为三类。

①第一级辅机:动力传动中原动机和从动机的对中及安装、大型设备的解体安装等均属此类。这类辅机的用途有动力和运动传递之分,设备或部件间要求相对位置准确,并且在工作中要保持相对的位置关系,因此在安装时要求严格对中,并且设置研配垫片、铰制孔螺栓(或定位销)。属于此类的辅机有发电机组、柴油机或电动机驱动的辅机、舵机以及需要找中的机组。

②第二级辅机:这类辅机的原动机和拖带的设备已安装在公共底座上,或者是具有较强底座的设备。这类辅机的安装是将设备通过机座与船上基座的连接固定下来,以便能正常工作。由于无机械或部件间相对位置的找中和固定工作,因此安装要求较低,如果公共底座或机座强度足够,则公共底座或机座与船体基座之间可采用钢质单配垫片、减震器等进行安装。属于此类的辅机有离心式或回转式辅机,如泵、风机等;往复式辅机,如空压机、冷冻机等;其他如辅锅炉、凝水器、冷却器及车床、刨床等动力设备。

③第三级辅机(或称为设备):属于这类的是无动力的设备、箱柜、容器、滤器、热交换器等。这类设备要求安装牢固可靠、基座平面平整即可,垫片可以采用厚薄不等的金属板凑成,不需要研磨、刮削。对于有热胀伸长的热交换器,底脚结构上应当有不限制热胀的措施。

船舶辅机的分类对辅机安装有着直接的影响,分类不同,安装工艺和相应的技术要求也会不同。另外,船舶辅机的供货状态对安装也有一定影响。

目前,船舶辅机的供货状态已经很少有散件形式,基本上都是机组形式和单元形式。

①机组形式就是将辅机的动力部分与工作部分安装在公共底座上,作为一个整体上船安装。这种形式在辅机中很常见,如舱底水泵、燃油输送泵等。如图5.0.1所示。

②单元形式就是将多台辅机,包括它们的电气控制设备都安装在一个公共基座或平台上,并将这些辅机有机地组合起来,成为一个能够完成特定功能的单元,并且结构紧凑,安装方便。图5.0.2所示为绿洲厂某型号供油单元。

图5.0.1 水泵

图5.0.2 供油单元

2. 辅机的安装形式

各类辅机均有组装式、直接装于平台甲板和直接焊于平台甲板三种安装形式,一般常用组装型。

(1)第一级辅机安装形式

①组装型

如图5.0.3所示,图中 $A=10\sim15$ mm;垫片如选用钢质,则 $B\geqslant12$ mm,如选用铸铁,则75 mm $>B>$ 25 mm。垫片与焊接座板的接触面上应有1/150~1/100的斜度。若安装地位受限,允许采用一只螺母紧固,但需加弹簧垫片。

②直接装于平台甲板型

此类型仅适用于安装地位受限制的情况下选用,一般尽量少用。图5.0.4中未注尺寸者参照组装型。

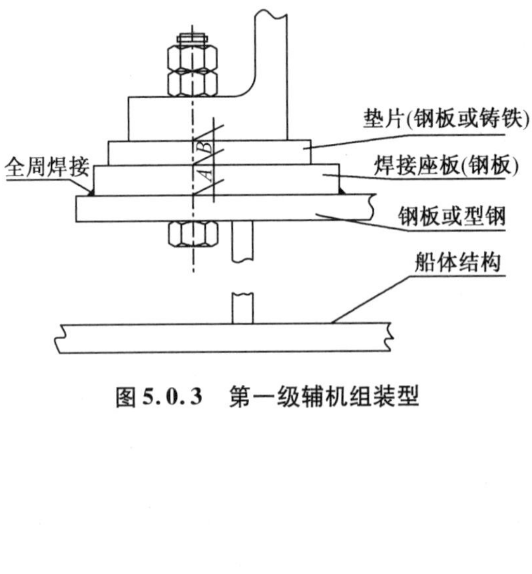

图5.0.3 第一级辅机组装型

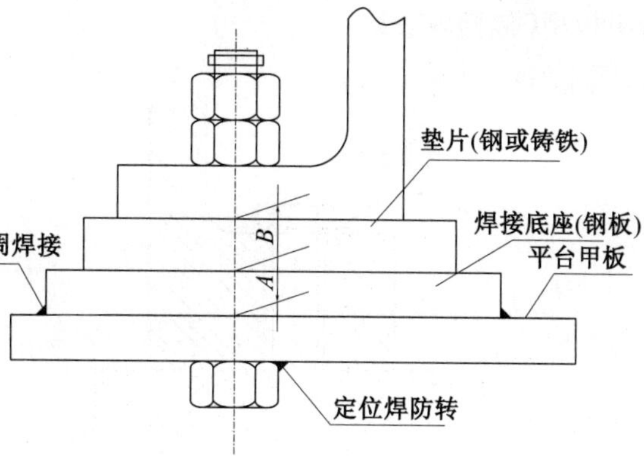

图 5.0.4　第一级辅机直接装于平台甲板

③隔震器组装型

船用中、高速柴油发电机组或组合电器设备（配电板等）经常采用橡胶隔震器组装型进行安装，如图 5.0.5 所示。

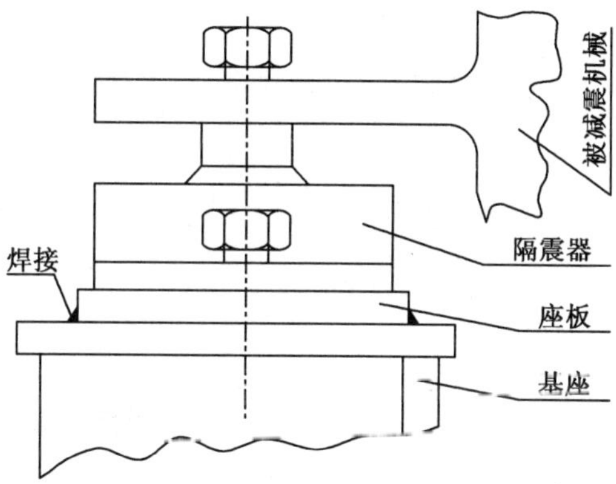

图 5.0.5　第一级辅机隔震器安装型

（2）第二级辅机安装形式

①组装型

如图 5.0.6 所示，图中 $A>10$ mm，焊接座板上平面不能有斜度，允许安装一只螺帽，但需加弹簧垫片。

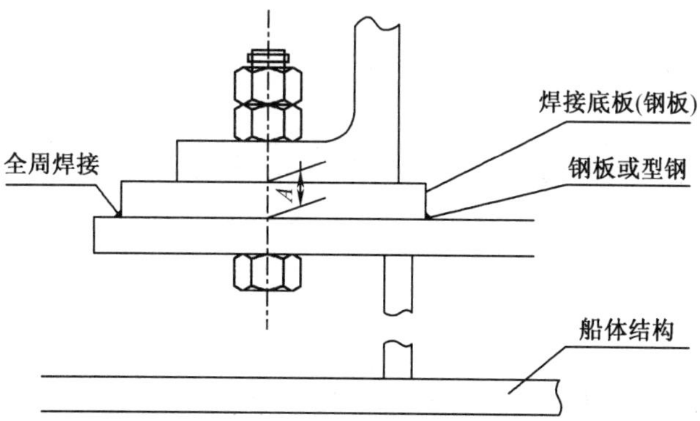

图 5.0.6　第二级辅机组装型

②直接装于平台甲板型(包括内底)

如图 5.0.7 所示,图中 $t \geqslant 1.5$ mm。

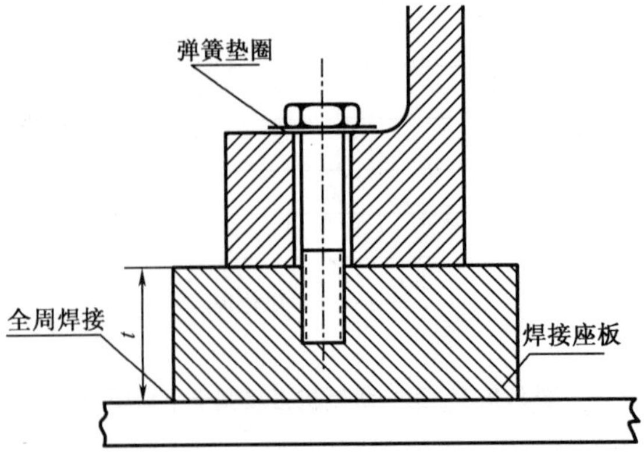

图 5.0.7　第二级辅机直接装于平台甲板

(3)第三级辅机安装形式

①组装型

如图 5.0.8 所示,若由于安装空间有限,允许只装一只紧固螺母,但需加弹簧垫片。

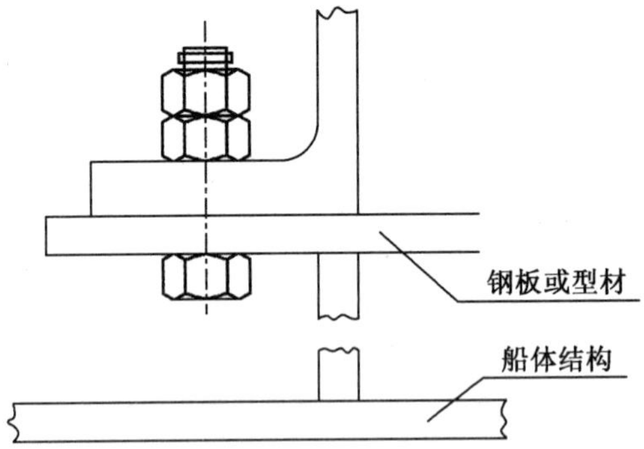

图 5.0.8　第三级辅机组装型

②直接装于平台甲板型(包括内底)

该安装方式下第三级辅机与第二级辅机相同,如图 5.0.7 所示。

③直接焊于平台甲板型(包括内底)

此型仅限于不需拆卸修理的容器或箱柜等设备。

【子项目】5.1　一般船舶辅机的安装

【学习目标】

1. 知识点

(1)掌握一般船舶辅机的安装工艺方法和技术要求;

(2)掌握一般船舶辅机在减震器上安装的工艺方法和技术要求。

2. 技能点

(1)能够按照工艺规程及图纸完成一般船舶辅机的安装工作；

(2)能够按照工艺规程及图纸对一般船舶辅机的安装质量进行检验。

【工作任务】5.1.1　一般辅机的安装

同主机安装类似，辅机安装工艺过程分为四个阶段：基座准备、设备安装、系统贯通连接和检验。下面主要介绍辅机的基座准备和设备安装。

1. 基座的准备

辅机的基座有的以甲板为支撑，但绝大多数都具有独立焊在船体构件上的基座。

基座在船上安装工艺过程如下：

(1)安装人员首先找对设备的安装部位，即按图样标出辅机距甲板(平台)、肋骨、船中或船体相关结构定位。

(2)将预制的基座吊至定位位置，且基座位置必须符合图样要求。检查基座下平面与结构吻合状态，当出现缝隙过大时必须进行修正，直至缝隙符合规定，方可进行焊接。焊接时注意焊接工艺程序以减少变形。

(3)焊接完工后，检查焊缝质量是否符合要求。检查基座上平面，要求符合相关规范要求。当上平面符合要求后，定位固定垫块并将其焊接在基座面板上，检查固定垫块之间的平直度，应符合相关要求。

基座的形位偏差应满足有关要求。

(1)对于直接安装设备的一级辅机的基座，其表面粗糙度≤3.2 μm；用平板或直尺检验平面度时，厚度为0.05 mm的塞尺不得通过，在局部范围内，插入深度≤15 mm，并用涂色油检验，在每25 mm×25 mm面积上色油斑点为2～3点，且均匀。

(2)对于安装第一级辅机的面板上焊有固定垫片的基座，在固定垫片焊接以前用塞尺检查垫片与基座面板间间隙，要求0.1 mm塞尺不得通过。焊接后固定垫片的上表面应当按直接安装一级辅机的要求进行加工。

(3)对于安装第二级辅机的基座，面板表面粗糙度≤12.5 μm，平面度≤0.1 mm。

(4)对于安装第三级辅机的基座，常采用木质垫片、铅垫、帆布垫，面板一般不需加工，但应当平整，平面度偏差≤2 mm/m，允许极限≤5 mm/m。允许存在局部、分散、少量超差，不得有焊渣、飞溅等缺陷。

(5)基座面板加工后，如不立即进行设备安装，则其表面应加油封保护。

2. 辅机安装

(1)安装前的准备工作

①了解辅机安装相关设计图样及产品安装使用说明书等技术文件。

②辅机在船舶上安装前均需按规定进行验收，检查设备的完好性，并检查相关文件、资料和产品合格证书是否齐备。

③辅机吊装前对于易损坏附件及妨碍安装的仪表应预先拆下，妥善保管，待吊装后或试验试车时再行装配。对于一些不便拆下的易损件，也可以采取加保护罩等措施加以保护。

以上各项工作皆由安装人员及安装人员所在部门进行，并对此负责。

(2)辅机设备安装

辅机设备吊船,垫上调整垫片并进行修正,在使调整垫片符合规范要求的同时,使辅机安装符合有关技术要求。当辅机在基座上安装技术性能达到技术要求时,紧固所有定位支架固定螺栓,并拧紧所有底脚螺栓或其他相关紧固件,以保持此时的技术性能不变。

采用止推块侧向定位时,止推块应紧贴,用0.05 mm塞尺检查,插入深度不超过10 mm。采用定位销、紧配螺栓定位时,应在定位妥后先钻出所有螺钉孔及定位销孔,然后铰出所有定位销、定位螺钉孔。定位销、定位螺钉按过渡配合进行配置。紧固螺栓全部配齐、紧固完毕以后,要求螺栓头部伸出长度为1~2个螺距。复查辅机安装技术性能是否符合要求。对安装后的辅机设备必须有相关的保洁、防潮、防碰、防擦等安全措施。

安装面不经加工的辅机安装时,需注意:

①各个固定螺栓孔位附近的一圈都应用调整片垫实。

②固定螺母应对角交叉拧紧,在对角和居中的螺母拧紧后,运动部件应当灵活,否则随时修改调整片,以满足正常运转要求。当调整片配置过多时,应用焊接的方法焊于基座或支架上,便于以后辅机的拆装和维修。

输送热工质的辅机固定后,在其系统完整装配过程中常引起不应有的故障,如泵的壳体温度过高,螺杆或叶轮咬损或起动电流过大,这就要求设计系统时除了采用挠性管接头外,在系统安装完整后,不仅要在冷态时检查运动部件的动作是否灵活、轻便,还应在热态时进行复查,检查合格后方可正式投入运转。不然,就得拆离系统的管节,检查其变形原因,按情况确定调整基座下的垫片厚度,以消除隐患。

使用弹性联轴节的辅机安装过程中,要注意检查轴的连接法兰的位移和曲折变化,不应超出规定的范围。同时,试转轴时应轻便灵活,否则就应检查调整垫片的安装精度。

3.辅机系统安装

辅机在基座上定位固定以后,其相关管线系统按图样要求接妥并贯通。辅机在基座上定位固定后,其相关仪表、仪器及其他附属设备按要求接妥,并调整验收。在上述油、气、水系统完整的同时,电气系统(包括电控元件、电源线路、操作元件等)必须按技术文件完工并调试验收。

4.安装后的试运转

对辅机机组外部及周围环境进行检查,不允许存在机组本身构造之外任何不相干物品,如螺栓、螺母、工具、棉纱等杂物,并清除一切油污脏物。

对所有紧固件进行彻底检查,不允许有任何松动。对所有仪表、仪器操作元件进行检查,不允许有任何故障、缺损。盘动活动部件,确定无任何故障、碰擦现象,盘车感觉均匀无轻重感。

确保油、气、水、电一切正常,且与之相关的仪器、仪表、阀门、自动化元件及各种操作元件等均正常。

在确保辅机外接相关线路管路畅通、无短路的情况下,在无载荷情况下,先点动启动数次,每次试运转时间可逐次加长。试启动成功后,辅机试运转时,操作人员必须严守岗位,留心观察辅机的温度、振动、噪声情况。如试运转后,辅机无异常振动、噪声,且辅机的各项工作温度、压力等技术参数均在正常范围内,可转入按试车大纲要求的调试运转范围。

【补充知识】 辅机的对中

由船厂将市购的机电设备组装成辅机时，原动机和从动机需要对中，一般采用平轴法。设备不同，其对中要求也不同，安装时应按照设备说明书中规定执行，没有具体规定的，其允许的偏移值和曲折值范围可参考表5.1.1。

表5.1.1 辅机的对中要求

项目	采用刚性连接时（法兰或刚性联轴节）	采用活动联轴节连接时（爪式或齿式联轴节）	采用弹性离合器连接时（液力式、摩擦式、电磁式等）	弹性柱销连接（用橡胶栓、橡胶块或橡胶盘等）
偏移值/mm	0.05	0.10	0.10	0.15
曲折值/(mm·m^{-1})	0.10	0.10	0.15	0.75

【补充知识】 辅机调整垫片的选择

垫片材质的选择、加工的精度对安装质量有重要的影响。其选料必须恰当，加工应当符合要求。

垫片材质的选择、各种材质垫片的厚度及应用范围见相关表格，选用时参考。

(1)钢质和铸铁垫片

①第一级辅机采用钢质和铸铁垫片时的研配要求与主机矩形垫片相似。

②钢、铸铁类调整垫片的基座安装的安装间隙要求如下：

a.第一级辅机：螺栓紧固前调整垫片与基座面用0.05 mm塞尺检查，插入深度不超过10 mm。

b.第二级辅机：螺栓紧固前基座面与基座间用0.08 mm塞尺插入深度不超过10 mm。

c.第三级辅机：间隙要求不做规定。

③垫片间接触面积要求如下：

a.第一级辅机：接触面积≥60%，允许极限≥50%。

b.第二级辅机：接触面积≥50%，允许极限≥40%，基座就位后，每个支撑之间允许有不超过三张钢皮或铜片衬垫，但不允许用半张衬垫。

c.第三级辅机：不做规定。

④焊接垫块平面外倾斜度的标准为1:100。

⑤调整垫块厚度的标准范围≥12 mm。

(2)木质垫片

木质垫片一般适用于同轴性要求不高或具有公共基座和具有足够刚性机壳的成套单元机组，有一定的隔音和消振作用。木质垫片如图5.1.1所示。

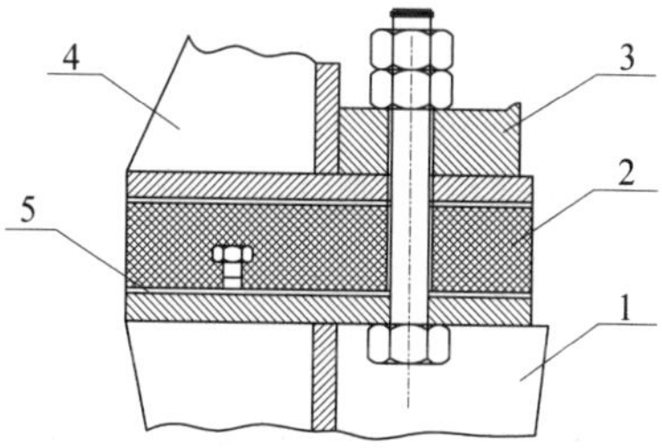

1—基座；2—木质垫片；3—底脚螺栓；4—设备；5—帆布垫片。

图5.1.1 木质垫片

木质垫片材料一般选用樟木、榆木等硬木，厚度≥25 mm；木质垫片应干燥，含水率不大于15%；木质质垫片片用于潮湿舱室时，可用桐油等干性油加热到70 ℃以上，浸泡2～3 h，自然冷却后取出，也可以涂沥青。

木质垫片按实测厚度进行加工，要求贴合紧密，0.5 mm厚度塞尺不得通过，局部插入深度≤20 mm。垫片检查合格后，在木质垫片表面涂一层白漆，并放一层浸白漆的帆布，以增加贴合紧密度。

(3)薄金属板垫片

对于振动较小的二级辅机和三级辅机的安装，其机座与基座间的垫片可以采用不同厚度的金属板试凑而成。金属板垫片材质多为铅皮、铜片、白铁皮，厚度一般最小为0.2 mm，其他厚度的板材视情况备料。要求薄板平整，周边无卷边、毛刺，一般加工成凹字形，垫片的层数应尽量少。图5.1.2所示为使用凹字形薄金属板垫片调整设备。

图5.1.2 使用凹字形薄金属板垫片调整设备

(4)帆布垫片

帆布垫片材料为亚麻帆布或同质帆布，使用时应涂红丹白漆，厚度1～2层。帆布垫片的基座支承面应平整，帆布垫片面积不小于设备脚面积。设备安装采用帆布垫片时，在螺栓未拧紧的状态下，在80%范围内均匀接触。

【补充知识】 辅机紧固螺栓

辅机紧固螺栓分为普通螺栓和紧配螺栓两种。

普通螺栓包括双头螺栓和螺栓。除特殊要求外，一般均选用市购标准件。普通螺栓安装时，应当螺纹端在上，可以采用双螺母或弹簧垫圈防松。对于安装在易腐蚀的潮湿场合，往往在螺栓杆上绕有沾有油漆的麻丝，以防腐蚀，并且在螺纹部位涂润滑脂，以便于日后拆卸。

紧配螺栓按铰孔尺寸单配制作，技术要求可参照主机和轴系的铰制孔螺栓。

【补充知识】 辅机与机座的连接技术要求

(1)第一级辅机

①焊接座板。装焊结束后，上平面要有均匀的接触斑点，并占总面积70%以上，焊接座

板应由中心向外侧倾斜,其斜度为1/150~1/100。

②垫片装入后底脚螺钉旋紧前,用塞尺检查接合情况,在75%的周长内用0.05 mm塞尺不应塞进,其他个别处允许插入0.10 mm塞尺,但插入深度应少于边长的20%或直径的10%。

③底脚螺栓紧固后,用锤击法检查紧固情况。

(2)第二级辅机

①焊接座板。在同一机座上的焊接座板装焊结束后在车间内应尽量对焊接座板上平面进行一次加工,使其保持在同一平面内,其表面粗糙度≤6.3 μm。

②安装检查。一般情况不装垫片,辅机直接放在焊接座板上,用塞尺检查接合面情况,0.10 mm塞尺应插不进,个别的极限情况下不应超0.20 mm。

③底脚螺栓紧固后需用锤击检查紧固情况。

(3)第三级辅机

①底脚螺栓紧固。螺栓紧固前辅机与辅机座(或甲板焊接座板)允许垫入数层薄垫片。

②螺栓紧固后需用锤击检查螺栓紧固情况。

【工作任务】5.1.2 辅机在减震器上的安装

通过减震器来固定设备属于弹性连接,这种连接方式具有减振和隔音作用,既可以减轻机械振动和噪声通过基座传到船体,又能防止外界冲击、振动等影响需要保护的设备,当今在舰艇上已广泛采用减震器来固定主、辅机及设备。辅机在减震器上的安装工艺与刚性连接的安装工艺有不同之处,因此下面将其作为辅机安装中的一个专题加以讨论,其工艺方法适用于一切设备在减震器上的安装。

减震器可以分为两大类。一类是金属弹簧式减震器,它由螺旋弹簧或片状弹簧等组成。弹簧式减震器只能吸收振动,不能隔音,主要用于保护设备免受外来振动的影响的场合。另一类是橡胶减震器,它的主要弹性元件是橡胶。由于橡胶具有优异的弹性,不需要很复杂的结构就能获得良好的减振、消音和防护冲击的效果。

1.减震器的安装工艺过程

(1)首先对减震器进行外观检查。橡皮不能有裂口,不能有橡皮与金属剥离等缺陷,并应按减震器供应临时技术条令检查其有效期;每个减震器还应在压力计上测定其在额定负荷时的实际变形值;在布置减震器时,可按变形值的大小顺序布置,并使相邻及相对的减震器变形值尽量接近。

(2)将减震器按辅机减震器安装图放在基座上,检查减震器与基座支承面的贴合情况,要求0.1 mm的塞尺插不进,个别地方允许插入,但插入范围不得超过减震器底面周长的35%,其深度不得超过20 mm。

(3)在基座支撑面上画出紧固减震器的螺栓孔线并钻孔。在批量较大的情况下,可先按待安装的机械底座制作一个样板,其上有按底座螺栓孔的位置与大小钻出的螺栓孔。对于小型机械虽然批量不大,但也可按上述办法先做一个纸样板,将样板放在基座支承面的规定位置上,画出螺栓孔线并钻孔。如果是单件或批量不大,可先将各个减震器临时固定在辅机的底座上，然后将辅机连同减震器一起吊到基座上，将减震器按图纸要求位置放正后，依减震器上紧固螺栓孔在基座支承面上画线，再将辅机连同隔震器吊开后再钻孔。

(4)用紧固螺栓将减震器固定在基座上。

(5)在基座上设置用以调整辅机高度的千斤顶或顶压螺钉，再将辅机吊置在千斤顶或顶螺丝上，调整辅机底座至规定高度，测量减震器套筒上平面与底座之间的距离 H，如图 5.1.3 所示，此距离尺寸即为所需配制的调整垫圈的厚度。各调整垫圈制作好后，应打上编号，将配制的垫圈插入相应位置，用 0.10 mm 塞尺检查减震器支承套筒上平面与调整垫圈之间的间隙，插入范围不得超过调整垫圈周长的 2/3，再拧紧底座与减震器的紧固螺栓。

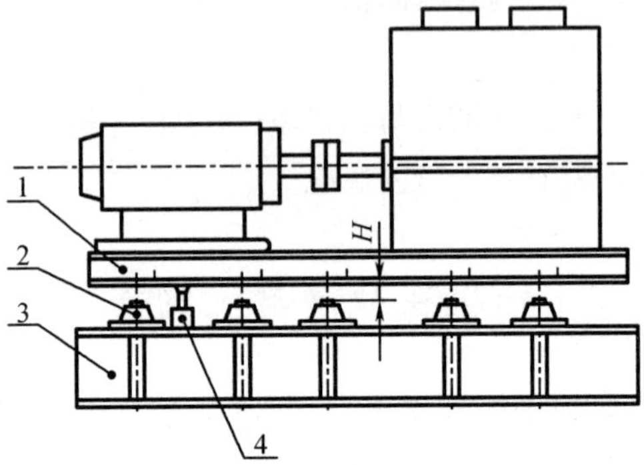

1—公共底座；2—E 型减震器；3—基座；4—千斤顶。

图 5.1.3　安装时测量调整垫圈示意图

当螺栓紧固以后，尚需检查减震器底板支承面与基座支承面，调整垫圈上下平面与底座下平面及减震器支承套筒上平面之间的接触情况，要求 0.05 mm 塞尺插不进，局部地区允许插入 0.05 mm 塞尺，但插入范围总和不得超过其接触面周长的 2/3。

2. 辅机在减震器上安装的注意事项

(1)基座上各支承面并不要求修整到同一水平上，各减震器的高度也不要求选得一样，其差值可由调整垫片调整。全部紧固螺栓都应装弹簧垫片防松动。

(2)安装时，减震器的橡皮不得与汽油、柴油接触，擦拭减震器橡皮时，应用酒精。

(3)用于减震器的全部紧固螺栓都应装弹簧垫圈防松动。

(4)减震器不管以哪种布置方式出现，都必须遵循使减震器的受力和变形均匀这个基本原则，并使相邻及相对的减震器变形值尽量接近。

(5)被减震的机械安装到基座上时，应保证以下间距：

①减震器与被减震机械的间距 S 应为 6 ~ 10 mm，如图 5.1.4(a)所示。

②被减震机械的壳体或框架与周围定物体之间的距离 δ：高度在 100 mm 以内时，δ 应大于 10 mm；高度在 100 ~ 300 mm 以内时，δ 应大于 15 mm；高度超过 300 mm 时，δ 应大于 30 mm。如图 5.1.4(b)所示。

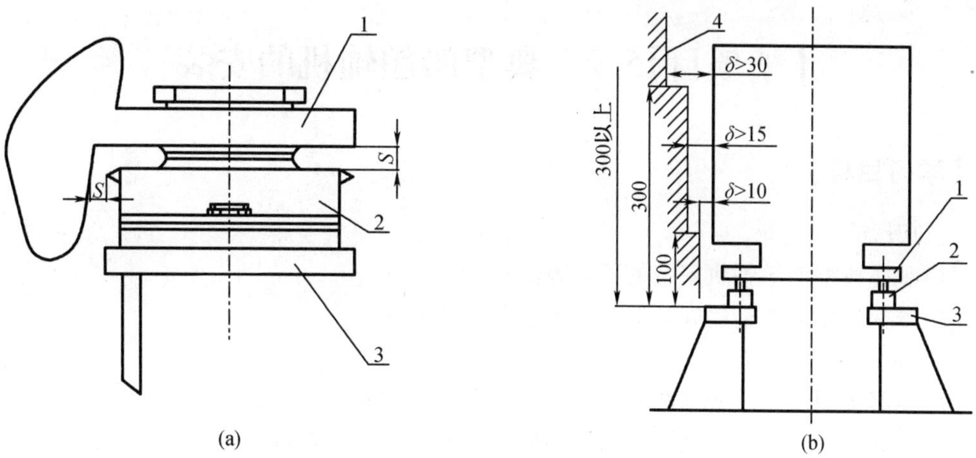

1—被减震辅机;2—减震器;3—基座;4—周围固定物体。

图 5.1.4　减震器与辅机、辅机与周围固定物体之间的距离

③并排但分开减震的两个机械设备或仪器的间距 S:对动力机械 $S\geqslant 60$ mm;对无动力的设备 $S\geqslant 30$ mm。如图 5.1.5 所示。

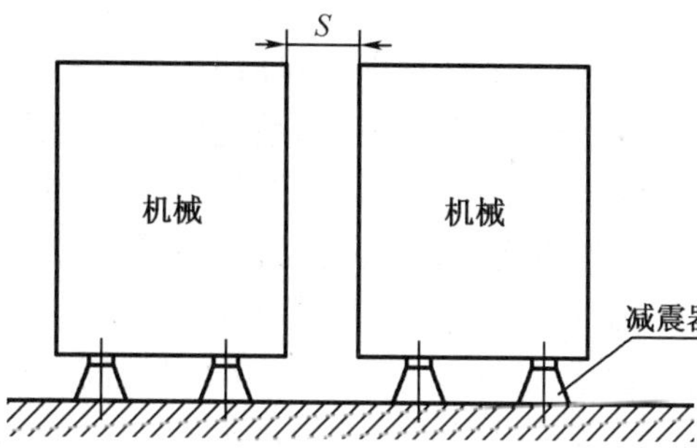

图 5.1.5　两个设备的间距

(6)当辅机安装在几个平面的减震器上时,应首先安装承受主要负荷的支承减震器,然后再安装止推减震器。如图 5.1.6 所示:减震器 1 承受设备质量,减震器 2 安装在设备的背面,主要起限位作用,避免设备发生较大幅度的位移。安装时应先安装减震器 1,待其稳定后,再安装减震器 2。

(7)与被减震机械设备相连接的管路与电缆必须采用挠性连接,并且要在机械安装到减震器上以后才进行这种连接。

(8)保证设备可靠接地。

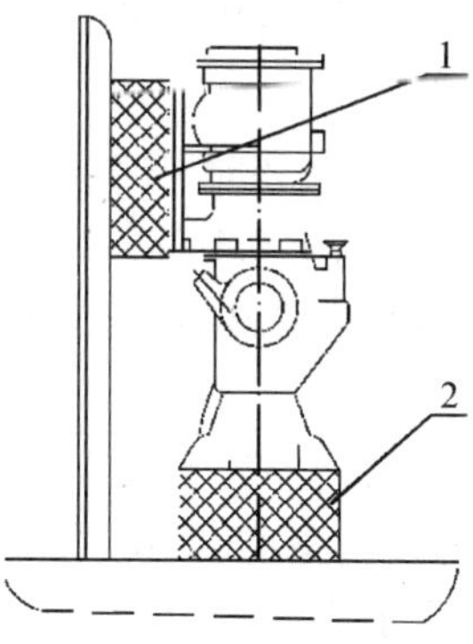

1—用于支承设备质量的减震器;2—用于限位的减震器。

图 5.1.6　辅机安装在几个平面的减震器上的情况

【子项目】5.2 典型船舶辅机的安装

【学习目标】

1. 知识点

(1)掌握典型船舶辅机安装的工艺方法;

(2)掌握典型船舶辅机安装的技术要求和检验方法。

2. 技能点

(1)能够按照工艺规程及图纸完成典型船舶辅机的安装工作;

(2)能够按照工艺规程及图纸对典型船舶辅机的安装质量进行检验。

【工作任务】5.2.1 锚绞机的安装

船舶在停靠码头,装卸货物或在港内、外停泊,如避风、临时作业或等候引航员等时,都要求可靠停泊,而船舶在停航时,由于船体受到风、水流及摇摆时所产生的惯性力的作用,需在船上设置专门的锚与系缆设备,使船舶与地面等牢固地系位,以固定船位。

锚设备由锚、锚链、锚链筒、掣链器、锚机、锚链管和锚链舱等组成。

在锚设备中,主要是对锚机和掣链器的安装。

锚绞机的安装有两种安装方法,一种是锚绞机机座与船体基座间采用矩形垫片的方法,另一种是锚绞机机座与船体基座间采用浇注环氧树脂垫片的方法。

1. 锚绞机安装的工艺要求

(1)锚绞机机座与船体基座间的调整垫片可以使用矩形垫片或环氧树脂垫片。

(2)锚绞机安装后轴系与底座平面必须保持平行。

(3)锚绞机主轴直线水平度的调节应保持轴与底部轴瓦接触均匀,左右间隙对称。

(4)刚性联轴节离合器操作灵活。

(5)连接螺栓紧固件的预紧力达到设备厂商规定的要求。

(6)锚机底座还应安装侧向垫片,其侧向垫片的斜度及施工检验要求与机座垫片相同,侧向垫片检验合格后,应进行焊接固定。

(7)锚机绞缆滚筒端处支架轴承定位安装时,支架轴承底座垫片镶配后,应校对离合器中心,要求离合器平面偏差及外圆偏差均不大于0.1 mm;打开支架轴承上盖,用塞尺检验轴承两侧间隙,两侧间隙应基本相同,轴瓦下面应接触(或用0.03 mm 塞尺检验轴承下面,应插不进)。

2. 锚机安装的工艺过程

电动锚机动力部分与工作部分一般会预先安装在公共底座上,以机组的形式供货。造船时,只需将整台机组吊装至锚机船体基座上,调位,使其水平,然后配垫片,钻孔,紧固。

锚机安装施工一般下水前在船台上完成。

图5.2.1所示为某船锚机安装图局部。

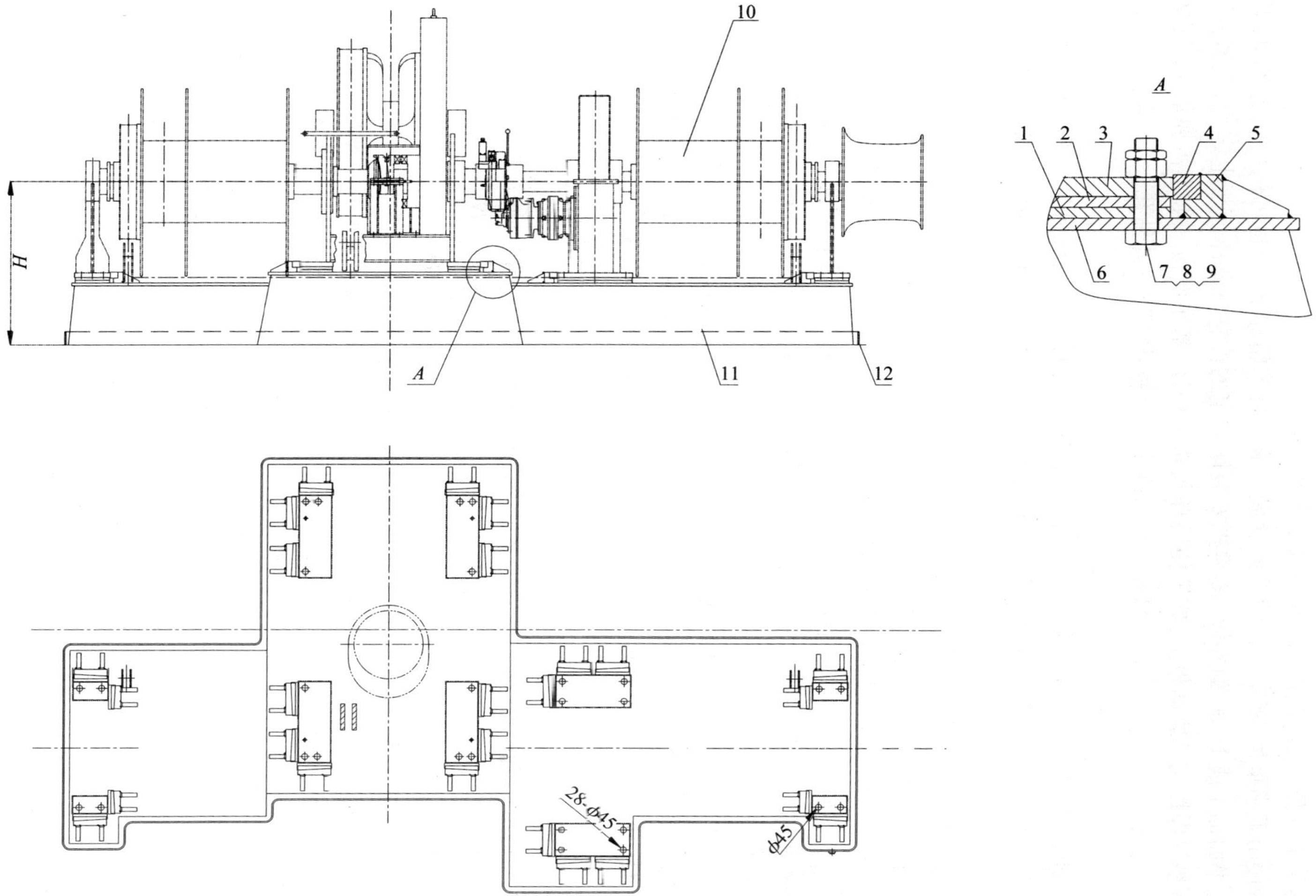

1—调整垫片;2—固定垫片;3—锚机机脚;4—楔块;5—楔块支座;6—锚机基座面板;7—螺栓;8—螺母;9—薄螺母;10—锚机;11—锚机基座;12—围油栏。

图 5.2.1 某船锚机安装图局部

(1)锚机金属固定垫片基座安装前的内场准备工作

锚机底座的高度根据锚机厂提供的锚链轮包角度及锚泊布置图中锚机的位置,经计算后确定。底座焊接后,其平面会产生扭曲、变形的现象,此时必须对底座进行校正,保持底座平面的基本平整,一般要求扭曲度不大于5 mm/m。

如果使用矩形垫片,基座面板的平面度最好能上机床整体加工,也可使用固定垫片,固定垫片上平面加工成1:100的外倾,按锚机安装图规定的位置在基座面板上定位、夹紧,然后将固定垫片焊接在基座面板上;如果使用环氧树脂垫片,基座面板一般不需要加工,只要基本平整,没有明显的应力集中点即可。最后画出所有螺孔的位置并钻孔。

(2)锚机基座在船上的安装及焊接

基座制作完成后,经检验合格即可吊装上船安装,也可以与锚机自身公共底座配做钻孔,并用紧固螺栓把两者连接起来,然后整体上船安装。之前,甲板的电焊、火工校正工作已经全部结束。

将锚机基座吊装上船,按照锚机安装图规定的位置进行定位,调整基座面板上平面,使其水平。基座摆正位置后,在基座肘板和腹板上画捆身线(面板高度由图纸确定),然后切割多余的部分并予以修整,使基座肘板和腹板下沿与甲板紧密接触,间隙应不大于5 mm,同时检查基座上平面的水平度,然后按照焊接工艺要求,将基座焊接在甲板(加强复板)上。焊接时严格按照工艺文件要求,先点焊定位,接着按图每边最长焊接100 mm,交叉进行,然后依此渐进。

焊接完成后加工基座上平面(或固定垫片)的平面度和倾斜度。

如公共底座和基座整体安装,焊接后,松开底座与基座的连接螺栓,用塞尺测量底座与基座上平面(或固定垫片)之间的间隙,如超差,可用薄铁皮进行塞垫,也可以使用活动垫片。

(3)垫片的配置

①如果是矩形垫片:将锚机吊装到基座上,用顶升螺栓调整锚机,使之处于水平状态。在调整过程中用塞尺检查联轴器两平面间的间隙及外圆平行度,使其保持一致,轴承间隙符合技术要求,此时离合器啮合、分离自如。

测量锚绞机底平面与公共基座垫片之间的间隙,配置垫片,垫片与锚绞机底座平面进行着色检验,要求着色均匀且接触面大于60%,0.06 mm(局部允许0.1 mm)塞尺塞不进。

垫片交验合格后,垫入,安装紧固螺栓和螺母,拧紧力矩满足技术要求。复检各轴承的间隙,检查离合器的啮合与分离,应符合要求。

安装止推。将止推块放到指定位置,使活络楔块露出接触面约三分之一长度,并将止推块焊牢,拂配活动楔块,使其与锚机底座紧密贴合,当接触长度符合要求后将活动楔块与止推块沿接触方向均匀点焊三点。图5.2.1中局部放大图所示即为止推的一种典型方式。

②如果是环氧树脂垫片:浇注环氧树脂垫片前要求锚绞机轴承间隙符合技术要求,离合器啮合、分离自如。垫片浇注前要检查所需材料已准备好。环氧树脂、固化剂使用之前,至少将其置于200~250 ℃温度下12 h,这可以保证最好的搅拌效果和浇注黏度。吊装前应清除浇注环氧树脂垫片区域内的牛油、锈斑、氧化铁屑、灰尘、油漆等。

在安装挡板时,要根据各种设备及安装浇注环氧树脂区域的不同,使防溢出的高度与宽度在规定的范围内,即宽度12~18 mm,高度大于15 mm,然后点焊挡板,并在挡板的底边用密封胶泥填住缝隙。然后将泡沫条切割成围料,使其高度大于6 mm,按照环氧树脂垫片布置图,塞于机身底平面与基座平面之间,螺孔(紧配螺孔除外)也可以用螺栓插入并将螺母用手拧紧,不管采用哪种方法都要先用不熔化油脂充分涂抹。将挡板密封好后,用脱膜剂喷洒内表面,确认所有可能的泄漏处均很好地被密封。

在浇注垫块的同时,浇注两只试块。当环氧树脂足够固化后,检测试块硬度,达到巴氏硬度40即表明环氧树脂已彻底固化。

安装好垫块后,再按图纸要求调整刹车支架,配置好止推块。

在浇注环氧垫块施工期间,周围应暂停一切对此有影响的作业,如不能有振动、焊接、打磨等工作,浇注工作应连贯进行。

3. 掣链器安装

掣链器分螺旋式和闸刀式两种。

锚机及底座安装结束后,即可安装掣链器。先将掣链器落于锚系泊布置图规定位置,然后在锚机的锚链轮和锚链筒、锚链唇之间拉线,调整掣链器高度,使其供链环滑移的凹槽处在锚机的锚链轮和锚链筒所拉的连线上,一般掣链器的安装高度应视锚链拉紧后,锚链与锚链筒口子不接触为好,留约5 mm的间隙,然后将底座找平,配置调整垫片,钻孔,配螺栓,紧固。

4. 其他工作

锚机安装完成之后,进行周边附属设备和系统的安装,如电气设备的安装,如果是液压锚机,还有液压泵站以及液压管系的安装。管系的安装完成之后还需要对油路系统进行投油清洗,并进行1.25倍工作压力的密性试验。

5. 锚机的调试

调试目的是检查锚设备的安装完整性及锚机运转的可靠性、安全性,为海上试航校验做好准备。调试项目包括:

(1)锚机空转试验30 min,检查锚机在运转中各部件是否有异常发热、振动、噪声、卡死等现象;

(2)收放锚试验(包括刹车装置试验),检查锚链轮的跳链及啮合情况是否完好,刹车装置是否灵验,试验运转20 min;

(3)掣链器的操纵试验,检查掣链器的掣链位置是否正确,锚链通过掣链器时是否平稳及其受力情况;

(4)起锚时检查锚链冲洗装置的工作情况是否完好;

(5)锚链拉紧后,检查锚爪与锚穴的贴合情况是否完好。

【工作任务】5.2.2　辅锅炉的安装

船舶辅锅炉种类很多,按热源分,有废气锅炉、燃油锅炉和组合锅炉等几种类型;按受热方式分,有水管锅炉、烟管锅炉、锅壳式锅炉等几种类型;按炉体布置方式分,有立式、卧式等几种类型。

在现代造船行业中,辅锅炉在船上的安装一般都是采用整体吊装的工艺方法。中、小型辅锅炉,常将锅炉的锅炉机组、燃油系统、供水系统、自动调节系统等组合单元安装在一个公共底座上,以总装锅炉的型式上船安装;大型辅锅炉,很难把上述系统的设备组合在一个公共底座上,这时较为合理的是以锅炉机组单元和供水单元、燃油系统单元、自动调节系统单元分别上船安装。

辅锅炉在船上的安装工艺过程与主、辅机在船上的安装相似,也包括基座准备,设备在基座上定位、紧固和最后的安装质量检验几个项目。

1. 基座的准备

基座的型式取决于锅炉底座的型式。锅炉吊装上船之前,基座应已装妥,基座的支承面板要求平整,不得有焊接飞溅、锈斑等杂物存在。

2. 锅炉定位

锅炉吊装之前,分别在锅炉舱的纵、横舱壁和锅炉船体基座面板上画出锅炉定位线,包括距舯尺寸线、高度线和船长方向位置线;在锅炉筒体上画出中心线。根据这些定位线,借助于连通管水平仪、直尺、经纬仪等测量工具,即可定位锅炉。锅炉定位后的位置应能保证锅炉维修、管理与操作都方便。锅炉与燃油舱壁、双层底燃油舱顶板的距离均必须符合现行船舶规范的要求。锅炉的工作水位线两端点距基线的高度偏差应满足相关要求,一般不得大于 4 mm。

在锅炉吊入锅炉舱之前,要将较大的设备及辅机吊运入船,以免将来安装困难。此外,应将一些易损附件、控制－测量仪表取下,以免损伤。

3. 锅炉的安装

辅锅炉在船上的安装通常是整体吊装,通过锅炉支座与船体基座连接。有时也会将基座事先在车间与锅炉连接起来,然后一起吊到船上,找正定位后,用划针画出各支座多余高度的切割线,割去多余部分,然后将锅炉放下,再复查锅炉的位置,确认后,施焊,将基座与船体结构焊牢。

除了通过支座与船体基座相连接,有些锅炉还采用直接将筒体下部与甲板焊接的安装方式。如图 5.2.2 所示。

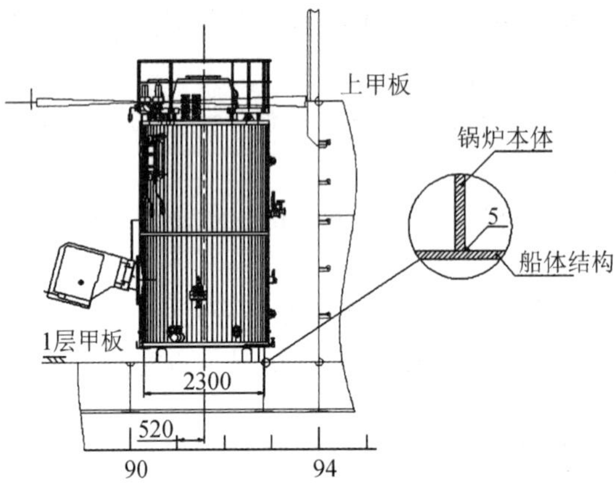

图 5.2.2　某船锅炉安装图局部

锅炉安装在基座上之后,为避免锅炉因船舶摇动而造成的损害,一般在锅炉的上部、纵、横两个方向上设置支撑装置,支撑装置的结构允许锅炉因热胀而产生的自由伸缩。支撑装置的安装一般在锅炉安装工作完成之后进行。支撑装置的布置如图 5.2.3 所示,细节如图 5.2.4 所示。另外,图 5.2.4 中的支撑用槽钢制成,也有使用无缝钢管的,如图 5.2.5 所示。

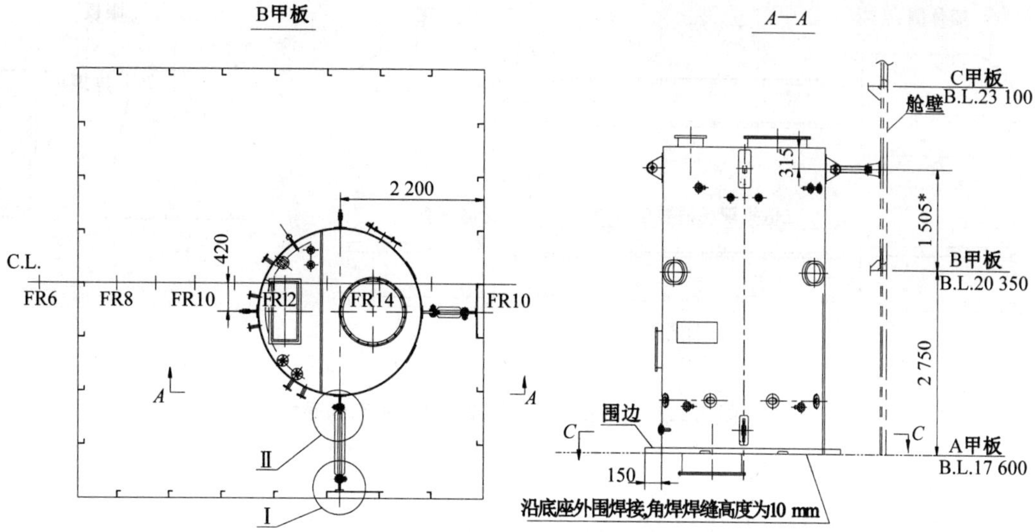

1—螺钉;2—垫片;3—锅炉支撑座;4—锅炉基座;5—撑杆;6—眼板;7—销轴或螺纹连接件。

图 5.2.3　某船锅炉安装图局部

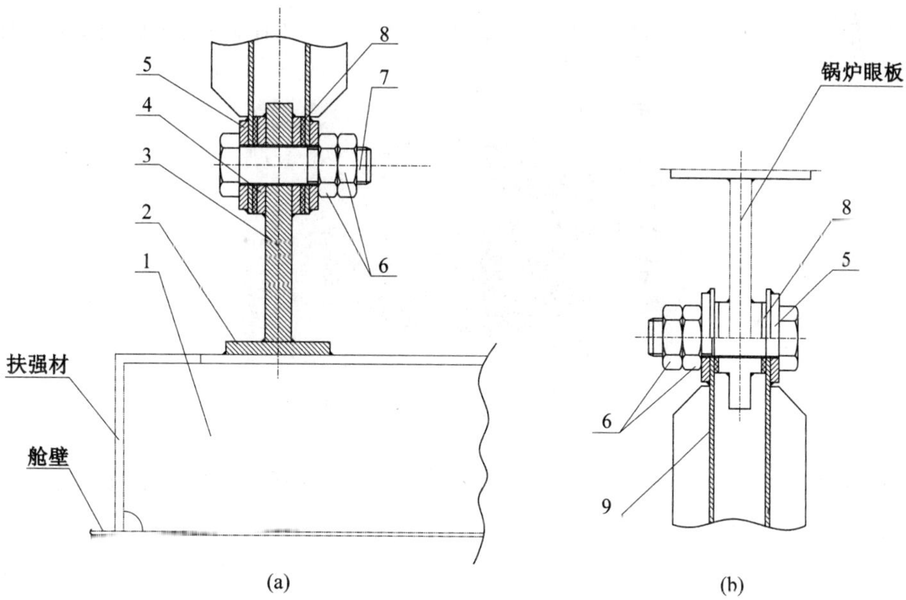

1—角钢;2—腹板;3—眼板;4,5—焊接垫片; 6—螺母;7—螺栓;8—摩擦垫片;9—撑杆腹板。

图 5.2.4　某船锅炉顶部撑杆细节

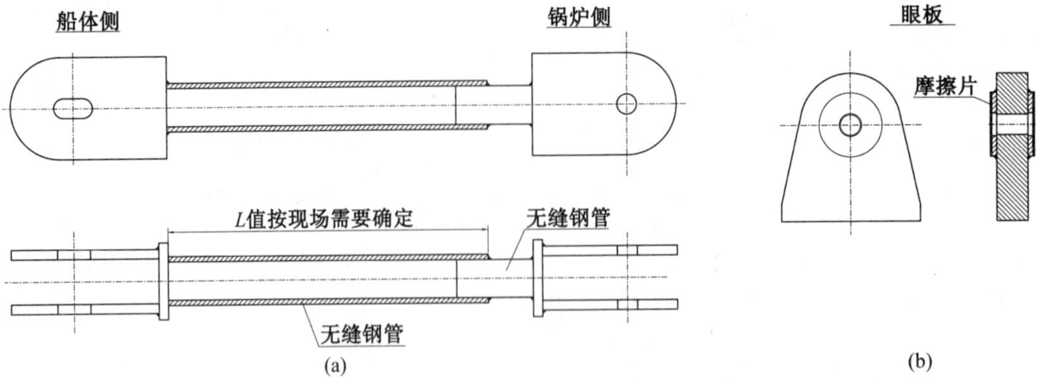

图 5.2.5　某船锅炉顶部撑杆及其配套的眼板

【工作任务】5.2.3　克令吊的安装

1. 克令吊底座制作

(1)底座圆筒与法兰平面的垂直度,以及法兰平面的平面度应满足要求,如法兰平面有扭曲、变形等情况,必须对其做校正处理。如图 5.2.9 所示为国内某公司在现场对底座圆筒体法兰进行加工。

图 5.2.9　克令吊底座圆筒体法兰现场加工

(2)以法兰为基准,在克令吊底座圆筒上画出十字线,并在圆筒体外壁打上记号。

2. 克令吊底座安装

克令吊底座的安装一般在船体工程基本结束后进行,并在船体下水前就安装完成。

(1)在主甲板平面画出纵向中心线,中心线偏差控制在 ±2 mm。

(2)以纵向中心线为基准,在相应的肋位号上画出底座横向十字线,必须严格保持十字线间夹角为 90°,角度偏差应控制在 ±0.05°。

(3)以十字中心线为圆心,画出克令吊底座圆筒体外径的圆周线。

(4)安装时,以主甲板平面十字线为基准,用调整螺栓调整底座的前、后、左、右位置,要求筒体上的十字线与主甲板上的十字线重合。

(5)底座在甲板摆正位置后,用千斤顶调整筒体的高度(高度按图纸要求),然后在底座四周肋板上画出高度线,并进行切割。

(6)底座安装经检验合格后,即可与甲板进行焊接并固定。

(7)底座安装结束后,即可与克令吊设备配作钻孔,并用螺栓紧固。

3. 克令吊的调试

克令吊的调试主要包括空载、负载、超载和静载等试验，检查起重机运转是否正常、可靠，电动机的电流、电压，液压系统的油压以及起重机的起升、回转速度和变幅时间等参数是否满足要求，运转中有无漏油、异响和振动等。试验项目、程序和验收标准按照系泊试验大纲和设备厂家相关技术文件进行。

【工作任务】5.2.4　艏部侧向推进器的安装

安装艏部侧向推进器（艏侧推）前应基本了解船舶的主尺度、艏侧推型号及该船的航行状况等，艏侧推装置的安装必须遵照制造厂商的要求进行。安装前检验交货状态，包括电机单体、筒体与螺旋桨的组合体和控制箱等。

1. 安装前的准备工作

检查并校正筒体的圆度，并在筒体两端面上画出上、下、左、右十字线标志；测量筒体中心线距基线的高度，应满足图纸要求尺寸，不得超差；检查筒体两端面开坡口的形式。

对于艏侧推装置组合体，需要检查并校正组合体两端筒体的圆度，并在其两端面上画出上、下、左、右十字线标志；检查并测量筒体中心线和电机基座的平行度及距离，筒体中心线和基座上表面必须平行；为保证圆筒体的刚度，可在筒体内两端部做临时支撑。

2. 安装参数

艏侧推装置的安装参数按制造厂规定确定，但需注意，圆筒体安装时不允许在圆筒体上进行焊接，电机座也不可用于起吊或支撑。

艏侧推装置的组合体应为预埋件，先置于船体分段内。根据艏部侧向推进器安装图，将侧推装置组合体移到图示定位处。定位要求如下：

（1）两筒体接口处的十字线标志要对准；

（2）以侧推装置筒体的电机基座法兰面（上表面）为基准，调整其筒体中心线和水平基准面的距离，允许偏差为 ±2 mm；

（3）校核电机基座法兰平面水平度，定位误差在 ±2 mm 内。

艏侧推组合体定位正确后，即和船体结构的筒体初步点焊固定。艏侧推筒体和船体结构筒体的焊接时，为减少焊接引起的各种变形，要求采用分段对称焊法，焊接时要采用小电流、小直径焊条，且对称施焊，如图 5.2.10 所示。

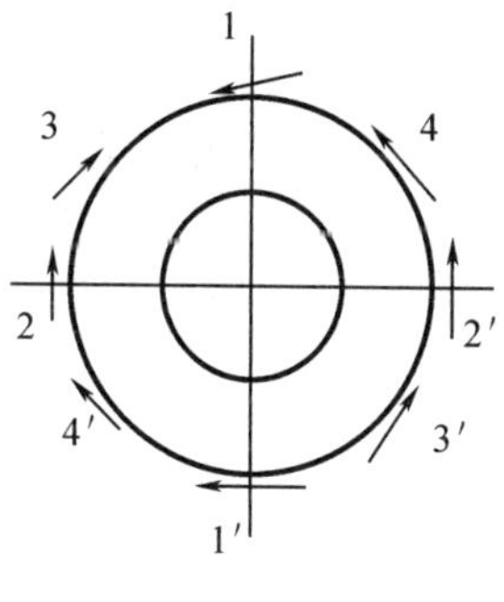

图 5.2.10　艏侧推筒体和船体结构筒体的焊接顺序

焊接时需注意以下几点：

①保护好筒体内的机械件，避免损坏；

②用石棉布将螺旋桨转动部件包扎好；

③焊接过程中还要经常测量圆筒体和桨叶叶梢之间的间隙，各处间隙尽可能相同，叶梢和筒体的间隙不得超差。

3. 电机的安装

（1）电机应预先埋入侧推舱内；

（2）电机直接吊到基座上，将爪形弹性联轴节相互啮合，用扭矩扳手将涂有黏结剂的螺

栓螺母拧紧,扭矩符合设备厂家的要求;

(3)电机联轴节安装中的偏中值按照设备厂家的要求确定。

4. 润滑系统的安装

(1)根据艏侧推、应急消防泵布置图安装重力油柜;

(2)根据艏侧推管系图安装滑油管系及阀件。

注意:

①切割油管时不能用乙炔切割,只能采用钢锯切割,并去除毛刺;

②滑油管系安装结束后,必须进行密性检查,投油前应将管系中的空气排尽;

③船下水之前,重力油箱应注油至规定的油位,使桨壳内具有一定正压,防止船外渗水侵蚀。

5. 防摇架的安装

根据艏侧推装置防摇架布置图要求安装防摇架,确切的位置现场确定。

6. 结束工作

(1)将侧推装置筒体内的临时加强支撑拆去,凡作保护用的石棉布等都要清除;

(2)装置筒体和船体结构筒体之间的焊缝毛刺均应打磨光顺。

在安装过程中,如有疑义,可请制造厂的服务工程师现场指导。

【工作任务】5.2.5 柴油发电机组的安装

柴油发电机组安装过程分基座安装、机组安装和系统安装贯通连接几个步骤。安装中需注意以下几点:

(1)基座定位按图纸给出的尺寸进行, 基座与船体结构需吻合,缝隙过大时,必须修正至技术要求规范之内,方可进行焊接,焊缝质量需符合要求。

(2)基座面板的平面度偏差不得超差。

(3)发电机组前后端尽量保持水平。

(4)调整垫片一般采用钢或铸铁,也有使用环氧树脂,隔震器也有使用,均应符合相关标准。图 5.2.8 所示为某船发电机组安装图的局部,该发电机组使用了隔震器。

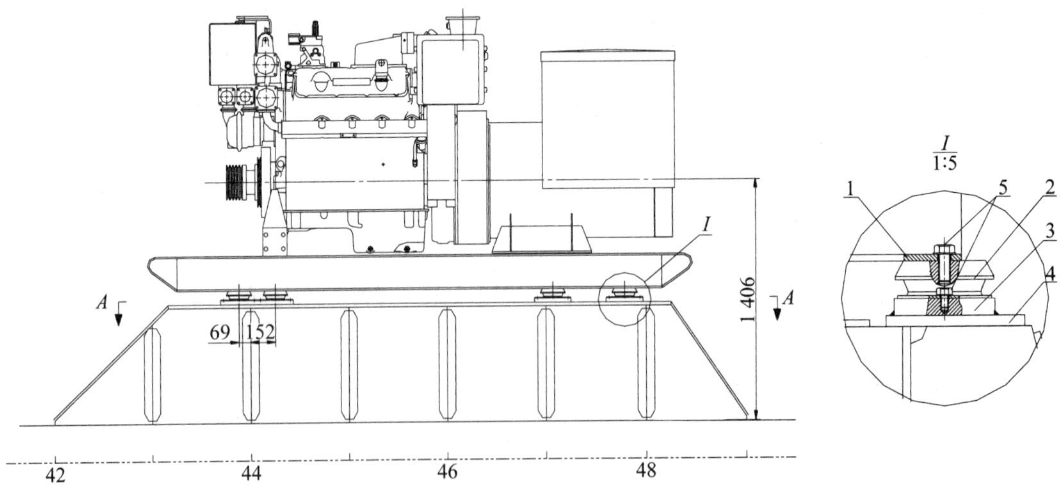

1—公共底座;2—隔震器;3—调整垫片;4—基座;5—螺钉(两种规格)。

图 5.2.8 发电机组安装图局部

(5)定位采用紧配螺栓、定位销和止推块。

(6)发电机组在安装完毕后要保证发动机的曲柄差在规定范围之内(按设备厂家规定)。

思考与练习

一、选择题

1. 辅机可根据安装的要求分为三类,拨叉式推舵油缸属于________辅机。

A. 第一级　　B. 第二级

C. 第三级　　D. 不确定

2. 辅机可根据安装的要求分为三类,小型热交换器属于________辅机。

A. 第一级　　B. 第二级

C. 第三级　　D. 不确定

3. 辅机与原动机构的两轴中心线对中一般采用________。

A. 平轴法　　B. 负荷法

C. 合理校中　　D. 不确定

4. 安装减震器的辅机应注意________。

A. 减震器橡皮不得与汽油、柴油接触,擦减震器橡皮时应用酒精

B. 与周围设备之间留有适当的距离

C. 如果是橡胶减震器,需保证设备可靠接地

D. 与外部设备相接的管路及电缆应采用挠性连接

5. 机电设备安装在几个平面的减震器上时,应________。

A. 先安装承受主要负荷的支承减震器,然后再安装止推减震器

B. 先安装止推减震器,然后再安装承受主要负荷的支承减震器

C. 支承减震器和止推减震器同时安装

D. 没有要求

6. 下列关于辅机在减震器安装的说法中错误的是________。

A. 可以有效隔离柴油机的振动传递,明显降低船体的结构振动和辐射噪声

B. 安装了减震器的设备,其本身的振动会有所提高,尤其是启动和停车阶段

C. 安装了减震器的设备,其紧固螺栓应为铰制孔螺栓

D. 安装了减震器的设备,其与外部设备相接的管路及电缆应采用挠性连接

7. 关于木质垫片,下面________说法是错误的。

A. 木质垫片材料一般为硬木

B. 木质垫片应干燥,含水率适当

C. 木质垫片应用于潮湿舱室时需在干性油中泡 2 ~ 3 h 后使用

D. 采用木质垫片的基座的面板必须经过机加工以保证面板表面的平面度

8. 船舶辅机固定安装中采用在基座和辅机底脚不平处加装适当薄金属垫片方式时,加装的垫片不能太多,应在________张以内,而且不准用半张。

A. 2　　B. 3

C. 4　　D. 5

9. 关于船舶辅机安装前的准备工作,叙述正确的是________。

A. 辅机从仓库领出时,需按规定检查设备的完整性和完好性,而且资料、证书齐全

B. 辅机从仓库领出时,需按附件和备品清单检查辅机附件和备品是否齐备及完好

C. 吊装前,需将辅机上影响吊装和易损附件拆下并妥善保管

D. 吊装前,辅机的敞开口(如进排气口、主机海水泵进口等)需封口,以免杂质落入,造成不必要的损害

10. 锚机的安装一般会在下水前在船台上安装完成,这样做的主要原因是________。

A. 下水后海浪颠簸,施工人员身体不适

B. 便于设备水平度的测量和调整

C. 抢工期

D. 没有特定原因

11. 下列关于对辅机船体基座的描述,错误的是________。

A. 多数辅机都具有独立的焊在船体构件上的基座

B. 安装第一级辅机的基座支承面(如焊有固定垫片,则为固定垫片上平面)需要加工以保证其平面度能够满足设备安装技术要求

C. 安装第二级辅机的基座支承面的技术要求与安装一级辅机的基座相同

D. 安装第三级辅机及设备的基座面板上平面一般不需加工,但应当平整,允许存在局部分散、少量超差,不得有焊渣、飞溅等缺陷

12. 下列关于水管锅炉安装的说法,错误的是________。

A. 当采用过渡支座时,锅炉和留有绞磨余量的过渡支座整体吊装上船,定位,画捆身线,割去过渡支座多余部分,最后将过渡支座焊接到基座上

B. 若采用调整垫片,锅炉定位完成后,在锅炉支脚与加工过的基座支承面之间配置调整垫片,用螺栓固定

C. 锅炉的定位是根据锅炉舱内事先画出的横向及纵向水平线和锅炉上四周画出的水平线之间的相对关系,以及距船体基座、舱壁等构件的距离而找正的

D. 无须考虑水平度的问题

13. 卧式烟管锅炉筒体与其圆弧形基座间需配置一定厚度的________,以确保筒体与基座支承面能够均匀贴紧。

A. 铅板　　B. 帆布垫片

C. 橡胶板　　D. 木板

二、思考题

1. 一般辅机在船上安装的形式有哪些?

2. 辅机安装有哪些工艺项目?

3. 一般辅机在船上安装时应注意什么问题?

4. 辅机在船上安装时对船体基座面板有哪些技术要求?

5. 简述使用木质垫片进行辅机安装的工艺过程。

6. 锅炉在船上的安装工艺包括哪些工作内容?

7. 简述使用隔震器进行辅机安装的工艺过程及其注意事项。

8. 辅机安装时有哪几种垫片可以选择,如何选择?

9. 简述锚机安装时止推器的安装和配置工艺过程。

项目6　动力装置运行试验

【学习目标】

1. 知识点

(1)了解船舶动力装置在船上安装完成后所要进行的试验工作项目；

(2)掌握船舶系泊试验的含义及主要工作内容；

(3)掌握船舶航行试验的含义及主要工作内容。

2. 技能点

(1)能够协同船方进行常规的系泊和航行试验；

(2)能够编写系泊和航行试验大纲；

(3)能够对试验中出现的故障进行初步的分析。

【相关知识】

动力装置运行试验的目的是检查动力装置各部分的安装质量，检查机械、设备、管路系统、仪表安装的正确性、完整性和可靠性。

动力装置的运行试验一般分为系泊试验和航行试验两个阶段。

系泊试验是船舶停靠在码头旁进行的，由于码头水深限制和系缆等条件限制，动力装置在系泊试验时，是不能完全考量其在额定工况下的全部性能指标的。系泊试验主要是为航行试验创造条件。

航行试验是船舶在航行状态时，全面检查动力装置的安装质量和运行性能，并将系泊试验时不能进行的全负荷或正常运行试验的各种机械设备及系统，在各种航行工况下，进行连续的联合运行试验，以验证动力装置在规定工况下的各种性能参数。对在试验中所暴露的全部缺陷进行检修、调整，使船舶达到规定的设计性能和技术要求。

系泊试验和航行试验分别在系泊和航行试验大纲指导下进行，而试验大纲则是按照船舶规范和国家标准（如《海规》和《柴油机动力内河船舶系泊和航行试验大纲》（GB/T 3221—2010），其他国家和船级社也有类似的文件）的规定进行编制，并且与船东充分协商。

整个试验工作由船厂、船东和船级社三方代表参加，共同领导并全面负责船舶的试验与验收工作。

【子项目】6.1　系泊试验

【学习目标】

1. 知识点

(1)掌握系泊实验的目的；

(2)掌握系泊实验的主要内容、相关程序和技术要求。

2. 技能点

(1)掌握编写系泊试验大纲；

(2)能够按照实验大纲进行轮机设备系泊实验。

【相关知识】

系泊试验是在机电设备和其系统安装结束的基础上进行的，通过对机电设备的调整及性能试验，以验证机电设备是否达到原设计性能，是否满足船舶设计、船检规范和系泊试验大纲规定的要求。系泊试验时，船上多数设备可进行满负荷试验，并对该设备进行全面考核，例如发电机组、船舶系统及泵和起重设备等，但由于系泊试验无法对与船舶航行有关的设备进行全面考核，例如主机及其动力系统、舵机、锚机、制淡装置和导航通信设备等，所以这些设备的性能试验只能在航行试验时进行。但在系泊试验时，这类项目应按系泊试验大纲要求调试到最佳状态，同时检验这些设备能否正常工作，以保证航行试验能安全地进行。系泊试验按系泊试验大纲进行。设备调试后，按试验检验项目向检验员、船东和验船师交验。工厂在完成全部系泊试验项目后，向船检部门申请船舶试航证书。下面介绍各类设备系泊试验的内容、要求及试验方法。

系泊试验的主要内容包括：

(1)根据设计图纸、说明书及建造技术规程检验船体主要尺度。

(2)通过倾斜试验确定船舶的重心位置，核算船舶的稳性、抗沉性等性能。

(3)检查舱室设备、绝缘、覆盖、舱面属具的布置安装质量。

(4)检查船舶装置的安装质量及布置和固定情况。

(5)检查管路系统的布置管系附件的安装和紧密性，并且按直接用途检查管系的工作情况。

(6)检查所有机械装置、电气及观通导航等设备的安装质量，并启动这些机械、电气设备，检查其工作的可靠性。

(7)按要求检查武备系统和特种装置的安装质量及其联动机构工作情况。

(8)在码头尚需做主、辅机的动车试验，以检查主、辅机的运转性能及其系统工作的可靠性。

本节主要介绍主机、轴系以及部分重要辅机及其系统的系泊试验。

【工作任务】6.1.1　投油清洗检验

主机和轴系运转前，应对主机滑油系统、燃油系统及艉轴管滑油系统管系进行投油清洁，清除管系内残留的杂质与垃圾，确保主机与轴系的正常运转。

1. 主机滑油系统投油检验

(1)投油前应具备的条件

①管系均经内场化学清洗认可；

②管系应安装完整，并经畅通性和密性试验合格；

③滑油循环油舱与凸轮轴油舱应打磨出白并清洁，检验时可用面粉团粘舱表面，检查有无垃圾；

④根据滑油系统的布置实况确定投油路线，并经检验员、船东和验船师确认；

⑤安装好检验用的临时细滤器，细铜丝布要求200目或用相应的滤纸；

⑥投油用油应与主机润滑油同样牌号，或特性相似并得到确认的其他牌号滑油。

(2)检验内容

主机滑油系统投油主要是清除系统内的硬质机械杂质及垃圾，以防止其进入活动部件而损坏机件。为了达到此目的，投油清洗分机外滑油管系及设备投油、主机内部曲柄箱冲洗、滑油循环舱清洁三个阶段进行。

(3)检验方法与要求

①机外滑油管系及设备投油需要按照预先确定的投油路线进行，投油时采用临时油泵，油温加热至35～45 ℃。为了取得较好的投油效果，应对管系特别是管系弯头处用木锤做间断敲击，或使用振动工具，以使杂质和垃圾脱离管壁。在向检验部门交验滑油投油时，应有检验人员在场。对所提交的滑油系统连续投油4 h，投油后，用视觉观察、手感触摸或用磁铁检查，在确认滤网上无金属颗粒等杂质后，则可认为滑油系统投油清洗工作合格，否则要重新按上述方法继续投油清洗，直至达到投油要求。

2. 主机燃油系统投油检验

(1)投油前应具备的条件

①管系需经内场化学清洗认可；

①管系应安装完整并经密性试验验收；

③日用燃油舱经清洁检查认可；

④投油清洗一般采用船上本身的系统设备和滤器在油未进高压油泵情况下进行，为此主机高压油泵管系应接临时跨接回油管；

⑤使用与主机所用的同样牌号的燃油投油。

(2)主机燃油系统的机外管路投油清洗

主机燃油系统投油主要是清除燃油系统内部存在的硬质机械杂质和垃圾，以防止杂质进入主机高压油泵喷油头而造成堵塞、损坏，影响主机的正常工作。因此需对进入主机的燃油系统的机外管路进行投油清洗，方法与滑油系统投油清洗相同，直至满足投油要求。

(3)检验方法与要求

投油一般采用船上本身的泵进行，当滤器滤网上无金属颗粒等杂质时，即可认为燃油系统已投油清洗合格。

3. 艉轴管重力油管路投油检验

(1)投油前应具备的条件

①滑油管系需经内场化学清洗认可；

①管系应安装完整并经密性试验验收；

③补给油箱及重力油箱内部应经清洁检查认可；

④由于投油时油不进入重力油箱，也不进艉轴管，所以在进艉轴管处要加接头跨接至补给油箱；

⑤使用与艉轴管所用的同样牌号的机油投油。

(2)检验内容

对采用巴氏合金轴承的艉轴管滑油系统，为了使进入艉轴管内的滑油保持清洁，应对从补给油箱至重力油箱以及进入艉轴管的滑油管路进行投油清洗。

(3)检验方法与要求

用船上的补给油泵从补给油箱内吸入滑油,输至重力油箱处跨接的重力油管,再回到补给油箱。运转一段时间后,检查滤器滤网,若无金属硬质颗粒及垃圾,则可认为投油清洁已符合要求。重力油箱的内部清洗可采用面粉团粘沾法检查,在无杂质及硬质颗粒时,则可认为重力油箱的清洗已符合要求。

【工作任务】6.1.2 动力系统泵的试验

动力系统泵是指直接为主机运转服务的泵,包括主机滑油泵、燃油泵、主机海水泵以及相应的备用泵。在主机进行系泊试验前,应对这类泵逐台进行试验。

1. 试验前应具备的条件

(1)系统管系应按图样要求进行安装并经密性试验合格;

(2)泵与电机的安装质量经检验认可;

(3)泵吸入及排出处应安装经认可的计量部门校准合格的压力表;

(4)测量电机及控制设备的冷态绝缘电阻应大于1 MΩ。

2. 泵的试验内容、方法与要求

(1)泵运转试验

动力系统泵(包括备用泵)试验时需调节泵的出口阀,使泵的排出压力和吸入压力符合泵的总扬程,连续工作1 h,检查泵运转的平稳性、轴封水密性、电机及轴承的温升等情况,运转时应无异常发热,滑动轴承工作温度不得高于65 ℃,滚动轴承工作温度不得高于80 ℃,泵轴封处水和泄漏量不得多于50滴/分,机械密封只允许局部有轻微渗漏,有渍不成滴。运转试验时应记录泵的吸入及排出压力,启动电流、工作电流、工作电流不能超过电机铭牌上的标定值,此外需测量电机及控制箱的热态绝缘电阻应大于1 MΩ,在试验即将结束时,对可做封闭试验的泵,用关闭泵的排出阀的办法检查泵的封闭压力。试验时,用钳型电流表测量电流,用兆欧表测量电阻,轴承温度一般用手做触觉检查,如发现温度高时,可用点温计测量。

(2)泵及系统效用试验

在泵运转试验结束后,应对动力系统的泵进行系统效用试验。系统效用试验是通过泵、管路将介质输送到主机的规定部位,检查是否能满足主机正常运行,同时检查所有连接处有无泄漏。

试验时应记录泵和电机的相关技术参数,试验记录见表6.1.1。

表6.1.1 泵及电机试验记录表

名称编号	功率/kW	电压/V	电流/A	转速/(r·min^{-1})	工况	泵压力/MPa		电压/V	电流/A		绝缘电阻/Ω	
						排出	吸口		启动	工作	冷态	热态

【工作任务】6.1.3　主机保护装置试验

主机设置保护装置是为了保证主机能正常运转。主机运转过程中，当某一参数超过或低于安全运行的规定值时，该装置能使主机自动停止运转。为了防止发生主机操纵方面的误操作，则设置了主机联锁装置。在主机运转之前逐项试验主机保护装置各动作的正确性。

1. 试验内容

(1)滑油压力低压和凸轮轴滑油压力低压停车效用试验；

(2)推力轴承高温停车效用试验；

(3)超速停车效用试验；

(4)机旁应急停车装置效用试验；

(5)盘车联锁装置试验。

2. 试验方法和要求

(1)主机滑油低压、凸轮滑油低压停车装置试验，采用模拟方法。将主机滑油压力传感器与原系统的接头脱开，接至手动油泵，并逐渐加压，当达到滑油正常压力时，启动主机，使其低速运转，而后逐渐降低手动油泵压力，当手动油泵的油压力降低到规定的滑油低压停车压力时，压力传感器应动作，并使主机自动停止运转。用类似方法检查凸轮轴滑油低压停车装置。进行上述试验时，需记录滑油低压停车和凸轮轴滑油低压停车时的油压力。

(2)推力轴承高温停车装置试验，采用模拟方法。将主机推力轴承的温度传感器温包从机上拆下，放入电加热的液体中，并放入测量用的温度表，不断搅拌液体，使温度均匀上升。此时启动主机使其低速运转，当液体的温度达到规定的推力轴承高温停车温度时，温度继电器动作，使主机自动停车。试验时，应记录推力轴承高温停车时的温度。

(3)超速停车装置试验，目前船上使用得比较普遍的是电子超速停车装置，使用机械飞车保护装置的比较少。由于主机超速保护装置形式较多，调试方法也有所不同，试验时要按不同机型的主机说明书或试验方法进行。由于主机在系泊试验时负荷较大，试验主机超速停车装置时，一般不能将主机转速开得过高，故船厂一般采用模拟方法试验。先在电子超速停车装置上设定一个转速，转速应在主机系泊试验转速范围内。将主机加速到设定的转速，检查主机是否能自动停车。然后在电子超速停车装置上设定另一个转速，当主机加速到这个设定转速时，检查主机能否自动停车。试验1～2次，如果主机均在电子超速停车装置设定的转速时自动停车，则说明电子超速停车装置上标定的停车转速是正确的，动作是有效的。这样就可根据设计规定的主机超速停车时的转速调整电子超速停车装置设定的停车转速，并锁牢。试验时应记录电子超速停车装置试验时的转速与实际停车时的转速，以及主机电子超速停车装置设定的停车转速。

(4)盘车联锁装置试验。在主机盘车机齿轮与曲轴大齿轮呈啮合状态时，主机启动系统的滑阀应能将空气切断，使主机无法启动。检验方法则是在啮合状态进行主机启动试验，主机若不能启动，则可认为主机盘车机构联锁装置工作正常。

【工作任务】6.1.4 主机报警装置试验

主机设置有安全报警装置。主机运行时,若某一个参数不符合主机说明书规定的要求而达到预先设定的报警参数值时,主机报警装置应立即发出报警信号,使操作者可及时排除故障。

报警装置一般均采用模拟方法检验。例如,低压报警装置效用试验时,将压力传感器拆下,接至手动油泵进行试验,观察报警动作的正确性,而主机则不必运转。

各项试验进行 2~3 次。

【工作任务】6.1.5 集控台主机报警点试验

主机报警板是集控台报警系统的一个组成部分,目的是引起值班人员对主机出现的不正常情况的注意,帮助值班人员确定不正常情况的性质和位置,促使值班人员采取有效的、正确的以及可以预防的措施。在主机系泊试验前做此项检验,目的是检查主机工况数据传递的连续性和正确性,检查主机安全保护装置的功效,以保证主机系泊时观察主机的工作情况,做出正确的判断。

1. 试验前应具备的条件

进行集控台报警试验前,检验人员应协同技术、生产管理部门,根据所提供的图纸、技术文件确定检验程序;机舱内与主机系统相关的机电设备应全部安装完毕,主要辅助设备均应单独做好试验,能够保证主机在系泊试验期间正常工作;集控台报警系统应完成自检功能的试验,以证明集控台处于正常的工作状态;试验中需要用的各类测试工具和仪器、仪表均应处于校准有效期内,试验时由专业人员进行操作,以保证试验质量,减少操作失误。为避免试验期间的误报警,允许把与主机报警无关的报警点暂时切断。

2. 试验方法

(1)压力报警点试验

试验时一般采用手动液压泵。具体做法是:将原压力继电器上的油管或者水管拆下,接至液压泵,升压至设备正常工作值后降压,在压力发生变化期间,检查压力继电器触点闭合或者断开时的压力值。当开关动作时,检查传至集控台的报警信号线路是否畅通无误,报警时的声、光信号是否符合技术要求。每项试验应该反复做几次。

(2)温度报警点试验

温度报警点试验一般可以分为两类,100 ℃以上为一类,100 ℃以下为一类,具体做法是:

①100 ℃以上的温度传感器一般采用热敏电阻或热电偶。对于热敏电阻式温度传感器,由于电阻值随着温度的变化而变化,所以可以利用电阻箱来调整电阻值,达到报警试验的目的;对于热电偶式温度传感器,由于热电偶随着温度的变化而产生不同的电动势,试验中可以用毫伏计来改变电动势,达到报警试验的目的。

②100 ℃以下的温度传感器试验,一般先将传感器从设备上拆下来,放入电加热器中,同时放入温度计,将温度逐步升高,当温度达到报警值时,检查温度控制器中的触点闭合或断开情况,以及集控台的信号传递,报警无误后,将温度降下来,然后重新加温。试验中如

果温度值有偏差，允许在现场做小范围的调整，调整后应重新试验。

(3)主机安全保护和其他相关的报警点试验

这类报警点一般都是采用模拟方法试验，包括降低整定值、拔熔断器、拆信号线或按试验按钮等。

【工作任务】6.1.6　主机启动及换向试验

主机启动及换向试验的目的是检验主机所配的空气瓶的容量能否满足主机启动次数的要求，以及主机启动装置能否灵活启动及换向。试验应满足船级社规范规定要求，以保证主机能适应船舶安全航行的要求。

1. 试验内容

(1)验证主机启动设备的容量能否满足在气瓶不补充气或电瓶不补充电的情况下的启动次数，正、倒车应交替进行。当船上主机多于两台时，能启动的总次数应不少于设计规定。

(2)试验主机启动换向系统的灵活性，以及换向时间是否在规定范围内。

2. 试验要求

(1)空气瓶充满空气，在不补充空气的情况下，应能满足可换向主机冷态连续启动至少12 次；

(2)主机换向试验，要求能在 15 s 内从原来转向改变为另一方向的运转，试验应进行3 次；

(3)用电启动的主机所配的蓄电池组应能在中途不补充电的情况下，对可换向的主机冷态连续启动不少于 12 次，对不可换向的柴油机应能从冷态连续启动不少于 6 次。

3. 试验方法

(1)压缩空气启动试验前，气瓶空气压力应达到额定工作压力，在中途不补充气的情况下，冷态启动可换向的柴油主机，直至不能启动。启动试验应正、倒车交替连续进行，记录启动次数和最低启动压力。

(2)主机换向试验时，在主机最低稳定转速下记录从换向操纵开始到相反方向以燃油开始运转为止的换向时间。

(3)对用电启动的主机，当蓄电池组充足电时，应能冷态连续启动，直至蓄电池不能启动主机为止，记录启动次数。

(4)用齿轮箱传动，具有倒顺车结构的主机应进行倒顺车试验。在正常换向转速下，从顺车开始至进行倒车，或从倒车开始至进行顺车运转为止，倒顺车换向时间应在规定时间内，其正常换向的转速应不小于主机额定转速的 50%。

4. 试验记录

用压缩空气启动的主机，需记录主机启动前后的空气瓶压力、启动时间、主机最低启动时的空气瓶压力、主机倒顺车换向时间。

【工作任务】6.1.7　主机和轴系系泊试验

系泊试验时，主机转速一般不能达到额定转速，故只能对主机进行初步调整，并对其附属系统进行工作协调性检查。因此，系泊试验只能确认主机和轴系是否已具备进行航行试验的条件。对主机的全面考核将在航行试验阶段进行。

1. 试验前应具备的条件

(1)主机动力系统的泵及其系统已经过试验，工作正常；

(2)主机及操纵台系统的仪表准确、完整；

(3)压力报警装置及应急停车装置已经过试验，工作正常；

(4)船的缆绳、带缆桩以及与码头的系缆状况能承受主机系泊试验的负荷。

2. 试验内容

(1)主机附属系统及泵能否正常、协调地工作，其工作压力能否满足主机正常运转的要求；

(2)主机操纵系统及各信号装置能否正常工作；

(3)主机和轴系能否平稳地运转，各轴承温度是否在规定范围内；

(4)主机运转时各活动部件能否正常工作；

(5)对主机的各缸热工参数按要求进行初步调整。

3. 试验要求

主机系泊试验应按系泊试验大纲或参照相关船舶规范和国家标准的有关要求进行。

(1)柴油机系泊试验工况和时间的确定

主机系泊试验工况和试验时间见表6.1.2。

表6.1.2　试验工况及时间

工况序号	扭矩比值/%	试验时间
1	39	0.5 h
2	63	0.5 h
3	83	0.5 h
4	100	2 ~ 4 h
倒车	止车额定转速的70%	10 min

(2)主机附属系统的试验要求

主机运转时，所有主机附属系统的泵均应配合主机一起运行，包括进行备用泵的转换试验，以检查各系统的工作协调性和工作压力是否在规定范围内。

(3)主机操纵及信号装置试验

主机操纵系统工作正常，且操纵部位能进行转换，仪表及信号装置均能按要求正常工作。

(4)主机的试验要求

主机试验时，各活动部件应运转正常，无不正常发热和异常响声等现象，在额定扭矩下，应对各缸的工作均匀性进行初步调整，其调整应符合说明书中对轴系统的试验要求。

(5)轴系的试验要求

轴系运转平稳，各道轴承的温升符合规定要求，各轴封不漏油。轴承温升可参照JT4165的标准，见表6.1.3所示。

表6.1.3　轴承的温度

转速 n		$n<300$ r/min		$n>300$ r/min	
环境温度		≤30 ℃	>30 ℃	≤30 ℃	>30 ℃
部位	推力轴承	≤60 ℃	≤65 ℃	≤65 ℃	≤70 ℃
	滑动中间轴承	≤55 ℃	≤60 ℃	≤60 ℃	≤65 ℃
	滚动中间轴承	≤65 ℃	≤70 ℃	≤70 ℃	≤75 ℃
	填料函与压盖	正常工作温度≤60 ℃，小型高速机油润滑艉轴首填料函≤75 ℃			

4. 试验方法

主机系泊试验需在几档转速下运转，以检验主机附属系统及泵的工作压力、系统的工作状态，检验主机操纵系统及各信号装置，检验主机及轴系是否有异常响动，各零部件是否有过热现象。试验时应对各缸热工参数进行初步调整。由于系泊试验时主机功率较小，所以系泊试验调整后，在航行试验时还需重新调整。主机系泊试验结束后，打开曲柄箱门检查主机连杆轴承及主轴承的温度、轴系轴承温度，可采用点温计测量。

主机系泊试验时，应记录动力系统的各工作压力和温度，主机各缸的压力和温度，以及主机热工参数。

【工作任务】6.1.8　辅机系泊试验

1. 锚机系泊试验

锚机在系泊试验时承受的负荷较小，因此只能对锚机的性能进行初步检验。锚机性能试验应于航行试验时在水深的锚地进行。

(1)锚机系泊试验内容

锚机系泊试验主要有锚机液压管路投油清洗、液压锚机安全阀校验、锚机空载运转、锚机抛/起锚试验和锚机过载试验等。

(2)试验方法

①液压管路投油清洗：投油前先对油箱进行清洁检查，应无颗粒垃圾及电焊飞溅，投油应在油箱内加入与正常使用时同样牌号的液压油，并加热到45 ℃左右。投油一段时间后，检查滤网或滤纸，应无杂质、垃圾。

②液压管路安全阀校验：校验时用调节液压系统阀的办法，使压力达到试验大纲规定的起跳压力时，安全阀开启。

③锚机空载运转：空载运转应倒、顺车交替连续检查，应无漏油、发热及异常敲击声。

④效用试验：一般应抛出5节锚链，由于码头水深较浅，抛出锚链的长度可按实际情况而定。起锚过程中应进行数次刹车，以检验刹车装置的效用。起锚时，记录起1节或2节锚链的时间，左、右锚链应分别进行试验，经计算的起锚速度应符合要求。起锚和抛锚时观察锚链通过链轮的情况，应平稳，无跳链现象。锚链收紧到终止位置时，用止链器止链，此时锚应紧贴船体，以确保航行时不会敲击船体。同时，起锚时应观察冲水管的冲水效用，应能有效地去除锚链上的污泥。

⑤锚机过载试验：交流电机用自耦变压器模拟电源进行校验，直流电机用直流电焊机

通过实际电流进行校验。试验时应做好过载电流的记录。

2. 舵机系泊试验

系泊试验仅对舵机动作进行初步试验。

(1)试验内容

主要包括舵机液压管路投油清洗、液压舵机安全阀校验、舵角指示及限位核对、舵机报警装置试验、舵机运转试验及转舵时间测定、辅助操舵装置试验等项目。

(2)试验要求和方法

①舵机液压管路投油清洗和安全阀调整满足相关规范及设备生产厂家技术要求。

②以舵机上的机械舵角指示器的示角为基准,校对驾驶室、舵机房的电动指示器的正确性。检验时自0°分别向两舷操舵,每转5°校对一次舵角指示器,误差应在规定范围内。校对时应来回各校核一次,并做好记录。

③检查电气限位开关动作的正确性。操舵至规定限位舵角时,舵机应停止传动,检验时,左、右限位舵角应各试验1~2次,同时检验机械舵角限位器的安装位置。

④舵机报警装置试验主要包括低油位、失电、电机过载报警等项目,主要采用模拟办法进行。

⑤舵机运转试验:

a. 检验舵机操纵系统转换操舵的可靠性。按操舵装置的原理图,分别在舵机房、驾驶室启动和停止电动液压泵,观察舵机房、驾驶室操纵台和集控台上运转指示的正确性,检查泵有无异常响声和泄漏现象,轴承温升应在规定范围内。

b. 舵机转舵时间的测定。先做连续操舵试验,试验应自0°→左(右)35°→0°→右(左)35°→0°交替进行,并不少于10个循环,测定自一舷35°所需时间是否在规定时间内,并做好转舵时间原始记录。试验结束后,测量电机及控制箱热态绝缘电阻是否符合要求。

⑥辅助操舵试验。将驾驶室主操舵转换成辅助操舵,检查其转换的灵活性,用辅助操舵做转舵试验15 min,其从一舷15°转至另一舷15°的时间应不超过规定值。

【子项目】6.2 航行试验

【学习目标】

1. 知识点

(1)掌握航行实验的目的;

(2)掌握航行实验的主要内容、相关程序和技术要求。

2. 技能点

(1)掌握编写航行试验大纲;

(2)能够按照实验大纲进行轮机设备航行实验。

【相关知识】

动力装置的航行试验是船舶处于航行状态下,全面检验船舶动力装置各部分的安装质量、运转性能及其可靠性,确定船舶在各种航行工况下的航速、推进装置的工作特性、燃油消耗率等动力装置的性能指标。同时还要配合其他部门测定船舶的操纵性能。试验时,应当按设计航行区域、规定的海况和试验内容选择试验地点。对于特种船舶还要进行特殊试验。

【工作任务】6.2.1 航行试验前的准备工作

航行试验前，必须将系泊试验中出现的各种缺陷全部消除，保证主、辅机械，管路系统及各种装置的工作可靠性。必须携带足够的燃料、滑油和淡水等生活用品。详细记录各舱载荷情况，准确测量船舶的首、中、尾及两舷的吃水，保持船舶在规定吃水范围内，并尽可能达到纵、横倾平衡。

航行试验用的测试仪表必须准备充分，并应在航行试验前进行校验及调整。

为能在试航过程中，对临时发生规模不大的故障进行及时修复，还需配备若干修理工、车工、电焊工和气焊工。

航行试验前，工厂应提供下列必要的基本技术文件：

(1)动力装置及各种机械设备的安装质量检验记录报告；

(2)机械设备、锅炉、管系的水压试验报告；

(3)主、辅机及设备试验报告，内场试验台负荷试验报告，技术证明书及使用说明书；

(4)轴系、舵系、螺旋桨的制造质量及安装检验报告；

(5)系泊试验的试验记录等。

航行试验的项目、内容、方法和试验计划，以及技术要求，应根据由设计单位提出，并会同有关方面共同协商而制定的试验大纲进行。

【工作任务】6.2.2 动力装置的航行试验

动力装置的航行试验是根据航行中不同工况的具体要求，更为全面地检验主机以及各种辅机的运行稳定性、可靠性，测定主机的实际功率和滑油、燃油消耗率，并配合船体完成船舶性能试验和船电完成导航设备试验。

(1)柴油机动力装置的航行试验工况和时间。航行试验工况、时间参照表6.2.1进行。

表6.2.1 柴油机动力装置的航行试验工况、时间

工况	转速百分比/%	试验时间
1	70	0.5 h
2	87	0.5 h
3	常用功率的转速	2 h
4	100	4 h
5	103.2	0.5 h
6	倒车	10 min

试验时还要检验以下项目：

①在额定工况试验阶段，应每隔0.5～1 h记录一次运行参数，其他工况在各档试验结

束时进行测量并做记录。试验时需判断各个参数是否正常，特别是几个主要热工参数应调整在相对误差的范围内，或符合说明书规定，如压缩压力为2.5%，爆炸压力为4%，排气温度为5%。

②主机运转时是否有异常响声、振动以及三漏(漏气、漏水、漏油)情况。

③检验轴系的中间轴承和尾轴管密封装置的工作状态及温度是否正常。

④检验为主机和轴系服务的泵的工作情况。

⑤主机运转试验结束后，在规定时间内打开曲轴箱门，检验主轴承和曲柄销轴承温度，并测量热态臂距差。

⑥主机运转试验结束后，检验主机底脚螺栓、贯穿螺栓和侧向支撑的紧固情况。

⑦主机作持续运转试验时，中途因故停机时间一般不超过15 min，否则运转试验应重新开始。

(2)单机功率大于1 471 kW的首制船舶，测量主机轴功率或测取示功图，算出指示功率 和传动效率，后续船只测轴功率或批示功率。

(3)测量主机燃油耗油量，计算耗油率。

(4)主机最低稳定转速试验。

(5)主机换向试验。换向试验应在主机最低稳定转速下进行，每次换向所需的时间应不大于15 s，换向方式包括从"正车→倒车"和"倒车→正车"次数不少于3次。

(6)主机超速保护装置试验。试验时，按飞车保护装置设定值将主机转速开至设定值，检验其是否动作。

(7)测量扭转振动。主机功率大于220 kW的首制船，航行试验时一般应测量扭转振动。

(8)主机超负荷试验。在主机作额定功率试验后，应进行110%额定负荷的超负荷试验，运行时间为1 h，检验主机和轴系工作是否正常，并记录各热工参数。

(9)主机燃油转换试验。对可以燃烧重油的主机，在额定功率试验后，应进行主机轻、重燃油的转换试验，运转时间按试验大纲规定，并检验燃油加热系统重油预热、黏度自动控制等设备的可靠性。

(10)主机遥控试验。该试验应在比较开阔的海面上进行。试验时，应分别在机旁和主机集控室及驾驶室进行启动、变速、停车及换向试验，并对机旁、集控室、驾驶室操纵的转换进行试验，各种试验的正确和失误都需有声光信号表示。

(11)桨叶转动试验。对于采用可变螺距螺旋桨的船舶，应在主机额定转速时做桨叶转动试验，即螺距角从正满角到负满角、从负满角到正满角，各两次，从操纵正满角至负满角及从负满角至正满角所需的时间应不大于15 s，检查螺距角指示器的准确性，检查驾驶室及机舱螺距角的误差。

(12)拆机检验。航行试验结束后应按试验大纲进行拆机检验，一般七缸(含七缸)以下的主机拆检一个缸，八缸(含八缸)以上的拆检两个缸。拆检时，验船师、船东都应在场。主机重新装复后，应在系泊状态下进行30 min的运行试验。

【工作任务】6.2.3 锚装置试验

锚装置在系泊试验时，由于码头水深条件的限制，不可能验证其最大的起锚能力和潜在的全部缺陷。因此，在航行试验过程中，应在规定水深的海域进行抛锚，起锚试验。

在抛锚、起锚过程中，应检查锚链与链轮的啮合情况，锚链经过锚链筒、止链器和链轮时的扭转稳定性和锚链跳动，以及锚机的振动情况，锚链连接卸扣的紧固质量，锚链自海底收起后锚链筒处泥沙冲洗装置的工作情况等。

电动起锚机应测定电动机在起锚时最大负荷下的电流、电压和转速，以及冷热状态下的绝缘电阻值。

此外在船舶航行状态时，检查止链器锁链质量、锚在锚穴中贴附的稳定情况等。

【工作任务】6.2.4　操舵装置试验

在航行中进行操舵装置试验，是为了检验操舵装置的轻便性、灵活性以及舵机的工作可靠性，记录最大负荷时的工作油压，电动机的电流、电压和转速。

试舵时还应记录相应的主机功率、转速、船的航速以及风速、风向、海流方向、海面状况、水深等自然条件。在满舵时，记录船身的最大横倾角度。

倒车操舵试验，一般是在主机以半速倒车时进行，使操舵舵角逐次增加，但电动液压舵机油泵的油压应小于额定压力或电动舵机的电机工作电流小于额定电流，检验舵机及系统在船舶后退时的操舵性能，并测定最大可操舵角。

【工作任务】6.2.5　船舶性能试验

船舶性能试验是航行试验的综合环节。

速率试验：以主机处于50%、75%、90%、100%负荷下测定。一般在规定的测速区域进行，测速区应设在风浪小，海流稳定的海区，且水深大于15倍船舶吃水。

回转试验：为了测定船舶的回转直径和回转周期，以及船舶回转时的最大横倾角，以主机全速前进和全速倒退时，进行左、右满舵各回转一周，以测定回转圆的直径。

惯性试验：在主机处于各种不同速率变化情况下，测定船舶的惯性和滑行时间。

思考与练习

一、选择题

1. 船舶动力装置总体验收工作，包括________试验和________试验。

A. 启动/磨合　　B. 系泊/磨合

C. 系泊/航行　　D. 启动/航行

2. 系泊试验和航行试验大纲是由________拟定，并经船级社同意。

A. 船厂　　B. 船方

C. 船厂和船方共同　　D. 船厂或船方

3. 系泊试验是在________进行。

A. 码头　　B. 坞内

C. 海上　　D. 车间

4. 主机系泊试验中的启动试验是在________下进行。

A. 冷态
B. 静止状态
C. 一定的空气压力
D. 热态

5. 下列项目中属于船舶主柴油机系泊试验的是________。
A. 启动试验
B. 主机报警装置试验
C. 换向试验
D. 运转试验

6. 主柴油机系泊试验中的换向试验应在________下进行。
A. 冷态
B. 热态
C. 验船师监督
D. 冷态和验船师监督

7. 下列项目中,________属于主机报警装置试验的范畴。
A. 主机冷却水高温报警
B. 排气高温报警
C. 滑油低压报警
D. 机舱火警报警

8. 泵效用试验结束后,各电动机应测量记录热态绝缘电阻,其值应不小于________MΩ。
A. 0.5 MΩ
B. 1 MΩ
C. 2 MΩ
D. 3 MΩ

9. 下列关于锚机试验描述不正确的是________。
A. 不必一定具备锚机、锚链、锚的船检证书,产品合格证书及出厂试验报告
B. 锚机装置及其系统、锚、锚链、止链器、弃锚器等安装完好
C. 安全阀、减压阀及过载保护等校验合格
D. 液压锚机试验时,应对液压油泵工作压力、油泵及油马达的转速进行记录

10. 下列关于船舶航行试验准备工作的说法中错误的是________。
A. 船舶浮态满足航行试验大纲要求
B. 试验区域有足够的水深、助航距离和回旋余地,风力和海浪不限
C. 航行证书申请
D. 油、水、测量设备仪器、求生浮具等均需要准备好

11. 下列属于航行试验项目的是________。
A. 主机试验和操舵试验
B. 抛锚试验
C. 船舶操纵性试验
D. 航行信号设备及无线电通信设备试验

12. 下面关于艉轴管滑油管系投油检验的说法,错误的是________。
A. 投油使用的滑油牌号与艉轴管使用的滑油相同
B. 投油前,滑油管系已经化学清洗认可
C. 水润滑艉轴管装置也需要投油
D. 投油时,油不用进入艉轴管

二、思考题

1. 什么是系泊试验和航行试验,目的是什么?
2. 轮机部分的系泊试验都包括哪些项目?
3. 轮机部分的航行试验都包括哪些项目?
4. 轴系的系泊试验主要有哪些内容?

参 考 文 献

[1] 中国船级社. 钢质海船入级规范 2015[M]. 北京:人民交通出版社,2015.

[2] 中国船级社. 钢质内河船舶建造规范 2016[M]. 北京:人民交通出版社,2016.

[3] 中国船舶工业总公司. 中国造船质量标准(CSQS)[M]. 北京:中国标准出版社,2006.

[4] 余宪海. 船舶动力装置安装工艺学[M]. 北京:人民交通出版社,1989.

[5] 陆金铭. 船舶动力装置安装工艺[M]. 南京:东南大学出版社,2017.

[6] 陆俊岫. 船舶建造质量检验[M]. 北京:哈尔滨工程大学出版社,1996.

[7] 李冬梅. 船舶动力装置安装工艺学[M]. 北京:人民交通出版社,2007.

[8] 黄政. 船舶柴油机装配与调试[M]. 哈尔滨:哈尔滨工程大学出版社,2010.

[9] 船舶设计实用手册编委会. 轮机分册[M]. 北京:国防工业出版社,1999.

[10] 船舶设计实用手册编委会. 舾装分册[M]. 北京:国防工业出版社,1999.

[11] 刘正林. 船舶机械制造工艺学[M]. 武汉:武汉理工大学出版社,2013.

[12] 周继良,邹鸿均. 船舶轴系校中原理及其应用[M]. 北京:人民交通出版社,1985.

[13] 王福根. 船舶轴舵系装置及安装[M]. 哈尔滨:哈尔滨工程大学出版社,2014.